Expansion und Gleichgewicht

ZEITSCHRIFT FÜR HISTORISCHE FORSCHUNG

Vierteljahresschrift zur Erforschung des Spätmittelalters u. der frühen Neuzeit

Beiheft 2

Expansion und Gleichgewicht

Studien zur europäischen Mächtepolitik des ancien régime

Herausgegeben von

Johannes Kunisch

DUNCKER & HUMBLOT / BERLIN

CIP-Kurztitelaufnahme der Deutschen Bibliothek

Expansion und Gleichgewicht: Studien zur europ. Mächtepolitik d. Ancien régime / hrsg. von Johannes Kunisch. — Berlin: Duncker und Humblot, 1986.
(Zeitschrift für Historische Forschung: Beiheft; 2)
ISBN 3-428-06065-2

NE: Kunisch, Johannes [Hrsg.]; Zeitschrift für Historische Forschung / Beiheft

Gedruckt 1986 bei Berliner Buchdruckerei Union GmbH, Berlin 61
Printed in Germany

ISBN 3-428-06065-2

Vorwort

Die Beiträge, die hier unter den Stichworten: „Expansion und Gleichgewicht" zusammengefaßt als Beiheft 2 der Zeitschrift für Historische Forschung veröffentlicht werden, berühren ein Thema, dem in der deutschen Historiographie der letzten Jahrzehnte mit unverkennbarer Reserve begegnet worden ist. Dabei dürfte gerade für das 18. Jahrhundert außer Frage stehen, daß eine Gesamtgeschichte des Zeitalters ohne die angemessene Berücksichtigung der Mächtepolitik und der Beziehungen unter den Höfen und Kabinetten nicht geschrieben werden kann. Mit der Formierung der großen Allianz gegen den Hegemonialanspruch der französischen Krone zeichnete sich erstmals ein Staaten*system* ab, dessen Handlungszwänge für jeden, der auf die Reputation von Staat und Dynastie Bedacht nahm, unabweisbar waren. Außenpolitik stellte schon im 18. Jahrhundert eine Angelegenheit dar, die man nicht tun oder lassen konnte. Sie war eine Aufgabe, deren man sich aus Gründen der Staatsräson anzunehmen gezwungen war. Insofern kommt in diesem Heft mit programmatischem Nachdruck ein primärer Gestaltungsfaktor historischer Wirklichkeit zur Sprache.

Die Absicht einer solchen Publikation außerhalb der fortlaufenden Reihe der Zeitschrift besteht hier und in den folgenden Beiheften ferner darin, Möglichkeiten zu eröffnen, um wichtige Quellendokumente in einer kritischen Edition dem wissenschaftlichen Diskurs leichter zugänglich zu machen. Im vorliegenden Heft kommt eine Denkschrift des Grafen Kaunitz aus dem Jahre 1749 zum Abdruck, der für die Staatenpolitik des gesamten 18. Jahrhunderts eine fundamentale Bedeutung zuzumessen ist.

Köln, im August 1986

Johannes Kunisch

Anschriften der Mitarbeiter

Dr. Jeremy Black, University of Durham, Department of History, 43/46 North Bailey, GB-Durham DH1 3EX

Prof. Dr. Werner Gembruch, Historisches Seminar der Universität, Senckenberganlage 31, D-6000 Frankfurt/M. 1

Dr. Christian Greiner, Oberstleutnant, Militärgeschichtliches Forschungsamt, Grünwälderstraße 10—14, D-7800 Freiburg i. Br.

Prof. Dr. Armin Reese, Pädagogische Hochschule, FB IV, Keplerstraße 87, D-6900 Heidelberg 1

Priv.-Doz. Dr. Walter G. Rödel, Historisches Seminar I der Universität, Saarstraße 21, D-6500 Mainz 1

Priv.-Doz. Dr. Reiner Pommerin, Historisches Seminar der Universität, Albertus-Magnus-Platz, D-5000 Köln 41

cand. phil. Lothar Schilling, De Noel Platz 1, D-5000 Köln 41

Inhaltsverzeichnis

Anhang

Vaubans Projekt zur Erschließung und Besiedlung Kanadas als Beispiel einer „colonisation militaire"

Von Werner Gembruch, Frankfurt am Main

Bis weit ins 19. Jahrhundert galt Vauban als der größte Festungsbaumeister der Neuzeit sowie als Meister des Festungskrieges in Verteidigung und Angriff. Noch im deutsch-französischen Krieg von 1870/71 befolgte man auf beiden Seiten, beispielhaft bei der Belagerung Belforts, die von ihm für den Kampf um feste Plätze entwickelten Anweisungen und Regeln[1]. In den Jahren zwischen den beiden Weltkriegen rühmte General Weygand ihn als „Konstrukteur der Ringmauer des französischen Hauses", einer „Grenze von Eisen", die für Jahrzehnte Frankreichs Sicherheit garantiert, damit die außenpolitische Handlungsfreiheit der Staatsführung beträchtlich erweitert und darüber hinaus, das ihre weitreichende politische Bedeutung, „endgültig Frankreichs Einheit" begründet habe[2], eine im Geist der Maginot-Doktrin gehaltene, die von Vauban Festungen zugedachte Funktion eines Ausgangspunkts und Rückhalts für offensive Kriegführung nicht hinreichend würdigende Wertung seiner Verdienste. Die Meisterschaft dieses großen Soldaten in der Beherrschung von Theorie und Praxis der Kriegführung, seine außergewöhnlichen Leistungen als Festungsbaumeister, Truppenführer und Militärschriftsteller haben es gerechtfertigt erscheinen lassen, ihm einen Platz unter den „Klassikern der Kriegskunst" einzuräumen[3].

Nicht minder groß ist bis heute sein Ruhm als „Klassiker der Nationalökonomie", und zwar dank seiner Verdienste um die Entwicklung der modernen Statistik als Informationsquelle staatlicher Wirtschaftspolitik sowie seiner „Dîme Royale", einem Werk von epochalem Rang, in dem er im Interesse einer Steigerung der Produktivität der Volkswirtschaft und der Macht des Staates sowie aus sozialpolitischen Gründen, nämlich bestimmt von der Einsicht in die Notwendigkeit einer Minderung der Abgabenlast des „menu peuple" als der „par son nombre et par les services" in der Volkswirtschaft und den Streitkräften für den Staat

---

[1] Hierzu *H. Müller,* Geschichte des Festungskrieges seit allgemeiner Einführung der Feuerwaffen, Berlin 1880, 28 ff., 109, 141.

[2] *General Weygand,* Die Geschichte der französischen Armee (deutsche Übersetzung), Berlin 1939, 165.

[3] Klassiker der Kriegskunst, hrsg. von W. Hahlweg, Darmstadt 1960.

wertvollsten Klasse, eine Systematisierung und Vereinfachung der Besteuerung und, konsequenter noch als selbst Colbert, Steuergerechtigkeit gefordert hat, dazu die Beseitigung der mit dem Steuerpachtsystem verbundenen Mißstände, die Aufhebung aller Steuerexemtionen und die Anerkennung des Prinzips der Leistungsfähigkeit als erster Maßstab für die Repartition der Steuerlast[4].

Doch bezeichnen Vaubans Entwürfe für den Bau von Festungen sowie seine Schriften über Festungskrieg, Statistik und Besteuerung keineswegs schon den Umkreis aller seiner Fertigkeiten, Kenntnisse und Interessen. In zahlreichen Denkschriften hat er sich zu weiteren Fragen von Heerwesen und Kriegführung sowie der Wirtschafts-, Sozial- und Innenpolitik geäußert, so zur Organisation und Bewaffnung der Armee, dem Militärersatzwesen, den Grundsätzen für Auswahl und Beförderung von Offizieren, zu Flottenbau und Seekriegführung, ferner zur Verwaltungsreform, zur Gesetzgebung über Handel, Zölle und Manufakturen, zur Entwicklung und Ordnung des Verkehrswesens, dem Bau von Hafenanlagen, Straßen und Kanälen, sowie zum Verhältnis von Staat und Kirche[5]. Es gibt kaum einen Bereich von öffentlichem Interesse, mit dem er sich nicht in anregenden und kritischen Stellungnahmen befaßt hat, bestimmt dazu von einem ausgeprägten Gefühl der Verantwortlichkeit für das nach seiner Vorstellung Staatsmacht wie Volkswohlstand als wechselseitig sich bedingende Größen gleichermaßen einschließende „bonum commune", was Voltaire zu der Feststellung veranlaßte, Vauban habe gezeigt, „qu'il pouvait y avoir des citoyens dans un gouvernement absolu"[6], sowie von der ihm bei dem Bemühen um eine optimale Erfüllung seiner beruflichen Pflichten bestätigten Einsicht, daß ein rechtes Verständnis militärischer Fragen ohne die Kenntnis politischer, sozialer und ökonomischer Gegebenheiten und Zusammenhänge nicht möglich sei. Zu dieser damals wie heute keinesfalls selbstverständlichen Auffassung vom Beruf des Offiziers kam Vauban, weil er — überzeugt wie Descartes, daß alle Vorgänge, physische wie psychische, der Kausalität unterworfene, somit untereinander verbundene, für die Vernunft erkennbare und vom Menschen beherrschbare mechanische Abläufe seien — meinte, den Teil nur im Rahmen des Ganzen verstehen zu können, dem-

---

[4] Zur „Dîme Royale" s. die Einleitung der von *E. Coornaert* besorgten Textausgabe: Vauban, Projet d'une Dixme Royale, Paris 1933, XLIX—LVI, sowie das für ein wirklich politisches Verständnis der sozialen und ökonomischen Reformpläne Vaubans unverändert hilfreiche Werk von *F. K. Mann,* Der Marschall Vauban und die Volkswirtschaftslehre des Absolutismus, München/Leipzig 1914.

[5] Eine Übersicht der Denkschriften Vaubans findet man bei *Mann* (Anm. 4). — *Rebelliau* bringt in seiner Vauban-Biographie (Paris 1962) leider keine bibliographischen Hinweise.

[6] *Voltaire,* OEuvres historiques, publ. par R. Pomeau, Bibl. Pléiade, Paris 1957, 1212 (Siècle de Louis XIV).

gemäß jede fachspezifische Absonderung verwarf und entsprechend dem Prinzip des „methodischen Zweifels“ in seinem Fragen erst innehielt, wenn er glauben konnte, das „primum movens“ solcher mechanischer Abläufe gefunden zu haben und damit den Schlüssel für eine der „raison“ gemäße Lösung anstehender Probleme[7]. Ein zweiter Grund, weshalb Vauban nach allen Seiten die mit seiner dienstlichen Stellung an sich definierten Grenzen überschritten hat, ist darin zu sehen, daß das stärkste Motiv für sein berufliches Engagement nicht die Anerkennung des dynastischen Prinzips bzw. Königstreue im Sinne der von ihm bei manchen Ministern als „illustres esclaves“ konstatierten Bereitschaft zu unbedingter Unterordnung unter den Willen des Monarchen und damit zum Verzicht auf die Frage nach dem politischen Zweck und Nutzen ihrer Arbeit gewesen ist[8], auch nicht die Anerkennung des „divin droit“ im Sinne von Bossuet — deshalb konnte er feststellen, es sei nicht „Dieu par son Esprit-Saint qui inspire ce Roi, mais au fond la raison“[9] —, sondern sein nach Fontenelle von einer „passion presque imprudente pour la vérité“ geschärftes Bewußtsein der Verantwortung für das Gemeinwesen[10], — das Schicksal der von ihm bereits als „une et indivisible“ und als der eigentliche Souverän angesehenen Nation, nicht freilich Souverän in dem Sinne, daß alle Gewalt ursprünglich bei ihr gelegen habe, nur in ihrem Namen eingesetzt werden dürfe und von ihr jederzeit zurückgefordert werden könne, sondern als eine durch Geschichte, Gefühl und Interessen verbundene Gemeinschaft, der jeder, auch der König, mit allen Kräften zu dienen verpflichtet sei. Dies eher dem aufgeklärten Absolutismus als dem ludovizischen Staatsdenken zuzuordnende Amtsverständnis veranlaßte Rebelliau, Vauban den ersten „soldat-citoyen“ Frankreichs zu nennen[11].

* * *

Da Vauban bei seinen Überlegungen und Plänen für die Konstruktion einer „Ringmauer des französischen Hauses“ jeweils von der permanent wechselnden politischen Lage einschließlich sich bereits abzeichnender

[7] Zur Bedeutung der Philosophie Descartes’ für Vauban, zumal für seine Forderung, beim Festungsbau und in der Kriegführung immer „methodisch“ vorzugehen, vgl. *A. Rebelliau*, Vauban, Paris o. J. (1962), 132, 195, 348. Zu Recht gilt Vauban als ein prominenter Repräsentant des durch den Sinn für Methodik, Regelhaftigkeit, Klarheit, Einfachheit, technische Effizienz und das ökonomische Prinzip ausgezeichneten „esprit polytechnique“. Freilich finden sich in den Denkschriften und Briefen Vaubans keine Hinweise, die eine Lektüre von Werken des großen Philosophen belegen.

[8] *de Rochas d’Aiglun*, Vauban. Sa Famille et ses Écrits, ses Oisivetés. Analyse et Extraits, Paris 1910, I, 615 (zit.: Vauban).

[9] Dazu *Rebelliau* (Anm. 7), 378.

[10] *Fontenelle*, OEuvres complètes, éd. par G.-B. Depping, Genève 1968, I, 103.

[11] *Rebelliau* (Anm. 7), 272, 378.

zukünftiger Entwicklungen ausgehen, d. h. seine militärischen Projekte beständig den jeweiligen politischen Rahmenbedingungen akkommodieren mußte, hat er sich in zahlreichen fundierten Analysen der politischen Lage und der Ziele der großen Mächte Europas intensiv mit außenpolitischen Fragen befaßt und in diesem Rahmen auch mit den kolonialpolitischen Interessen seines Landes, so in der 1699 auf eine Aufforderung des Generalkontrolleurs Pontchartrain hin verfaßten, zur Vorlage beim König gedachten Denkschrift „Moyen de rétablir nos colonies de l'Amérique et de les accroître en peu de temps" sowie in einem ausführlichen Schreiben an den Gouverneur von Kanada vom 17. Mai 1700[12].

Entgegen der in der politischen Theorie wie in der französischen Öffentlichkeit damals vorherrschenden Auffassung, daß man die Auseinandersetzungen im europäischen Staatensystem und in der überseeischen Welt getrennt sehen und beurteilen müsse, daß der Kampf um Seeherrschaft und Kolonien ein „beyond the line" sich abspielendes Geschehen ohne tiefgreifende und nachhaltige Auswirkungen auf den Kampf um Gleichgewicht und Hegemonie auf dem Kontinent sei, waren für Vauban Kolonialpolitik und Kontinentalpolitik im Verhältnis wechselseitiger Interdependenz stehende Teilbereiche einer als Einheit nur verständlichen äußeren Politik, ein globales, wesentliche Einsichten Bolingbrokes antizipierendes Verständnis der Interessen der großen Mächte. Für eine Interpretation von Vaubans Beiträgen zur Kolonialpolitik ist es daher erforderlich, zumindest die Resultate seiner gleichzeitigen Analysen zur politischen Situation auf dem Kontinent mit einzubeziehen, wie vorgelegt und eingehend begründet in der 1700 verfaßten Untersuchung „Intérêt présent des États de la Chrétienté" sowie in einigen Briefen an den Marquis de Puyzieulx[13].

Diese Schriften insgesamt können als das „Politische Testament" Vaubans gelten. Sie informieren einmal über seine Vorstellungen von Richtung und Grenzen einer nach seiner Überzeugung Frankreichs Interessen adäquaten Expansion auf dem Kontinent und in Übersee. Ferner informieren sie über Grundsätze politischer, sozialer und ökonomischer Ordnung, von denen ausgehend er Frankreich in der Spätzeit der Herrschaft Ludwigs XIV. reformieren und modernisieren sowie den Auf- und Ausbau von Kolonien einleiten und beschleunigen wollte, Grundsätze und Forderungen, die in seinen Beiträgen zur Kolonialpolitik zumeist verständlicher und klarer noch formuliert sind als in seinen sonstigen

[12] Gedr. in: Vauban I, 413—440 bzw. 441—453. Dazu vom *Vf.*, Zwei Denkschriften Vaubans zur Außen- und Kolonialpolitik Frankreichs aus den Jahren 1699 und 1700, in: HZ 195 (1962), 297—330 sowie *H. Gollwitzer*, Geschichte des weltpolitischen Denkens, I, Göttingen 1972, 198—211.

[13] Vauban I, 490—496; *Vauban*, Lettres intimes adressées au marquis de Puyzieulx, introduction et notes de Hyrvoix de Landosle, Paris 1924.

Schriften, weil er glaubte, in überseeischen Territorien auf die im Mutterland, im Interesse der Realisierbarkeit, gelegentlich unvermeidlichen Konzessionen an durch das historische Recht abgedeckte Realitäten verzichten und so seine ideale Konzeption der Ordnung von Staat und Gesellschaft unverfälscht realisieren zu können, „d'y commencer par le commencement"[14]. Seine Gedanken zur Organisation und Verwaltung der Kolonien vermitteln uns so ein „verkleinertes Modell seiner gesamten Staatsvorstellung"[15].

Als Beiträge zu einem „Politischen Testament" haben diese Schriften einen die Tagespolitik transzendierenden programmatischen Charakter. Andererseits ist aber ihr enger Bezug zur Realität unverkennbar. Auch sie sind, was für die Denkschriften des Marschalls generell gilt, Produkte des bestimmten Willens zur Beeinflussung politischer Entscheidungsprozesse, nicht etwa eines distanzierten theoretischen Interesses für Politik und Ökonomie oder nur des Ehrgeizes, sich in Wissenschaft oder Literatur einen Namen zu machen und so der von Vauban für Offiziere aufgestellten Forderung voll zu entsprechen: „à joindre le savoir de l'homme de lettres à celui de l'homme d'épée"[16]. Vor ihrer Interpretation ist daher zunächst die Frage zu klären, welche aus einer Beurteilung der militärischen und politischen Lage resultierenden Erkenntnisse, Befürchtungen und Hoffnungen ihn gerade um die Jahrhundertwende einen forcierten Ausbau der französischen Kolonien in Amerika fordern ließen.

Frankreich stand damals vor der Frage, ob es sich mit der seit Richelieu — aus der Defensive gegen den Weltherrschaftsanspruch des Hauses Habsburg heraus — erkämpften hegemonialen Stellung begnügen oder das Erbe Karls II. beanspruchen und seinerseits den Griff nach der Universalherrschaft wagen werde. Bei ihrer Beantwortung durfte man nach Vauban nicht von dynastischen Interessen ausgehen, sondern allein von dem Interesse des Staates an „sicheren Grenzen", nach seiner Auffassung die durch die Meere, den Rhein, die Alpen und die Pyrenäen bezeichneten „bornes naturelles". Entschließe man sich, meinte er, unter Mißachtung dieser Forderung und damit des bei der Erschaffung der Welt unübersehbar ausgesprochenen Willens Gottes, zur Annahme des spanischen Erbes, werde sich bald schon zeigen, daß Frankreich, so wenig wie zuvor Spanien, über die für die Begründung und dauerhafte Behauptung eines alle kontinentalen Staaten seinem Willen unterwerfenden universalen Herrschaftssystems notwendige Potenz verfüge, eine

14 *J. Diamond*, Le Canada français au XVIIe siècle. Une société préfabriquée, in: Annales 16 (1961), 326.

15 *Mann* (Anm. 4), 56.

16 Hierzu ausführlich *Rebelliau* (Anm. 7), 348.

Beurteilung der Möglichkeiten und Grenzen französischer Politik, im Ansatz von ihm bereits entwickelt in der Endphase des Pfälzischen Krieges in einer im November 1695, mithin nach der Schlacht von La Hogue verfaßten Denkschrift über den „Kaperkrieg“[17]. Man müsse, meinte er hier, alle Kräfte für den Seekrieg mobilisieren und sich im Landkrieg auf defensive Aktionen beschränken. Denn Schlachterfolge auf dem Kontinent seien politisch ohne jeden Sinn. Sie würden den Frieden nicht näher bringen, sondern die Friedensaussichten eher verschlechtern, da die Seemächte dank ihrer aus exorbitanten Gewinnen im Kolonialhandel erwachsenen und beständig erneuerten überlegenen Wirtschaftskraft in Europa jederzeit Bundesgenossen kaufen, mit der Zahlung von Subsidien beliebig Armeen formieren und ins Feld schicken und so selbst nach schweren Niederlagen die militärische Stärke der gegen Frankreich kämpfenden Koalition immer wieder regenerieren könnten. Mit militärischen Mitteln sei, meinte er abschließend, die feindliche Koalition nicht zu bezwingen, zumal nicht mit Triumphen im Landkrieg. Wolle Frankreich einen seinen Interessen gemäßen Frieden erlangen, müsse die Koalition daher erst einmal aufgebrochen werden, was nur erreichbar sei, wenn man die Kontinentalstaaten, mit dem Verzicht auf offensive militärische Aktionen und der unmißverständlich erklärten Bereitschaft, in Europa keinesfalls ein universales Herrschaftssystem etablieren zu wollen, von allen ihren bisher nicht unbegründeten Befürchtungen für Selbständigkeit und Sicherheit ihrer Grenzen befreie.

Vauban sah den Kampf auf dem Kontinent also in einem weltpolitischen Rahmen und in seinen wirtschaftlichen Bedingtheiten. Die stärkste Waffe von Frankreichs Gegnern waren für ihn nicht deren Landstreitkräfte, auch nicht die Flottenverbände der Seemächte, sondern ihre auf dem Kolonialhandel basierende finanzielle Kraft. Wollte Frankreich einen günstigen Frieden erreichen, dann mußte dieser Handel unterbrochen oder zumindest nachhaltig gestört und so der Kriegswille der Seemächte, nach seinem Urteil die „principaux arcs-boutants de la ligue“ und als solche die „véritables ennemis“ seines Landes, gebrochen, dann mußten diese dort getroffen werden, wo die Quellen ihrer Kraft lagen: auf den Meeren und in Übersee[18], Überlegungen und Folgerungen, die für Vauban 1695 nur erst eine strategische Alternative zur bisherigen, entsprechend den Vorstellungen des für die Bedeutung von Seemacht

---

[17] „Mémoire concernant la course et les privilèges dont elle a besoin pour se pouvoir établir“, gedr. in: Vauban I, 454—461. Hierzu *L. Rothkrug*, Opposition to Louis XIV, Princeton, N. J. 1965, 264 f. sowie vom *Verf.*, Vaubans Gedanken über den Seekrieg, in: Marine-Rundschau 1959, 78 ff. — Bereits im Holländischen Krieg hatte Vauban eine Intensivierung des Kaperkrieges anstatt des von Colbert betriebenen Baus einer starken Hochseeflotte (fortes escadres) gefordert (Vauban II, 125 ff., 167, 214).

[18] Vauban I, 455 f.

und Kolonien kaum aufgeschlossenen, 1691 verstorbenen Kriegsministers Louvois nahezu ausschließlich auf Erfolge im Landkrieg bedachten Kriegführung waren, die er dann, wie seine politischen Denkschriften aus den Friedensjahren zwischen dem Pfälzischen und dem Spanischen Erbfolgekrieg erkennen lassen, nach Ryswijk nicht nur beibehalten, sondern zu einem auf lange Fristen angelegten Programm französischer Außen- und Kolonialpolitik weiterentwickelt hat. Seine Forderungen im einzelnen: Konzentration aller Kräfte für den Kampf gegen die Seemächte, Begründung eines geschlossenen kolonialen Imperiums jenseits des Atlantik, ein dauerhafter, „la terreur de la monarchie universelle" ausschließender Interessenausgleich mit allen kontinentalen Staaten auf der Basis wechselseitiger Anerkennung der „bornes naturelles", hierbei vor allem eine Förderung der Ansprüche Österreichs, um diesen über Jahrhunderte als „véritable ennemi" perhorreszierten Staat von den Seemächten abzuziehen und fest an Frankreich zu binden, im ganzen eine Antizipation der nach dem Spanischen Erbfolgekrieg zwischen dem Prinzen Eugen und dem Marschall Villars diskutierten sowie von Ludwig XIV. in seinen „letzten Instruktionen" empfohlenen Politik kontinentaler Solidarität, eine in der neueren Geschichte Europas bis in die jüngste Vergangenheit von Publizisten und Staatsmännern immer wieder in zahlreichen Variationen entwickelte und als Möglichkeit der Friedenssicherung auf dem Kontinent gerühmte, doch niemals allgemein akzeptierte und mit Erfolg praktizierte Konzeption europäischer Politik[19].

Vauban wollte den jahrhundertelangen Kampf gegen das Haus Habsburg beenden, um für den bevorstehenden Kampf um die Anerkennung zumindest gleicher Rechte auf den Meeren und in Übersee gewappnet und so imstande zu sein, dort zu nehmen und auf Dauer zu behaupten „notre part"[20], nämlich Kanada, das Gebiet der Mississippi-Mündung und Saint-Domingue, „deux grandes monarchies", die, wie er meinte, künftig das Mutterland nicht nur an räumlicher Ausdehnung, sondern auch nach ihrer Wirtschaftskraft und ihrem politischen Gewicht übertreffen und befähigt sein würden, sich gegen jeden Angriff zu verteidigen sowie Frankreich in Kriegszeiten nachhaltig zu unterstützen, sofern man nur seine für ihre Besiedlung entworfenen Pläne befolge, nach denen Kanada allein, wie er aufgrund der von ihm bis zum Ende des Jahrtausends prognostizierten demographischen Entwicklung sicher glaubte annehmen zu können, bei damals knapp 14 000 Einwohnern europäischer Herkunft 1850 schon 1,6 und 1970 mehr als 25 Millionen Einwohner haben werde[21].

---

[19] *Vauban,* Lettres intimes (Anm. 13), 98. Dazu neuerdings ausführlich *A. Bethouart,* Le prince Eugène de Savoie. Soldat, diplomate et mécène, Paris 1975, 298 ff., 326.

[20] *Vauban,* Lettres intimes, 95.

[21] Vauban I, 456 (dort die entsprechenden demographischen Angaben).

Allein eine solche in Europa wie in Übersee auf durchaus begrenzte Ziele abgestellte Politik entsprach nach seiner Überzeugung dem wahren Interesse wie den Möglichkeiten Frankreichs, nicht jedoch eine solche, die fixiert auf die chimärische Idee einer universalen Herrschaft des Hauses Bourbon die anderen Staaten Europas ihrem Willen unterwerfen wollte. Manche gegen derartige Weltherrschaftspläne vorgebrachte Argumente Vaubans erlauben anzunehmen, daß die Diskussion um die Annahme des spanischen Erbes bei ihm erstmals Zweifel an der den absoluten Herrschaftsanspruch Ludwigs XIV. legitimierenden, in der Sentenz „L'État, c'est moi" auf eine knappe Formel gebrachten, zunächst von ihm selbst auch akzeptierten These der uneingeschränkten Identität staatlicher und dynastischer Interessen hat aufkommen lassen.

Vauban hatte also erkannt, daß Frankreich auch eine nur hegemoniale Stellung in Europa nicht werde behaupten können, wenn es nicht eine den beiden Seemächten ebenbürtige Weltstellung erlangte, daß es aber eine solche Weltstellung, nämlich den Rang einer starken See- und Kolonialmacht nur erreichen konnte, wenn es seine Ansprüche auf dem Kontinent beschränkte. Ferner hatte er erkannt, daß man bei der Beurteilung der infolge der „nature amphibie" Frankreichs oft scheinbar kontradiktorischen, in Wahrheit aber konträren, mithin doch zu vereinbarenden Interessen französischer Politik keinesfalls von dem die Perspektive verengenden Prinzip der Exklusivität oder auch nur einer durchgängigen Priorität kontinentaler Interessen ausgehen und die Welt getrennt in ein geschlossenes europäisches Staatensystem einerseits und die Meere mit den überseeischen Kontinenten andererseits sehen durfte. Beide, durch die von Richelieu 1634 erstmals eindeutig definierten „lignes des Amitiés et Alliances" völkerrechtlich separierten Zonen waren für Vauban politisch nur eine Welt[22]. In beiden mußte Frankreich sich Geltung verschaffen. Denn begnügte es sich mit der Rolle einer ausschließlich kontinentalen Macht, gewann England nicht nur das „dominium maris", sondern auch die Stellung eines allmächtigen Schiedsrichters über Europa — „mit Neptuns Dreizack das Szepter der Welt". Mit allen anderen Staaten des Kontinents mußte sich dann auch Frankreich, so die Überzeugung Vaubans, dem Machtspruch des Inselreiches beugen.

* * *

Um Kanada, das Kernstück des von ihm für Frankreich beanspruchten Anteils an der überseeischen Welt, so zu entwickeln, daß es in absehbarer

[22] Zu den „lignes des amitiès" und der diesbezüglichen „déclaration" Ludwigs XIII. bzw. Richelieus von 1634 s. *L. Pauliat*, La politique coloniale sous l'ancien régime, Paris 1887, 167 ff. und *A. Rein*, Über die Bedeutung der überseeischen Ausdehnung für das europäische Staatensystem, Darmstadt 1953, 26 ff.

Zeit seine Aufgaben als Glied eines französischen Imperiums beiderseits des Atlantik erfüllen konnte, forderte er ein detailliertes Programm zur Besiedlung des Landes und zur Aktivierung aller seiner ökonomischen Kräfte, und zwar nicht nur in der Landwirtschaft, sondern nicht weniger auch im gewerblichen Sektor der Volkswirtschaft. So sollte es alle zur Erschließung und Verarbeitung heimischer Rohstoffe erforderlichen Produktionsstätten, darunter auch große Manufakturen, erhalten, nach seinen Worten „des forges et fonderies le plus tôt qu'on pourra avec des manufactures de fer et d'acier de toutes espèces et même de fer blanc"[23]. Ferner empfahl er, sobald nur möglich, „verreries, faienceries et toutes espèces de poteries" einzurichten, Unternehmen, die nicht nur den Eigenbedarf decken, sondern darüber hinaus auch für den Export produzieren sollten. Kanada sollte also nach dem Willen Vaubans künftig nicht mehr in dem auf die Rolle eines Rohstofflieferanten und Abnehmers von Fertigwaren beschränkten inferioren Status eines Objektes der Ausbeutung durch das Mutterland gehalten werden, sondern das Recht der Selbstbestimmung in ökonomischen Fragen erhalten. Alle seit Richelieu für koloniale Gründungen erlassenen Vorschriften über eine Beschränkung der Produktion gewerblicher Güter und des Exports wollte er aufheben und diese „laisser en liberté de commercer comme elles l'entendront sans contraindre leur industrie ni la gêner"[24].

Das primäre Motiv dieser Forderung nach ökonomischer Freiheit war Vaubans Überzeugung, daß Kanada, um überhaupt verteidigungsfähig zu sein, zunächst einmal wirtschaftlich autark werden müsse, da man, bei der seit La Hogue unbestrittenen Seeherrschaft der Engländer, im Kriege jederzeit mit der Unterbindung aller personellen und materiellen Hilfen aus dem Mutterland rechnen müsse. Erreiche man, meinte er, dieses Ziel nicht, werde man bald schon alle Stützpunkte in Amerika an die Engländer verlieren[25]. Frankreich stand nach seiner Meinung also vor der Alternative, die bisherigen Handelsstützpunkte in Amerika zu territorial ausgedehnten, dicht bevölkerten, zur Produktion aller lebenswichtigen gewerblichen Güter einschließlich von Waffen und Munition befähigten, militärisch potenten Siedlungskolonien zu erweitern oder auf Kolonien und Kolonialhandel in Amerika überhaupt zu verzichten.

* * *

[23] Vauban I, 429, 432. Vgl. *M. Philipponeau*, Le maréchal de Vauban. Un ancêtre de la géographie appliquée au Canada, in: Mélanges géographiques canadiens, offerts à Raoul Blanchard, Quebec 1959, 97 f. — Zur Erschließung von Bodenschätzen s. auch den Brief an den Gouverneur von Kanada vom Jahre 1700 (Vauban I, 444 f.).

[24] Vauban I, 431, 417.

[25] Ebd., 434 f.

Ausbau und wirtschaftliche Entwicklung Kanadas wollte Vauban keinesfalls weiterhin privilegierten Handelsgesellschaften überlassen. Die von Richelieu 1627 mit der Charte der „Grande Compagnie des Cent Associés ou de la Nouvelle-France“ deklarierte und seitdem nahezu unverändert beibehaltene weitgehende Abstinenz des Staates bei kolonialer Expansion lehnte er entschieden ab und damit das nach Pauliat im Ancien Régime generell anerkannte, nur in Ausnahmefällen nicht beachtete Prinzip, „de ne consacrer à l'affaire aucun denier de l'État ni la moindre parcelle de ses forces, et de faire en sorte que les frais d'exploration, de peuplement, d'occupation et d'administration des colonies nouvelles, incombassent exclusivement à la bourse des particuliers“[26]. Vauban forderte die Liquidation dieser Gesellschaften und die Übernahme aller ihrer Besitzungen und Rechte durch den Staat. Auch die Begründung neuer Kolonien sollte ausschließlich die Aufgabe der Staatsgewalt sein, ausgeführt als ein von militärischen und zivilen Behörden zu planendes, zu lenkendes und beständig zu reglementierendes Unternehmen — ein nach seiner Meinung in der Geschichte, beispielhaft von Griechen und Römern im Mittelmeerraum, vielfach schon mit Erfolg praktiziertes Verfahren kolonialer Expansion. Er wollte eben nicht „colonies de hazard“, sondern „colonies de raison ... fondées par les rois après mûre déliberation de conseil“, mithin einen radikalen Kurswechsel in der Kolonialpolitik, den er für unabweisbar hielt, da die bislang ganz unzureichende Entwicklung Kanadas, sein „état d'infériorité visible“, hinlänglich erwiesen habe, daß nichts schädlicher sei als „la tyrannie des compagnies du Canada, composées d'une société de marchands privilégiés qui, ne songeant qu'à leur profit particulier, attirent toutes les denrées de ce pays-là à eux pour le prix qu'ils veulent mettre, vendant aux habitants celles dont ils ont besoin ce que bon leur semble et leur procurant l'exclusion de toute commerce avec les autres nations, pas même avec le leur, ce qui cause la ruine des colonies et les dégoute“[27].

Während die Herrschaft privilegierter, allein am „profit particulier“ interessierter, unbedenklich ausbeuterische Praktiken nutzender Handelsgesellschaften für die Entwicklung von Kolonien erwiesenermaßen hinderlich sei, könnten sich, so die Meinung Vaubans, Direktion und Intervention der auf das „intérêt général“ eingeschworenen staatlichen Organe für die Kolonien nur vorteilhaft auswirken, da „l'intérêt des colonies sera toujours le même que celui de public, représenté par le Roi, à quoi celui des particuliers, représenté par les compagnies, est toujours contraire“ — eine ganz in der Linie des königlichen Absolutis-

[26] *Pauliat* (Anm. 22), 50.
[27] Vauban I, 414, 431.

mus, wie entwickelt in der „Politique“ Bossuets und den „Memoires“ Ludwigs XIV., liegende Argumentation[28].

Ein weiteres Hindernis für eine der „raison“ gemäße und zugleich auf die weltpolitischen Interessen Frankreichs abgestellte Entwicklung Kanadas sah Vauban in der starken Stellung, die sich die Kirche in den vergangenen Jahrzehnten dort hatte sichern können. Zwar konnte er die kolonialpolitischen Aktivitäten mancher kirchlicher Institutionen, so die Orden der Sulpizianer und der Jesuiten, insofern begrüßen, als sie sich, bestimmt von der Verpflichtung auf die Idee der Mission, gegen den Widerstand der allein für Handelsinteressen engagierten „compagnies“ für den Ausbau des Landes zu einer „colonie agricole“ und damit zu einer „colonie de peuplement“ eingesetzt und dabei einige Erfolge auch erzielt hatten, die er selbst bei der Realisierung seines kolonialpolitischen Programms nutzen konnte — so die Ansiedlung von Eingeborenen und ihren Einsatz als Arbeitskräfte auf kirchlichen Gütern, eine gleichermaßen deren Bekehrung, die Ausbreitung von Zivilisation und Kultur, die wirtschaftliche Entwicklung des Landes sowie, bei der erklärten Duldung des Konnubiums der Siedler mit den Eingeborenen, auch die Vermehrung der Bevölkerung befördernde Maßnahme[29]. Doch andererseits hatte sich die Kirche dank ihres mehr als ein Drittel betragenden Anteils an den Landkonzessionen und damit am Volksvermögen wie am Volkseinkommen, dank zahlreicher ökonomischer und sozialer Privilegien einschließlich aller ihr im Mutterland zustehenden Steuerexemtionen und des Anspruchs auf eine „dîme ecclésiastique“ sowie dank ihres durch wirtschaftliche Macht potenzierten traditionellen Einflusses in allen Lebensbereichen eine solch starke Stellung sichern können, daß sie, so die Befürchtung Vaubans, als mächtigster Konkurrent der Staatsgewalt die planmäßige Realisierung seiner Projekte stören und danach die Entscheidungs- und Handlungsfreiheit der zur Direktion der Kolonie im Namen des Königs berufenen Verwaltungsorgane merklich einengen konnte. Hinzu kam noch, daß für Vaubans säkularisiertes Verständnis von Staat und Politik, sein entschiedenes Bekenntnis zur strikten Separation von geistlicher und weltlicher Macht, eine solche starke Stellung der Kirche im öffentlichen Leben grundsätzlich unannehmbar war.

Seine Forderungen: der Kirche die Erhebung von Abgaben jeglicher Art zu untersagen, ihren Landbesitz zu requirieren, aus dessen Erträgen

[28] Vauban I, 431.

[29] Hierzu ausführlich *G. Goyau*, Les orignes religieuses du Canada. Nouvelle édition, Paris 1951. Zur Duldung des Konnubiums der Siedler mit Eingeborenen sowie zur Förderung von „mariages franco-indiens“ s. *Diamond* (Anm. 14), 329 sowie *L. Deschamps*, Histoire de la question coloniale en France, Paris 1891, 145.

die für Mission und seelsorgerische Betreuung der Kolonisten erforderliche Zahl von Weltgeistlichen sowie Priesterseminare für deren Ausbildung zu unterhalten, ferner, entsprechend der ihm lange schon gewissen Überzeugung, daß Frankreichs Interesse nur entsprochen werde, „en faisant divorce d'avec Rome et en ruinant la moinerie", alle Mitglieder von Ordensgesellschaften, für ihn, nicht anders als für Colbert, gleichsam parasitäre Existenzen, des Landes zu verweisen — abgesehen nur von wenigen in sozialer Fürsorge tätigen Bettelmönchen — und überhaupt jede mögliche Vorsorge zu treffen, daß kirchliche Institutionen und Personen sich in weltliche Angelegenheiten nicht einmischen könnten, „que toute leur application soit occupée au spirituel, qui est justement ce que doit remplir leur vocation"[30].

Die nach Vaubans Verständnis wichtigsten, weil wirksamsten Maßnahmen zur politischen Entmachtung der Kirche waren die Aufhebung ihres alten Rechts der Erhebung eigener Abgaben, mithin ihrer finanziellen Unabhängigkeit, sowie die Degradierung aller Geistlichen vom Dorfpfarrer bis zum Bischof zu Kostgängern des Staates, d. h. ihre Besoldung aus der Staatskasse, was den Behörden ermöglichen sollte, auf die Besetzung kirchlicher Ämter Einfluß zu nehmen, ihnen unliebsame Geistliche versetzen oder absetzen zu lassen. Vaubans Ideal für die Kolonien wie für das Mutterland war eine Staatskirche ohne eigenes Vermögen und eigene Einkünfte sowie ohne unmittelbaren Einfluß auf politische Entscheidungen, eine Ordnung des Verhältnisses von Kirche und Staat nach den Grundsätzen eines ganz entschiedenen Gallikanismus. Die Diener der Kirche wollte er gleichsam zu Staatsbediensteten machen, verpflichtet zu seelsorgerischer Hilfe durch Vermittlung der Wahrheiten der Religion, zu sozialer Fürsorge durch karitative Aktivitäten und nicht zuletzt auch zu sozialer Disziplinierung durch Erziehung des Volkes in Untertanengesinnung. Wie der Kirche wollte Vauban auch dem Adel in Kanada Stellung und Rechte eines politisch und sozial privilegierten Standes nehmen. Als bezeichnend dafür kann gelten, daß man in seinen kolonialpolitischen Schriften nirgends einen Hinweis nur auf das „système seigneurial" findet, die nach der für Kolonien geltenden Rechtsordnung zweifelsohne wichtigste soziale Institution, deren Wirkungsmöglichkeiten in Kanada freilich, nach dem begründeten Urteil von Diamond, infolge der von den Gegebenheiten in Frankreich deutlich abweichenden ökonomischen Bedingungen, besonders des permanenten Mangels an Arbeitskräften, wesentlich geringer waren als im Mutterland, der für die Besiedlung und als Instrument zur Festigung der sozialen Stabilität aber doch eine nicht geringe Bedeutung beigemessen werden muß[31]. Überhaupt sprach Vauban nirgends von sozialen und

[30] Vauban I, 417. Vgl. *Rebelliau* (Anm. 7), 362.

[31] *Diamond* (Anm. 14), 334 ff., 338.

politischen Privilegien und einer Gliederung des Volkes nach der ständischen Herkunft. Nach seinem Willen durfte es in den Kolonien nur Untertanen und Bedienstete des Königs geben. Die Geburtsstände wollte er durch Berufsstände ersetzen, allein Leistungen für das Gemeinwesen honorieren, ererbte Ansprüche aber ausnahmslos negligieren. Sein weitgestecktes Ziel war es, zunächst einmal in Kanada bei der Organisation der Verwaltung, der Besteuerung, der Rechtsprechung sowie der Anerkennung von Verdiensten um den Staat das für seine Vorstellungen von staatlicher und sozialer Ordnung fundamentale Prinzip der „égalité" durchzusetzen, — ein Prinzip, das nach seiner Überzeugung hinreichend schon legitimiert war durch den Hinweis auf die ihm durch seine Lebenserfahrung als Festungsbaumeister und Kenner der Unterschichten in den Küsten- und Grenzprovinzen Frankreichs vielfach bestätigte Wahrheit: „Les hommes naissent tous roturiers. Il n'y a que leurs actions qui les anoblissent[32]." Auf diese und andere ähnlich lautende Äußerungen verweisend konstatierte schon Ranke bei Vauban eine für diese Epoche erstaunliche Affinität zur Idee der „égalité" und den Willen zu „Neuerungen", die die politischen Auseinandersetzungen im Vorfeld der Revolution bestimmen sollten. Er glaubte ihn daher als Repräsentant einer „populären Theorie" bezeichnen zu können[33].

Bereitstellung, Transfer und Ansiedlung von Kolonisten sollten als ein militärisches Unternehmen unter allseitiger Beachtung des Prinzips von Befehl und Gehorsam durchgeführt werden, in Frankreich vorbereitet und geleitet vom Marinedepartement, in Kanada selbst von Offizieren der Armee. Leerlauf, Verzögerungen und Friktionen sollten möglichst vermieden, nichts dem Zufall und dem Ungefähr, nichts individueller Initiative und Improvisation überlassen bleiben, Planung und Exekution ausschließlich bei den damit beauftragten zivilen und militärischen Behörden des Staates liegen. Die Masse der Siedler sollten nach dem Willen Vaubans Soldaten sein, begleitet im Interesse der sozialen Stabilität und des Bevölkerungswachstums von ihren, als einer damals ganz ungewöhnlichen Vergünstigung, auf „demi-paye" zu setzenden Frauen, nicht wie bisher geworbene Immigranten, genannt „engagés", darunter nicht wenige Kriminelle, Invaliden und Kriegsgefangene, auch Türken. Zur Abgeltung der Transferkosten waren sie verpflichtet, drei Jahre für die „compagnie" oder für einen von ihr zu bestimmenden Herrn zu arbeiten, — ein nach dem Urteil Vaubans wenig produktiver Arbeitseinsatz, da er einer Form zeitlich befristeter Sklaverei gleichkam. Zivilpersonen wollte Vauban nur zulassen, wenn sie

---

[32] Vauban I, 325 f., 645.

[33] *L. v. Ranke,* Französische Geschichte vornehmlich im XVI. und XVII. Jahrhundert, hrsg. von O. Vossler, Stuttgart 1954, 16. Buch, 98, 100.

bereit waren, sich der Befehlsgewalt militärischer Vorgesetzter zu unterwerfen[34].

Als ein erstes Kontingent wollte er fünf Bataillone nach Kanada schicken, doch nur Offiziere und Soldaten, die zuvor ihre Bereitschaft zum Dienst in den Kolonien erklärt hatten. Eine beträchtliche Solderhöhung sollte hier ein Anreiz sein. Dringend empfahl er, in diese Bataillone möglichst viele qualifizierte Handwerker einzustellen, „gens de métiers propres au pays, comme charpentiers, charrons, tourneurs, menuisiers, fendeurs, scieurs de lang, maréchaux, taillandiers, couteliers, serruriers, cloutiers, potieurs de terre, briquetiers et tailleurs de pierres, chaufourniers, charpentiers de moulin, de bateaux, laboureurs, jardiniers, vignerons etc.“[35] — eine Enumeration, die eine Vorstellung davon vermitteln kann, welche vielfältigen und schwierigen Aufgaben diese militärischen Einheiten nach dem Willen Vaubans zu erfüllen hatten. Man kann wohl sagen, daß er eigentlich Handwerker-Bataillone formieren wollte, was anzunehmen erlaubt, daß er für die Besiedlung Kanadas nicht in erster Linie deshalb an den Einsatz militärischer Einheiten gedacht hat, weil er dort die Präsenz einer starken Militärmacht für erforderlich hielt, sondern weit mehr, weil er nur dann mit einer plangerechten Realisierung seines Projekts glaubte rechnen zu können, wenn die Siedler unbedingt auf die Beachtung des militärischen Prinzips von Befehl und Gehorsam verpflichtet waren, wenn eine vorhergehende langjährige Gewöhnung an militärische Disziplin sie gar nicht daran denken ließ, nach der Ankunft in Amerika irgendwie eigene Wege zu gehen oder obrigkeitliche Anordnungen zu mißachten, ein bislang weit verbreiteter, der ökonomischen Entwicklung Kanadas nachteiliger Mißstand. Vaubans Vorschläge zur Rekrutierung und Selektion von Siedlern lassen ferner erkennen, daß es ihm hier gleichermaßen um Qualität wie um Quantität ging, nicht nur um eine Maximierung der Bevölkerungszahl, sondern nicht weniger um eine Steigerung des Leistungsstandards in der Landwirtschaft und den Gewerben.

Die nach Kanada abgeordneten Bataillone sollten regelmäßig durch Rekruten komplettiert und nach fünf Jahren abgelöst werden, wobei er damit rechnete, daß nach Ablauf dieser Frist etwa die Hälfte der Soldaten mit Frauen und Kindern sich freiwillig für den Verbleib in Kanada entscheiden werde, insgesamt etwa 5000 Personen; ein Immigrationszuwachs, der alle bisherigen diesbezüglichen Pläne und Erfolge weit übertroffen hätte[36]. Denn die von Richelieu 1627 der „Compagnie

---

[34] Vauban I, 418 f. Zu den Rechten und Pflichten der „engagés“ s. *Pauliat* (Anm. 22), 115, 272. Dort Angaben zu der für „engagés“ verbindlichen Ordonance vom 19. 2. 1698.

[35] Vauban I, 419.

[36] Ebd., 426 f.

de la Nouvelle-France, dite Canada“ auferlegte Verpflichtung der Ansiedlung von jährlich 200 Personen war bisher das ehrgeizigste, freilich nicht annähernd realisierte kolonisatorische Programm für Kanada gewesen. Zur Einwanderung größerer geschlossener Gruppen, einem dem Vorhaben Vaubans vergleichbaren Unternehmen, war es in der Vergangenheit nur ein einziges Mal gekommen, nämlich mit der von dem Marquis de Salières betriebenen und in den Jahren 1665 und 1667 durchgeführten Ansiedlung eines Regiments in Stärke von 1500 Mann[37]. Der nur bescheidene Bevölkerungszuwachs in den folgenden Jahren — im Schnitt jährlich kaum mehr als 300 Personen trotz intensiver diesbezüglicher Bemühungen qualifizierter Gouverneure wie Talon und Frontenac — resultierte zum Teil aus dem Transfer von „engagés“, zur größeren Hälfte aus Geburten, deren Zahl mit einer durchschnittlichen Jahresrate von mehr als 5 % zwar relativ groß, doch absolut weitaus zu gering war, um die Gefahr zu bannen, daß Frankreich bald schon alle seine überseeischen Besitzungen und mit ihnen auch seine Machtstellung auf den Meeren und dem europäischen Kontinent einbüßte. Vauban forderte deshalb die Regierung dringend zu kolonialpolitischen Aktivitäten auf und riet ihr, die Besitzungen in Kanada zu dichtbevölkerten Siedlungskolonien zu machen[38].

Bereits zwei Jahre vor der Verschiffung der Bataillone wollte Vauban eine Gruppe von Militäringenieuren als Vorkommando nach Kanada schicken, die das Siedlungsgebiet vermessen, Landkarten erstellen, Aufzeichnungen über Bodenqualitäten, Flora und Fauna, hydrographische Gegebenheiten und klimatische Bedingungen machen, natürliche wie künstliche Verkehrswege ermitteln und den Ausbau weiterer Verkehrsverbindungen projektieren sollten. Er dachte dabei auch an die Erschließung eines Systems von Flüssen und Seen vom Lorenz-Strom bis zur Mississippi-Mündung für die Schiffahrt, und zwar durch Kanalbauten zur Umgehung der Niagarafälle sowie zur Verbindung des Oberer- und des Michigan-Sees mit dem Stromgebiet von Ohio und Mississippi. Besonders dringend erschien ihm eine lückenlose kartographische Erfassung aller Flüsse, da er es für zweckmäßig hielt, bei der weiteren Erforschung und Erschließung des Landes von Flußtälern auszugehen.

Nach Auswertung aller bei dieser Landesaufnahme gewonnenen Daten sollten die Ingenieure die für eine Besiedlung geeigneten Plätze bezeichnen, Siedlungsparzellen abstecken und auch schon festlegen, wo Fortifikationen zum Schutz des Siedlungsgebiets zu bauen und wo Zentral-

---

37 Vgl. *Diamond* (Anm. 14), 340 und *Deschamps* (Anm. 29), 176.

38 Zu den Ursachen für die nur sehr bescheidenen Erfolge der bevölkerungspolitischen Maßnahmen des Staates in Kanada s. *Diamond*, 327, 331 und *Deschamps*, 188, 234.

lager, Magazin und Hauptquartier der einzelnen Bataillone zu stationieren seien — Plätze, die nach Vaubens Vorstellung nicht nur militärische Sammel- und Kommandostellen sein sollten, sondern Keimzellen künftiger Städte, — dazu bestimmt, Verwaltungsbehörden, Gemeinschaftseinrichtungen wie Krankenhäuser und Kirchen sowie Gewerbebetriebe, vor allem große Manufakturen, aufzunehmen und notfalls als Zufluchtsstätten für die Siedler bei Angriffen von Engländern oder Eingeborenen zu dienen. Ferner forderte Vauban von den Militäringenieuren, nach Bodenschätzen aller Art zu suchen. Besonders interessiert zeigte er sich an Kohle sowie an Eisen und Blei als Rohmaterialien für die Produktion von Arbeitsgeräten und Waffen, kaum dagegen an Silber und Gold[39]. Mehr noch als von Jagd und Pelzhandel, womit — ungeachtet aller wiederholt mit der Androhung der Exkommunikation verbundenen obrigkeitlichen Verbote, die Siedlungen zu verlassen und in die Wälder zu gehen — zeitweise mehr als ein Drittel der Siedler zum Nachteil der so durch Arbeitskräftemangel in ihrer Entwicklung gehemmten Landwirtschaft befaßt waren, befürchtete er von der Jagd nach Edelmetallen nachteilige Folgen für eine termingerechte Realisierung seines Projektes[40]. Zudem meinte Vauban, belehrt durch den wirtschaftlichen Niedergang Spaniens, daß die Theorie des Bullionismus einseitig und fehlerhaft, daß von Goldfunden keineswegs nur positive Auswirkungen auf die ökonomische Entwicklung zu erwarten seien, daß man in einem toten Metall nicht die primäre Quelle des Volkswohlstandes sehen sollte, sondern in der Arbeitskraft — ihrer Quantität, ihrer Qualität und ihrem zweckentsprechenden, das ökonomische Prinzip beachtenden Einsatz —, in der durch diese lebendige Kraft bewirkten Maximierung der Produktivität der Landwirtschaft und der Gewerbe — Überzeugungen und Argumente, die bestätigen, daß man ihn zu Recht einen entschiedenen Anhänger der „populationistischen" Richtung des Merkantilismus genannt hat[41].

Gottmann und Philipponeau rühmen Vaubans Anweisungen an das aus Militäringenieuren zu formierende Vorkommando für die Besiedlung Kanadas als eine nach Methode und Inhalt allen Ansprüchen moderner „planification régionale" genügende Leistung von hohem wissenschaftlichem Rang, mit der er sich für Kanada den Ehrentitel eines „père de la géographie appliquée" verdient habe[42]. Ferner können diese Anweisungen als Beleg für Fontenelles 1699 geäußerte Meinung

---

[39] Vauban I, 440.

[40] Ebd., 428. Vgl. *Diamond* (Anm. 14), 350.

[41] Zur Bedeutung der „populationistischen Theorie" für Vaubans Verständnis politischer und sozialer Fragen s. *Mann* (Anm. 4), 111—120.

[42] *Philipponeau* (Anm. 23), 101 sowie *J. Gottmann,* Vauban and Modern Geography, in: Geographical Review 1944, 120 ff.

gelten, daß es Vauban gelungen sei (was seine Aufnahme in die Académie des Sciences vollauf rechtfertige), mit vorbildlicher Nutzung der rationalistisch-mechanistischen, auf den Nachweis zähl- und meßbarer Bewegungen, mithin auf mathematische Abstraktion zielenden Methode Descartes' für seine berufliche Praxis die Mathematik vom Himmel herunterzuholen und den Bedürfnissen der Menschen dienstbar zu machen, und zwar nicht nur bei der Perfektion der Kriegsmaschine, sondern auch für friedliche Zwecke, so mit seinen Plänen zur Erschließung und Besiedlung überseeischer Besitzungen[43].

Während die Militäringenieure in Kanada die für eine „colonisation réglée“ notwendigen Vorbereitungen trafen, sollten in den Atlantikhäfen des Mutterlandes die Bataillone zusammengestellt, für die Erfüllung ihrer Aufgaben qualifiziert und mit allem ausgestattet werden, was für einen Erfolg des Unternehmens erforderlich schien: Waffen, Arbeitsgeräte, Baumaterial, Mobiliar, Bekleidung, Saatgut und Haustiere sowie Lebensmittel für die Überfahrt und eine ausreichende Versorgung in den ersten Monaten nach der Landung. Zur gleichen Zeit sollte, ebenfalls in Frankreich, ein Gesamtplan für den Arbeitseinsatz in Kanada entworfen werden mit detaillierten Angaben über die Reihenfolge, in der die einzelnen Vorhaben einzuleiten, sowie über den Zeitraum, in dem sie, bei der von ihm auf acht Stunden begrenzten Arbeitszeit, abzuschließen seien, — ein Produkt des Willens zu lückenloser zentralistischer Reglementierung, ergänzt und abgesichert durch zahlreiche Verbote und Beschränkungen der Bewegungs- und Handlungsfreiheit der Siedler, die, vergleichbar Soldaten in einer rangierten Schlacht, als Rädchen einer in allen Bewegungsabläufen programmierten Maschinerie zu fungieren hatten, eine für das mechanistische Weltverständnis Vaubans, für seine Überzeugung von der Machbarkeit theoretischer Entwürfe kennzeichnende Konzeption.

Vaubans Kolonien sollten nicht ein Werk unternehmerischen Wagemuts, ungebundener schöpferischer Kraft, individueller Initiative und Leistung sein, sondern realistischen Kalküls, obrigkeitlicher Anordnungen und kollektiver Arbeitsleistung — Gründungen, die nach Auswertung eines umfangreichen empirischen Materials zunächst auf dem Reißbrett entworfen, danach von einer militärischen Befehlszentrale aus realisiert und deren weitere Entwicklung beständig kontrolliert und korrigiert werden sollte. Sie waren Produkte der „Ingenieurkunst“ als einer für Vaubans „corps du génie“ verbindlichen Form militärischer Führungskunst, geplant mit derselben Gründlichkeit im Detail, mit der er den Angriff gegen eine Festung vorzubereiten pflegte. Kennzeichnend für sein annähernd unbegrenztes Vertrauen in die Möglichkeiten einer

[43] *Fontenelle* (Anm. 10), I, 100.

solchen „Ingenieurkunst“, in die gestaltende, gleichsam demiurgische Kraft einer Methode und ökonomisches Prinzip beachtenden „planification“ bei der Erschließung überseeischer Territorien ist die Bemerkung, mit der er alle gegen sein Projekt einer Verbindung von Lorenz-Strom und Mississippi vorgebrachten kritischen Bedenken zurückgewiesen hat: „Il n'y a rien au-dessus de la correction des hommes“[44], eine prometheische, fast schon hybride anmutende Äußerung, aus der, wie aus dieser Denkschrift insgesamt, spricht: „l'optimisme, la fougue et l'éternelle jeunesse des constructeurs-nés“[45].

Auch nach der den Beginn einer neuen Phase in der Realisierung von Vaubans Projekt markierenden Ansiedlung der zum Verbleib in Kanada gewillten Soldaten auf dem von ihnen während der vorhergehenden fünf Jahre in kollektivem Arbeitseinsatz urbar gemachten Land sollten diese mit ihren Angehörigen weiterhin einem strengen obrigkeitlichen Regiment unterworfen bleiben, alle in gleicher Weise verpflichtet zum Militärdienst, ferner — im Interesse des Bevölkerungswachstums als der besten Bürgschaft für Sicherheit und Wohlfahrt des Landes — zur Heirat und zur Begründung eines Hausstandes vor Vollendung des 20. Lebensjahres sowie zur Zahlung von Steuern, wobei er, unter Verzicht auf jede Form einer „taille personelle“ sowie der Produktion und Handelsverkehr inhibierenden „aides comme à autant de pestes publiques“, an eine „vingtième“ bzw. eine „Dîme Royale“ in Höhe von 5 % dachte, ergänzt durch eine „gabelle, mais sur le pied de dix-huit livres le minot de sel seulement“, im ganzen eine dank des Wegfalls aller Exemtionen durchaus erträgliche Belastung[46]. Alle Kolonisten sollten selbstredend verpflichtet sein, beständig einer geregelten beruflichen Tätigkeit nachzugehen. Um das zu garantieren, sollte sich niemand ohne behördliche Genehmigung auf mehr als zehn Meilen von seinem Wohnsitz entfernen dürfen, etwa um mit Eingeborenen zu handeln, in den Wäldern zu jagen, Edelmetalle zu suchen oder sich in anderer Weise den Pflichten eines ordentlichen, arbeitswilligen, disziplinierten Untertanen zu entziehen. Wie schon für Colbert war für Vauban Arbeit nicht eine private Angelegenheit, sondern eine Pflicht gegenüber der Allgemeinheit und dem Staat. Jede Form von Müßiggang, Bettelei, Trunksucht und Landstreicherei wollte er mit drakonischen Strafen ahnden.

Vauban forderte also eine enge Begrenzung des Raums individueller Initiative und Entscheidung, eine beträchtliche Ausweitung der Eingriffsrechte der Staatsgewalt in die Lebensführung aller Untertanen sowie eine alle Privilegien liquidierende, die ständische Ordnung nivel-

---

[44] Vauban I, 439.

[45] *Rebelliau* (Anm. 7), 355.

[46] Vauban I, 429 f.

lierende Egalisierung ihrer Rechte und Pflichten. Zwischen dem Staat und der Masse seiner Untertanen wollte er keine privilegierte soziale Schicht, keine mit hoheitlichen Befugnissen ausgestatteten, mit den Verwaltungsbehörden konkurrierenden intermediären Gewalten dulden, sondern nur auf Zeit bestellte, jederzeit abrufbare und in ihrer Amtsführung an eine „commission" gebundene Funktionäre. Alle Kolonisten sollten ausschließlich Untertanen des Königs sein und waren als solche gleichermaßen zu Arbeit, Militärdienst, Bezahlung von Steuern sowie zur Verehelichung verpflichtet.

Ähnliche Gedanken und Forderungen äußerte Vauban in seiner Kritik an der politischen und sozialen Ordnung des Mutterlandes[47]. Aus dieser Übereinstimmung kann — berücksichtigt die Tatsache, daß das von ihm dabei entworfene Bild von den Verhältnissen in Frankreich abstoßend wirken sollte und mußte — zweifelsohne gefolgert werden, daß Kanada nach seinem Willen keinesfalls weiterhin ein Abbild „de l'administration de Louis XIV. et ses vices" bleiben sollte, was es nach dem begründeten Urteil Tocquevilles, entsprechend einer von diesem als gesetzmäßig angesehenen Beziehung zwischen Kolonien und Mutterland, damals gewesen und bis 1763 dann auch geblieben ist[48]. Ausgehend von der Überzeugung, daß man in den Kolonien eher als im Mutterland die Verhältnisse verändern und tiefgreifende Reformen durchsetzen könne, wollte Vauban zunächst einmal die überseeischen Besitzungen von den aus Frankreich importierten und beide gleichermaßen korrumpierenden Mißständen befreien und so zu einer wirklichen „Nouvelle-France" machen — im Sinne nicht nur eines zweiten, sondern eines innerlich erneuerten Frankreich, nicht mehr ein Abbild, sondern, in Umkehrung der bisher üblichen Beziehung zwischen Mutterland und Kolonien, ein Vorbild, das der von ihm mit Nachdruck geforderten Reform der politischen und sozialen Ordnung im Staate Ludwigs XIV. die notwendigen Impulse und Richtpunkte vermitteln konnte: eine weitere bedeutsame Hilfe des neuen für das alte Frankreich neben der Lieferung von Rohstoffen und Waren sowie dem politischen und militärischen Beitrag zur Begründung und Behauptung eines französischen Imperiums beiderseits des Atlantik.

* * *

Vaubans kolonialpolitische Konzeption ist zweifelsohne eine eindeutige Absage an die von Louvois entwickelte und vom König favorisierte Politik kontinentaler Expansion, doch nicht etwa eine Kopie nur der

---

[47] Vgl. hierzu vom *Verf.*, Reformbestrebungen in Frankreich um die Wende vom 17. zum 18. Jahrhundert. Ein Beitrag zur Geschichte der Opposition gegen System und Politik Ludwigs XIV., in: HZ 209 (1969), 265—317.

[48] Zit. nach *Deschamps* (Anm. 29), 150.

See-, Handels- und Kolonialpolitik Colberts, sondern eine in vielen wichtigen Punkten von den Auffassungen des großen Ministers deutlich abweichende, mithin durchaus eigenständige Leistung. Während Colbert Bildung und Aktivitäten privater Handelsgesellschaften angeregt und nachdrücklich gefördert hat — abgesehen nur von der 1674 in einer außergewöhnlichen Notlage, nämlich nach dem Fiasko der 1664 begründeten „Compagnie“, verfügten Einführung des „gouvernement direct“ in Kanada[49] —, wollte Vauban alle Handelsgesellschaften auflösen und in ausnahmslos allen Kolonien zum „gouvernement direct“ übergehen. Die Ausnahme sollte zur Norm werden. Während Colbert den französischen Kaufleuten Zugang zum Handel mit Völkern aller Kontinente hatte öffnen und dazu Stützpunkte an den Küsten aller Meere, in Amerika, in West- und Ostafrika, in Asien sowie in der Levante hatte installieren wollen, ein weitgespanntes, punktuelles System isolierter, eher kommerzieller als kolonialer Positionen in allen Erdteilen, forderte Vauban, die koloniale Expansion auf den Norden Amerikas zu beschränken, hier aber alle anderen Mächte zu verdrängen. Das primäre Motiv seiner kolonialpolitischen Aktivität waren nicht handelspolitische Interessen, sondern der staatliche Machtgedanke, sein Ziel nicht ein maximaler Anteil am Welthandel, sondern die Begründung eines zwar räumlich begrenzten, doch geschlossenen und kraftvollen französischen Imperiums jenseits des Atlantik. Während Colbert in kolonialen Stützpunkten vornehmlich Sammel- und Verladeplätze für Rohstoffe sowie Verkaufsstellen für Warenlieferungen aus dem Mutterland gesehen und ihnen daher allenfalls eine begrenzte territoriale Ausdehnung hatte geben wollen, waren sie für Vauban, eindeutiger noch als für Richelieu, Ausgangspunkte einer ein weites Hinterland erschließenden Kolonisation, die bedeutendsten unter ihnen von Anfang an geplant im Blick auf ihre zukünftige Rolle als städtische Zentren mit Mittelpunktfunktionen für dicht bevölkerte Siedlungskolonien. Demgemäß rangierte für Colbert etwa Haiti, als Zuckerlieferant eine „colonie de commerce“, weit vor den von Vauban favorisierten französischen Besitzungen am Lorenz-Strom, einer „colonie de peuplement“[50]. Während Colbert in Kolonien die Leistungsfähigkeit des heimischen Merkantilsystems befördernde Lieferanten von Rohstoffen und Abnehmer von Fertigwaren gesehen und sie, entsprechend seiner kolonialpolitischen Devise „tout par et pour la métropole“, auf Dauer in ökonomischer und rechtlicher Abhängigkeit hatte halten wollen und sogar bereit war — ein Vorwurf Deschamps' —, die Kolonisten den Handelsinteressen Frankreichs zu opfern, lehnte

[49] Zu den Gründen für diese mit den kolonialpolitischen Grundsätzen Colberts an sich unvereinbare Maßnahme s. *Deschamps* (Anm. 29), 149.

[50] Hierzu *E. Weis*, Frankreich von 1661 bis 1789, in: Handbuch der Europäischen Geschichte IV, hrsg. von F. Wagner, Stuttgart 1968, 198; s. ferner *Deschamps* (Anm. 29), 150 f.

Vauban jede Minderung der Rechtsstellung und der ökonomischen Freiheit überseeischer Besitzungen, mithin die Oktroyierung eines kolonialen Status ab. Sie waren für ihn „moins colonies que des prolongements même de la mère patrie“[51]. Allein durch die gemeinsame Dynastie sollten sie, ähnlich wie später Dominions, mit dem Mutterland verbunden sein — als gleichberechtigte und bald auch schon gleichgewichtige Glieder eines imperialen Herrschaftssystems.

Andere Staaten mochten sich, so die Meinung Vaubans, in anderen Kontinenten eine nach Ausdehnung und Entwicklungsmöglichkeiten vergleichbare Zone imperialer Expansion sichern. Sein Ideal war eine Aufteilung der Welt unter die großen Mächte in jeweils geschlossene, eindeutig voneinander separierte Machtbereiche, ein jede Zersplitterung ihres kolonialen Besitzes und eine Konflikte provozierende Überschneidung kolonialer Interessen ausschließendes, durch ein weltweites Gleichgewicht der Kräfte dauerhaft stabilisiertes Weltstaatensystem, nach seiner Struktur und mit der ihm von Vauban übertragenen Funktion des Interessenausgleichs und der Friedenssicherung durchaus vergleichbar dem von ihm 1706 in seinem „Projet de paix“ entworfenen Modell einer die „bornes naturelles“ respektierenden und somit Grenzstreitigkeiten für immer ausschließenden europäischen Friedensordnung, die der „raison“ ebenso entsprach wie dem Willen Gottes als Schöpfer einer naturgemäßen Begrenzung des Lebensraums der Völker[52].

Deschamps rühmte Vaubans kolonialpolitisches Programm als vorbildliches Modell einer „colonisation militaire“[53], eine Klassifikation, für die gewiß zahlreiche Gründe angeführt werden können, so zunächst das Faktum, daß er zu der Einsicht in die Notwendigkeit einer Beschränkung der Ziele französischer Politik in Europa auf den Bereich der „natürlichen Grenzen“ und der Begründung eines kolonialen Imperiums jenseits des Atlantik ausgehend von einer im Pfälzischen Krieg nach der Niederlage von La Hogue erstellten militärischen Lagebeurteilung gekommen ist, deren Grundgedanken er dann in den Friedensjahren vor dem Spanischen Erbfolgekrieg zu einer geschlossenen außen- und kolonialpolitischen Konzeption weiterentwickelt hat. Als „militärisch“ kann dieses Programm ferner gelten, weil Vauban Kanada im Interesse der

---

[51] *Pauliat* (Anm. 22), 106. Ein solches Verständnis der Beziehungen von Mutterland und Kolonien gilt zwar nicht, wie P. meint, für alle Bourbonen, zweifelsohne aber für Vauban. Goyau und Deschamps werfen den Handelsgesellschaften und ihrem allmächtigen Protektor Colbert vor, geblendet vom „esprit commercial“ in den Kolonien nur Objekte der Ausbeutung gesehen, ihre Besiedlung vernachlässigt und am Schicksal der Siedler desinteressiert gewesen zu sein (*Goyau* [Anm. 29], 30; *Deschamps* [Anm. 29], 152—160, 228).

[52] Vauban I, 497 ff.

[53] *Deschamps* (Anm. 29), 228.

Konzentration und optimalen Nutzung aller personellen Kräfte für Verteidigungsbereitschaft und ökonomische Entwicklung eine weitgehend militär-staatliche Verfassungs- und Rechtsordnung geben wollte, und schließlich auch deshalb, weil er Besiedlung und Erschließung des Landes wie ein militärisches Unternehmen ablaufen lassen wollte, geplant in Stabsabteilungen des Kriegs- und des Marineministeriums, vorbereitet vor Ort von einem mit der Landesaufnahme beauftragten, aus Militäringenieuren bestehenden Vorkommando und ausgeführt, nach der Installation von Militärlagern als zentralen Basen, von militärischen Einheiten, deren Offiziere die Einhaltung des Arbeitsplanes und die termingerechte Erfüllung aller Planziele zu überwachen und zu garantieren hatten.

Vaubans Modell einer „colonisation militaire" fand in Frankreich zunächst kaum Beachtung. Man blieb bei der seit Heinrich IV. als Instrument der Kolonialpolitik bewährten Institution privilegierter Handelskompanien, was auch unvermeidlich zu sein schien, weil man bei der permanenten Misere der Staatsfinanzen die Staatskasse mit den hohen Kosten für koloniale Unternehmungen nicht glaubte belasten zu dürfen. Man hielt es für sinnvoll und gerecht, Kosten und Risiko denjenigen aufzubürden, die an den erhofften Gewinnen unmittelbar interessiert waren, nämlich den in den Handelskompanien vereinigten Kaufleuten und Reedern der Handelsstädte am Atlantik und am Mittelmeer sowie wohlhabenden, an einer hohen Verzinsung ihres Kapitals interessierten Privatpersonen aus Paris und den Provinzen, — gewiß ein Indiz dafür, daß man in kolonialer Aktivität zumeist einen „effort économique" und nicht, wie Vauban, eine staatspolitische Aufgabe gesehen hat.

Erst 1763, unter Choiseul, kam es zu einer „colonisation militaire", nämlich mit dem freilich kläglich gescheiterten, weil ganz unzureichend vorbereiteten Versuch der Begründung einer „colonie de peuplement" in Guyana, ein Unternehmen, das überhastet geplant und durchgeführt wurde, weil die Regierung möglichst schnell einen spektakulären Erfolg vorweisen wollte, um ihre durch die Demütigung des Friedens von Paris, zumal den Verlust Kanadas angeschlagene Reputation wiederherzustellen. Mit mehr Erfolg hielt man sich an das Modell einer „colonisation militaire" im 19. Jahrhundert, so in Algerien und Indochina. Doch bleibt in der französischen Kolonialgeschichtsschreibung umstritten, ob dieses Modell nach den mit ihm gemachten Erfahrungen zweckmäßig genannt werden kann, ob „esprit militaire" und „esprit colonisateur" überhaupt vereinbar sind, ob hier nicht Spannungen vorliegen, die einen optimalen Erfolg bereits im Ansatz ausschließen[54].

---

[54] Zur „colonisation militaire" von 1763 s. *Pauliat* (Anm. 22), 293 ff., *Deschamps* (Anm. 29), 228.

Der „Schild des Reiches“

Markgraf Ludwig Wilhelm von Baden-Baden (1655 - 1707) und die „Reichsbarriere“ am Oberrhein

Von Christian Greiner, Freiburg

Zeitgenössische französische Enzyklopädien beschreiben an der Wende vom 17. zum 18. Jahrhundert die „Barriere“ als ein Instrument, das dazu diene, sich abzugrenzen, sich zu schlagen, sich zu verteidigen und einen Übergang zu verhindern[1]. Klassisches Vorbild und Beispiel war und ist die Festungskette zwischen Frankreich und den Niederlanden. Von einer „oberrheinischen Barriere“ wurde wohl erstmals bei den Friedensverhandlungen von 1696/97 in Rijswijk gesprochen[2]. Das Problem einer wirksamen Sicherung der Westgrenze des Heiligen Römischen Reiches gegen Frankreich bestand jedoch spätestens seit den Westfälischen Friedensschlüssen von 1648.

Bisher ist dieses Thema eher als allgemeines politisches Problem und als Verhandlungsgegenstand auf den zahlreichen Friedenskongressen der Zeit behandelt worden[3]. Neuere Forschungen über die an der Grenze zu Frankreich gelegenen sogenannten Vorderen Reichskreise und ihre Assoziationen erlauben nun eine Darstellung aus der Sicht der unmittelbar Betroffenen[4]. In den Mittelpunkt der folgenden Untersuchung über die militärischen und politischen Bemühungen zur Sicherung der Westgrenze des Reiches soll der badische Markgraf Ludwig Wilhelm, der „Türkenlouis“, gestellt werden[5].

---

1 *Werner Hahlweg,* Barriere — Gleichgewicht — Sicherheit. Eine Studie über die Gleichgewichtspolitik und die Strukturwandlung des Staatssystems in Europa 1646—1715, in: HZ 187 (1954), 55.

2 *Aloys Schulte,* Markgraf Ludwig Wilhelm von Baden und der Reichskrieg gegen Frankreich 1693—1697, II. Band: Quellen, Heidelberg ²1901, 303; *Hahlweg* (Anm. 1), 76, spricht erst für 1708/09 davon.

3 *Max Braubach,* Um die „Reichsbarriere“ am Oberrhein. Die Frage der Rückgewinnung des Elsaß und der Wiederherstellung Lothringens während des Spanischen Erbfolgekrieges, in: ZGO 89 (1937), 481—530; *Leo Just,* Grenzsicherungspläne im Westen des Reiches zur Zeit des Prinzen Eugen (1663—1736), in: Rheinische Vierteljahrsblätter 6 (1936), 230—243.

4 Als jüngste Arbeit in einer langen Reihe: *Bernd Wunder,* Die Kreisassoziationen 1672—1748, in: ZGO 128 (1980), 167—266.

5 Neuere Literatur bei *Christian Greiner,* Der Eintritt des Markgrafen Ludwig Wilhelm von Baden-Baden in kaiserliche Dienste 1676, in: ZGO 132

Das erscheint aus zwei Gründen gerechtfertigt. Zum einen lag sein Territorium, die Markgrafschaft Baden-Baden, links und rechts des Rheins in unmittelbarer Nachbarschaft zu Frankreich. Schutz der Markgrafschaft bedeutete damit auch immer Sicherung und Verteidigung der Reichsgrenze. Zum anderen war Ludwig Wilhelm seit 1693 der Initiator und die Integrationsfigur aller Bestrebungen der süddeutschen Reichskreise, den Oberrhein durch eine Festungsbarriere links oder rechts des Rheins gegen die ausgreifende Politik und die damit verbundenen militärischen Aktivitäten des französischen Königs zu sichern. Der Zusammenbruch all dieser Bestrebungen nach seinem Tode 1707 zeigte deutlich, was er nicht nur für die „Reichsarmee" der Vorderen Reichskreise bedeutet hatte, sondern auch für den Kampf um eine sichere Grenze zu Frankreich.

Die für die Sicherheit der Reichsstände am Oberrhein wichtigen Bestimmungen des Friedensinstruments von 1648 betrafen das französische Besatzungsrecht in den rechtsrheinischen Festungen Breisach und Philippsburg und den Übergang österreichischer Besitztümer und Rechte sowie der Landvogtei über die zehn Reichsstädte im Elsaß auf die französische Krone. Frankreich besaß damit im Süden und Norden der Markgrafschaft zwei Ausfalltore ins Reich, die zudem die linksrheinische Festung und Reichsstadt Straßburg flankierten. Es beherrschte das Vorfeld links des Rheins, denn die zehn Reichsstädte waren alle mehr oder minder befestigt, wie z. B. Schlettstadt, Hagenau und vor allem Landau. Für das Gebiet rechts des Rheins von Basel bis Philippsburg hatte Frankreich in den Friedensbestimmungen ein Befestigungsverbot durchsetzen können. Dies erhöhte den Wert von Breisach und Philippsburg beträchtlich. Die Befestigungsanlagen von Philippsburg und Schlettstadt wurden 1673 verstärkt[6].

(1984), 227; *Gerhard Papke,* Von der Miliz zum Stehenden Heer. Wehrwesen im Absolutismus (= Handbuch zur deutschen Militärgeschichte, Bd. 1, Abschn. I), München 1979, 249 f.

[6] *Georg Hüpper,* Von der Vierstromgrenze zur Rheingrenze. Der Ausbau des französischen Festungssystems im 17. Jahrhundert unter Ludwig XIV. und die Gegenmaßnahmen der europäischen Mächte, Phil. Diss. Berlin 1936, 51; *Hans-Walter Herrmann,* Die Entstehung von Festungsstädten zwischen Maas und Oberrhein, in: Saarlouis 1680—1980. Entstehung und Entwicklung einer Vauban'schen Festungsstadt (= Katalog zur Ausstellung im Städtischen Museum Saarlouis, 14. Juni—30. September 1980), Saarlouis 1980, 17. — Siehe zur Rheinpolitik Frankreichs nach 1648 jetzt: *Hermann Weber,* Die französische Rheinpolitik zwischen dem Westfälischen Frieden und dem Renversement des Alliances, in: Beiträge zur Geschichte der frühneuzeitlichen Garnisons- und Festungsstadt. Referate und Ergebnisse der Diskussion eines Kolloquiums in Saarlouis vom 24.—27. 6. 1980, zusammengestellt von Hans-Walter Herrmann und Franz Irsigler (= Veröffentlichungen der Kommission für Saarländische Landesgeschichte und Volksforschung, Bd. XIII), Saarbrücken 1983, 74—89.

Der Großvater Ludwig Wilhelms, Markgraf Wilhelm (1593—1677), versuchte, diese nach 1648 entstandene neue Lage allein und mit politischen Mitteln zu meistern. Er setzt auf vorsichtige Annäherung an Ludwig XIV., obwohl dies der traditionell kaiser- und reichstreuen Politik der katholischen Linie Badens widersprach und badische Markgrafen oft in den Diensten des Kaisers und des Reiches gestanden hatten und noch standen. Seit 1645 unterhielt Baden mit erheblichen Kosten einen eigenen Gesandten in Paris[7]. 1654 heiratete der Vater Ludwig Wilhelms, Erbprinz Ferdinand Maximilian (1625—1669), eine Prinzessin aus dem Hause Savoyen-Carignan, das dem Hause Bourbon verwandt war. Er hielt sich längere Zeit am französischen Hof in Paris auf. All dies diente offensichtlich dem Versuch einer vorsichtigen „Rückversicherung" bei dem mächtigen und gefährlichen Nachbarn[8].

Mit dem Scheitern der Ehe brach dieser Ansatz badischer Außenpolitik in Richtung Frankreich zusammen. Nachdem sich die Prinzessin Maria Christina Luisa von Savoyen-Carignan (1627—1689) weigerte, als badische Erbprinzessin den Pariser Hof mit der nach ihrer Meinung unwirtlichen Markgrafschaft zu vertauschen, kehrte Ferdinand Maximilian allein nach Baden zurück und verfolgte fortan eine scharf antifranzösische Politik. Den bescheidenen Mitteln der Markgrafschaft entsprechend beschränkte sie sich auf diplomatische Brüskierung französischer Gesandter im Heiligen Römischen Reich und auf erfolglose Bemühungen, Reichsstände an der Grenze in Bündnissen gegen Frankreich zu vereinen. 1664 sollte eines dem Schutz Straßburgs vor den nach Ungarn marschierenden Truppen Frankreichs dienen. 1667 wurde ein ähnlicher Bündniszusammenschluß bei Ausbruch des französisch-holländischen Devolutionskrieges versucht[9]. Dem 1658 gegründeten Rheinbund, dessen Mitglied Frankreich war, gehörte Baden-Baden nicht an. Der Schutz der Grenze am Oberrhein und damit der Markgrafschaft wurde so zu einem wichtigen Anliegen des als friedliebend und in Religionsdingen tolerant eingeschätzten Vaters Ludwig Wilhelms. Seine defensive Grundhaltung gegenüber Frankreich bezeugten Leitlinien für die Erziehung seines Sohnes in einem Testament von 1657 und einer späteren Erziehungsanweisung: man solle kein Land links des Rheins erwerben und keine Festungen rechts des Rheins bauen, um Frankreich nicht zu reizen.

---

[7] *Friedrich von Weech*, Badische Geschichte, Karlsurhe 1890, 172. Siehe dazu jetzt: *Volker Press*, Die badischen Markgrafschaften im Reich der frühen Neuzeit (= [237.] Protokoll über die Jahresmitgliederversammlung vom 16. 3. 1984 der Arbeitsgemeinschaft für geschichtliche Landeskunde am Oberrhein e. V.), Karlsruhe 1985, 23.

[8] *Otto Flake*, Türkenlouis. Gemälde einer Zeit, Berlin 1937, 31.

[9] *von Weech* (Anm. 7), 180 f. und 183; *Press* (Anm. 7), 25 f. Siehe zu ähnlichen Bündnisbestrebungen der Kreise Schwaben und Franken 1663 und 1667 *Wunder*, Kreisassoziationen (Anm. 4), 184 ff.

Die traditionell kaiser- und reichsfreundliche Gesinnung fand ihren Ausdruck in der Meinung, französisches Geld könne zwar angenommen, solle aber nicht gegen Kaiser und „vatterland“ verwendet werden[10].

Der in Paris am 8. April 1655 geborene Ludwig Wilhelm wurde — wie sein ebenfalls am französischen Hof aufgewachsener Vetter Prinz Eugen — von den Umständen und seiner eigenen Einstellung gezwungen, weniger defensiv und weniger politisch mit dem französischen König umzugehen als sein Vater. 1674 weitete sich der seit 1672 zwischen Frankreich und den Niederlanden geführte Krieg auch an den Oberrhein aus. Ludwig Wilhelm beteiligte sich unter Montecuccoli, dem Herzog Karl V. von Lothringen und seinem Onkel Hermann (1628—1691), der kaiserlicher Feldzeugmeister war, von 1675 bis 1678 an den Feldzügen. Nachdem die Offensive brandenburgischer und kaiserlicher Truppen ins Elsaß 1675 an der überlegenen Manövrierkunst Turennes gescheitert war, fanden die folgenden Feldzüge nur noch rechts des Rheins z. T. in der Markgrafschaft statt. 1676 gelang unter maßgeblichem Einsatz des jungen badischen Prinzen Ludwig Wilhelm die Einnahme von Philippsburg. Damit war die Stellung der Franzosen am Rhein stark erschüttert, da den verbündeten Truppen auch die Straßburger Brücke noch als Rheinübergang zur Verfügung stand. Im Gegenzug eroberten französische Truppen 1677 Freiburg und zerstörten 1678 die Befestigungswerke von Kehl mit der Straßburger Brücke[11].

Der 1679 in Nimwegen abgeschlossene Frieden bestätigte diese Ergebnisse der militärischen Operationen. Frankreich erhielt das Besatzungsrecht in Breisach, Freiburg und der Rheinschanze von Kehl gegenüber Straßburg. Ihm blieben aller Besitz und alle Rechte im Elsaß. Philippsburg fiel an den Kaiser zurück. Die Gefahr im Norden der Markgrafschaft schien gemindert, im Süden verstärkt. Der Besitz von Breisach und Freiburg brachte zusammen mit der Sperrung der Rheinbrücke bei Straßburg das Elsaß fester in französische Hand[12].

Nach dem Tode seines Vaters 1669 und seines Großvaters 1677 seit 1678 selbst Landesherr der Markgrafschaft Baden-Baden, sah sich Ludwig Wilhelm mit zwei Tendenzen französischer Machtpolitik konfrontiert. Nach dem Frieden von Nimwegen begann Ludwig XIV., seine Besitzansprüche im Elsaß zu konsolidieren und gleichzeitig seinen

---

[10] *Albert Krieger,* Zwei Instruktionen des Markgrafen Ferdinand Maximilian von Baden-Baden für die Erziehung seines Sohnes Ludwig Wilhelm, in: ZGO 43 (1889), 89.

[11] *Carl Freiherr du Jarrys de la Roche,* Der deutsche Oberrhein während der Kriege seit dem westfälischen Frieden bis 1801, Stuttgart 1842, 3—42; *Hüpper* (Anm. 6), 82.

[12] Ebd.; *de la Roche* (Anm. 11), 42—44; *Herrmann,* Entstehung (Anm. 6), 18.

Festungsgürtel am Oberrhein auszubauen und zu ergänzen. Im Januar 1680 eröffnete sich der „Conseil souverain d'Alsace“ in Breisach ein neues Tätigkeitsfeld. Auf der Grundlage längst vergessener und höchst zweifelhafter Rechtstitel wurden in Beschlüssen vom März und August 1680 Souveränitätsansprüche über das ganze Elsaß angemeldet. Mit militärischem Druck gelang es, diese „Reunionen“ durchzusetzen. Ausgenommen blieben zunächst noch Straßburg und Mühlhausen. Aber schon im November 1678 hatte Vauban das eigentliche Ziel genannt: „Hinsichtlich Deutschlands bleibt, wenn auf dieser Seite ein Krieg kommen wird, als letzte Konsequenz nur die Wegnahme Straßburgs. [...] die Eroberung ist so vorteilhaft, um den Krieg über den Rhein zu tragen, daß ich nichts kenne, was besser wäre[13].“ Die Reichsstadt Straßburg beugte sich schließlich im September 1681 ohne neuen Krieg den politischen und militärischen Pressionen Ludwigs XIV. und wurde von französischen Truppen besetzt[14]. Die Oberrhein-Linie und das Elsaß schienen ohne einen Schwertstreich für Frankreich gewonnen.

Der französische Festungsbaumeister Vauban begann sofort mit der Befestigung dieser Linie. Die 1682 gebaute Festung Hüningen bei Basel erhielt 1686/87 ein rechtsrheinisches Fort. Freiburg wurde zur Festung ausgebaut. Straßburg bekam eine neue Zitadelle und Befestigungswerke. Das rechtsrheinische Kehl wurde ab 1681 neu befestigt. Wenig rheinabwärts entstand ab 1686 auf einer badischen Rheininsel mit einem rechtsrheinischen Brückenkopf Fort Louis. Zur Sicherung des Elsaß gegen Angriffe von Norden begann 1687 der Ausbau der Festung Landau, die 1679 an Frankreich gekommen war. Erreicht war damit ein Ziel, das Vauban schon 1680 gegenüber Louvois genannt hatte. An der Ostgrenze von Frankreich sollte eine solche Festungskette gebaut werden, „daß man [...] sich zwischen Hüningen und Dünkirchen mit einem Kanonenschuß von Festung zu Festung verständigen“ könne. Den Zweck dieser Festungen beschrieb Vauban 1678 so: „Die Festungslinie verschließt dem Gegner den Zugang zu unserem Land und erleichtert uns den Zugang zu seinem[15].“

---

[13] *Hüpper* (Anm. 6), 89 und 100.

[14] *Aloys Schulte,* Frankreich und das linke Rheinufer, Stuttgart, Berlin 1918, 177—200.

[15] *Günter Stein,* Festungen und befestigte Linien des 17. und 18. Jahrhunderts, in: Barock am Oberrhein, hrsg. v. Volker Press, Eugen Reinhard und Hansmartin Schwarzmaier (= Oberrheinische Studien, Bd. VI), Karlsruhe 1985, 73 ff.; *Heinz Musall,* Grundriß der Reichsfestung Philippsburg 1745 (= Historischer Atlas von Baden-Württemberg, Beiwort zur Karte I, 10), Stuttgart 1985, 5 ff. Siehe auch: *Heinz Musall* und *Arnold Scheuerbrandt,* Siedlungszerstörungen und Festungswerke im späten 17. und frühen 18. Jahrhundert (1674—1714) (= Historischer Atlas von Baden-Württemberg, Beiwort zu Karte VI, 12), Stuttgart 1980; Pläne von Festungen und befestigten Städten, bearb. v. Rudolf Schott (= Die Sammlungen des Wehrgeschichtlichen Muse-

Die politisch uneinigen und militärisch machtlosen Stände des Reiches mußten dieser Entwicklung tatenlos zusehen. Auf Antrag des Kaisers im Januar 1681, sich wegen der Türkengefahr mit der Sicherheit des Reiches zu befassen, beschloß der Reichstag schließlich Ende August 1681 die Zusammensetzung einer Reichsarmee von 40 000 Mann und ihre zahlenmäßige Verteilung auf die zehn Reichskreise[16]. Ludwig Wilhelm nahm zu diesem Vorhaben am 18. April 1681 gegenüber dem Markgrafen von Baden-Durlach Stellung. Ihn bedrückten weniger die Gefahren eines osmanischen Angriffs als vielmehr die französischen Absichten am Oberrhein. Von daher schien ihm ein Reichsheer von 60 000 Mann erforderlich, das sofort aufgestellt werden und die Westgrenze besetzen und befestigen sollte[17]. Wohl erließ der Kaiser im Januar 1682 einen Artikelbrief für das Verhalten der Reichsarmee während der Feldzüge und in den Garnisonen, aber damit stand noch kein einziger Soldat tatsächlich am Feind[18]. Nur wenige kaiserliche Regimenter rückten 1682 nach Westen und belasteten mit Durchmärschen und Einquartierungen eher die Vorderen Reichskreise, als daß sie ausreichenden Schutz geboten hätten. In dieser Situation riet der Markgraf dem Schwäbischen Kreis von eigenen Rüstungen ab, um Frankreich nicht zu provozieren und dann militärisch nicht genügend vorbereitet angegriffen zu werden. Der Zeitpunkt für eine wirkungsvolle Rüstung des Kreises schien ihm nun versäumt. Er setzte fortan auf die Reichsstände, die eigene stehende Truppen unterhielten, die sogenannten armierten Stände, den Kaiser und den niederländischen Statthalter, Wilhelm III. von Oranien, die schon bis 1679 gegen Frankreich gekämpft hatten, und weniger auf die militärische Kraft des ganzen Heiligen Römischen Reiches[19]. Ludwig Wilhelm reiste deshalb 1682 nach Wien und in die Niederlande, die sich als Kern neuer Allianzen gegen Frankreich herauszubilden schienen[20]. In Wilhelm III. fand er einen seiner „wohlwollendsten Förderer" und „besonderen Freund"[21]. Angesichts der militärischen Schwäche des Reiches und der

---

ums im Schloß Rastatt, 4, Festungswesen, Teil II), Karlsruhe 1985; Das Festungsbuch des Nicolas Person. Wichtige Festungen Europas Ende des 17. Jahrhunderts, hrsg. u. kommentiert v. Peter H. Meurer, Bad Neustadt a. d. Saale 1984, 35—73; *Hüpper* (Anm. 6), 98, 115 ff. u. Karte; *Karl Stiefel*, Baden 1648—1952, Karlsruhe ²1979, 45 f.; *Herrmann*, Entstehung (Anm. 6), 18 und 21 (Zitate).

[16] *Eugen von Frauenholz*, Das Heerwesen in der Zeit des Absolutismus, München 1940, 375—380; *Papke*, Miliz (Anm. 5), 241 ff.

[17] *Aloys Schulte*, Markgraf Ludwig Wilhelm von Baden und der Reichskrieg gegen Frankreich 1693—1697, I. Band: Darstellung, Heidelberg ²1901, 47.

[18] *von Frauenholz* (Anm. 16), 381—398.

[19] *Schulte*, I. Band (Anm. 17), 47.

[20] *Hüpper* (Anm. 6), 108 ff.

[21] Der Türkenlouis. Illustrierter Katalog der Ausstellung zum 300. Geburtstag des Markgrafen Ludwig Wilhelm von Baden, hrsg. vom Badischen Landesmuseum Karlsruhe, Karlsruhe 1955, 82; *Bernd Wunder*, Frankreich, Würt-

Reichskreise blieb der Markgraf auch in der Folge bei seiner vorsichtigen Haltung gegenüber Frankreich. 1688 versicherte er einem französischen Gesandten, er werde gegen den Bau von Fort Louis auf einer badischen Rheininsel und die Anlegung eines rechtsrheinischen Brückenkopfes nichts unternehmen[22].

Die seit Beginn des Jahres 1683 erkennbaren Angriffsvorbereitungen des Osmanischen Reiches gegen Österreich machten alle Bemühungen zur Sicherung der Westgrenze vollends illusorisch. Ludwig Wilhelm, seit 1676 kaiserlicher Oberst und Inhaber eines Infanterieregimentes, 1679 vom Kaiser zum Generalfeldwachtmeister und 1682 zum Feldmarschallleutnant befördert, verließ 1683 für zehn Jahre die Markgrafschaft, um in Ungarn für den Kaiser zu kämpfen[23]. Die Markgrafschaft blieb schutzlos, von „hinterlassenen Räten“ verwaltet, zurück. Immerhin bedeutete der mit Frankreich 1684 auf zwanzig Jahre abgeschlossene Stillstand eine gewisse Sicherheit. Der status quo wurde am Oberrhein und im Elsaß festgeschrieben. In diesem Zusammenhang leistete eine Tante Ludwig Wilhelms, die in der Markgrafschaft die Regierungsgeschäfte führte, 1684 der französischen Krone den Lehnseid für die linksrheinischen badischen Besitzungen[24].

Als der Markgraf als kaiserlicher Generalleutnant im Frühjahr 1693 aus Ungarn an den Oberrhein zurückkehrte, fand er hier eine seit 1683 gründlich veränderte Lage vor. Unter Bruch des Stillstandes von 1684 hatte Frankreich 1688 im Westen einen neuen Krieg begonnen. Vorgeschobener und etwas fadenscheiniger Grund waren Erbansprüche an die Kurpfalz. Eigentliches Kalkül des französischen Königs und seiner militärischen Berater war die Überlegung, sich vor einem Friedensschluß zwischen dem Kaiser und dem Osmanischen Reich, der sich nach der Eroberung Belgrads 1688 abzuzeichnen schien, mit politischen oder militärischen Mitteln die Reunionen und die Rheingrenze endgültig zu sichern. Als Kaiser und Reich auf eine Umwandlung des Stillstandes von 1684 in einen dauerhaften Vertrag nicht eingingen, begannen die militärischen Aktionen zur Sicherung des 1684 erreichten Standes. Dazu genügten nach Meinung Ludwigs XIV. defensive Maßnahmen nicht,

---

temberg und der Schwäbische Kreis während der Auseinandersetzungen über die Reunionen (1679—97). Ein Beitrag zur Deutschlandpolitik Ludwigs XIV. (= Veröffentlichungen der Kommission für Geschichtliche Landeskunde in Baden-Württemberg, Reihe B: Forschungen, Bd. 64), Stuttgart 1971, 227 (als französische Meinung).

[22] Ebd., 78.

[23] *Christian Greiner*, Der „Türkenlouis“. Markgraf Ludwig Wilhelm von Baden-Baden als Reichsfürst und kaiserlicher Offizier in den Türkenfeldzügen von 1683 bis 1692, in: Internationaler Kongreß für Militärgeschichte Wien, 6.—10. Juni 1983, Beiträge, Wien 1984, 93—123.

[24] *Press* (Anm. 7), 26.

sondern man mußte dem befürchteten Aufmarsch deutscher Truppen am Oberrhein offensiv zuvorkommen und ihm alle logistischen Grundlagen entziehen. Kennzeichnend für das französische Vorgehen war 1688/89 die Absicht, die ohnehin schon stark befestigte Rheingrenze noch zu verbessern und mit einem entfestigten, verwüsteten Vorfeld zu versehen[25].

Im Herbst 1688 überschritten die französischen Truppen den Rhein und begannen mit der Belagerung Philippsburgs, das Ende Oktober genommen wurde. Es folgten weite Vorstöße bis nach Württemberg, die, ohne auf militärischen Widerstand zu treffen, der Zerstörung des Landes und der Ausschreibung und Eintreibung von Kontributionen dienten.

Vor den langsam anmarschierenden Truppen des Kaisers, der Vorderen Reichskreise und einiger armierter Reichsstände zogen sich die Franzosen bis März 1689 wieder auf das linke Rheinufer zurück. Besetzt blieben die ganz oder z. T. auf der rechten Rheinseite liegenden Festungen Hüningen, Freiburg, Breisach, Kehl, Fort Louis und Philippsburg[26]. Aus dieser Festungskette brach man im Juni 1689 wieder hervor, um nun das systematische Zerstörungswerk in der rechtsrheinischen Pfalz und den badischen Markgrafschaften fortzusetzen und zu beenden.

Innerhalb eines Jahres hatte damit Frankreich vor seiner Festungskette am Rhein eine entfestigte und zerstörte Zone geschaffen, aus der alles nur denkbare für die Kriegführung benötigte Material abtransportiert worden war. Ziel dieser Maßnahme war es, die „Armee des Kaisers der Mittel zu berauben, die es ihr erlaubt hätten, leicht den Rhein zu überschreiten“[27]. Man wollte „absolut Meister des Rheins“ werden[28].

In den Jahren 1690 bis 1692 gelangen den französischen Truppen weitere Erfolge am Oberrhein. Erleichtert wurden sie ihnen durch die uneinige und ungeschickte Operationsführung der dort eingesetzten schwachen deutschen Streitkräfte. 1692 erlitt der Administrator des Herzogtums Württemberg, Karl Friedrich, eine vernichtende Niederlage mit unabsehbaren militärischen und politischen Folgen. Erneut wurden in Württemberg Kontributionen ausgeschrieben. Ludwigs XIV. unternahm den Versuch, das Land in die Neutralität zu treiben.

Seit 1690 kämpfte die Große Allianz, die 1689 zwischen England, den Generalstaaten, dem Heiligen Römischen Reich, dem Kaiser und Spanien gebildet worden war, von den Niederlanden bis nach Oberitalien gegen Frankreich. Die schwächste Stelle dieser Front lag sicher am Oberrhein,

---

25 *Hüpper* (Anm. 6), 131.

26 *Wunder,* Frankreich (Anm. 21), 139.

27 Ebd.

28 *Hüpper* (Anm. 6), 133.

und damit schien ihr militärischer und politischer Zusammenhalt insgesamt gefährdet. So begann ab 1690 die Suche nach einem Führer, der hier stabilisierend wirken konnte. Die Blicke richteten sich auf den in Ungarn gegen die Türken so erfolgreichen badischen Markgrafen. Wilhelm III. von Oranien, seit 1689 auch König von England, forderte im Mai 1690 den Kaiser auf, an Stelle des im April gestorbenen Herzogs von Lothringen den badischen Markgrafen an den Oberrhein zu schicken. Im März 1691 verlangte er von Ludwig Wilhelm, in Wien darauf zu dringen, daß der Krieg in Ungarn durch einen Friedensschluß beendet werde, damit er in das Reich kommen könne[29]. Nach dem Sieg des „Türkenlouis“ in der Schlacht von Slankamen wiederholte der englische König seinen Wunsch[30]. Ihm schlossen sich die Kreise Schwaben und Franken 1692 an, die sich am 8. Juni 1691 zu einer Assoziation zusammengeschlossen hatten; nicht nur, um sich gemeinsam besser „gegen feindliche Aggressionen“ verteidigen zu können, sondern auch, um durch die Aufstellung eigener Truppen den lästigen Durchmärschen und Einquartierungen anderer armierter Reichsstände zu entgehen[31]. Es kam ihnen, wie auch dem Administrator von Württemberg, der sich im Dezember 1691 ein Feldzugsgutachten von Ludwig Wilhelm erbeten hatte, zunächst nicht darauf an, daß der Markgraf ständig die Führung am Oberrhein übernahm, sondern bei einem kurzen Aufenthalt im Winter 1692/93 die Truppen der beiden Kreise etwas kriegstüchtiger machte[32]. Bald kam allerdings die Einsicht, daß nur eine längere Kommandoführung im zivilen und militärischen Bereich Besserung bringen würde. Der Kreisoberst von Franken, Markgraf Christian Ernst von Bayreuth, schlug daher im Oktober 1692 vor, dem Markgrafen als kaiserlichem Generalleutnant, der er seit 1691 war, die Truppenkontingente der Kreise Schwaben und Franken zu unterstellen. Das konnte nur bei einem Verbleiben Ludwig Wilhelms am Oberrhein Sinn haben[33].

Der Markgraf entschied sich zum Jahreswechsel 1692/93, für kurze Zeit an den Oberrhein zu gehen, um die Dinge in den Kreisen zu regeln. Die Überraschung des Kaisers darüber zeigte, daß es ihm lieber gewesen wäre, wenn der Markgraf in Ungarn geblieben wäre. Der Kampf gegen die Türken versprach dem Hause Habsburg unmittelbaren Machtzuwachs durch Landgewinn, während die Verteidigung der Westgrenze

---

[29] *Schulte*, I. Band (Anm. 17), 85, und *ders.*, II. Band (Anm. 2), 1.

[30] Ebd., 1 f.

[31] *Wunder*, Kreisassoziationen (Anm. 4), 225.

[32] *Schulte*, I. Band (Anm. 17), 82 ff.; *Peter-Christoph Storm*, Der Schwäbische Kreis als Feldherr. Untersuchungen zur Wehrverfassung des Schwäbischen Reichskreises in der Zeit von 1648 bis 1732 (= Schriften zur Verfassungsgeschichte, Bd. 21), Berlin 1974, 209 f.

[33] *Schulte*, I. Band (Anm. 17), 83 f.; *Storm* (Anm. 32), 210.

des Reiches wohl den vorderösterreichischen Ländern am Oberrhein zugute kam, aber doch eher als lästige Pflicht empfunden wurde. Die Motive des Markgrafen für diesen Schritt waren vielfältig. Zunächst hatte er wohl tatsächlich die Absicht, nach kurzer Zeit nach Ungarn zurückzukehren und den Krieg hier bis zu dem, wie man glaubte, nahe bevorstehenden Frieden zu Ende zu führen, wenn auch König Wilhelm von England meinte, diese Aufgabe könnte minder befähigten Generalen überlassen werden. Der „Postritt" ins Reich überzeugte Ludwig Wilhelm dann allerdings bald, daß hier eine langfristige Aufgabe auf ihn wartete und zumindest der Feldzug 1693 unter allen Umständen am Oberrhein geführt werden mußte. Diesen Entschluß erleichterten ihm aber auch noch andere Gründe[34].

Distanz zum kaiserlichen Hof und Ausschau nach einer „freieren Stellung" im Reich mußten dem Markgrafen wünschenswert erscheinen, nachdem er sich wegen der Verleihung der neunten Kur an das Haus Hannover, die Ludwig Wilhelm gegenüber dem Haus Baden als zutiefst ungerecht empfand, im Winter 1692/93 ernstlich mit dem Kaiser überworfen hatte[35]. Eine vielleicht nicht unwesentliche Rolle bei der Wahl des Kommandos am Oberrhein mochte die Meinung der jungen Frau Ludwig Wilhelms spielen. Die Prinzessin Sibylla Augusta von Sachsen-Lauenburg, die Ludwig Wilhelm 1690 15jährig durch Vermittlung des Kaisers geheiratet hatte, wünschte im Dezember 1692 für ihren Gatten eine Stellung im Reich, weil sie ihm dort näher sein konnte als in Ungarn[36]. Ihren Anspruch auf das Herzogtum Sachsen-Lauenburg hatte der Kaiser nach dem Tod ihres Vaters 1689 nur unzulänglich gegen den militärischen Zugriff des Hauses Hannover verteidigt. Dies war ein weiterer Grund, der zur Entfremdung zwischen dem Kaiser und seinem ranghöchsten Soldaten, dem badischen Markgrafen, beitrug[37].

Nach dem Tod des Herzogs von Lothringen und der Kommandoübernahme durch den bayerischen Kurfürsten in Oberitalien und in den spanischen Niederlanden war der Oberbefehl am Oberrhein vakant. Da er unter Mitsprache des Kaisers zu vergeben war, konnte dieser seinen ranghöchsten General natürlich nicht übergehen. Ludwig Wilhelm reizte sicher das selbständige Kommando auf einem wichtigen Kriegsschauplatz der Großen Allianz. Es bewegten ihn wohl auch Gedanken, an der Verteidigung der Markgrafschaft und der Rheingrenze selbst wieder an führender Stelle teilzunehmen[38]. Schon in seinem Feldzugsgutachten

[34] *Schulte*, I. Band (Anm. 17), 83 f. und 85.

[35] Ebd., 85.

[36] *Elisabeth Weiland*, Markgräfin Franziska Sybilla Augusta von Baden-Baden. Ein Beitrag zu der Geschichte eines fürstlichen Frauenlebens um die Wende des 17. Jahrhunderts, Phil. Diss. [Masch.] Freiburg 1922, 18.

[37] *Press* (Anm. 7), 27.

von 1689 hatte er dem Kaiser geraten, den Schwerpunkt seiner militärischen Bemühungen an die Front gegen Frankreich zu legen[39]. Selbst war er aber dann doch als Oberkommandierender gegen die Osmanen in Ungarn geblieben. Nun kehrte er mit seiner Absicht, an den Oberrhein zu gehen und dort gegen Frankreich zu kämpfen, nicht nur zu seiner Meinung von 1689 zurück, sondern traf jetzt auch auf die gleichgerichteten Bemühungen der beiden Kreise Schwaben und Franken. Sie hatten ihre Assoziation 1692 mit dem Ziel geschlossen, für die „Sicherheit und Conservation“ ihrer Interessen und Territorien zu kämpfen[40]. Daß dahinter mehr als bloße Verteidigung steckte, zeigte sich 1694, als das Kriegsziel des Schwäbischen Kreises formuliert wurde, die Rückgewinnung Straßburgs[41].

Ludwig Wilhelm strebte auf jeden Fall eine gegenüber dem Kaiser und den Kreisen uneingeschränkte Kommandogewalt an. Ausdrücklich hatte er sich von Kaiser Leopold I. ausbedungen, nicht unter das Kommando eines Kurfürsten gestellt zu werden[42]. Gegenüber den Kreisen machte er zur Bedingung, daß ihm das Oberkommando „quod militarie et disciplinam“ übertragen werde. Sowohl der Fränkische als auch der Schwäbische Kreis kamen diesem Wunsch nach und gaben ihm das „absolute Kommando in militaribus und oeconomis“ über die Kreistruppen einschließlich der Miet- und Hilfstruppen für seine Person und den ganzen Feldzug. 1694 gewährte der Schwäbische Kreis im Zusammenhang mit dem Plan, ein stehendes Kreisheer einzuführen, dem badischen Markgrafen in seiner Eigenschaft als kaiserlicher Generalleutnant den Oberbefehl auf Lebenszeit[43]. Der Fränkische Kreis beschränkte das Kommando auf den gegenwärtigen Krieg. Ausdruck fand die Kommandovollmacht des Markgrafen in dem Titel „Der Römischen Kaiserlichen Majestät Generalleutnant und Bevollmächtigter kommandierender General über gesamte am Oberrhein stehende Truppen“[44]. Nicht dem uneingeschränkten Kommando des Markgrafen unterstanden allerdings die an den Oberrhein abgeordneten Truppen armierter Stände, wie Sachsen und Brandenburg, deren Befehlshaber oft auf die Weisungen ihrer Landesherren mehr hörten als auf die des Markgrafen.

---

[38] *Schulte*, I. Band (Anm. 17), 86; *Flake* (Anm. 8), 229 ff.

[39] *Schulte*, I. Band (Anm. 17), 19 f.

[40] *Wunder*, Frankreich (Anm. 21), 207.

[41] *Storm* (Anm. 32), 96; *Wunder*, Kreisassoziationen (Anm. 4), 232 f., setzt diese Absicht erst im Sommer 1695 voraus.

[42] *Schulte*, I. Band (Anm. 17), 85 f.

[43] *Storm* (Anm. 32), 210 f.; *Wunder*, Kreisassoziationen (Anm. 4), 227.

[44] *Heinrich Platz*, Markgraf Ludwig Wilhelm von Baden-Baden als Oberbefehlshaber der Reichstruppen in den Feldzügen 1693 bis 1697 am Oberrhein. Seine Pläne und Bestrebungen in Bezug auf das Reichsheerwesen, Karlsruhe 1907, 31.

Aus besonderem Anlaß formulierten die Stände des Schwäbischen Kreises am 30. Dezember 1694 gegenüber dem Kaiser noch einmal ihr Kriegsziel, die Rückkehr Straßburgs zum Reich[45]. Während der unter dem Kommando des Markgrafen von 1693 bis 1697 geführten Feldzüge gelang es aber weder, Straßburg zurückzuerobern, noch überhaupt irgendeinen befestigten Platz aus der französischen Festungskette herauszubrechen. Die Einnahme der Feste Ebernburg an der Nahe 1697 war eher eine Verlegenheitstat als ein sinnvoller und notwendiger Schritt zur Erlangung einer oberrheinischen Festungsbarriere. Selbst der Wiederaufbau der von den Franzosen 1688/89 zerstörten deutschen Festungen, wie der 1694 geplante Mannheims, scheiterte an der Uneinigkeit und dem mangelnden Einsatz einiger Stände[46].

Dem eigentlichen Ziel der Kriegführung am Oberrhein, eine durch Festungen links oder rechts des Rheins gesicherte Grenze zu Frankreich zu gewinnen, in deren Mittelpunkt das wiedergewonnene Straßburg stehen sollte, war man so mit militärischen Mitteln nicht näher gekommen. Alles, was der Markgraf geschafft hatte, war, die weiten Vorstöße der französischen Truppen spätestens am Neckar aufzuhalten, wozu insbesondere das 1693 befestigte Lager bei Heilbronn gute Dienste leistete. 1694, 1695 und 1697 fanden Rheinübergänge der deutschen Truppen statt, die Frankreich zur Verteidigung links des Rheins zwangen. Im Vergleich zu den militärischen Ereignissen der Jahre 1688 bis 1692 war das viel, verglichen mit dem eigentlich am Oberrhein angestrebten Ziel und mit dem, was der „Türkenlouis" in Ungarn geleistet hatte, war es im Urteil der zeitgenössischen und historischen Kritiker zu wenig. Betrachtet man die Voraussetzungen für die Kriegführung des Markgrafen am Oberrhein, so wird das bescheidene Ergebnis allerdings verständlich und sogar respektabel[47].

Die Heere Frankreichs waren den Truppen der Kreise, des Kaisers und der armierten Reichsstände in jeder Beziehung überlegen. Ihr Aufmarschgebiet lag hinter dem Rhein und hinter einem Festungsgürtel, der zugleich Schutz und Ausfalltore bot. Ein französisches Urteil von 1689, das sich bis 1697 als richtig erweisen sollte, kam zu dem Schluß, daß „die Plätze des Königs jetzt [so] ausgerüstet und befestigt [seien] ..., [daß] die Feinde nicht in der Lage sein würden, einen von ihnen anzugreifen"[48]. Eine Niederlage rechts des Rheins hätte das französische Heer lediglich in seinen Festungsring hinter den Rhein zurückgetrieben. Jeder Einfall deutscher Truppen in französisches Gebiet setzte einen Rhein-

---

[45] *Heinrich Ritter von Srbik*, Wien und Versailles 1692—1697. Zur Geschichte von Straßburg, Elsaß und Lothringen, München 1944, 187.

[46] *Schulte*, I. Band (Anm. 17), 207 ff.

[47] *Wunder*, Frankreich (Anm. 21), 197 ff.

[48] *Hüpper* (Anm. 6), 137 (Chamlay an Louvois am 11. 5. 1689).

übergang außerhalb befestigter Plätze voraus, die alle in der Hand Frankreichs waren. Weite Vorstöße in das Hinterland mit den vom Feind besetzten Festungen im Rücken waren nicht möglich. So mußten dem Flußübergang Belagerungen folgen. Auf dem Gebiet des Schwäbischen Kreises dagegen waren fast alle Festungen zerstört oder in der Hand der Franzosen. Allein der Schwarzwald bot den deutschen Truppen Schutz und kanalisierte französische Vormärsche. Jede Niederlage oder Ausmanövrierung der Truppen des Markgrafen brachte die Franzosen zwangsläufig tief in das Gebiet der Vorderen Reichskreise.

Die formal unbeschränkte Kommandogewalt des Markgrafen wurde dadurch stark beeinträchtigt, daß es die Lage des Kriegsschauplatzes allen Landesherren erlaubte, ihre Kontingentsbefehlshaber jederzeit mit neuen Weisungen zu versehen oder gar abzuberufen. In einer Zeit, in der den größeren Reichsständen ihre eigenen Truppen als finanzielles und politisches Handelsobjekt oder gar Druckmittel gegenüber dem Kaiser dienten, fanden sich immer Gründe dafür. Sie hatten mit den militärischen Operationsplänen des Markgrafen meist nichts zu tun, liefen ihnen oft sogar zuwider.

Das Heer, das Ludwig Wilhelm befehligte, war heterogen aus Kreistruppen, kaiserlichen Regimentern und Kontingenten verschiedener armierter Stände zusammengesetzt. Nicht nur die dadurch auf allen Gebieten gegebenen Unterschiede schränkten seinen Wert ein, sondern die materielle Ausstattung war auch sehr unterschiedlich und z. T. außerordentlich dürftig. Während die 24 000 Mann Kreistruppen meist gut versorgt waren und mit den Feldzügen an Kampfkraft zunahmen, verloren die wenigen kaiserlichen Verbände immer mehr an Einsatzwert. Die armierten Stände wünschten, ihre wertvollen Truppen zu schonen, und scheuten deshalb jeden ernsthaften Einsatz. Geld war in der Kriegskasse des Markgrafen stets Mangelware. Deshalb fehlte es nicht nur an Transportmitteln und Versorgungsgütern, sondern vor allem an Geschützen, ohne die Belagerungen nicht zu führen waren.

Hinzu kamen die ständigen Reibereien und Eifersüchteleien mit Unterbefehlshabern, die eifrig ihren persönlichen Rang oder den ihrer Regenten verteidigten. Am Mittelrhein befehligte der Landgraf von Hessen-Kassel, mit dem so gut wie keine gemeinsame Operationsplanung zustande kam. Auch Wilhelm III. von Oranien verschloß sich den Vorschlägen Ludwig Wilhelms. Oftmals wurde das Heer des Markgrafen als Truppenreservoir für die Kriegsschauplätze in den Niederlanden und in Oberitalien betrachtet. Besonders die gegen stattliche Summen vom Kaiser, vom englischen König oder von den Generalstaaten angemieteten Kontingente armierter Stände wurden über ihre Landesherren nicht selten mitten in den Operationen abberufen.

Seit 1694 liefen neben den militärischen Operationen geheime Friedensverhandlungen zwischen Paris und Wien einher. Von ihnen erfuhr der Markgraf nur durch Zufall, Einfluß konnte er auf sie nicht nehmen. Es schien aber notwendig, den Kaiser vor allzu offensichtlicher Preisgabe der Interessen des Schwäbischen Kreises am Oberrhein zu warnen. Gerüchteweise verlautete schon 1694, der Kaiser wolle auf Straßburg verzichten. Dies forderte den Protest der Schwäbischen Kreisstände heraus[49]. Während 1693 der französische König mit einer starken Armee noch einmal seine Macht am Oberrhein demonstrieren wollte, am verschanzten Lager von Heilbronn aber scheiterte, gingen die Franzosen ab 1694 im großen und ganzen hier in die Defensive[50]. Da auch der Kaiser die Front am Oberrhein ruhig halten wollte, um seine Truppen an anderen Orten, vor allem in Oberitalien, einsetzen zu können, standen die Kreise und der Markgraf mit ihrem Kriegsziel, einer Festungsbarriere mit Straßburg, allein. Sowohl die politische als auch die militärische Unterstützung des englischen Königs, die Ludwig Wilhelm erwartet und 1694 auf einer Reise nach London auch eingefordert hatte, blieb aus[51].

Dies alles erklärt die vorsichtige, abwartende Operationsführung Ludwig Wilhelms. Während er sich eine entscheidende militärische Niederlage nicht leisten konnte, hatten die französischen Befehlshaber z. T. auf Weisung Ludwigs XIV., z. T. aus eigenem Ermessen überhaupt kein Interesse an einer Schlachtentscheidung. Ihnen genügte die Behauptung der Rheinlinie und das Festhalten der deutschen Truppen in den zerstörten und ausgesogenen Gebieten rechts des Rheins. Die Kombination von französischer Festungskette und französischem Heer zwang den Markgraf und die ihm unterstellten Truppen in die Defensive. Alles was unter diesen Umständen geleistet werden konnte, war die Sperrung der Kraichgau-Pforte durch das Lager bei Heilbronn und später die Linien bei Eppingen. Das war viel, wenn man bedenkt, daß damit alle Einfälle ins Reich wie 1688/89 aufhörten. Es war wenig, wenn man das Kriegsziel des Schwäbischen Kreises, die Wiedergewinnung Straßburgs, betrachtet. Zurückgeworfen auf die eigenen militärischen Kräfte konnte aber selbst gegen schwächere und defensiv eingestellte französische Truppen mehr nicht erreicht werden.

Den Erfolg, der mit militärischen Mitteln nicht erzielt werden konnte, versuchten die beiden Kreise ab 1696 mit politisch-diplomatischem und propagandistischem Einsatz zu erreichen. Zwischen Mai und Juni 1696

---

[49] *von Srbik* (Anm. 45), 143 ff. und 187.

[50] *Wunder*, Frankreich (Anm. 21), 164 ff. Duras schrieb schon im Juni 1689: „Es gibt in Deutschland in unserer Reichweite keine Eroberungen für uns zu machen“ (*Hüpper* [Anm. 6], 145).

[51] *Schulte*, I. Band (Anm. 17), 182 ff.

traten die beiden Kreise Schwaben und Franken auf Vorschlag Ludwig Wilhelms und mit der Zustimmung des Kaisers der Großen Allianz als selbständige Partner bei[52]. Ihr Ziel war es, bei den sich abzeichnenden offiziellen Friedensverhandlungen mit eigenen Gesandten neben denen des Reiches und des Kaisers ihr Anliegen, die Rückgabe Straßburgs, zu vertreten. Klar und unzweideutig kam die Position der beiden Reichskreise in einem Gutachten Ludwig Wilhelms zum Ausdruck, dessen Länder das Glacis der französischen Festungen Straßburg, Kehl und Fort Louis bildeten und der daher ein besonderes Interesse an der Rückkehr Straßburgs in den Reichsverband haben mußte. Zusammenfassend stellte er fest: „Für Teutschland diene diese Stadt zu nichts anders als einer beständigen Versicherung des Friedens. Für Frankreich aber ist selbe eine immer offen stehende Kriegs Pforte, woraus solches so offt es nur gern wil mit seiner Macht in das platte Land loßbrechen kan. Ist also schließlich nichts evidenter alß das Frankreich so lang solches Strasburg in statu quo zu restituiren ausflucht suchet, sich das Haubtmittel nicht entzogen wißen wil, wodurch Teutschland und das gantze Reich von ihm nach eigenen belieben überfallen werden kan. Bleibet also kein rechtschaffener Friede nicht zu hoffen, bis das die Stadt Strasburg sambt ihrer Citadelle undt allen dependirenden Schantzen undt Werken, so wie sie dermahlen beschaffen ist, wiederumb unter teutscher bottmäßigkeit sein wirdt[53].“

War für die Kreise und das Heilige Römische Reich Straßburg eine Garantie für Frieden und Sicherheit, so bedeutete es für Frankreich zumindest die gesicherte Herrschaft über das Elsaß, wenn nicht viel mehr. Wenige Monate nach den Äußerungen des Markgrafen machte dies Vauban sehr deutlich. Am 13. September 1696 schrieb er an den Dichter Racine, der eine Geschichte Ludwigs XIV. anfertigen sollte, mit der Preisgabe Straßburgs drücke man „dem Feind das Messer in die Hände [...], mit dem er uns bald die Kehle durchschneiden würde [...]. Eine Brücke über den Rhein und ein Platz von der Größe und Stärke Straßburgs, das mehr wert ist als das ganze übrige Elsaß, heißt den Deutschen das schönste und sicherste Waffenmagazin Europas [...] zur Verlegung des Krieges nach Frankreich zu überlassen.“ In einer weiteren Denkschrift vom 16. September 1696 ging Vauban auf die Bedeutung Straßburgs für den Besitz des Elsaß ein: „Mit Straßburg kann der König sich Souverän das Elsaß nennen, ohne Straßburg wird er dort stets schwach sein und höchstens wie ein großer Herr im Land gewertet werden. Alle diese Gründe lassen mich nichts für Frankreich so unentbehrlich erkennen wie diesen Platz[54].“

---

[52] Ebd., 329; *Wunder*, Kreisassoziationen (Anm. 4), 231.

[53] *Schulte*, II. Band (Anm. 2), 219.

Trotz dieser Bedeutung bot Frankreich bei den Vorverhandlungen zu einem Friedensschluß im September 1696 die Rückgabe Straßburgs oder ersatzweise aller rechtsrheinischen kaiserlichen Festungen an. Dieses Angebot, zunächst an die Seemächte gemacht, wurde in dem endgültigen Friedensvorvertrag vom französischen König auch gegenüber dem Kaiser aufrechterhalten. Das Interesse des Kaisers galt aber weniger einem Friedensschluß als der Regelung der spanischen Erbfolge, solange die Große Allianz noch im Krieg mit Frankreich war. So schraubte man die eigenen Forderungen möglichst hoch, um die Verhandlungen zu verschleppen. Verlangt wurden die rechtsrheinischen Plätze Breisach und Philippsburg und dazu die linksrheinischen Hagenau, Weißenburg und Landau. Die Gesandten des Reiches fügten Straßburg hinzu. Die Kreisvertreter bestätigten den Wunsch nach Straßburg und Philippsburg, drangen aber gleichzeitig auf die Zerstörung von Hüningen, Fort Louis und Landau. Die Forderungen außerhalb der Kreisgrenzen begründete man mit der „Sicherheit der Kreise“[55]. Die Summe dieser Forderungen stellte natürlich die ideale Barriere links und rechts des Oberrheins dar. Da damit aber zugleich die französische Herrschaft im Elsaß in Frage gestellt wurde, war sie voraussehbar für Ludwig XIV. unannehmbar.

Je mehr sich ein Friedensschluß zwischen Frankreich und den Seemächten abzeichnete, den vor allem Wilhelm III. wünschte, um so weniger mußten die französischen Unterhändler auf den Kaiser, das Reich und die beiden Kreise Rücksicht nehmen. Da der Kaiser 1696 nach dem Ausscheiden des Herzogs von Savoyen aus der Großen Allianz die Neutralisierung des Kriegsschauplatzes Oberitalien mit Frankreich vereinbart hatte, ohne die Seemächte an dieser Entscheidung zu beteiligen, konnte er nun auch nicht auf ihre Solidarität bei den Friedensverhandlungen rechnen. Am 20. Juli 1697 legte Frankreich daher einen bis zum 31. August befristeten Friedensvertragsentwurf vor. Straßburg und Philippsburg wurden trotz allem noch angeboten oder als Ersatz für Straßburg die Festungen Freiburg, Breisach und Kehl genannt und die Zerstörung der rechtsrheinischen Brückenköpfe von Breisach, Philippsburg, Hüningen und Fort Louis in Aussicht gestellt. Ziel des französischen Königs war aber der Rhein als Grenze zum Heiligen Römischen Reich[56]. Damit schied im Grunde stillschweigend die Rückgabe des linksrheinischen Straßburg aus.

---

[54] *Paul Wentzcke*, Straßburg und das Elsaß als deutsches Friedensziel um die Wende des 17./18. Jahrhunderts. Darstellung und Aufgaben neuerer Forschung, in: Elsaß-Lothringisches Jahrbuch 22 (1952), 321 ff. In Unkenntnis der Denkschriften Ludwig Wilhelms bedauert Wentzcke, daß „von deutscher Seite ein würdiges Gegenstück, das in der großen Auseinandersetzung des 17./18. Jahrhunderts den Anspruch des Reiches auf Straßburg vertritt“, fehlt (ebd., 323). Siehe auch *Wunder*, Frankreich (Anm. 21), 213.

[55] *Wunder*, Kreisassoziationen (Anm. 4), 234.

[56] Ebd., 212 ff.; zum Rhein als Grenze, ebd., 223.

In Unkenntnis dieser französischen Absichten bekräftigte der Markgraf in einer Stellungnahme zu diesem französischen Vertragsentwurf noch einmal die unbedingt notwendige Rückgabe Straßburgs: „Es ist unmöglich, daß die Teutsche Freiheit bestehen khönne, wann nicht die Statt Straßburg mit allen fortificationen, welche die Cron Franckhreich sowohl in alß an dem Rhein geleget hat, auß derselben Händen gerissen — und wieder zum Reich gebracht — auch im übrigen Alleß in den standt gesezt werde, wie Eß nach dem Nimwegischen Friden sich befunden[57].“ Aber die Chance, Straßburg als Mittelpunkt einer Festungsbarriere am Oberrhein von Frankreich zurückzuerhalten, war vom Kaiser schon vertan worden. Frankreich war sich inzwischen sicher, daß die Seemächte Frieden auch ohne Rückgabe Straßburgs schließen würden und daß die restlichen Mitglieder der Allianz allein nicht weiter kämpfen würden. Zudem war am 10. August 1697 Barcelona in französische Hand gefallen und wurde nun dem Kaiser im Austausch gegen Straßburg angeboten. Im Interesse der habsburgischen Linie in Spanien akzeptierte Leopold I. dieses Geschäft[58]. Nach Ablauf des Ultimatums nahm Frankreich deshalb am 1. September sein Angebot, Straßburg zurückzugeben, wieder zurück und bot nur noch das Äquivalent bis zum 31. Oktober an. Endgültig hatte sich die französische Krone dafür entschieden, daß „der Rhein als Barriere zwischen ihrem Königreich und dem Deutschen Reich“ dienen sollte[59].

Allein die Kreise Schwaben und Franken wie auch der Markgraf setzten sich immer noch für Straßburg ein. Gerade ihretwegen aber wollte es Ludwig XIV. behalten. Er fürchtete, die inzwischen im Entstehen begriffene Assoziation der sechs Vorderen Reichskreise werde Straßburg zu einem starken Waffenplatz machen und damit politischen und militärischen Druck auf Frankreich, aber auch auf den Kaiser ausüben[60]. Auch dem letzten Versuch des Markgrafen, wenigstens die französischen Ersatzleistungen für Straßburg zu verbessern, war kein Erfolg beschieden[61]. Weder Fort Louis noch Landau wollte Frankreich zusätzlich herausgeben. Allein Philippsburg wurde, wie schon am 20. Juli angeboten, aus dem Forderungskatalog Ludwig Wilhelms berücksichtigt.

Nachdem Frankreich mit England, Holland und Spanien schon am 20. September Frieden geschlossen hatte, schrieb der Friedensschluß mit

---

[57] *Schulte*, II. Band (Anm. 2), 296.

[58] *Wunder*, Frankreich (Anm. 21), 225.

[59] Ebd., 226.

[60] Ebd., 227; *Wunder*, Kreisassoziationen (Anm. 4), 230.

[61] *Schulte*, II. Band (Anm. 2), 302 f., und: Ohnmaßgebliche Gedancken über das von Frankreich vor die Stadt Straßburg offerirte Aequivalent, in: *Anton Faber*, Europäische Staats-Cantzley, Dritter Theil, Ulm, Frankfurt a. M., Leipzig 1698, 280 (s. dazu *Schulte*, I. Band [Anm. 17], 566).

Kaiser und Reich in Rijswijk am 30./31. Oktober 1697 diesen Stand fest. Freiburg und Breisach fielen in befestigtem Zustand an den Kaiser zurück. Kehl und Philippsburg wurden unversehrt an „Kaiser und Reich" zurückgegeben. Frankreich räumte die rechtsrheinischen Brückenköpfe von Hüningen und Fort Louis. Das im Westfälischen Frieden für das rechte Rheinufer festgelegte Befestigungsverbot wurde aufgehoben[62]. Der französischen Rheinfront war damit der ausgeprägte Offensivcharakter genommen, ihre Verteidigungsfähigkeit allerdings wenig beeinträchtigt[63]. Eine künftige deutsche Festungsbarriere am Oberrhein war auf das rechte Rheinufer verwiesen. Den Griff nach Straßburg und damit zurück auf die linke Rheinseite hatte Frankreich politisch und militärisch abgewiesen.

Ob das Reich in „einem künftigen neuen Krieg in schlechter Sicherheit" sein würde, wie es der Markgraf in seinem letzten Gutachten befürchtete, oder nicht, würde nun davon abhängen, was man mit der Festungskette rechts des Rheins zu tun gedachte[64]. Die Voraussetzungen für eine wirksame Sicherung der Rheingrenze waren nach dem Friedensschluß von 1697 noch die gleichen wie die schon 1681 vom Markgrafen genannten: ein stehendes Heer und die Befestigung der Grenze. Beide Ziele versuchte Ludwig Wilhelm noch während des Krieges zu erreichen. Grundlage dafür konnten nach Lage der Dinge nur die am Rhein gelegenen Vorderen Reichskreise sein, denn sie waren an einer sicheren Grenze am meisten interessiert. Am 11. Mai 1694 beschloß der Schwäbische Kreis die „Beibehaltung eines militis perpetui zu allen Kriegs- und Friedenszeiten". Dieses „Grundgesetz des Kreises" sollte nur einstimmig wieder aufgehoben werden dürfen[65]. Gleichzeitig übertrug der Kreis das „völlige Oberkommando und die völlige Direktion" über die Kreistruppen auf Lebenszeit dem kaiserlichen Generalleutnant[66].

Auf Drängen des Markgrafen sprach sich im November 1694 auch der Fränkische Kreis für die Einführung stehender Truppen aus. Eine umfassende Kommandovollmacht für Ludwig Wilhelm, wie die des Schwäbischen Kreises, erteilte man aber nicht[67]. Auf der Grundlage dieser und der Assoziationsbeschlüsse von 1691 und 1692 stellte jeder Kreis fortan 12 000 Mann[68]. Der Plan des Markgrafen, ein „ewiges Bündnis" zwischen

[62] *de la Roche* (Anm. 11), 89 f.

[63] *Hüpper* (Anm. 6), 169.

[64] Ohnmaßgebliche Gedancken (Anm. 61), 283.

[65] *Storm* (Anm. 32), 93.

[66] Ebd., 211.

[67] *Bernhard Sicken*, Das Wehrwesen des fränkischen Reichskreises. Aufbau und Struktur (1681—1714), I. Band, Nürnberg 1967, 91 f.; *Schulte*, I. Band (Anm. 17), 229 f.

[68] *Storm* (Anm. 32), 92.

den beiden Kreisen für Kriegs- und Friedenszeiten auf der Basis stehender Truppen zu schaffen, scheiterte schon 1694 am Widerstand des Fränkischen Kreises. Er hielt diese Assoziation für zu schwach und wollte einer „Reichsarmatur“ nicht vorgreifen[69].

Mit der Ausweitung der Assoziation der beiden Kreise in den Jahren 1695 bis 1697 auf die sechs Vorderen Reichskreise Bayern, Franken, Schwaben, Kurrhein, Oberrhein und Westfalen, deren „Urheber“ der Markgraf war, verbreiterte sich die Basis für ein stehendes Heer der Kreise[70]. Die Assoziation wollte „nicht nur während des Krieges in einer associatione armorum procommuni defensione zusammenhalten, sondern auch zu Friedenszeiten einen militum perpetuum pro guarantia pacis unterhalten“[71]. Im Krieg waren 60 000, im Frieden 40 000 Mann vorgesehen, mit denen man die Grenze im Westen gegenüber Frankreich sichern wollte[72]. Ludwig Wilhelm hatte 80 000 vorgeschlagen[73]. Unter der „Aufsicht des Kaisers“ wurde dem Markgrafen in seiner Eigenschaft als kaiserlicher Generalleutnant das Kommando über das Assoziationsheer für die Dauer des Krieges übertragen. Er führte den Titel: „Der assoziierten Kreistruppen kommandierender General“. Ihm unterstand das ganze Militärwesen. Ohne sein Wissen sollte kein Mitglied der Assoziation etwas unternehmen[74]. Damit konnten Konkurrenten um das Kommando wie der Landgraf von Hessen-Kassel ausgeschaltet werden. Weitergehende Forderungen des Markgrafen, die den Kreisen die Befehlsgewalt über ihre Truppen weitgehend entzogen hätten, wurden von einem Teil der Kreise, z. B. dem Kurrheinischen, abgelehnt[75]. Ludwig Wilhelm strebte das Kommando auch in Friedenszeiten an. Dahinter stand der Wunsch, das angefangene Werk auch im Frieden zum Schutz der Rheingrenze zu erhalten, aber auch das persönliche Motiv, sich eine im Reich und in den Kreisen geachtete, einflußreiche und vom Wiener Hof unabhängige Stellung zu schaffen, nachdem der Bruch mit dem

---

69 *Wunder*, Kreisassoziationen (Anm. 4), 227.

70 *Karl Otmar Freiherr von Aretin*, Die Kreisassoziationen in der Politik der Mainzer Kurfürsten Johann Philipp und Lothar Franz von Schönborn 1648—1711, in: Der Kurfürst von Mainz und die Kreisassoziationen 1648—1746. Zur verfassungsmäßigen Stellung der Reichskreise nach dem Westfälischen Frieden, hrsg. v. Karl Otmar Freiherr von Aretin (= Veröffentlichungen des Instituts für Europäische Geschichte Mainz, Abt. Universalgeschichte, Beiheft 2), Wiesbaden 1975, 52.

71 *Storm* (Anm. 32), 97.

72 *Johann Adam Kopp*, Gründliche Abhandlung von der Association derer Vordern Reichs-Craysse, Frankfurt 1739, Beylagen, 75; *Günther Loch*, Der Kurrheinische Kreis von Ryswijk bis zum Frieden von Rastatt und Baden (1697—1714), Phil. Diss. [Masch.] Bonn 1951, 28 f.

73 *Schulte*, I. Band (Anm. 17), 344 f.

74 *Kopp* (Anm. 72), Beylagen, 76; *Loch* (Anm. 72), 31.

75 *Wunder*, Kreisassoziationen (Anm. 4), 230; *Loch* (Anm. 72), 31.

Kaiser durch die fortwährenden Streitigkeiten um die neunte Kurwürde immer tiefer geworden war. Klar erkannte man dieses für Frankreich nicht ungefährliche Ziel am Hof von Versailles. Der „Prinz von Baden", hieß es dort, habe den „Plan einer Art von Souveränität im Reich" gefaßt und wolle sich auch im Frieden zum „Chef der sechs Kreise" machen[76].

Während im Krieg zumindest die 24 000 Mann Kreistruppen als ständige Verbände zusammenblieben, mußte nach dem Friedensschluß von 1697 die eigentliche Bewährungsprobe für das stehende Kreisheer kommen. Der Schwäbische Kreis hatte sich gegenüber der Assoziation der Vorderen Reichskreise verpflichtet, 8000 Mann im Frieden zu unterhalten. Für diese Zahl setzte sich auch der Markgraf ein, der seit 1696 „kommandierender Kreisfeldmarschall" war[77]. Die Zahl des Friedenskontingents wurde aber alsbald von den Kreisständen zu einer rein wirtschaftlichen und finanziellen Angelegenheit gemacht. Mit dieser Begründung entzog man sie auch weitgehend der Entscheidung der militärischen Kreisinstanzen, damit auch der des Markgrafen. Nach langwierigen Verhandlungen gelang es immerhin, rund 6000 Mann zu erhalten. Deren Zahl und Einsatzwert sanken allerdings beständig, da die Kreisstände eigenmächtig Truppen entließen und keine geschlossenen Verbände bestehen blieben, sondern die Soldaten zahlenmäßig auf die Kreisstände verteilt wurden[78]. Während der Schwäbische Kreis wenigstens sieben Regimentsstäbe als Kern künftiger Neuaufstellungen zusammenhielt, war nach dem Winter 1697/98 von „einem stehenden Heer des Fränkischen Kreises nichts mehr zu bemerken"[79].

Das Assoziationsheer trat geschlossen nie in Erscheinung. Der Friedensschluß von 1697 und das Mißtrauen des Kaisers, der weder die Ausdehnung der Assoziation auf das ganze Reich noch die militärische Formierung einer „dritten", neutralen oder gar Frankreich freundlichen Partei wünschte, führten rasch zu ihrer Auflösung[80]. Die vorgesehene Kommandoführung des Markgrafen wirkte sich im Urteil des Kaisers besonders negativ aus. Der Wiener Hof schreckte nicht davor zurück, den weiter gegen die neunte Kur protestierenden Ludwig Wilhelm mit Wallenstein zu vergleichen und ihm mit der Beschlagnahme seiner böhmischen Güter zu drohen[81]. Hinzu traten die politischen Ambitionen

[76] *Wunder,* Frankreich (Anm. 21), 227.

[77] *Ruth Gebauer,* Die Außenpolitik des Schwäbischen Reichskreises vor Ausbruch des Spanischen Erbfolgekrieges (1697—1702), Phil. Diss. Heidelberg, Marburg/Lahn 1966, 39 ff.; *Storm* (Anm. 32), 213.

[78] Ebd., 84 f.

[79] *Sicken* (Anm. 67), 95.

[80] *von Aretin* (Anm. 70), 53.

[81] *Flake* (Anm. 8), 242; *Schulte,* I. Band (Anm. 17), 329, und *ders.,* II. Band (Anm. 2), 351.

des Mainzer Kurfürsten und Reichserzkanzlers Lothar Franz von Schönborn im Reich, die den Kaiser ebenfalls zum Widerstand gegen die Assoziation bewogen[82]. Sieht man von den Truppen im Schwäbischen Kreis ab, konnte so von einem stehenden Heer am Oberrhein nach dem Frieden von Rijswijk nicht die Rede sein.

Die Bemühungen des Markgrafen, die Rheinlinie zu befestigen, scheiterten während des Krieges schon daran, daß das Befestigungsverbot von 1648 fortbestand, vor allem aber befand sich keine wichtige Festung in seiner Hand, die als Stützpunkt irgendeiner Linie oder eines Systems hätte dienen können. Naheliegend war deshalb der Gedanke, „Ersatz“ zu schaffen. Vom Rhein wich man auf die Höhen des Schwarzwaldes aus. Die nicht vorhandenen Festungen wurden durch verschanzte Linien auf den Schwarzwald-Höhen ersetzt. Die aus den 1680er und 1690er Jahren vorhandenen Linien ließ der Markgraf nach 1693 zu einem durchgehenden System von Rheinfelden bis Pforzheim ergänzen. 1693 legte man als zentralen Sammel- und Stützpunkt das verschanzte Lager bei Heilbronn an. 1695/96 entstanden die „Eppinger Linien“ von Pforzheim bis an den unteren Neckar. Dieses Liniensystem erfüllte seinen Zweck. 1693 brach sich der französische Hauptangriff bei Heilbronn. 1696 gelang es den Franzosen nicht, die Linien von Eppingen zu bezwingen. Mit quantitativ und qualitativ dem Angreifer unterlegenen Truppen konnten diese Erdwälle gehalten werden, weil die Schwerfälligkeit der Truppen und die geringe Leistungsfähigkeit der Feldartillerie Überraschungen unmöglich machten und die Erdaufwerfungen ein ernstes Hindernis für jeden Infanterie- und Kavellerieangriff darstellten[83].

Nach der Rückgabe der Festungen Breisach, Freiburg, Kehl und Philippsburg an Kaiser und Reich konnte daran gedacht werden, eine Festungsbarriere rechts des Rheins zu schaffen, zumal das Befestigungsverbot 1697 aufgehoben worden war. Schon in seinem Gutachten vom September 1697 hatte Ludwig Wilhelm die Zusammenfassung aller Festungen, die Frankreich als Ersatz für Straßburg angeboten hatte, und den Bau neuer Festungen rechts des Rheins vorgeschlagen. Er glaubte, dann sogar auf Straßburg verzichten zu können[84]. Im Juli 1698 räumten die französischen Truppen Freiburg, Kehl und Philippsburg; Breisach erst im April 1700, nachdem als Ersatz die Festung Neu-Breisach fertig

---

[82] *von Aretin* (Anm. 70), 54; *Loch* (Anm. 72), 30.

[83] *Gebauer* (Anm. 77), 129 f.; *Stein* (Anm. 15), 79 ff.; *Musall* (Anm. 15), 8 ff.; *Musall* und *Scheuerbrandt* (Anm. 15), 20. Zu überprüfen wäre die These von Stein, der Markgraf habe die Linien vor allem deshalb angelegt, um Truppen für eine Entscheidungsschlacht in den Niederlanden freizumachen (*Stein* [Anm. 15], 79). Das stimmt so allenfalls für das Jahr 1697, und hier verschloß sich Wilhelm III. einer gemeinsamen Operation.

[84] *Schulte*, II. Band (Anm. 2), 303.

gebaut war. Nun schien für den Markgrafen der Zeitpunkt gekommen, am Oberrhein unter seinem Kommando „eine einheitliche Grenzverwaltung zu schaffen, wie sie Österreich gegen die Türken besaß“[85]. Einen Anspruch auf die Leitung dieses Festungssystems glaubte der Markgraf daraus ableiten zu können, daß ihm der Kaiser 1691 das „Governo“ oder „Gubernat“ im Ober- und Unterelsaß einschließlich Straßburgs zugesagt hatte. Nun dachte er offensichtlich an ein ähnliches „Generalgouvernement“ rechts des Rheins, in das die vier Waldstädte Säckingen, Rheinfelden, Waldshut und Laufenburg sowie Konstanz einbezogen werden sollten. Kehl war ihm vom Reichstag als Entschädigung für die Zerstörungen der Markgrafschaft als Lehen übertragen worden[86].

Im Dezember 1697 erhielt der Markgraf vom Kaiser den Auftrag, die vier Festungen Kehl, Philippsburg, Breisach und Freiburg zu übernehmen und für ihre Einrichtung Vorschläge zu machen[87]. Für Kehl und Philippsburg erging am 17. März 1698 ein Reichsschluß, wonach der Fränkische, Schwäbische und Oberrheinische Kreis die Besetzung und Armierung der beiden Festungen, die den Status von Reichsfestungen erhielten, übernehmen sollten, bis der punctus securitate publicae durch eine neue Kriegsverfassung geregelt sei. Geld für ihren Ausbau und den Neubau einer Festung am Oberrhein hoffte der Markgraf vom englischen König zu bekommen[88]. Um das Kommando über die kaiserlichen Plätze Breisach und Freiburg kam es zu einem bitteren Kompetenzstreit zwischen dem Markgrafen als kaiserlichem Generalleutnant und der für die habsburgischen Besitzungen im Breisgau zuständigen österreichischen Behörde in Innsbruck. Nun hatte zwar der Kaiser weder Truppen noch Geld für seine Festungen, sondern war auf das Reich oder die Kreise angewiesen. Trotzdem setzte er sich nicht für das Kommando des Markgrafen gegenüber seinen Beamten in Innsbruck ein. Ungestraft konnte in der Vorderösterreichischen Regierung erklärt werden, der Markgraf werde wenig Hilfe erfahren, wenn er das Kommando über die beiden Festungen endgültig und uneingeschränkt erhalte[89]. Konsequenterweise legte der Markgraf das „interims Oberkommando“, das nach seiner Meinung ein „Unterkommando“ unter der Behörde in Inns-

---

[85] *Schulte*, I. Band (Anm. 17), 515. Zur gleichen Zeit im August 1698 beschäftigte sich der Markgraf auch mit der Grenzsicherung gegen die Türken. Siehe dazu: *Helmut Eckert*, Ein Gutachten des Markgrafen Ludwig Wilhelm von Baden-Baden zu dem mit der Türkei zu schließenden Frieden aus dem Jahre 1698, in: Mitteilungen des österreichischen Instituts für Geschichtsforschung 46 (1932), 465—476.

[86] *Schulte*, I. Band (Anm. 17), 35, 516 und 529.

[87] Militär-Registrator *Langer*, Die Reoccupation Freiburgs und Breisachs 1698—1700, in: Mittheilungen des K. u. K. Kriegsarchivs (1902), 107.

[88] *Schulte*, I. Band (Anm. 17), 515 f.; *Herrmann*, Entstehung (Anm. 6), 22.

[89] *Schulte*, II. Band (Anm. 2), 337.

bruck und damit eines kaiserlichen Generalleutnants unwürdig war, im November 1699 gegenüber dem Hofkriegsrat nieder[90].

Von der geplanten Festungsbarriere blieben damit nur Kehl und Philippsburg, die notdürftig im Wechsel von Truppen des Schwäbischen und Fränkischen Kreises besetzt wurden. Für ihre Instandsetzung und Unterhaltung fehlte das Geld, das auch aus England nicht kam. Die Pläne des Markgrafen für ein Festungssystem rechts des Rheins waren damit ebenso an der Uneinigkeit und dem Kompetenzwirrwarr unter den Reichsständen und in der kaiserlichen Regierung zuschanden geworden, wie sein Versuch, ein stehendes Heer auf Kreis- oder Assoziationsbasis zu schaffen, am Widerstand des Kaisers und der armierten Reichsstände gescheitert war.

Kein Wunder war es nun, daß der badische Markgraf auf andere Mittel zur Sicherung der Reichsgrenze und der Markgrafschaft verfiel. Am 12. Februar 1698 drohte er den schwäbischen Kreisständen zusammen mit Württemberg damit, ein Abkommen mit Frankreich zu treffen, wenn die Kreistruppen auf 4000 Mann verringert würden[91]. Im Oktober 1698 sprach sich Ludwig Wilhelm noch deutlicher gegenüber dem französischen Gesandten am württembergischen Hof für eine bewaffnete Neutralität der Kreise in einem künftigen Konflikt zwischen dem Kaiser und Frankreich um das spanische Erbe aus. Seine Begründung hing unmittelbar mit der unzureichenden Verteidigung am Rhein zusammen. Man habe die Kreise 1697 „um ihr Kriegsziel — die Erwerbung einer militärisch sicheren Grenze in Form der Rückgewinnung Straßburgs — geprellt“[92]. Bis Anfang August 1700 nahmen die Pläne des Markgrafen klare Gestalt an. Er schlug nun dem französischen Gesandten Neutralitätsverträge mit den wichtigsten Ständen des Schwäbischen Kreises — Württemberg, Konstanz, Baden-Durlach und Baden-Baden — vor. Um dem Kaiser keine Gegenmaßnahmen zu ermöglichen, sollten die Verhandlungen außerhalb des Kreistages geführt werden[93]. Da er selbst die Hände für einen solchen Schritt frei haben wollte, war der Markgraf bemüht, alle offiziellen Bindungen zum Kaiser zu lösen. Auch deshalb hatte er im November 1699 das Oberkommando über die kaiserlichen Festungen Freiburg und Breisach niedergelegt. Im Oktober und November 1700 verlangte er nun vom Kaiser, aus allen kaiserlichen Ämtern und Stellungen entlassen zu werden, um wie andere „Mitfürsten“ in

---

90 Ebd., 341 f.

91 *Schulte*, I. Band (Anm. 17), 517 f.

92 *Bernd Wunder*, Die bayerische „Diversion“ Ludwigs XIV. in den Jahren 1700—1704. Kurbayern, Schwaben und Franken zwischen Habsburg und Bourbon zu Beginn des spanischen Erbfolgekrieges, in: Zeitschrift für bayerische Landesgeschichte 37 (1974), 427.

93 Ebd., 428.

seinem Lande leben zu können[94]. Gleichzeitig teilte er mit, er werde sich in der heraufziehenden Auseinandersetzung um die spanische Erbfolgefrage wie der Schwäbische Kreis verhalten[95]. Dieser erklärte, wenige Tage nachdem der Brief des Markgrafen an den Wiener Hof abgegangen war, seine befristete Neutralität bis zu einer Erklärung des Reichstages[96].

Vom Schutz der Reichsgrenze durch eine rechtsrheinische Festungsbarriere, der sich in den Jahren 1698 bis 1700 als undurchführbar erwiesen hatte, war der Markgraf zur Sicherung des Schwäbischen Kreises und der Markgrafschaft durch bewaffnete Neutralität zwischen Frankreich und Österreich übergewechselt. Dem neuen Sicherheitskonzept entsprachen die Maßnahmen, die er nun zum Schutz der Markgrafschaft einleitete. Die seit 1699 im Bau befindliche neue Residenz Rastatt sollte befestigt werden. Wenig später begann im Süden der geplanten Festung Rastatt, für die erneut der englische König um Geld gebeten wurde, der Bau der verschanzten Linien von Stollhofen bis Bühl. Im Spätsommer 1700 waren die ersten Bastionen in Rastatt fertig. Bei Hügelsheim stand eine Sternschanze[97]. Durch die Linien und das Festungsdreieck Kehl—Rastatt—Philippsburg entstand ein Schutzsystem, von dem der Markgraf hoffen konnte, daß es unter dem Dach bewaffneter Neutralität und gesichert von Truppen des Kreises unter seinem Kommando den Krieg von der Markgrafschaft fernhalten würde[98].

Trotz seiner Absicht, im Verband des Schwäbischen Kreises Neutralität zu wahren, begab sich der Markgraf im Januar 1701 nach einigem

[94] *Schulte*, II. Band (Anm. 2), 344 ff.; schon am 18. Juli 1699 hatte der Markgraf seinem Vertreter am Wiener Hof in „höchstem Vertrauen" mitgeteilt, er werde eher auf seinen Rang und alle militärischen Verwendungen im Dienste des Kaisers verzichten, als Land und Leute erneut ruinieren zu lassen. (Ebd., 339).

[95] Ebd., 352; *Wunder*, Kreisassoziationen (Anm. 4), 236.

[96] *Gebauer* (Anm. 77), 99 ff.

[97] *Günter Passavant*, Studien über Domenico Egidio Rossi und seine baukünstlerische Tätigkeit innerhalb des süddeutschen und österreichischen Barock, Karlsruhe 1967, 11 ff. u. 211; Rastatt. Dokumentation zur Stadtgeschichte, hrsg. v. Hans A. Bloss, Karlsruhe 1984, 37 ff.; Pläne von Festungen (Anm. 15), 31 f.; *Anna Maria Renner*, Der Stadtplan von Rastatt und seine Entwicklung, in: Der Ufgau. Oos- und Murgtal (= Badische Heimat, 24. Jg., Jahresheft 1937), Freiburg 1937, 312—328. Siehe zu Rastatt jetzt im Vergleich zu anderen Residenz-, Garnisons- und Festungsstädten: *Meinrad Schaab*, Neuzeitliche Gründungsstädte in Südwestdeutschland. Ergebnisse eines Kolloquiums in Karlsruhe und Stuttgart, in: ZGO 133 (1985), 103—155, und die allgemeine Übersicht von *Edith Ennen*, Die Festungsstadt als Forschungsgegenstand — die Herausbildung der Festungs- und Garnisonsstadt als Stadttyp, in: Beiträge zur Geschichte der frühneuzeitlichen Garnisons- und Festungsstadt (Anm. 6), 19—40.

[98] Siehe zur Einschätzung dieses Systems durch den Markgrafen im Jahre 1705: *Fritz Hirsch*, Rastatt. Schloß und Stadt. I. Topographie, Heidelberg 1923, 20.

Zögern nach Wien, um an Beratungen für die bevorstehende militärische Auseinandersetzung mit Frankreich in der spanischen Erbfolgefrage teilzunehmen[99]. Kaiser Leopold I. wie auch Prinz Eugen waren nicht bereit, die Entscheidung des am 1. November 1700 gestorbenen spanischen Königs anzuerkennen, der das gesamte spanische Reich Frankreich zugesprochen hatte. Nachdem Ludwig XIV. diesen Testamentsbeschluß seinerseits akzeptiert hatte, schien eine Revision nur noch mit militärischen Mitteln möglich.

In Wien verhandelte Ludwig Wilhelm nicht nur mit dem Kaiser, sondern gleichzeitig mit dem französischen Gesandten und den Vertretern des Schwäbischen Kreises[100]. Während Leopold I. eine Beteiligung der Vorderen Reichskreise unter der Führung des Markgrafen an dem Kampf gegen Frankreich wünschte, steuerten Frankreich und der Schwäbische Kreis auf eine Neutralisierung der am Rhein gelegenen Reichskreise zu. Ansatzpunkt für eine Neutralitätspartei gab es im Reich viele. Die beiden Kreise Schwaben und Franken hatten sich im November 1700 erneut zusammengeschlossen; dieses Mal aber mit dem erklärten Ziel, sich an dem drohenden Konflikt nicht zu beteiligen. Gegenüber Frankreich und dem Kaiser erklärten sie ihre bewaffnete Neutralität. Nur um Frieden und territorialen Besitzstand selbst zu sichern, begannen die Kreise mit Rüstungen[101]. Kurfürst Max Emanuel von Bayern stand in geheimen Verhandlungen mit Frankreich, sowohl für einen Übertritt auf die französische Seite als auch eine neutrale Haltung möglichst zusammen mit den süddeutschen Kreisen[102]. Auch der in seinen Reichsplänen zum Schutz der kleineren Reichsstände vom Kaiser behinderte Kurfürst von Mainz, Lothar Franz von Schönborn, war zum Wiener Hof auf Distanz gegangen[103]. Nicht zuletzt aber galt der badische Markgraf, dessen gespanntes Verhältnis zum Kaiser nicht verborgen geblieben war, als Förderer und militärischer Führer einer möglichen Neutralitätspartei im südlichen Reich[104].

---

[99] *Marquis de Vogué,* Mémoires du Maréchal de Villars, Bd. 1, Paris 1884, 312; *Freiherr Philipp Röder von Diersburg,* Kriegs- und Staatsschriften des Markgrafen Ludwig Wilhelm von Baden über den spanischen Erbfolgekrieg, Bd. 1, Karlsruhe 1850, Urkunden, 3 f.

[100] *Wunder,* „Diversion" (Anm. 92), 430; *Gebauer* (Anm. 77), 101 ff.

[101] Ebd., 97 ff.; *Wunder,* Kreisassoziationen (Anm. 4), 236 f.

[102] *Ludwig Hüttl,* Max Emanuel, der Blaue Kurfürst (1679—1726). Eine politische Biographie, München 1976, 320 ff.

[103] *Alfred Schröcker,* Ein Schönborn im Reich. Studien zur Reichspolitik des Fürstbischofs Lothar Franz von Schönborn (1655—1729), Wiesbaden 1978, 40 ff.; *Loch* (Anm. 72), 44 f.

[104] *Max Braubach,* Französische Bemühungen um den Markgrafen Ludwig Wilhelm von Baden vor Ausbruch des Spanischen Erbfolgekrieges, in: ZGO 101 (1953), 413—435.

Die Lage war für den Wiener Hof im Frühjahr 1701 verzweifelt. Weder in Europa noch im Reich fanden sich Verbündete für den Kampf gegen Frankreich. Die sich ausweitenden Zusammenschlüsse der Kreise erklärten sich für neutral und wollten zum Teil sogar unbewaffnet bleiben. Die vom Kaiser in den Vordergrund geschobene Frage der oberitalienischen Reichslehen, um die mit Frankreich als ein Teil des spanischen Erbes gekämpft werden müsse, überzeugte kaum jemand. Für viele Reichsstände war die spanische Erbfolge eine rein dynastische, fast private Frage zwischen dem Kaiser und dem französischen König. Der bayerische Kurfürst näherte sich den Kreisen und bot für den Beitritt zu ihrer Assoziation 15 000 Mann zum Schutz der Neutralität an. Die Kreise verweigerten kaiserlichen Truppen den Durchmarsch. Die gesamte Operationsbasis am Rhein schien für den Kaiser verloren, die vorderösterreichischen Länder abgeschnitten. Die „Tür" des Reiches war, wie der englische Gesandte in Wien schon am 21. April 1701 nach London schrieb, für den Kaiser geschlossen[105].

Zum „Schlüssel" für diese „Tür" wurde der Markgraf. Der französische Gesandte in Wien scheute vor lukrativen Angeboten nicht zurück. Große Geldsummen, Schutz der Markgrafschaft und eine Standeserhöhung im Reich mit Hilfe des französischen Königs wurden ins Spiel gebracht[106]. Ludwig Wilhelm nutzte die ihm günstige Stimmung am Versailler Hof für den Versuch, einen Teil der noch immer ausstehenden Mitgift, die Ludwig XIV. bei der Hochzeit seines Vaters 1654 dessen Ehefrau versprochen hatte, freizubekommen. Er stieß damit allerdings auf höfliche, diplomatische Ablehnung[107]. Für die französische Krone war der Markgraf der Garant für eine neutrale Haltung der Vorderen Reichskreise. Für den Kaiser kam es weniger auf den Markgrafen als militärischen Führer an als auf seinen politischen Einfluß im Reich und bei den Kreisen. Hatte man den Markgrafen gewonnen, dann standen sicher auch bald die Kreise am Rhein auf der Seite des Kaisers.

In der Tat gelang es dem Kaiser durch ein außerordentlich großzügiges Angebot an finanziellen und territorialen Zugeständnissen, den Markgrafen zur Übernahme des Kommandos am Oberrhein zu bewegen[108]. Hinzu kam eine quasi Blankovollmacht für den kaiserlichen Generalleutnant. Alle politischen und militärischen Abmachungen und Vorkehrungen, die der Markgraf zur Abwendung der Gefahr im Reich

---

105 *Carl von Noorden*, Europäische Geschichte im achtzehnten Jahrhundert. Erste Abtheilung: Der spanische Erbfolgekrieg, Bd. 1, Düsseldorf 1870, 159.

106 *Braubach*, Bemühungen (Anm. 104), 413 ff.; *Schulte*, I. Band (Anm. 17), 547.

107 *Flake* (Anm. 8), 33 und 38.

108 *Röder von Diersburg*, Bd. 1 (Anm. 99), Urkunden, 5.

treffen würde, erhielten im vorhinein die Billigung des Kaisers. Ihm wurde das Kommando über alle kaiserlichen Truppen und Plätze am Oberrhein übertragen[109]. Die volle Befehlsgewalt, die man Ludwig Wilhelm 1698 bestritten hatte, wurde ihm nun angesichts der drohenden Gefahr zugebilligt.

Was der Markgraf von dieser Grundlage aus eigentlich erreichen wollte, und was ihn offensichtlich vor allem zur Wiederaufnahme des Oberkommandos am Oberrhein bewogen hatte, zeigten seine Briefe aus dem Reich an den Kaiser. Bereits einer der ersten vom 26. Juni 1701 schlug das Thema an. Der Markgraf beklagte, er spüre bei den Kreisen so wenig Neigung zum „offensiven Krieg“[110]. Das Stichwort des „offensiven Krieges“ und die Absicht, „über den Rhein zu gehen“, fanden sich von da an in allen Schreiben des Markgrafen. Im August 1701 enthüllte sich das Ziel der geplanten Offensiven über den Rhein: „[...] und ist dabey zu beobachten, wan man zu einem ferneren Krieg komet, das es kein blosses defensions werkh, sondern ein rechter Offensions Krieg werden mus. Zumahlen es nit allein auf das seinige zu beschützen, sondern ein mehrers zu behaubten und zu avanciren angesehen sein mus“[111]. Was der Markgraf „mehr behaupten“, d. h. erobern wollte, teilte er am 10. März 1702 seinen Gesandten auf dem Nördlinger Assoziationskongreß mit: Es dürfe kein Frieden geschlossen werden, ohne daß Straßburg im status quo an das Reich zurückgegeben und die Befestigungswerke von Fort Louis demoliert worden seien[112].

Bei aller anfänglichen Skepsis über das Ergebnis eines neuen Krieges mit Frankreich am Oberrhein, die sicher angesichts der Versäumnisse und unzureichenden Vorbereitungen des Kaisers und der Kreise angebracht schien, wollte der Markgraf offenbar den nun doch unvermeidbaren Krieg dazu benutzen, eine linksrheinische Festungsbarriere am Oberrhein mit militärischen Mitteln zu erzwingen. Daß er die militärischen Erfolgsaussichten dieses Vorhabens nicht so ungünstig beurteilte, zeigte die Tatsache, daß er wohl den französischen Gesandten glauben machen wollte, der Kaiser könne keinen Krieg führen, fast gleichzeitig aber dem holländischen Botschafter mitteilte, die Rüstungen des Kaisers seien in gutem Stand[113]. Über die eigentlichen Voraussetzungen seines

---

[109] Ebd., 6.

[110] *Röder von Diersburg*, Bd. 1 (Anm. 99), 17.

[111] Ebd., 38.

[112] Staatsarchiv Ludwigsburg: C 10 Schwäbischer Kreis, Akten der Kreiskanzlei, Büschel 24, „Erinnerungen“ Ludwig Wilhelms, 10. 3. 1702, Punkt 2; *Loch* (Anm. 72), 71.

[113] *de Vogué* (Anm. 99), 313 f.; Weensche Gezantschapsberichten, bearb. v. G. von Antal u. J. C. H. de Pater, 2. Teil (1698—1720) (= Rijks Geschiedkundige Publicatien, Bd. 79), ’s-Gravenhage 1934, 180.

Planes war er sich nicht im Unklaren: „die vollkommene Einheit und eine gute Harmonie im Reich und die Aufstellung einer mächtigen und geordneten Streitmacht“[114].

Über allen Neutralitätsplänen hatte der Markgraf die Idee der linksrheinischen Festungsbarriere seit dem Ende des Pfälzischen Erbfolgekrieges offenbar nie aufgegeben. Schon in seinem Gutachten vom September 1697 beurteilte er die rechtsrheinischen Festungen, die Frankreich als Ersatz für Straßburg zurückgeben wollte, danach, wie man aus ihnen offensiv vorgehen konnte. Breisach, Kehl und Philippsburg eigneten sich zwar besser zur Verteidigung als dazu, aus ihnen „Frankreich zu attaquiren“[115], aber dieser Gedanke beschäftigte den Markgrafen trotz seiner Bemühungen, auf der rechten Rheinseite ein Festungssystem zu organisieren, immer wieder. In seinem Gutachten über die mit dem Osmanischen Reich auszuhandelnden Friedensbedingungen verglich er 1698 die in Ungarn von Österreich gewonnene Grenze mit der für Frankreich vorteilhaften Rheingrenze. Er empfahl, auf dieser Basis mit der Pforte Frieden zu schließen[116]. Aber, was für den Kaiser in Ungarn und für die französische Krone am Rhein gut war, war es eben nicht für das Reich und mußte deshalb geändert werden. Die wohl doch nur vorübergehend aus Verärgerung über den Kaiser gefaßte Absicht einer neutralen Haltung hatte so das eigentliche Ziel des Markgrafen, die linksrheinische Festungsbarriere mit Straßburg, nur zeitweise überlagert. Wie in der Frage der neunten Kur hatte er sich offensichtlich auch in der Frage der Neutralität nur soweit mit Frankreich eingelassen, als es das „unumgängliche und billige Interesse“ zu erfordern schien[117]. Nun, da sich die Aussicht eröffnete, die linksrheinische Festungsbarriere doch noch mit militärischen Mitteln zu gewinnen, kehrte sein Interesse zum Kaiser zurück. Die in den vergangenen Kriegen vom Markgrafen und nach ihm auch von anderen gemachte Erfahrung, daß die Rheinlinie weder am Fluß selbst noch auf den Schwarzwaldhöhen wirksam verteidigt werden konnte[118], sprach ebenfalls für die Notwendigkeit, das Reich links des Rheins offensiv zu verteidigen. So verwiesen das Ziel einer Festungsbarriere links des Rheins und die Gegebenheiten der Rheinverteidigung an sich den Markgrafen auf eine offensive Kriegführung im Elsaß. Im französischen Urteil nahmen sich die Erfolgs-

---

114 Ebd., 184.

115 Ohnmaßgebliche Gedancken (Anm. 61), 283.

116 *Eckert* (Anm. 85), 469.

117 *Schulte*, II. Band (Anm. 2), 351.

118 *Hans Schmidt*, Die Verteidigung des Oberrheins und die Sicherung Süddeutschlands im Zeitalter des Absolutismus und der Französischen Revolution. Zur Problematik kriegsgeschichtlicher Beurteilung, in: Historisches Jahrbuch der Görres-Gesellschaft 104 (1984), 46—62.

aussichten nicht schlecht aus. Vauban räumte nach 1697 ein, „daß unsere Grenze schwach und in schlechtem Zustande ist“[119]. Breisach bot trotz der französischen Festung Neubreisach eine Einfallspforte in das Elsaß von Süden und Landau nach seiner Eroberung eine solche von Norden[120].

Die politischen und militärischen Voraussetzungen für die Offensive im Elsaß zu schaffen, war das Bemühen Ludwig Wilhelms vor und während des Spanischen Erbfolgekrieges. Wie wichtig es ihm war, dieses Ziel an Ort und Stelle zu verfolgen, zeigte die Ablehnung des Postens des Hofkriegsratspräsidenten, den ihm der Kaiser im Juni 1701 nach dem Tode des Grafen Starhemberg anbot[121]. In den politisch-diplomatischen Kampf, der bis in den Spätherbst 1701 vom Kaiser einerseits und Frankreich, Kurbayern und Kurmainz andererseits um die politische Orientierung der Kreise geführt wurde, konnte der Markgraf nur über seine Gesandten aus der Ferne eingreifen. Er warnte vor der Aufnahme des bayerischen Kurfürsten in die geplante Assoziation und vor der Neutralitätspolitik des Mainzer Kurfürsten. Gleichzeitig empfahl er die Aufnahme des Österreichischen Kreises, um dem Kaiser Einfluß und Führung zu sichern[122]. Das Blatt wendete sich erst zu Gunsten des Kaisers, als es im September 1701 gelang, die Große Allianz zu erneuern, und damit deutlich wurde, daß Kaiser und Reich im Kampf mit Frankreich nicht allein stehen würden. Kurz danach konnte der Kurfürst von Mainz mit einem Subsidienvertrag auf die kaiserliche Seite gezogen werden.

Das Ergebnis war die Nördlinger Assoziation zwischen den Kreisen Franken, Schwaben, Oberrhein, Kurrhein und Österreich. Sie wollte ein Assoziationsheer von 44 300 Mann aufstellen, von denen 16 000 auf den Österreichischen Kreis, d. h. den Kaiser entfielen[123]. Für den geplanten Beitritt zur Großen Allianz formulierte die Assoziation ihr Kriegsziel: „die Redintegration der Obern Reichs-Craysen und wieder herbey Bringung der denselben entzogener ansehnlicher Mit-Glieder, Stätten und Landen mithin deren Restitution in vorigem Statum“[124]. Dieses Ziel, das das vom Markgrafen genannte, die Rückgabe Straßburgs, einschloß, bildete fortan die politische und militärische Richtschnur für das Handeln des Markgrafen.

---

[119] *Hüpper* (Anm. 6), 176.

[120] Ebd., 170 und 183 f.

[121] *de Vogue* (Anm. 99), 345.

[122] *Röder von Diersburg*, Bd. 1 (Anm. 99), 32, 34 f., 42, 45 und 47; siehe auch: *Christl Hutt*, Maximilian Carl Graf zu Löwenstein-Wertheim-Rochefort und der fränkische Kreis 1700—1702. Eine Studie zur Reichs- und Kreispolitik, 2 Bde., Phil. Diss. Würzburg 1969; *Wunder*, Kreisassoziation (Anm. 4), 237 ff.

[123] *Kopp* (Anm. 72), 137 f.

[124] Ebd., Beylagen, 100; *Gebauer* (Anm. 77), 165.

Auf dieser Grundlage war es Ludwig Wilhelm auch möglich, die Vorderen Reichskreise aus ihrer neutralen Haltung herauszulösen und für die Teilnahme am Krieg gegen Frankreich an der Seite des Kaisers und der Großen Allianz zu gewinnen[125]. Für das Ziel der Redintegration, d. h. der Wiederherstellung des Besitzstandes der Vorderen Reichskreise von 1648 vor allem im Elsaß, sollten sich aber nicht nur die Assoziation, der Kaiser und das Reich, sondern alle Mitglieder der Großen Allianz einsetzen. Insbesondere sollte kein „Partikularfrieden" abgeschlossen werden, ohne daß die Sicherheit der assoziierten Kreise vollkommen gewährleistet war. Der entsprechende Artikel der Beitrittserklärung wurde von England, Holland und dem Kaiser ratifiziert. Bis Juli 1702 traten dann die einzelnen Assoziationsmitglieder der Großen Allianz bei[126].

Bis in das Frühjahr 1702 bemühte sich der Markgraf unablässig, auch die militärischen Voraussetzungen für seinen „Offensiv-Krieg" zu schaffen. Zunächst noch gegen den Widerstand vor allem des Fränkischen Kreises wurden die Kreistruppen in Lagern bei Pforzheim und Offenburg zusammengezogen. Neue Linien im Kinzigtal und Schanzen am Rhein wurden aufgeworfen. Orte links des Rheins wie Germersheim und Speyer wurden befestigt, neue Linien bei Neustadt a. H. und am Speyerbach angelegt, um vorerst Schutz zu bieten und später den offensiven Operationen Rückhalt zu geben[127]. Unverkennbar durchdrang alle Maßnahmen die Absicht, in Erwartung der politischen Entschlüsse von Kaiser und Reich die Truppen nach vorn an den Rhein zu konzentrieren, „weillen man hier dem Rhein nit näher sein und folglich kein movement geschehen kann, alß über den Rhein zu gehen"[128]. Noch ehe das Reich Frankreich offiziell den Krieg erklärt hatte, überschritt der Markgraf am 20. April 1702 den Rhein bei Speyer und begann seine offensiven Operationen mit der Belagerung der französischen Festung Landau. Sie konnte im September erfolgreich mit der Einnahme der Stadt beendet werden. Mit einem Fuß stand man damit in der französischen Festungskette westlich des Rheins. Der Markgraf wandte sich sofort nach Süden gegen Straßburg. Fast schien es, als ob das wichtigste Kriegsziel am Oberrhein schon 1702 erreicht werden könnte.

---

[125] Insofern wäre die Meinung von *Press* (Anm. 7), 27, die Kreise seien gegen ihren Willen in die kaiserliche Offensivpolitik hineingetrieben worden, zu relativieren. Auch der Behauptung von *Wunder*, „Diversion" (Anm. 92), 446 f., der Markgraf habe die Kreise über seine wahren Absichten getäuscht, kann nicht ganz zugestimmt werden.

[126] *Wunder*, Kreisassoziationen (Anm. 4), 239 ff.; *Loch* (Anm. 72), 72 ff.

[127] *Wunder*, Kreisassoziationen (Anm. 4), 124 ff. u. 167 ff.; *Hüpper* (Anm. 6), 184.

[128] *Röder von Diersburg*, Bd. 1 (Anm. 99), 27.

In diesem Augenblick sah sich Ludwig Wilhelm von einem neuen Gegner bedroht. Der bayerische Kurfürst, der nach dem Scheitern der Neutralitätspartei ein Bündnis mit Frankreich abgeschlossen hatte, eroberte im September 1702 die Reichsfestung Ulm. Damit war im Rücken des nach Westen kämpfenden Markgrafen eine zweite Front an der Donau eröffnet. Gleichzeitig ließ der französische König am Rhein bei Hüningen ein Heer versammeln. Deutlich trat die Absicht zutage, den bayerischen Bundesgenossen im Reich durch französische Truppen zu verstärken. Der Markgraf mußte seinen Vorstoß auf Straßburg abbrechen, um durch Rückkehr auf das rechte Rheinufer dieser Gefahr zu begegnen. Durch die Schlacht bei Friedlingen verhinderte Ludwig Wilhelm für 1702 die Vereinigung der französischen mit den bayerischen Truppen. Das Eingreifen des bayerischen Kurfürsten an der Seite Frankreichs zwang den Markgrafen 1703 zu einem Kampf an zwei Fronten, am Rhein und an der Donau. Eine erneute Offensive am Rhein war damit 1703 unmöglich. Es gelang nur, die Linien von Stollhofen-Bühl zu verteidigen. Kehl fiel zu Beginn, Breisach und Landau am Ende des Feldzuges in französische Hand. Mit Augsburg gewann der bayerische Kurfürst einen weiteren Stützpunkt neben Ulm im Rücken der Rheinfront. Der Zuzug französischer Truppen durch das Kinzigtal an die Donau konnte nicht verhindert werden.

Trotz dieser schlechten Lage versuchte der Markgraf, an seinen ursprünglichen Plänen festzuhalten. Dazu mußte vor allem der bayerische Kurfürst als Parteigänger Frankreichs ausgeschaltet werden. Ludwig Wilhelm schlug 1703 dem Kaiser vor, sich mit ihm zu vergleichen und seine Truppen für die Große Allianz zu gewinnen. Einen militärischen Erfolg gegen die vereinigten bayerischen und französischen Truppen hielt er mit seinen eigenen Kräften für unmöglich. Widerstrebend machte der Markgraf noch den Vorschlag, Bayern durch Husaren und leichte Truppen zu verwüsten, um dem Kurfürsten „die Flügel zu stutzen“ und ihn für Verhandlungen gefügig zu machen[129].

Trotz der militärischen Auseinandersetzung waren die Verhandlungen mit dem Kurfürsten von Bayern von Seiten des Kaisers nie ganz abgebrochen worden, aber die finanziellen und territorialen Forderungen Max Emanuels schienen Österreich 1703 zu hoch. Da auch die militärischen Operationen des Markgrafen erfolglos verliefen, stand die bayerisch-französische Koalitionsarmee am Ende des Jahres 1703 stärker denn je an der Donau. Mit gesicherten Versorgungslinien über den Rhein und durch den Schwarzwald schienen Operationen selbst auf Wien denkbar. Während der Markgraf seine Truppen am Rhein und Bodensee zusammenzog, nahm der Kurfürst im Januar 1704 Passau und

[129] Ebd., 122 ff.

öffnete damit die Donau als Nachschubstraße. Der Angriff in das Herz Österreichs, auf Wien, schien bevorzustehen.

Den Allianzmitgliedern stellte sich damit für 1704 das Problem, daß ihre zentrale, die Kriegsschauplätze in Oberitalien und in den Niederlanden verbindende Position an Rhein und Donau bedroht war. Der Kaiser und die kleineren süddeutschen Reichsstände schwebten in der Gefahr einer militärischen Niederlage oder eines aufgezwungenen Friedens mit anschließendem Ausscheiden aus dem Bündnis. Der Markgraf sah die Gefahr, daß die Kreise zu ihrer Neutralitätspolitik zurückkehren oder gar ein Bündnis mit Frankreich abschließen könnten[130].

Die Folgerung aus dieser Situation lag auf der Hand und war seit 1702 auch schon bedacht worden: unter Zurückstellung der anderen Kriegsschauplätze mußte die Allianz ihre Kräfte auf das süddeutsche Operationsfeld konzentrieren und hier die Gefahr für den Kaiser beseitigen. Im Februar 1703 schon hatte man aus den Niederlanden ein Truppenkontingent an den Markgrafen entsandt. Im Juni 1703 äußerte der Oberbefehlshaber der englisch-holländischen Truppen in den Niederlanden, der Herzog von Marlborough, er wolle für zwei Monate auf dem niederländischen Operationsplatz in die Defensive gehen, um in dieser Zeit mit von dort abgezogenen Truppen „ganz Deutschland zu retten"[131]. 1704 war die Situation für einen solchen Entschluß reif.

Trotzdem dauerte es noch bis Mai 1704, ehe in mühevollen politischen und militärischen Verhandlungen der Plan entwickelt wurde, ein englisch-holländisches Expeditionskorps unter der Führung Marlboroughs an die Donau zu senden. Der Markgraf war frühzeitig von diesem Plan unterrichtet, hatte aber seine eigenen Vorstellungen über ein Vorgehen gegen die bayerisch-französische Koalition.

Für ihn kam es noch immer darauf an, den „einheimischen Krieg" möglichst schnell zu beenden, um bald wieder die Offensive am Rhein ergreifen zu können[132]. So schlug er wieder vor, den bayerischen Kurfürsten durch Verhandlungen zu gewinnen und damit eine „urplötzliche Änderung" und einen glücklichen Ausgang des Krieges herbeizuführen. Wenn dies nicht möglich war, dachte er an die erneute Belagerung von Landau oder einen Rheinübergang, um die französischen Truppen durch die Bedrohung ihrer Rückzugslinien zum Abzug aus Süddeutschland zu

[130] *Freiherr Philipp Röder von Diersburg,* Kriegs- und Staatsschriften des Markgrafen Ludwig Wilhelm von Baden über den spanischen Erbfolgekrieg, Bd. 2, Karlsruhe 1850, 5.

[131] The Correspondence 1701—1711 of John Churchill First Duke of Marlborough and Anthonie Heinsius, Grand Pensionary of Holland, hrsg. v. B. Van'T Hoff (= Werken uitgegeven door het Historisch Genootschap, 4. Serie, Nr. 1), Utrecht 1951, 76, Nr. 124.

[132] *Röder von Diersburg,* Bd. 2 (Anm. 130), 4.

bewegen[133]. Man einigte sich schließlich darauf, den Rhein gegen weiteren Zuzug französischer Truppen zu sichern und gleichzeitig gegen den bayerischen Kurfürsten und seinen französischen Verbündeten an der Donau zu operieren. Ziel war, den Kurfürsten unter militärischem Druck doch noch zu Verhandlungen zu zwingen und ihn für die Große Allianz zu gewinnen oder ihn zusammen mit den Franzosen zu schlagen.

Zunächst entwickelte sich das Geschehen nach Plan. Kaum näherte sich die britisch-niederländisch-deutsche Koalitionsarmee der Donau, knüpfte der bayerische Kurfürst direkte Verhandlungen mit dem Markgrafen an. Er stellte seinen Abfall von Frankreich in Aussicht. Neben dem Markgrafen war auch Marlborough an einer friedlichen Lösung interessiert. Man drängte den Kaiser zu Konzessionen gegenüber dem Kurfürsten. Der militärische Druck wurde durch den Übergang auf das südliche Donau-Ufer und die systematische Zerstörung Bayerns verstärkt. Mitte Juli 1704 schien der bayerische Kurfürst reif für einen Übertritt auf die Seite der Großen Allianz. Als jedoch in diesem Augenblick ein größeres französisches Truppenkontingent den Rhein überschritt und sich dem Kriegsschauplatz näherte, brach er die Verhandlungen ab. Er beugte sich französischem Druck, wollte allerdings nun auch selbst eine militärische Entscheidung herbeiführen.

Daß es zu einer Schlachtentscheidung im August 1704 bei Höchstädt kam, lag dann trotzdem weniger an der geschickten militärischen Operationsführung der alliierten Feldherren als an dem Ungeschick und der Uneinigkeit des bayerischen Kurfürsten und der französischen Marschälle. Mit der vernichtenden Niederlage der bayerisch-französischen Truppen gelang es, den zweiten Teil der alliierten Feldzugsplanung zu verwirklichen. Die bayerisch-französische Bedrohung im Rücken der Rheinfront war militärisch ausgeschaltet[134].

---

[133] Ebd., 22 ff.

[134] Der Feldzug von 1704, der bisher allzu oft und allzu sehr aus der Sicht des Prinzen Eugen und des Herzogs von Marlborough dargestellt worden ist, bedürfte einer neuen Untersuchung. Insbesondere die These der von langer Hand vorbereiteten militärischen Entscheidung ist fragwürdig. Schon die Zeitgenossen erkannten die außerordentlich schlechte Lage der Alliierten nach der Vereinigung der bayerisch-französischen Armeen und ihrem Ausbruch auf das Nordufer der Donau. Siehe dazu: Die Memoiren des Herzogs von Saint-Simon, hrsg. u. übers. v. Sigrid von Massenbach, Erster Band: 1691—1704 (= Ullsteinbuch Nr. 3591), Frankfurt/M. 1974, 419 ff. Siehe auch die kritische Untersuchung von *Rudolf Israel,* Der Feldzug von 1704 in Süddeutschland, Phil. Diss. Berlin 1913, und die ausgewogene neuere Darstellung von *J. W. Wijn,* Het Tijdperk van de Spaanse Successieorlog 1702—1715, Bd. I (= Het Staatsche Leger, Deel VIII, Bd. 1), s'Gravenhage 1956, 449 ff.; *Bernhard R. Kroener,* La planification des opérations militaires et le commandement supérieur. La crise de l'alliance franco-bavaroise à la veille de la bataille de Höchstädt, in: Forces Armées et Système d'alliances. Colloque International d'Histoire militaire et d'Études de Defense Nationale (= Histoire Militaire Comparée 1), Montpellier 1981, 165—189.

Sofort nach der Entscheidung an der Donau wollte der Markgraf seine offensive Operationsführung am Rhein wieder aufnehmen. Noch während des Marsches an den Rhein schlug er eine erneute Belagerung Landaus vor, das im November 1704 wieder genommen werden konnte[135]. Für einen Vormarsch auf Straßburg, den der Markgraf empfohlen hatte, fehlten die Kräfte[136]. Denn gleichzeitig stieß Marlborough im Moseltal vor und eroberte die Festungen Trier, Saarburg und Trarbach. Für den Feldzug 1705 zeichneten sich damit zwei Stoßrichtungen ab. Während der Markgraf wieder Straßburg angreifen wollte, plante Marlborough einen Angriff entlang der Mosel direkt auf Paris.

Ludwig Wilhelm befürwortete in seinem Operationsgutachten für das Jahr 1705 beide Offensivstöße, um die französische Verteidigung zu zersplittern, Landau zu schützen und im Elsaß operieren zu können[137]. Marlborough bezweifelte den Erfolg zweier getrennter Angriffe und forderte die Unterstützung seiner Moseloperation beim Kaiser an[138]. Joseph I., der die Nachfolge Leopolds I. angetreten und inzwischen ein sehr distanziertes Verhältnis zu Ludwig Wilhelm hatte, befahl diesem die Abstellung von Truppen an die Mosel[139]. Ohne eigentliche Schuld des Markgrafen scheiterte die Moseloperation. Die Truppen sammelten sich zu spät. Die Versorgung konnte bei sehr schlechtem Wetter nicht gesichert werden. Längst hatten die Franzosen den Angriff erkannt und entsprechende Gegenmaßnahmen getroffen. Marlborough kehrte im Juni 1705 in die Niederlande zurück und belastete dort und vor allem in England Ludwig Wilhelm mit diesem Mißerfolg.

Der Markgraf weilte zu dieser Zeit zur Kur, um eine Wunde, die er während des Feldzuges von 1704 erhalten hatte, zu heilen. Wieder zu den Truppen zurückgekehrt, begann er sofort mit dem vorgeschlagenen Angriff im Elsaß, der auch mit geringen Kräften rasch Erfolg brachte. Hagenau und Drusenheim wurden genommen. Der Markgraf näherte sich wieder Straßburg und begann Fort Louis einzuschließen. In diesem Augenblick wurden die ihm unterstellten pfälzischen und preußischen Truppen von ihren Landesherren zurückgerufen. Gleichzeitig forderte Joseph I. einige Regimenter nach Italien ab. So konnte nur die Linie Hagenau-Bühl links und rechts des Rheins gehalten und die eroberten Städte schwach besetzt werden[140].

---

[135] *C. T. Atkinson*, Marlborough and the Rise of the British Army, New York, London 1921, 240.

[136] *Röder von Diersburg*, Bd. 2 (Anm. 130), 85.

[137] Ebd., 101 ff.

[138] The Letters and Dispatches of John Churchill First Duke of Marlborough from 1702 to 1712, hrsg. v. George Murray, Bd. 1, London 1845, 574.

[139] *Charles W. Ingrao*, Joseph I. Der „vergessene" Kaiser, Graz 1982, 57 ff.

[140] *Röder von Diersburg*, Bd. 2 (Anm. 130), 168 ff. u. 196 ff.

Verzweifelt bemühte sich der Markgraf den ganzen Winter 1705/06 um frühzeitigen Ersatz für die abgezogenen Truppen, um entweder das Gewonnene zu halten oder die Offensive fortzusetzen. In seinem Operationsplan machte er sich eine frühere Aussage Josephs I. zu eigen, Frankreich könne nur in Frankreich besiegt werden, und nannte Straßburg als Operationsziel[141]. Gesandte der Verbündeten, die ihn in Rastatt besuchten, gewannen den Eindruck, er denke nur noch an Straßburg[142]. Zu spät wurden die preußischen Truppen wieder in Marsch gesetzt. Mit zahlenmäßiger Überlegenheit eröffneten die französischen Truppen frühzeitig den Feldzug und warfen die schwachen Kräfte des Markgrafen über den Rhein zurück[143].

Durch weitere Abzüge österreichischer Truppen nach Ungarn geschwächt, war der Markgraf für den Rest des Feldzugsjahres 1706 seiner Meinung nach zur Untätigkeit auf dem rechten Rheinufer verurteilt. Als nun der Wiener Hof versuchte, seine Angaben über die Truppenstärken als falsch darzustellen, und ihnen eigene manipulierte Zahlen entgegenstellte, legte Ludwig Wilhelm sein Kommando am 31. Oktober 1706 nieder[144].

Am 4. Januar 1707 starb Ludwig Wilhelm in seinem Residenzschloß in Rastatt. Im gleichen Jahr umgingen die französischen Truppen die Linien von Stollhofen-Bühl, besetzten Rastatt und zerstörten die unvollendeten Festungsanlagen. Sie stießen weit in das Reich vor. Zwischen den Franzosen in Schwaben und Franken und der schwedischen Armee in Sachsen befanden sich das Heilige Römische Reich und der Kaiser in der Gefahr, durch eine gemeinsame Aktion der während des Dreißigjährigen Krieges verbündeten Schweden und Franzosen niedergeworfen zu werden. Mit dem Tod ihres Oberbefehlshabers hatte die Armee der Kreise am Oberrhein einen schweren Schlag erlitten, von dem sie sich nicht mehr erholte. Während des Spanischen Erbfolgekrieges gelang es nicht mehr, im Elsaß anzugreifen.

Während der Friedensverhandlungen von 1708/09 und 1713/14 wurde die Frage einer oberrheinischen Reichsbarriere erneut verhandelt. Die Kreise forderten 1709 die Rückgabe des Elsaß, Straßburgs und der Rheinfestungen Breisach, Kehl und Fort Louis. Entgegen den Versprechungen der anderen Mitglieder der Großen Allianz von 1702 fanden sie kaum Unterstützung. Frankreich brach die Verhandlungen im Juni

141 Ebd., 216 u. 218.

142 De Briefwisseling van Anthonie Heinsius 1702—1720. Deel V 1706. Bewerkt door Dr. A. J. Veenendaal jr. (= Rijks Geschiedkundige Publicatien, Grote Serie 183), s'Gravenhage 1983, 92.

143 *Ingrao* (Anm. 139), 62 ff.

144 Ebd., 69 ff.; Der Türkenlouis (Anm. 21), 95.

1709 ab, als sich seine militärische Lage zu bessern begann[145]. Seit 1712 kämpften Kaiser und Reich allein gegen Frankreich. In einem letzten Feldzug am Oberrhein unter Führung des Prinzen Eugen gingen 1713 Landau und Freiburg verloren. Auf dieser Grundlage war es unmöglich, in den unmittelbar anschließenden Friedensverhandlungen zu Rastatt die alte Forderung nach einer Festungsbarriere links des Rheins zu erheben. Frankreich gab zwar alle rechtsrheinischen Festungen zurück, behielt jedoch alle linksrheinischen mit Straßburg, Fort Louis und Landau. Damit war der status quo von 1697 wieder hergestellt[146]. Die Markgrafschaft Baden-Baden bekam 1714 alle Gebiete links des Rheins und die Reichsfestung Kehl zurück. Rastatt blieb unbefestigt, bis der Deutsche Bund 1840 die alten Pläne des Markgrafen aufgriff und eine Bundesfestung zu bauen begann. Die Idee einer rechtsrheinischen Festungsbarriere kehrte zurück. Mit der Abtretung Elsaß-Lothringens nach dem deutsch-französischen Krieg von 1870/71 erübrigte sie sich schon wieder.

Sicher ist es richtig, daß „vom Westfälischen Frieden bis zur Napoleonischen Zeit [...] nur einmal ernsthaft die Möglichkeit bestanden [hat], Elsaß und Lothringen wieder dem Reich [...] zu sichern: in der Zeit des Spanischen Erbfolgekrieges nämlich, als das Frankreich Ludwigs XIV. unter den Schlägen übermächtiger Gegner besiegt am Boden zu liegen schien“[147]. Daß dieses Ziel und damit auch die „Reichsbarriere“ links des Rheins trotzdem nicht erreicht wurde, hatte sicherlich damit zu tun, daß der militärische Erfolg am eigentlichen Ort des Geschehens, am Oberrhein, ausblieb. Betrachtet man die Interessen der Mitglieder der Großen Allianz, dann werden die Gründe dafür deutlich.

Trotz der Übereinstimmung, die über energische Offensivmaßnahmen am Oberrhein 1701/02 unter den Verbündeten herrschte und die den Markgrafen zu seinem Angriff auf Landau ermutigte, waren die Aussichten für eine andauernde Unterstützung durch die Allianzmitglieder eher schlecht[148]. Die geringe Priorität, die der Oberrhein in der Einschätzung der Alliierten besaß, zeigte sich sehr schnell. Österreich begann den Spanischen Erbfolgekrieg 1701 in Italien. Hier lagen die wahren Interessen des Hauses Habsburg. Durch Aufstände in Ungarn wurde Österreich ab 1703 im eigenen Machtbereich in militärische Operationen

---

[145] *Werner Reese,* Das Ringen um Frieden und Sicherheit in den Entscheidungsjahren des Spanischen Erbfolgekrieges 1708 bis 1709, München 1933, 171 ff.

[146] *de la Roche* (Anm. 11), 128.

[147] *Braubach,* Reichsbarriere (Anm. 3), 483.

[148] Siehe dazu: *Linda* u. *Marsha Frey,* A Question of Empire. Leopold I. and the War of Spanish Succession 1701—1705, New York 1983; *Karl Otmar Freiherr von Aretin,* Kaiser Joseph I. zwischen Kaisertradition und österreichischer Großmachtpolitik, in: HZ 215 (1972), 529—606, bes. 563 ff.

verwickelt. Der auch auf Wunsch Österreichs 1703 eröffnete Kriegsschauplatz in Spanien beanspruchte sein Interesse bald mehr als die militärischen Operationen am Oberrhein und im Reich. Ein „Kaiser, der dem Reich im Westen eine breite Reichsbarriere gegen Frankreich verschafft hätte“, hätte seinen Führungsanspruch gegen andere Reichsstände sicher besser behaupten können[149]. Die Interessen Habsburgs lagen aber seit Joseph I. kaum noch im Reich.

Die Niederlande dachten vor allem an den Schutz ihres Territoriums und die Erhaltung ihrer Festungsbarriere gegenüber Frankreich. England kämpfte für seine Handelsinteressen und Flottenstützpunkte im Mittelmeer, in Übersee und in Spanien. 1702 verweigerte Wilhelm III. dem Markgrafen die erbetene finanzielle Unterstützung für den weiteren Bau der Festungsanlagen seiner Residenz Rastatt[150].

Nach den ersten fast auch nur verbalen Ermutigungen und Unterstützungen durch die Alliierten in den Jahren 1701 und 1702, die von durchaus eigennützigen Interessen Österreichs und Englands bestimmt waren, sah sich der Markgraf wie von 1693 bis 1697 auf die Kräfte der Kreise angewiesen. Dem Kaiser gelang es nie, die versprochenen 16 000 Mann an den Oberrhein zu bringen. Die Alliierten erwarteten nach 1702, daß der Markgraf die Front am Oberrhein verteidigte und sich allen ihren Plänen an anderen Orten durch Truppenabstellungen anschloß. Demgegenüber verfolgten Ludwig Wilhelm und die in der Nördlinger Assoziation zusammengeschlossenen Kreise ein eigenständiges offensives Ziel, nämlich die Gewinnung einer linksrheinischen Festungsbarriere und die „Redintegration“ der seit 1648 an Frankreich verlorenen Gebiete[151]. Da die eigenen Kräfte dazu nicht ausreichten, mit Unterstützung der anderen Mitglieder der Großen Allianz und der „Einheit und Harmonie“ des Reiches aber kaum zu rechnen war, ergab sich der Mißerfolg des Markgrafen fast von selbst.

Die abwertende Kritik, die die Kriegführung des Markgrafen am Oberrhein bisher mit wenigen Ausnahmen im Vergleich zu seinen Leistungen in Ungarn und denen seiner Mitfeldherren, des Prinzen Eugen und des Herzogs von Marlborough, erfahren hat, liegt sicher in dieser letzten Erfolglosigkeit begründet. Organisatorische und operative Leistung Ludwig Wilhelms sind andererseits nur von dem fast während seines ganzen Lebens verfolgten Ziel der sicheren Westgrenze des Reiches

---

149 *Ingrao* (Anm. 139), 13 (Einleitung v. Karl Otmar Freiherr von Aretin).

150 *Röder von Diersburg*, Bd. 1 (Anm. 99), 60.

151 Insofern ist für den Pfälzischen Erbfolgekrieg (1693—1697) und den Spanischen Erbfolgekrieg (1702—1706) unter der Führung des badischen Markgrafen doch auch eine offensive Komponente im Reichs- und Kreiskriegswesen festzustellen (*Papke*, Miliz [Anm. 5], 251 f.).

her gerecht zu würdigen. Mit einem „deutschen Festungsgürtel", der in der Linie Breisach — Freiburg — Kehl — Philippsburg — Mainz — Rheinfels — Koblenz zu Lebzeiten des badischen Markgrafen möglich gewesen wäre, hätten dazu die Voraussetzungen geschaffen werden können. „Um von einer Festungslinie sprechen zu können, bedarf es aber mehr als einer Aufreihung fester Plätze [...]. Es gehört dazu eine an zentraler Stelle entwickelte Konzeption einer solchen Linie [...], und es gehört dazu eine einheitliche Kommandogewalt". Beides hatte Ludwig Wilhelm über die Assoziation der Vorderen Reichskreise und mit seinem „Generalgouvernement" erreichen wollen. Die Stände des Reiches, die allein über das Befestigungsrecht und eigene Truppen verfügten, waren aber nicht bereit, den Kreisen, der Assoziation oder einem „Generalinspektor der rheinischen Festungen" diese Vollmachten zuzugestehen. Auch der Kaiser ließ hier seinen ranghöchsten Soldaten im Stich[152]. So wurde eine für alle Reichsstände wichtige Aufgabe wohl erkannt, konnte aber mit unzulänglichen Mitteln nicht gelöst werden.

In vielen Bereichen bestimmte das Scheitern an zu hoch gesteckten Zielen das Leben des Markgrafen. Weder gelang es ihm, den Krieg gegen die Osmanen mit einem Friedensschluß zu beenden, noch erreichte er die für das Haus Baden im Reich angestrebte Standeserhöhung, noch konnte er den Wiederaufbau seines Landes nach den Kriegszerstörungen vollenden. Sicher beruhten der Mißerfolg und die Unvollkommenheit des Gelingens vielfach auf einer Fehleinschätzung der eigenen Möglichkeiten, oft waren sie aber auch das Ergebnis unglücklicher Umstände oder unvorhersehbarer Entwicklungen. Insofern steckt eine tiefere Wahrheit im Urteil Ludwigs XIV. über seinen lebenslangen Widersacher: „Ich beklage ihn, er hatte Mut und Fähigkeit; allein er war nicht glücklich[153]."

---

[152] *Herrmann,* Entstehung (Anm. 6), 23 f.

[153] *Samuel Baur,* Gallerie historischer Gemälde aus dem 18. Jahrhundert, Teil 5, Hof 1804/05, 134.

Die Panik von 1731

Von Jeremy Black, Durham, und Armin Reese, Heidelberg

Die Bemühungen des 18. Jahrhunderts um Erhaltung des Friedens oder zumindest Bändigung des Krieges und der notwendige Konflikt dieses Strebens mit dem gleichzeitigen unzweifelhaften Expansionsdrang der Einzelstaaten hat in letzter Zeit mehrfach Beachtung gefunden[1]. Die folgenden Ausführungen gehen von den Erkenntnissen aus, die Johannes Kunisch an Erbfolgeregelungen und Fundamentalgesetzen sowie am österreichischen Erbfolgekrieg akzentuiert und exemplifiziert hat. Sie versuchen eine Antwort auf die Frage, warum in der Krise von 1731 trotz begründeter Kriegserwartungen die bewaffnete Auseinandersetzung noch vermieden werden konnte. Gleichzeitig wird gefragt, ob und wie die Krise auf das Kernstück des europäischen Staatensystems seit den Verhandlungen von Utrecht, nämlich auf das britisch-französische Verhältnis eingewirkt hat. Diplomatische Bewältigung einer Krise heißt oft ja nur zeitweilige Verhinderung eines Krieges, nicht unbedingt Abbau von Konfliktpotential.

Um zu sinnvollen Antworten zu kommen, ist ein relativ detaillierter Bericht über den Ablauf der Vorgänge erforderlich. Wir gehen von der britischen Seite aus, deren Aktivität die Krise auslöste und eine erste Verschärfung brachte. Über die Reaktion Spaniens kommen wir dann zur Haltung Frankreichs und zur Eskalation der Krise zur Panik. Dabei sind immer auch Äußerungen Dritter heranzuziehen, die verdeutlichen können, was man in der Zeit als möglichen casus belli ansah.

---

[1] *Georges Livet*, L'équilibre européen de la fin du XVe à la fin du XVIIIe siècle, Collection SUP (L'historien 28), Paris 1976, hat die Vieldeutigkeit des Gleichgewichtsbegriffs in Theorie und Praxis untersucht. Ein Referat des Forschungsstandes liefert *Heinz Duchhardt*, Gleichgewicht der Kräfte, Convenance, Europäisches Konzert. Friedenskongresse und Friedensschlüsse vom Zeitalter Ludwigs XIV. bis zum Wiener Kongreß (Erträge der Forschung 56), Darmstadt 1976. *Kurt Kluxen*, Zur Balanceidee im 18. Jahrhundert, in: Vom Ancien Régime zum modernen Parteienstaat. Festschrift für Theodor Schieder. Hrsg. von H. Berding u. a., München/Wien 1978, 41 ff., hat betont, daß die Balanceidee zentrale Kategorie des Aufklärungsdenkens war. *Johannes Kunisch*, Staatsverfassung und Mächtepolitik. Zur Genese von Staatenkonflikten im Zeitalter des Absolutismus (Historische Forschungen 15), Berlin 1979, hat in seiner Untersuchung eines erstrangigen Konfliktpotentials erneut verdeutlicht, daß die Praktikabilität von Gleichgewichts- und Konvenienzideen begrenzt blieb und mit jeder politischen Veränderung erneut zum Problem wurde.

I.

Der allgemeine Hintergrund der britischen Politik dieser Zeit ist bekannt und braucht deshalb nur gestreift zu werden: außenwirtschaftliche und koloniale Interessen Englands, wie Schulin und Niedhart in Weiterführung älterer Ansätze wie etwa Michaels herausgestellt haben[2]. Daraus ergab sich ein nahezu durchgängiges Anliegen der britischen Politik: das Gleichgewicht auf dem europäischen Kontinent sollte dort die Kräfte zugunsten britischer überseeischer Expansion binden. Seit Wilhelm von Oranien war dieser Gedanke so weit in die innenpolitische Argumentation eingegangen, daß sich daraus eine allgemein anerkannte Notwendigkeit politischer Aktionen ergab, um Ruhe auf dem Kontinent zu garantieren.

Bis zu diesem Punkt scheint Konsens zwischen den politischen Gruppierungen Englands geherrscht zu haben. Unterschiede gab es in der Frage, wie weit das Gleichgewicht auf dem Kontinent ohne kriegerisches Engagement hergestellt oder gewahrt werden könne. Wilhelm III. hatte seine Kriegspolitik noch relativ unbestritten durchsetzen können; schon unter Queen Anne aber formierte sich die Opposition gegen den Krieg und setzte sich schließlich durch. Aber auch für diese Partei blieb Krieg ein durchaus normales Mittel der Politik, die Unterschiede gründeten in abweichender Einschätzung von Kosten, Aussichten und Notwendigkeiten militärischen Eingreifens. Die „Friedenspartei" neigte dazu, Konflikte möglichst zu vermeiden oder kostengünstig beizulegen. In diesem Zusammenhang standen auch die Bemühungen, das Kriegsrisiko zu begrenzen. Von der ideologischen Überhöhung solcher Überlegungen durch konfessionelle Fragen oder solche der Staatsform kann hier abgesehen werden, ebenso von dem wirtschaftlichen Interesse einzelner britischer Politiker, das ja oft vom Widerspruch zwischen Außenhandelsinteresse und Großgrundbesitz geprägt war. Auch die Bedeutung des Staatsdenkens, in dem prinzipielle Vielfalt bis zur Widersprüchlichkeit herrschte[3], soll hier unerörtert bleiben. Die Parteiungen waren ja noch nicht Programmparteien im heutigen Sinne, Whigs und Tories gerade in ihren außenpolitischen Grundvorstellungen noch recht ähnlich.

Friedenspolitik auf der Basis vielseitiger guter Beziehungen wurde für London immer schwieriger, je deutlicher die Folgen des Spanischen

---

[2] *Ernst Schulin*, Handelsstaat England. Das politische Interesse der Nation am Außenhandel vom 16. bis ins frühe 18. Jahrhundert, Wiesbaden 1969. *Gottfried Niedhart*, Handel und Krieg in der britischen Weltpolitik 1738—1763, München 1979.

[3] Vgl. *Peter Wende*, Vernunft und Tradition in der englischen Staatslehre der Frühen Neuzeit, in: HZ 226 (1978), 317—348.

Erbfolgekrieges hervortraten. Der ständige Konflikt mit Spanien wegen Gibraltar und der britischen Handelsrechte (bzw. deren Mißbrauch) in Spanisch-Amerika verschärfte sich bis 1739. London mußte seine Interessen zumindest diplomatisch gegen die spanischen Proteste verteidigen. Dabei spielten die Ansprüche Spaniens in Italien eine Schlüsselrolle. Auch die aufkommende Konkurrenz durch die kaiserliche Ostendekomponie konnte jeder britischen Regierung innenpolitische Schwierigkeiten bereiten. Ein Problem lag deshalb darin, daß mit Wien kaum zu einer Einigung zu kommen war, wenn man nicht half, die spanischen Ansprüche in Italien abzuwehren. Tat man dies aber, stärkte man nicht nur die Position des Hauses Habsburg im Mittelmeer und damit eine aufkommende Konkurrenz für den eigenen Handel, sondern belastete auch das prekäre Verhältnis zu Madrid. Spanien allein war zwar wenig gefährlich, aber eine Verschärfung der Spannungen konnte sich London höchstens leisten, wenn es im Einvernehmen mit oder wenigstens nicht gegen Frankreich handelte. Das aber wurde seit 1727 immer mühsamer, einmal wegen des sich verbessernden spanisch-französischen Verhältnisses, um das sich Fleury mit Unterstützung Chauvelins besonders nach der Geburt eines französischen Thronfolgers erfolgreich bemühte, zum anderen wegen der mit Rücksicht auf Frankreich erforderlichen Beschränkung in der Kolonial- und Handelspolitik. Diese konnte wiederum innenpolitisch gefährlich werden, seit Frankreich seine Wirtschafts- und Kolonialinteressen wieder nachdrücklicher vertrat. Schließlich mußte man auf den traditionellen habsburgisch-bourbonischen Gegensatz Rücksicht nehmen, besonders auf den für Frankreichs Sicherheitspolitik wichtigen Problemkreis der Pragmatischen Sanktion.

All diese Schwierigkeiten wurden noch verschärft durch die Personalunion mit Hannover. Sie brachte zwangsläufig Überlegungen ins Spiel, die mit den britischen Interessen im engeren Sinne wenig zu tun hatten. Sie forderten innenpolitische Rücksichten, denn keine britische Regierung konnte es sich leisten, den Verdacht hannoverscher Politik auf Kosten Englands zu nähren. Die politische Rolle des Königs in diesem Zusammenhang ist nicht geklärt; unsere Darstellung muß deshalb einige Bemerkungen dazu machen, auch wenn es sich dabei nicht um einen zentralen Punkt handelt.

In dieser Lage wurde der „zweite Vertrag mit dem Kaiser", am 16. März 1731 in Wien unterzeichnet, von der britischen Regierungspresse mit überschwenglichem Optimismus begrüßt[4]. In Regierungskreisen war man zwar vorsichtiger, hegte aber doch die Hoffnung, daß der Vertrag das Vorspiel zu einem europäischen Frieden und einem Beweis britischer

---

[4] *Free Briton,* 1731 April 8 st.vet.; *Norwich Mercury,* 1731 April 10—17 st.vet.; *Hyp-Doctor* 1731 Mai 25 — Juni 1 st.vet.

Machtvollkommenheit würde. Die Kriegsgerüchte in Europa würden für einige Zeit verstummen, meinte der britische Gesandte in Dresden, George Woodward[5]. Der Herzog von Newcastle deutete in einem interessanten Brief an den Grafen Waldegrave zwar Zweifel an, betonte aber gleichzeitig seinen Optimismus:

„... our treaty with the Empr. it is I think as we can wish, and puts us above both our foreign and domestick ennemies, you cannot imagine what satisfaction it is here, and is universally thought so good, that people will have it, we must have given more for it than we own. The Empr. has certainly done handsomely. ... Spain must be pleased, for I think we have gott more for them, than they had any pretence to ask of us, and they must be the most extraordinary people, and keene the most deceived, if we are not now the best friends in the world, in spite of all Rottembourg can do to prevent it ... it is the general opinion that both the card. and the Garde de Sceaux will in their hearts be glad of it, however they may pretend the contrary."[6]

Die Hoffnung, daß die neue Allianz mit Österreich Europa den Frieden bringen und Englands diplomatische Probleme weitgehend lösen würde, war nicht unberechtigt[7]. Das Problem der spanischen Ansprüche in Italien schien gelöst: Wien hatte nämlich zugestimmt, die Ansprüche Spaniens in Italien durch spanische Garnisonen in den Herzogtümern Toskana und Parma absichern zu lassen. In London konnte man nun hoffen, daß diese Konzession an die dynastischen Ansprüche des Don Carlos, des ältesten Sohnes Philipps V. von Spanien aus seiner zweiten Ehe mit Elisabeth Farnese, Madrid zufriedenstellen und ihm erlauben würde, dem neuen Vertrag beizutreten. Damit konnte der Frieden in Europa sicherer werden; eine Situation wie 1730, als die Differenzen zwischen Wien und Madrid beinahe zu einem Krieg geführt hatten, war

---

[5] Woodward an Edward Weston, Unterstaatssekretär, 1731 April 25, Public Record Office, State Papers (im folgenden zitiert P.R.O.S.P.) 88/38.

[6] Newcastle an Waldegrave 1731 April 1 st.vet; privat, Chewton Manuscripts. Wir danken dem Grafen Waldegrave für die freundliche Erlaubnis zur Benutzung des Materials in Chewton.

[7] Der beste Führer zur diplomatischen Situation von 1731 ist das Einleitungskapitel von *P. Vaucher*, Robert Walpole et la Politique de Fleury, Paris 1924. Unschätzbar sind *Archdeacon Coxe's* Memoirs of the Life and Administration of Sir Robert Walpole, 3 Bde., London 1798. Zur deutschen Lage ist besonders *L. Auer*, Das Reich und der Vertrag von Sevilla 1729—1731, in: Mitteilungen des Österreichischen Staatsarchivs 22 (1969), 64—93, heranzuziehen, für Italien besonders *Guido Quazza*, Il Problema Italiano e l'Equilibrio Europeo 1720—1738, Turin 1965. *M. Martin*, The secret clause: Britain and Spanish ambitions in Italy 1712—1731, in: European Studies Review 6 (1976), 407—425, wirft ein interessantes Licht auf Spaniens Italienpolitik. Wir danken Herrn Prof. G. H. Jones für Einsicht in drei seiner Manuskripte zur Italienfrage in dieser Zeit, die demnächst im Archiv Storico Italiano erscheinen sollen. Für Frankreich liegt keine entsprechende Arbeit vor; *A. M. Wilson*, French Foreign Policy during the Administration of Cardinal Fleury, Cambridge/Mass. 1936, müßte ersetzt werden.

nicht mehr zu befürchten. Außerdem hoffte die britische Regierung, Spanien würde aus Dankbarkeit über die Sicherung der Interessen von Don Carlos seine Ressentiments gegen Großbritannien wegen Gibraltar, Menorca und des Amerikahandels aufgeben. Von einer Verbindung Spaniens und Österreichs konnte man außerdem erwarten, daß sie Frankreichs Aktionsradius einschränkte. Ohne den Konflikt zwischen Wien und Madrid hatte Frankreich kaum Chancen, diplomatische Vorteile gegenüber London zu erreichen oder die Garantie der Pragmatischen Sanktion beim Reichstag in Regensburg zu blockieren. Man erwartete außerdem, daß die britisch-österreichische Allianz zu besseren Beziehungen zu dem gemeinsamen Verbündeten Rußland führen könnte, dessen Unterstützung für die Herzöge von Mecklenburg und Holstein-Gottorp den Frieden im Ostseeraum und hannoversche Interessen gleichermaßen bedrohte. Auch für den Streit zwischen Hannover und Preußen, der den Frieden im Reich 1729 und 1730 ernsthaft gestört und das britische Ministerium in Verlegenheit gebracht hatte, erhoffte man sich eine Besserung. Dieser Konflikt war besonders lästig, da er das britische Ministerium zu Schutzmaßnahmen für das Kurfürstentum zwang und es so dem Vorwurf der Opposition aussetzte, Handlanger hannoverscher Interessen zu sein. Die neue Allianz sollte österreichische Konzessionen für hannoversche Ansprüche erreichen und Seckendorf dafür gewinnen, im Sinne Hannovers bei Friedrich Wilhelm I. von Preußen zu wirken.

II.

All diese Hoffnungen wurden sehr schnell enttäuscht. Spanien trat nur nach erheblichem Zögern dem Vertrag bei, Preußen lehnte eine Mäßigung seiner Position ab, die Vereinigten Niederlande verweigerten den Beitritt trotz britischen Druckes, die hannoverschen Forderungen trafen auf erhebliche Schwierigkeiten, und im Sommer schien gar ein britisch-französischer Krieg unvermeidbar.

Am wenigsten hatte die britische Regierung das Zögern *Spaniens* erwartet. Im Februar hatte Sir Robert Walpole das Parlament dahingehend unterrichtet, daß mit dem Kaiser nichts ausgehandelt worden wäre, was nicht auch Spaniens Interessen und besonders der Versorgung des Don Carlos gedient hätte[8]. Chauvelin kommentierte sardonisch, daß sich die Walpoles beglückwünschten, ehe sie die spanische Reaktion kannten, und vertrat die Auffassung, daß von Spaniens Entscheidung der Erfolg des Vertrages letztlich abhinge[9]. Dem ist hinzuzufügen, daß

[8] 1731 Feb. 23 st.vet. Historical Manuscripts Commission, Manuscripts of the Earl of Egmont; Diary, 3 Bde. 1920—1923, I, 146.

[9] Chauvelin an Chammorel 1731 März 26 und April 10, Ministère des Affaires Étrangères Paris (im folgenden zitiert M.A.E.) C.P. Angleterre Suppl. 8 fol. 195 f.

die französische Ablehnung den Beitritt Spaniens verhindern helfen konnte. Der kaiserliche Botschafter Stefan Kinsky berichtete am 2. April aus Paris, sofort nach Bekanntwerden des Vertragsabschlusses hätte die französische Regierung einen Kurier an den spanischen Hof abgeschickt. Nach allgemeiner Auffassung sollte er einen Beitritt Spaniens zum Vertrag verhindern helfen und zugleich auf Handelshindernisse für Großbritannien hinwirken[10]. Beides schien nicht aussichtslos, denn Philipp V., Enkel Ludwigs XIV. und dezidierter Frankophile, hatte das französische Bemühen um ein besseres spanisch-französisches Verhältnis durchaus positiv aufgenommen; ihm lag keinesfalls daran, Frankreich vor den Kopf zu stoßen oder französische Interessen zu schädigen. Darüber hinaus kam eine wichtige Prestigefrage ins Spiel: sein Stolz verbot ihm, sich eine Vereinbarung aufzwingen zu lassen, an deren Entstehung er nicht beteiligt gewesen war[11]. Die britische Regierung hatte wieder einmal versäumt, gebührende Rücksicht auf das Prestige absolutistischer Herrscher und ihrer Minister zu nehmen.

Wahrscheinlich lag das nicht nur an der besonderen Struktur der britischen Monarchie, sondern auch an der falschen Einschätzung der Italienfrage. Schon ein Jahr früher war allgemein angenommen worden, daß die spanische Forderung nach eigenen Garnisonen in Parma und Toskana nur Deckmantel für sehr viel weitergehende Ambitionen in Italien war, nämlich für eine Revision des Vertragswerkes von Utrecht und die Rückgewinnung von Neapel, Sizilien und Mailand. Dies Ziel hoffte Madrid durch eine Heirat zwischen Don Carlos und einer der Töchter Kaiser Karls VI. zu erreichen. Der spanische Gesandte in Wien, der Herzog von Liria, hatte schon vor dem Vertrag darüber verhandelt, und schon im Februar hatte Sandys im Parlament geäußert: „The peace is not so near as Spain is near concluding a separate treaty with the Empire[12].“ Tatsächlich sah die spanische Regierung keinen Anlaß, diese Verhandlungen jetzt abzubrechen, und bewies damit, daß der britisch-österreichische Vertrag ihre Erwartungen nicht erfüllte. Man mußte eher annehmen, daß die Stärkung der österreichischen Position durch die neue Allianz den Wiener Hof noch weniger zugänglich für spanische Forderungen in Italien und damit eine Revision des Vertragswerkes von Utrecht machen würde. Sehr zum Ärger der britischen Regierung führte Liria deshalb seine Verhandlungen weiter und schlug sogar eine

[10] *C. v. Höfler,* Der Congress von Soissons. Nach den Instructionen des kaiserlichen Cabinetes und den Berichten des kaiserlichen Botschafters Stefan Grafen Kinsky. II. Band. Die Instructionen und Berichte der kaiserlichen Botschafter in Paris vom 2. Jänner 1730 bis zum 6. März 1732 (Fontes Rerum Austriacarum 2/XXXVIII), Wien 1876, 340.

[11] Chauvelin an Chammorel 1731 Juni 17, M.A.E. C.P. Angleterre Suppl. 8 fol. 195.

[12] 1731 Feb. 23 st.vet. Egmont I, 145.

österreichisch-spanische Allianz unter Ausschluß Großbritanniens vor[13]. Das war für den Kaiser nicht ohne Reiz, weil er in dieser Position eine weniger bereitwillige Haltung gegenüber den hannoverschen Prätentionen einnehmen konnte. Wenn auch die Verhandlungen letztlich ergebnislos blieben, beunruhigten sie doch die britische Regierung erheblich, besonders der Plan, Don Carlos mit der zweiten Erzherzogin zu verheiraten[14].

Diplomatische Aktionen in Madrid waren bekanntermaßen außerordentlich schwierig. Philipp V. zeigte in dieser Zeit einen so exzentrischen Lebensstil, sein Tagesablauf war so unregelmäßig, und er schlief so wenig, daß man für sein Leben fürchtete[15]. Einige Gesandte wie der sardinische Marquis d'Arvillars bemühten sich bereits um seinen ältesten Sohn, den Prinzen von Asturien, von dem man annahm, er hätte wenig Interesse an den italienischen Bestrebungen seiner Stiefmutter[16]. Diese relativ offene Situation verringerte noch die ohnehin nicht sonderlich ausgeprägte Entscheidungsfreude des spanischen Hofes: man hielt sich bedeckt, nahm nicht Partei, gab keine Antwort auf Vorschläge[17], aber setzte die von England beklagte Politik gegen Gibraltar und gegen britische Handelsinteressen in Amerika fort.

Damit wurde die Bedrohung von solchen britischen Positionen aktualisiert, die vielleicht nicht lebenswichtig für das Empire, wohl aber für die jeweilige Regierung waren. Spanien fuhr fort, militärische Anlagen dicht bei Gibraltar zu errichten und drohte bereits einen Teil der Bucht von Gibraltar mit seiner Artillerie zu beherrschen[18]. Fog's Weekly Journal berichtete im April darüber[19]. Später wurden sogar Befürchtungen ausgesprochen, daß Gibraltar blockiert oder angegriffen werden

[13] Gansinot an Meermann 1731 Juni 26, Hauptstaatsarchiv München, Bayr. Gesandtschaft Wien 184. Thomas Pelham an Charles Delafaye 1731 Juni 6, P.R.O. S.P. 78/198 fol. 32. Robinson an George Tilson 1731 Juni 28, P.R.O. S.P. 80/76. Robinson an Harrington 1731 Mai 27 und Juni 15, British Library (im folgenden zitiert BL) Add. Mss. 32773 fol. 47 f. und P.R.O. S.P. 80/75.

[14] Ossorio an Victor Amadeus II. 1731 März 12 und April 2, Archivio di Stato di Torino, Lettere Ministri (im folgenden zitiert A.S.T.L.M.) Inghilterra 38.

[15] D'Aubenton an Maurepas 1731 April 13 und 20, Mai 11 und 25, Juni 1, Archives Nationales Paris (im folgenden zitiert A.N.), Marine B 7, 307. D'Arvillars an Victor Amadeus II. 1731 Juli 6 und 20, A.S.T. L.M. Spagna 63.

[16] D'Arvillars an Victor Amadeus II. 1731 Mai 1 und Juni 15, A.S.T. L.M. Spagna 63.

[17] D'Aubenton an Maurepas 1731 April 6, A.N. Marine B 7, 307.

[18] Gastaldi an den Senat von Genua 1731 Jan. 8, Archivo di Stato di Genova (im folgenden zitiert ASG) L.M. Ing. 11.

[19] *Fog's Weekly Journal* 1731 April 17; vgl. auch *Daily Courant* Mai 8, *Daily Post Boy* Mai 24, *London Evening Post* Juni 26—29, *Wye's Letter* Juni 13 und 20 st.vet.

würde[20]. Man erinnerte sich jetzt auch an die Erklärung, die der spanische Botschafter in Paris, der Marquis von Castelar, im Januar zum Vertrag von Sevilla abgegeben hatte: da die Einführung der spanischen Garnisonen nach Italien gescheitert sei, betrachte man sich als frei von den Verpflichtungen des Vertrages. Die britische Faktorei in Cadiz und der Kommandeur von Gibraltar wurden gewarnt, ein englisch-spanischer Krieg wäre nicht unmöglich[21], und die britischen Kaufleute in der Bucht von Cadiz sowie in Alicante verließen Spanien im Mai, um einer möglichen Enteignung zu entgehen[22]. Gerüchte machten die Lage noch bedrohlicher. Es hieß, das spanische Ministerium hätte seine Gouverneure in Westindien angewiesen, allen Handel mit Britannien zu unterbinden, Jamaika sollte schwer unter Spaniens Haltung leiden[23].

Zu einer unmittelbaren Bedrohung des europäischen Friedens wurden die Probleme erst dadurch, daß sie sich nicht geheimhalten ließen. Berichte über die englisch-spanischen Differenzen zirkulierten in ganz Europa[24], und es war bekannt, daß Spanien mit Österreich und Frankreich verhandelte. Das belastete die innenpolitische Position der britischen Regierung erheblich. Das Parlament behandelte ausführlich die Schädigung des britischen Handels und der britischen Seefahrt durch Spanien, der Regierung wurde Vernachlässigung der nationalen Interessen vorgeworfen. Im April erschien ein Bericht über die Plünderungen und Verheerungen im britischen Handel und der britischen Seefahrt durch die Spanier, alleruntertänigst der Betrachtung durch das Parlament von Großbritannien angeboten. Ausführliche Presseberichte über spanische Verhandlungen mit Frankreich und Österreich[25] gaben der Kriegspartei Auftrieb. Die St. James's Evening Post berichtete in ihren Nachrichten aus Sevilla, weil der spanische König nicht ohne die Auslieferung Gibraltars dem Vertrag beitreten wollte und die spanischen Befestigungswerke vor Gibraltar nun schon sehr fortgeschritten wären,

---

[20] Ossorio an Victor Amadeus II. 1731 Juni 11, A.S.T. L.M. Ing. 38. William Pulteney sah hier eine Angriffsmöglichkeit für die Opposition im Parlament; Pulteney an Francis Colman 1731 Juni 12, zitiert in: *George Colman d. J.* (Hrsg.), Posthumous letters from various celebrated men, addressed to Francis Colman and George Colman the elder, London 1820, 32 f.

[21] Benjamin Keene an Newcastle 1731 Mai 2, P.R.O. S.P. 94/107; William Cayley an Newcastle 1731 Mai 8, P.R.O. S.P. 94/219.

[22] D'Aubenton an Maurepas 1731 Mai 11, 18 und 25, A.N. Marine B 7, 307; *Evening Post* Mai 25—27 st.vet. Die Versicherungsprämien für Schiffe im Spanienhandel stiegen erheblich, *Wye's Letter* Mai 22 st.vet.

[23] *Wye's Letter* 1731 Mai 11 st.vet.

[24] *Hyp-Doctor* 1731 Juni 1—8 st.vet.

[25] *Weekly Register* 1731 Mai 1, *Fog's Weekly Journal* Mai 22, *Daily Post Boy* Mai 7, 15, 17, 26, *Craftsman* Juni 19, *London Evening Post* April 29 — Mai 1 st.vet.

würde die Garnison sicher bald Schießbefehl erhalten[26]. Der Daily Post Boy deutete die britische Marineaufrüstung dahingehend, Spanien sollte zum Beitritt gezwungen oder der britische Handel in Westindien militärisch geschützt werden[27]. Die Haltung Spaniens blieb weiter undurchschaubar. Es liefen Gerüchte über die Ungnade der Elisabeth Farnese und den Aufstieg des Prinzen von Asturien um. Newcastle nannte das Benehmen des spanischen Hofes „very extraordinary“[28], Robinson hielt es für „very unaccountable“[29]. Harrington sagte im Mai, man könnte kein sicheres Urteil über die künftige Haltung eines so kapriziösen Hofes wie des spanischen gewinnen, und er mußte dies Thema bei verschiedenen Gelegenheiten wiederaufnehmen[30].

III.

Die Situation war um so alarmierender, als der Aufstieg der britischen Kriegspartei Reaktionen in Paris und Madrid auslöste. Waldegrave berichtete im Juni, in Paris glaubte man, die Briten hätten die sofortige Rückkehr des jährlichen Schiffs der Südseekompanie angeordnet und Befehle an den Admiral in Westindien geschickt, damit er sich auf militärische Aktionen vorbereitete. Von den sizilischen Geistlichen hatte er erfahren, daß Castelar das spanische Ministerium informiert hatte, die britische Flotte sollte die Galeonen abfangen[31]. Solche Gerüchte in Verbindung mit der spanischen Haltung boten auch für *Frankreich* ein Aktionsfeld, sogar die Möglichkeit einer bourbonischen Allianz. Die vermeintliche Kriegsdrohung Großbritanniens konnte nun die Realisierung solcher Möglichkeiten in Gang setzen.

Das britische Ministerium hatte ja fälschlich angenommen, der französische Ärger würde nur oberflächlich sein, Versailles würde sich bereitwillig der neuen Lage anpassen. Man hatte vor allem auf die Friedensbereitschaft des Kardinals Fleury gerechnet. Die „private advices from Paris“, gedruckt in der London Evening Post und Applebee's Weekly Journal, bemerkten Mitte April, wenn durch die Versöhnung zwischen dem Kaiser, England und Spanien der Friede in Europa geschaffen werden könnte, würde Fleury herzlich froh sein.

26 *St. James's Evening Post* 1731 Mai 18—20 st.vet.

27 *Daily Post Boy* 1731 Mai 26, 28, 31, Juni 1. Newcastle an Keene 1731 Mai 31, BL Add. Mss. 32773 fol. 27. Alle Daten st.vet.

28 Newcastle an Waldegrave 1731 Mai 7 st.vet., BL Add. Mss. 32772 fol. 407.

29 Robinson an Harrington 1731 April 4, BL Add. Mss. 32772 fol. 263.

30 Harrington an Robinson 1731 Mai 14 und Juni 18 st.vet., P.R.O. S.P. 80/74 und 80/75. Andere Diplomaten teilten diese Meinung: Keene an Delafaye 1731 Juni 7, P.R.O. S.P. 94/107; Thomas Pelham an Delafaye 1731 Mai 23, P.R.O. S.P. 78/198 fol. 23.

31 Waldegrave an Newcastle 1731 Juni 12, BL Add. Mss. 32773 fol. 12.

Seine einzige Kränkung könnte darin bestehen, daß er einmal nicht den Ruhm in Anspruch nehmen könnte, Europa den Frieden gegeben zu haben[32]. Die Wichtigkeit von Fragen des Prestiges wurde also auch in der britischen Presse total unterschätzt. Die St. James's Evening Post wußte zu berichten, Frankreichs Beitritt zu dem neuen Vertrag würde erwogen[33]. Es war von einem Kongreß die Rede, auf dem der französische Beitritt abgesprochen werden sollte.

All diese Vermutungen, die das Ministerium teilte[34], erwiesen sich schnell als irrig. Schon am 19. Februar hatte Stefan Kinsky aus Paris berichtet, wegen der Gerüchte über die Wiener Verhandlungen hätte das bisherige enge Vertrauen zwischen Frankreich und England sehr merklich abgenommen. Nach Bekanntwerden des Vertragsabschlusses berichtete er schon am 29. März und dann noch mehrfach von der starken Verärgerung der französischen Regierung und ihren vermuteten diplomatischen und militärischen Reaktionen[35]. Nicht nur Fleury, auch das übrige diplomatische Corps war empört, daß die Briten insgeheim verhandelt hatten, während sie gleichzeitig ihre Loyalität gegenüber Frankreich versicherten. Verärgert schrieb Chauvelin an Chammorel, betrügerische Manöver seien in den Augen der britischen Nation kein Verbrechen[36], und Chavigny sprach in einem Mémoire von 1738 im Hinblick auf die Ereignisse von 1731 von der schwarzen Perfidie der Engländer[37]. Fleury war nach Auffassung Chesterfields ohnehin der Meinung, daß Großbritannien immer seine Verträge brach[38].

Verhandlungen ohne Wissen von Bündnispartnern waren an sich nichts Besonderes. Auch Frankreich hatte in den letzten drei Jahren unabhängig von London Geheimverhandlungen mit Wien geführt. Noch im Januar 1731 hatte Chavigny, der französische Gesandte am Reichstag, über den Plan einer Liga im Reich geschrieben. Daß sich eine Vereinigung von Staaten, die von Frankreich abhängig waren und Frankreichs Wünsche unterstützen mußten, auch gegen die französischen Alliierten bei der Durchsetzung politischer Ziele richten sollte, hatte er ausdrücklich ausgesprochen[39]. Dabei ging es aber lediglich darum, aus

---

[32] *London Evening Post* 1731 April 10—13, *Applebee's Weekly Journal* April 17 st.vet.

[33] 1731 April 10—13 st.vet.

[34] Ossorio an Victor Amadeus II. 1731 März 12 und April 2, A.S.T. L.M. Ing. 38.

[35] *Höfler* (Anm. 10), 316, 327, 340 f., 347, 353 f., 360, 379, 383 f., 390, 392 f.

[36] Chauvelin an Chammorel 1731 April 10, M.A.E. C.P. Angleterre Suppl. 8 fol. 196.

[37] M.A.E. M.D. France 445 fol. 190.

[38] Chesterfield an Tilson 1731 März 9, P.R.O. S.P. 84/312 fol. 21.

[39] Chavigny an Chauvelin 1731 Jan. 2, M.A.E. C.P. Allemagne 379 fol. 9.

noch nicht bekannten Ereignissen einen Vorteil zu ziehen. Das britische Vorgehen gefährdete dagegen akut die Sicherheit der französischen Ostgrenze und den französischen Einfluß in den wichtigen Rohstoffgebieten des Baltikums. Die französischen Anstrengungen, Allianzen im baltischen Raum aufzubauen, drohten jetzt ebenso zu scheitern wie das traditionelle Bemühen, eine starke Liga im Reich gegen die kaiserliche Autorität und die Wiener Ansprüche zu schaffen[40]. Besonderes Gewicht hatte die Vermutung, daß sich London in Geheimartikeln des Vertrages verpflichtet hätte, die französische Garantie der Pragmatischen Sanktion notfalls mit Gewalt sicherzustellen. Gerüchte darüber kursierten weithin in Europa[41]. Die Briten verneinten zwar die Existenz solcher Artikel[42], doch konnte die Vermutung damit nicht wirksam widerlegt werden. Das traf den Kern der französischen Sicherheitspolitik gegenüber Deutschland, weil Lothringen in der Hand der Habsburger eine unmittelbare Bedrohung bedeutete. Fleury legte deshalb den Entschuldigungen Horatio Walpoles und Waldegraves und ihren Argumenten, der Vertrag mit dem Kaiser sichere nur die Bestimmungen des Vertrages von Sevilla, wenig Gewicht bei[43]. Er wollte keinen Vertrag unterschreiben, der die Garantie der Pragmatischen Sanktion nach sich ziehen mußte. Stattdessen versuchte er, Spanien vom Beitritt zu dem neuen Vertrag abzuhalten und trotz des Vertrages eine Partei im Reich und im Baltikum aufzubauen, die der Pragmatischen Sanktion und der österreichischen Macht Widerstand entgegensetzen konnte. Innerhalb weniger Monate beklagten sich britische Diplomaten über die französischen Initiativen und Intrigen an den Höfen von Sachsen, Bayern, Dänemark und Schweden sowie über die französischen Anstrengungen, den Beitritt Spaniens und der Vereinigten Niederlande zu verhindern[44]. Die Holländer warteten die Entscheidung Spaniens ab[45]. Deshalb drängte London in Wien auf Schritte, die der französischen diplomatischen

---

[40] *J. Dureng,* La Mission de Theodore Chevignard de Chavigny en Allemagne, Septembre 1726 — Octobre 1731, Paris 1910. Chavigny an Chauvelin 1731 April 24, M.A.E. C.P. Allemagne 379 fol. 138.

[41] Chavigny an Chauvelin 1731 April 24, M.A.E. C.P. Allemagne 379 fol. 137. Robinson an Harrington 1731 Juni 15, P.R.O. S.P. 80/75.

[42] Newcastle an Waldegrave 1731 Juli 1 und August — st.vet., P.R.O. S.P. 78/202 fol. 121 und 133.

[43] *Vaucher, Robert Walpole* (Anm. 7), 43—48.

[44] Walter Titley an Harrington 1731 April 17, P.R.O. S.P. 75/56 fol. 138. Sir Cyril Wich an Harrington 1731 Juni 12 und 15 st.vet., P.R.O. S.P. 82/48 fol. 34 und 36. *Daily Post Boy* Mai 5, 7 und 26 st.vet. *Weekly Register* Mai 29 st.vet. Newcastle an Waldegrave Juni 18 st.vet., P.R.O. S.P. 78/202 fol. 109. Abraham Castres an Thomas Pelham April 28, P.R.O. S.P. 78/198. Graf Lagnasc an Zamboni, BL, Zamboni Papers, MSS Rawlinson Letters 127 fol. 310. *Universal Spectator* Juni 19 st.vet.

[45] Chesterfield an Harrington 1731 Mai 25, P.R.O. S.P. 84/312 fol. 227. *Daily Post Boy* Mai 26, 28, 31 st.vet. *Universal Spectator* Juni 19 st.vet.

Offensive entgegenwirken sollten, besonders auf Entgegenkommen in den Problembereichen Ostfriesland und Ostende, um den niederländischen Beitritt zu erleichtern, und wegen der Toskana und Parma, um Spanien zu ködern.

Entscheidend für den weiteren Ablauf war die Frage, wie weit Frankreich den britischen Erfolg auf diplomatischem Wege kompensieren konnte und was an weiteren Aktionen Großbritanniens zu befürchten stand. Wenn man in Frankreich eine unmittelbare und gravierende Änderung der Lage annehmen mußte, bestand die Gefahr einer bourbonischen Union, die das europäische System destabilisieren und sogar in einen allgemeinen Krieg hineinziehen konnte[46]. Das einzige Gegenmittel war eine Trennung von Spanien und Frankreich. Innerhalb relativ kurzer Zeit wurde deutlich, daß damit nicht zu rechnen war. Keene informierte Waldegrave im Mai, daß er von Rottembourg gehört hätte, ohne sehr solide Vollmachten für einen Abschluß der Gibraltarfrage könnte er, Keene, die Verhandlungen mit Spanien nicht zu Ende bringen[47]. Damit lag die gefürchtete bourbonische Allianz, eventuell verstärkt durch Hinzuziehung des Pretenders, im Bereich der Möglichkeit. Für die britische Regierung kam es nun darauf an, Anzeichen für eine Kriegsbereitschaft Frankreichs zu entdecken.

Konkrete Informationen hatte man praktisch nicht, dafür mangelte es nicht an entsprechenden Gerüchten und Vermutungen, die zeigten, daß in der europäischen Öffentlichkeit ein Krieg für möglich gehalten wurde. Schon sehr früh wies Friedrich Wilhelm I. von Preußen seinen Gesandten in Paris an, Informationen über die französischen Flottenrüstungen zu schicken und Berichte zu untersuchen, nach denen Frankreich den Pretender unterstützen wollte. Er ließ auch Interesse an den französischen Arbeiten in Dünkirchen erkennen und fragte nach, ob die französischen und spanischen Flottenrüstungen in einer vereinigten Aktion den neuen Vertrag blockieren sollten. Selbst im Juli und August des Jahres hielt er einen baldigen europäischen Krieg für wahrscheinlich, vielleicht ausgelöst durch einen französischen Angriff auf Luxemburg oder die Habsburger Niederlande[48], wie er schon teilweise von Frankfurter und Augsburger Zeitungen kurz nach Bekanntwerden des Wiener Vertrages für möglich gehalten worden war[49]. Auch Stefan Kinsky wußte schon am 2. April zu berichten, die Verfüllung der Hafen-

---

[46] Harrington an Robinson 1731 Mai 14 st.vet., P.R.O. S.P. 80/74.

[47] Keene an Waldegrave 1731 Mai 2, BL Add. Mss. 32772 fol. 388.

[48] Friedrich Wilhelm I. an Chambrier 1731 März 10 und 24, Mai 26, Juni 9; M.A.E. C.P. Prusse 91 fol. 97, 100, 112, 114. Ders. an dens. 1731 Juli 28 und August 11, ibidem fol. 119 und 121.

[49] Chavigny an Chauvelin 1731 April 3, M.A.E. C.P. Allemagne 379 fol. 114 f.

einfahrt von Dünkirchen wäre eingestellt und eine gewisse Flottenrüstung eingeleitet worden. Allerdings sollten die Schiffe angeblich nur Anfang Mai zu einem Flottenmanöver auslaufen[50].

Gerüchte über französische Rüstungen und Kriegsabsichten kursierten ständig. Sie fanden eine doppelte Basis in Prestigeproblemen der französischen Regierung und den großen außenpolitischen Möglichkeiten, die sich mit entsprechenden Maßnahmen verbanden. Mit Recht sah sich Frankreich ja als Opfer eines großen Betruges, sein Stolz war verletzt, das Ministerium in den Augen der politischen Öffentlichkeit Frankreichs belastet, und die prospanische Fraktion am Hofe unter dem Grafen von Toulouse warb für die Ablösung Fleurys[51]. Weder Chauvelin noch Maurepas konnten sich auf die Stabilität des Ministeriums verlassen, ihre Stellung nach einer Regierungsumbildung war völlig unsicher[52]. Daraus ergab sich eine große Versuchung für die Regierung, militärische Kräfte, die zur Einschüchterung Österreichs und Englands bereitgestellt wurden, auch einzusetzen und so die Initiative wiederzugewinnen, die sie durch den Wiener Vertrag verloren hatte. Damit konnte man sein innenpolitisches Prestige wieder festigen und zugleich die Stabilität der britischen Regierung schwer erschüttern; denn ein Angriff auf österreichisches Gebiet oder österreichische Verbündete hätte wegen des neuen Vertrages britische Unterstützung nach sich ziehen müssen, und das nach einer mehrjährigen Phase von öffentlich diskutierten britischen Kriegsplänen gegen Österreich. Die Ironie dieser Situation hätte der britischen Opposition ausgezeichnete Angriffsmöglichkeiten eröffnet, während ein Versagen dieser Unterstützung Großbritannien als wehrlos und schwach international diskreditiert hätte. Ein möglicher Regierungswechsel in Frankreich konnte die Entwicklung zum Krieg sogar beschleunigen.

Damit stand die britische Regierung vor ungeheuren innenpolitischen Schwierigkeiten. Dem Parlament war ja versichert worden, daß der spanische Hof die oben erwähnte Erklärung Castelars desavouieren würde, und Sir Robert Walpole hatte im Unterhaus sogar erklärt, man würde alles bekommen, was man wünschte[53]. Davon konnte keine Rede sein, die Opposition griff deshalb die Regierung scharf an und konnte sich dabei auf eine breite Kritik der Presse an der diplomatischen Position Großbritanniens nach dem neuen Vertrag stützen[54]. Besonders

---

[50] *Höfler* (Anm. 10), 340 f.

[51] Ossorio an Victor Amadeus II. 1731 Mai 7, A.S.T. L.M. Ing. 38; *Daily Post Boy* 1731 August 9.

[52] Zu dieser Problematik grundsätzlich *Norbert Elias*, Die höfische Gesellschaft ([1]Darmstadt 1969), Frankfurt 1983, Kap. IV—VII, bes. 139 ff.

[53] 1731 Feb. 23 st.vet., Egmont I., 147.

[54] Chammorel an Chauvelin 1731 Juli 2, M.A.E. C.P. Angleterre 374 fol. 56.

drängten sich Berichte über die französischen Reparaturen am Hafen von Dünkirchen mit solchen über die Bedrohung Gibraltars. Robinson bezeichnete Dünkirchen und Gibraltar als die Skylla und Charybdis Großbritanniens, an die er nicht denken könnte, ohne diese Vermächtnisse Bolingbrokes zu verfluchen[55]. Die antispanischen Gefühle in der britischen Nation waren stärker denn je, das zeigte die parlamentarische Sitzungsperiode von 1731. Das stärkte den Rückhalt der Opposition in einem Maße, daß Harrington im Juni zutreffend bemerkte, nicht einmal eine Erneuerung der Bestimmungen des ersten Vertrages von Wien als Teil einer neuen allgemeinen Vereinbarung käme infrage, selbst die Erneuerung des allerunschuldigsten Vertrages würde zu großen Unruhen führen[56]. Es mußte aber etwas Definitives geschehen, denn nach den großen Versprechungen konnte es sich die Regierung unmöglich leisten, in der Session von 1732 den Problemen erneut gegenüber zu stehen.

Gleichgewichtig neben dem Druck der Opposition und der Presse standen die Erwartungen des Königs, seine zunehmende Verärgerung über die unentschlossene britische Politik. Aus guten Gründen wünschte George, daß die britische Macht besonders Österreich gegenüber zur Schau gestellt wurde. Das ließ sich auch im englischen Interesse rechtfertigen, denn ein Beitritt Spaniens war ja nur zu erwarten, wenn der Eindruck entstand, Großbritannien sei ein ebenso mächtiger wie nützlicher Verbündeter. Das dürfte aber kaum der Hauptgrund für seinen Ärger und seine Aktivitäten gewesen sein. Er hatte ja die Interessen seines Kurfürstentums keineswegs vergessen, und es gibt gewichtige Indizien, daß sie sogar eine entscheidende Rolle spielten. Nach dem Vertrag von Wien hatte er viel Engagement für eine Aussöhnung mit Preußen gezeigt und auf Wiederaufnahme der Diskussion um die Doppelhochzeit gedrängt[57]. Die Antwort Friedrich Wilhelms I. war unbefriedigend gewesen[58]. Darüber hinaus wurde von französisch-preußischen Verhandlungen gesprochen, die, wie Ossorio hervorgehoben hat, alle Befürchtungen für die Sicherheit Hannovers wiederbeleben mußten[59]. An diesem Punkt sollte Seckendorf auf den preußischen König einwirken. Aber auch sonst brauchte das hannoversche Kurfürstentum die Unterstützung Österreichs: für die Sukzession in Lauenburg, die Investitur in Bremen und Verden, die Exekutionskosten in Mecklenburg und die Garnison in Hildesheim. Diese Probleme mußten zwar möglichst

---

[55] Robinson an George Tilson, P.R.O. S.P. 80/77.

[56] Harrington an Robinson 1731 Juni 18 st.vet. P.R.O. S.P. 80/75.

[57] Ossorio an Victor Amadeus II. 1731 Mai 28, A.S.T. L.M. Ing. 38.

[58] Holzendorf an Tilson 1731 Juni 1, P.R.O. S.P. 84/313 fol. 7.

[59] Ossorio an Victor Amadeus II. 1731 Mai 7 und Juni 18, A.S.T. L.M. Ing. 38; Guy Dickens an Harrington P.R.O. S.P. 90/31.

hinter britischen Interessen versteckt werden, waren aber gleichwohl ebenso wirksam wie bekannt[60]. Hinzu kam noch die notorische Neigung des Monarchen zu militärischen Gesten.

Die britische Regierung stand also wohl unter noch größerem innenpolitischen Druck als die französische, aber letztlich ging es für beide ums politische Überleben. Das schürte das beiderseitige Mißtrauen und machte Gerüchte über beiderseitige Kriegspläne glaubhaft. Der mangelhafte Informationsstand über die Pläne, selbst über die sichtbaren Aktionen des weltpolitischen Gegners verschärfte den Druck. In London wie in Versailles sah man die Entscheidung der anderen Partei für einen Krieg als möglich, wenn nicht gar wahrscheinlich an. Da ein solcher Krieg aus den dargelegten Gründen zu einer empfindlichen Störung des Gleichgewichts und damit zum Zusammenbruch des europäischen Staatensystems führen konnte, mußte sich jede Seite darauf vorbereiten, und das bedeutete Eskalation des Konflikts.

Die britische Regierung, die eine solche Eskalation gern vermieden hätte, mußte doch zwangsläufig dazu beitragen, wenn sie ihren Verpflichtungen nachkommen wollte. Eine minimale Flottenrüstung war unerläßlich, denn ein britisches Geschwader sollte die spanischen Garnisonen nach Italien führen. Davon konnte keine britische Regierung absehen, ohne sich innen- wie außenpolitisch völlig zu desavouieren. Sie sah jedoch die Gefahr, die damit verbunden war. Newcastle hatte deshalb bereits im Mai Waldegrave angewiesen, den Franzosen zu versichern, das britische Geschwader diene ausschließlich der Überführung der spanischen Garnisonen. Das war aber nur schwer glaubhaft zu machen. Nach Berichten D'Aubantons fürchtete man in Spanien einen britischen Angriff auf das spanische Amerika und auch einen Versuch, die Befestigungen bei Gibraltar zu zerstören[61]. In Frankreich rechnete man mit Angriffen auf die Kolonien, besonders auf St. Lucia und Kuba[62]. Das wurde schon seit einigen Jahren in Frankreich häufig als Teil eines umfassenden Weltherrschaftsplanes Englands angesehen, so daß selbst vage Informationen als Indiz eines britischen Generalangriffs empfunden werden konnten[63]. Darüber hinaus informierte der Chevalier de Caligny aus Le Havre, die Briten wollten die Insel Origny nur drei

---

[60] *London Evening Post* 1731 Mai 22—25 st.vet.

[61] D'Aubenton an Maurepas 1731 Juni 1, AN Marine B 7 307; vgl. auch *Daily Post Boy* 1731 Mai 31 st.vet.

[62] Asfeld an Dangervilliers 1731 Juli 11, Archives du Ministere de la Guerre Paris (im folgenden zitiert als AG), Serie A 1 2676 Nr. 190; Le Beau, französischer Spion in London, an Segent 1731 Juli 12, ibidem Nr. 193; undatiertes Mémoire Anon an Anon ibidem Nr. 217; vgl. *Whitehall Evening Post* 1731 Juni 26—29 st.vet.

[63] z. B. M.A.E. M.D. France 1990 fol. 435 ff.

Meilen von Kap La Hague besetzen, von wo aus ihre Kanonen den französischen Küstenhandel unterbrechen konnten[64]. Eine solche Möglichkeit wurde immer wieder erwogen[65]. Waldegrave berichtete Mitte Juni, das britische Geschwader hätte großes Aufsehen erregt und jedermann legte ihm eine Bedeutung entsprechend seinen persönlichen Vorstellungen bei[66]. Fleury und Chauvelin befragten Waldegrave eingehend über den Zweck der Flottenrüstung, wobei sich auch herausstellte, daß der Kardinal die britischen Rüstungen für sehr viel größer hielt, als sie in Wirklichkeit waren. Er rechnete mit fast 30 Linienschiffen und sprach die Vermutung aus, daß damit die Galeonen abgefangen werden sollten, wenn sich Spanien nicht den britischen Wünschen beugte[67]. Ähnlich argumentierte Chauvelin, der von Chammorel über den Zweck des britischen Geschwaders informiert werden wollte[68], und auch von militärischer Seite aus meinte man, die Briten würden wohl kaum so viele Kriegsschiffe ausgerüstet haben, wenn ihre Absichten friedlich wären[69]. Chammorels Berichterstattung verstärkte die französischen Befürchtungen[70].

Das wiederum verstärkte die britischen Besorgnisse. Schon im späten April hatte Newcastle Waldegrave angewiesen, Spione nach Toulon, Brest, Port Louis und Rochefort zu senden, um Berichte über den Zustand der französischen Schiffe und Arsenale und eventuelle Kriegsvorbereitungen zu erhalten. Waldegrave war einer der wenigen, die sich nicht von der Hysterie dieses Sommers anstecken ließen. Er berichtete über die Ausrüstung eines Geschwaders von sechs oder sieben Linienschiffen in Toulon und fügte hinzu, die Expedition sollte hauptsächlich der Ausbildung junger Seeleute und der Einschüchterung der kleinen Fürsten an der Berberküste dienen. Ein anonymer Agentenbericht vom späten April bestätigte zwar weitgehend seine Zahlen, nicht aber seine Deutung. Es hieß, sechs große Schiffe mit 70 bis 80 Kanonen würden in Toulon ausgerüstet, vier weitere in Brest und Rochefort, alle würden innerhalb von sechs Wochen fertiggestellt. Dazu wurde das Gerücht kolportiert, das Geschwader sollte die britische Stellung im Mittelmeer angreifen[71]. Ein Zusammenstoß mit dem briti-

[64] Caligny an Anon 1731 Juni 11, M.A.E. C.P. Angleterre 374 fol. 36.

[65] z. B. M.A.E. C.P. Angleterre 383 fol. 157—167 und 223—227.

[66] Newcastle an Waldegrave 1731 Mai 13 st.vet., BL Add. Mss. 32772 fol. 463; Waldegrave an Newcastle 1731 Juni 12, BL Add. Mss. 32773 fol. 12.

[67] Waldegrave an Newcastle 1731 Juni 16, BL Add. Mss. 32773 fol. 147.

[68] Chauvelin an Chammorel 1731 Juni 17, M.A.E. C.P. Angleterre Suppl. 8 fol. 213.

[69] Asfeld an Dangervilliers 1731 Juli 6 und 8, AG Serie A 1 2676 Nr. 182 und 185.

[70] Chammorel an Chauvelin 1731 Juni 4 und 11, M.A.E. C.P. Angleterre 374 fol. 27 und 31.

schen Geschwader wurde auch von anderer Seite zumindest für möglich gehalten[72]. Waldegrave dagegen verneinte auch fünf Wochen später noch eine Bedrohung durch Frankreich und bestritt mit Hinweis auf den geringen Umfang des französischen Geschwaders — fünf Linienschiffe und eine Fregatte — nachdrücklich die Möglichkeit, die Jakobiten zu unterstützen. Er schäme sich fast, so müßiges Zeug zu schreiben, bemerkte er[73].

Trotzdem wurde ein französischer Angriff, vor allem die Möglichkeit bourbonischer Unterstützung für die Jakobiten in Großbritannien, sehr viel ernster genommen als in den vergangenen Jahren[74], und Chauvelin bemerkte treffend, es wäre unmöglich, den Briten diese Angst zu nehmen[75]. Schon im Mai hatte man in der britischen Presse lesen können, der Pretender wäre nach Paris eingeladen worden[76], und Francis Colman, der britische Gesandte in Florenz, notierte im selben Monat Berichte, daß der Pretender nach Frankreich reisen sollte[77]. Auch Waldegrave hatte diese Möglichkeit nicht immer ausgeschlossen. Am 2. Mai hatte er geschrieben, daß Maurepas, Chauvelin und Matignon, ein Freund Bolingbrokes, Mittel zu finden hofften, die Briten in ihrem eigenen Land zu überraschen[78]. Choiseul-Stainville, der aufmerksame Lothringer Gesandte in Paris, berichtete Mitte Juni, es würde viel über die Abreise des Pretenders aus Rom geredet. Es hieße, er wäre in Neapel, andere sagten, in Avignon, aber niemand wüßte genau, worauf das ganze hinauslaufen würde. Allerdings wäre man in Paris sehr ärgerlich über die Gerüchte, und eine solche Reise würde keineswegs auf den Rat der französischen Regierung hin erfolgen[79]. Schon vorher hatte Waldegrave versichern können, daß Fleury die Erlaubnis für eine Reise des Pretenders nach Frankreich verweigert hatte, aber das klang für viele unglaubwürdig[80].

---

71 Anon an Anon 1731 April 21 st.vet., P.R.O. S.P. 42/20 fol. 395. Dieser Bericht kam aus Guernsey. Im späten Juni zirkulierte ein ähnlicher Bericht in Paris, Waldegrave an Newcastle 1731 Juni 29, BL Add. Mss. 32773 fol. 323.

72 D'Aubenton an Maurepas, AN B 7, 307.

73 Newcastle an Waldegrave 1731 April 24 st.vet., BL 32772 fol. 350. Waldegrave an Newcastle 1731 Mai 16, Juni 16 und 25, BL 32772 fol. 395, BL 32773 fol. 147 und 168 f.

74 Delafaye an Waldegrave 1731 April 1 und 10 st.vet., Chewton Mss.

75 Chauvelin an Chammorel 1731 Juli 19, M.A.E. C.P. Angleterre Suppl. 8 fol. 218.

76 *London Evening Post, St. James's Evening Post,* beide 1.—3. Juni st.vet.

77 Colman an Waldegrave 1731 Mai 26, Chewton Mss.

78 Waldegrave an Newcastle 1731 Mai 2, BL Add. Mss. 32772 fol. 342.

79 Choiseul-Stainville an Herzog Franz III. von Lothringen 1731 Juni 14, Archives de Meurthe-et-Moselle, Nancy, Fonds de Vienne, 3 F 86 Nr. 138.

80 Waldegrave an Newcastle 1731 Juni 2, BL Add. Mss. 32772 fol. 486. Der *York Courant* vom 27. Juli 1731 st.vet. brachte Berichte aus Irland, der Pretender wäre in Paris.

In dieser Lage, in der eine unmittelbare Bedrohung der britischen Staatsverfassung nicht unwahrscheinlich war, hatte das Ministerium gegenüber der Opposition, Teilen der Presse und dem König einen schweren Stand, zumal es innerhalb der Regierung Unterschiede in der Beurteilung gab. Newcastle hatte kein Vertrauen in die wiederholten Versicherungen von Horatio Walpole, daß Frankreich keine kriegerische Lösung wünschte; seine wiederholten Nachfragen bei Waldegrave lassen vermuten, daß er die Notwendigkeit britischer Rüstungen fürchtete. Harrington dagegen scheint geglaubt zu haben, wenn man nur Österreich dazu brächte, Spanien zu umwerben, wäre eine friedliche Lösung möglich. Auch sonst scheint es Konflikte innerhalb des Ministeriums gegeben zu haben, ohne daß wir sie näher kennen. Das kann die Stellung Walpoles gegenüber dem König geschwächt haben[81]. Georg II. war nicht nur aus Interesse am Kurfürstentum und wegen des verbreiteten Wunsches jüngerer Monarchen, sich an der Spitze einer Armee zu sehen, der Kriegspartei zuzurechnen. Besonders nach den Streitigkeiten mit Preußen 1729 und 1730 galt er als Politiker mit übermäßiger Neigung zu militärischen Gesten, seine Fähigkeit zur Zurückhaltung wurde angezweifelt. Gleichzeitig nahm er die Bedrohung der britischen Position offensichtlich sehr ernst. Gerade in dieser Zeit verteidigte er auch mit Nachdruck seine königlichen Prärogativen. Egmont berichtet in seinem Tagebuch für Mitte Juni, der Herzog von Dorset wäre sehr unzufrieden vom König gekommen, weil ihm dies seine beanspruchten Rechte bei der Vergabe von Posten verweigert hätte. Der König hätte mit Feuer gesagt, er könne nicht einsehen, warum er nicht selbst die Posten vergeben und selbst den Dank dafür haben sollte[82]. Bei Carteret lag die Sache ja ähnlich. Es ist also eine deutliche Tendenz bei Georg II. zu erkennen, seine Rechte und seinen Einfluß auszuweiten. Vor diesem

---

[81] Die Literatur zu der Frage ist recht unergiebig. Das Ende der Parlamentssession von 1731 und der Sommer des Jahres haben wenig Aufmerksamkeit gefunden. Plumb sagt wenig über den Zeitraum, auf die Panik nimmt er keinen Bezug. Die gedruckten Quellen helfen wenig weiter: Instruktionen sind vorhanden, aber die Diskussionen und Auseinandersetzungen, die dahinter standen, liegen im Dunkeln. Ob und wie ernsthaft die einzelnen Machtträger einen Krieg mit Spanien ins Auge faßten, falls sich Madrid mit Versailles verbünden und Gibraltar angreifen sollte, ist unklar. Bekannt ist, welche Rolle Robert Walpole in der Bändigung der hannoverschen Forderungen gespielt hatte (Ossorio an Victor Amadeus II. 1731 Feb. 15 und März 18, A.S.T. L.M. Ing. 38. *Vaucher,* Robert Walpole [Anm. 7], 39—41), doch weiß man nicht, wie weit er die Kontrolle über die auswärtige Politik noch 1731 ausübte. Königin Caroline scheint im April noch sehr zufrieden gewesen zu sein (Ossorio an Victor Amadeus II. 1731 April 9, A.S.T. L.M. Ing. 38), während der König zunehmend ärgerlich wurde. Vgl. grundsätzlich *J. H. Plumb,* Sir Robert Walpole: The King's Minister, London 1961; ferner *R. Browning,* The Duke of Newcastle, New Haven 1975, und *Quazza,* Problema Italiano (Anm. 7).

[82] 1731 Juni 17 st.vet., Egmont I, 193.

Hintergrund kann nicht angenommen werden, daß die Betonung der Rolle des Königs in den Formulierungen der Instruktion für Chesterfield vom 29. Juni nur formelhaft war; vielmehr wird Georg II. tatsächlich bei der Entscheidung für die militärischen Maßnahmen Großbritanniens ein gewichtiges Wort gesprochen haben[83]. Auch Chammorel, der über recht gute Informationsquellen verfügt zu haben scheint, betonte den Willen des Königs zu militärischen Maßnahmen Großbritanniens[84].

Wenn Georgs dominierende Rolle auf der Basis dieser vereinzelten Kommentare und Bemerkungen angenommen werden kann, muß überlegt werden, wer sein Berater war. Poyntz hat keinen Berater namhaft gemacht. Es gibt einen Hinweis, daß Scarborough eine wichtige Rolle gespielt haben könnte, denn er wurde in einer Krisensituation von dem König in die Flüsterecke gezogen[85]. Ob er aber mehr tat, als seinem Monarchen zu lauschen, ist völlig ungewiß. Nach Zamboni war es der Graf Kinsky, der den größten Einfluß hatte, und der war eindeutiger Vertreter der Rüstungspartei[86].

Die Wünsche des Monarchen hätten kaum das Gewicht bekommen können, das sie im Sommer 1731 offensichtlich erreichten, wenn sie nicht einer allgemeineren politischen Tendenz in Großbritannien entsprochen hätten. Die Parteiungen zogen ihr jeweiliges Gewicht ja in der Regel daraus, welches Ausmaß der Bedrohung britischer Handels- und Weltmachtinteressen glaubhaft war. Hier spielte die oppositionelle Presse eine nicht unwichtige Rolle; ihr propagandistischer Wert für die Kriegspartei darf nicht unterschätzt werden, wenn sie auch nicht als objektive Quelle angesehen werden darf. Die Presse verteilte die Gewichte durchaus angemessen. Mögliche jakobitische Aktionen waren ständig im Spiel, die Gefährdung Gibraltars als eines bekannten Stützpunktes wurde kombiniert mit der Rolle Frankreichs als Hauptgegner. Besonders tat sich der Daily Post Boy hervor, ein Blatt, dessen Auslandsnachrichten sehr gerühmt wurden und das die Auffassung vertrat, der neue Vertrag hätte wenig für Großbritannien erbracht[87]. Diese Zeitung berichtete Mitte Mai über eine Kabinettsberatung in Rambouillet, in der der Wiener Vertrag als den französischen Interessen direkt entgegengesetzt und als für Frankreich nicht beitrittsfähig bezeichnet worden wäre. Man spräche über eine Reparatur des Kanals von Mardyck und eine

---

83 Harrington an Chesterfield 1731 Juni 29 st.vet., P.R.O. S.P. 84/313 fol. 160.

84 Chammorel an Chauvelin 1731 Juli 19, M.A.E. C.P. Angleterre 374 fol. 91.

85 Hertfordshire County Record Office, Panshanger Manuscripts D/EP, F 234 „Family Books“, VII S. 164 f.

86 Zamboni an den Marquis de Fleury 1731 Juli 13, Zamboni Papers 120 fol. 123.

87 *Daily Post Boy* 1731 Mai 15 und Juni 4 st.vet.

Ausbesserung des Hafens von Dünkirchen. Angesichts der französischen Opposition würde auch Spanien kaum beitreten, so daß der Vertrag keinen soliden Grund hätte. Diese kritischen Bemerkungen wurden zwei Tage später wieder aufgenommen. Inzwischen war auch der Regierung deutlich geworden, daß der Vertragszweck im Augenblick kaum zu erreichen war. Am 4. Juni berichtete das Blatt dann in seinem berühmten Brief aus Den Haag über die Kriegsvorbereitungen und den bevorstehenden Krieg. Dabei bezog es sich auch auf die angebliche Plünderung von St. Lucia durch Frankreich, die seinerzeit großes Aufsehen erregt hatte, aber von der französischen Regierung energisch bestritten wurde. Es fügte hinzu, daß Briefe aus Versailles den fortdauernden Groll des Kardinals Fleury bestätigten und in Spanien Vorbereitungen für die Belagerung von Gibraltar, Beschlagnahme britischen Besitzes und dergleichen getroffen würden. Einen Tag später berichteten Universal Spectator und Weekly Journal über eine spanische Entscheidung, die Zufuhr aller frischen Lebensmittel nach Gibraltar zu unterbinden. Die Rüstungspartei fand also Unterstützung in einer Pressekampagne, die bemüht war, die latente Bedrohung britischer Positionen als akut hinzustellen.

Der Vertragspartner Österreich drängte ebenfalls die Briten, im Reich die Unterstützung für den neuen Vertrag deutlich zu machen[88]. Verhandlungen mit Sachsen, Schweden und Dänemark sollten deren Stimmen auf dem Reichstag für die Pragmatische Sanktion sichern, und auch darüber hinaus wünschten die Österreicher eine aktiv antifranzösische Politik Londons, obwohl weder Prinz Eugen noch der Kanzler Sinzendorf je an eine französische Invasion der britischen Insel glaubten[89]. Mitte Juni hatte Delafaye die britische Entschlossenheit zur Einhaltung der Verträge gegenüber Wien eigens betonen lassen und sich zwei Wochen später erneut im Sinn einer solchen Versicherung geäußert[90]. Das war um so dringender, als beunruhigende Gerüchte über den britischen Mangel an Willen umgelaufen und frühere Beweise mangelnder Bündnistreue wie am Ende des Spanischen Erbfolgekrieges keineswegs vergessen waren. Als der Wiener Hof die hannoverschen Interessen tatsächlich zu fördern begann, so daß Fortschritte erkennbar wurden[91], fühlte sich Georg II. verpflichtet, auf die österreichischen Wünsche nach demonstrativen Aktionen zu reagieren.

[88] Robinson an Harrington 1731 Juli 14, P.R.O. S.P. 80/76.

[89] Robinson an Harrington 1731 Juli 25, P.R.O. S.P. 80/77.

[90] Delafaye an Waldegrave 1731 Juni 19 und Juli 2 st.vet., Chewton Mss.

[91] Robinson an Tilson 1731 Juli 22, P.R.O. S.P. 80/77.

IV.

Trotz der Kriegsfurcht auf beiden Seiten und der erwähnten Vorsichtsmaßnahmen sowie der Stärkung der Kriegspartei in Großbritannien bewegte man sich immer noch auf der Ebene der diplomatischen Aktion und Machtdemonstration. Zu einer regelrechten *Panik* in Großbritannien kam es erst, als Frankreich Ende Juni Soldaten nach Norden verlegte. Eine durchaus beachtliche Streitmacht, bei der auch sechs Dragoner- und zwei Kavallerieregimenter waren, wurde nach Dünkirchen, Gravelins und Furnes in Marsch gesetzt[92], und Waldegrave hielt es für nötig, Newcastle ausführlich darüber zu informieren. Er schrieb am 29. Juni, in der Öffentlichkeit nehme man an, der plötzliche Marsch beruhe auf der Befürchtung im französischen Ministerium, das britische Geschwader solle eine Landung in der Normandie oder Picardie unternehmen und soviel Beute wie möglich machen. Es gebe allerdings auch Vermutungen, daß Frankreich den Kanal von Dünkirchen öffnen, die angrenzenden Kanäle, Molen und alten Schleusen instandsetzen oder gar eine Invasion Großbritanniens versuchen wolle. Andere wiesen darauf hin, daß die Gebiete einfach eine größere Zahl von Pferden ernähren könnten, und dieser Meinung billigte Waldegrave die größte Wahrscheinlichkeit zu. Er hielt es allerdings für zutreffend, daß die französische Regierung eine Beunruhigung der britischen Nation nicht ungern sehen und die Truppenbewegung offiziell mit der Bedrohung durch die britische Flottenrüstung begründen würde. Die Minister würden vielleicht auch sagen, sie wären ebenso frei in der Bewegung ihrer Truppen wie die Briten in der Ausrüstung ihrer Schiffe[93].

In der britischen Presse hatten die französischen Truppenbewegungen natürlich ein ganz anderes Echo. Die Whitehall Evening Post vom 24. und 25. Juni st.vet. brachte einen Bericht, daß ein Geschwader von zehn Linienschiffen aus Toulon eine gleiche Zahl spanischer Schiffe treffen sollte, und fügte in seinen Neuigkeiten aus Paris hinzu, es sollten mehr französische Truppen an die Kanalküste verlegt werden. Das gleiche Blatt brachte eine Nachricht aus Brüssel, daß 15 französische Bataillone nach Dünkirchen verlegt worden wären. Vergleichbare Berichte erschienen im Daily Post Boy vom 30. Juni, 2. und 5. Juli und 6. August, im Craftsman vom 3. Juli und in der Evening Post vom 1. bis 3. und 3. bis 6. Juli st.vet. Auch andere mögliche Angriffspläne Frankreichs wurden wieder diskutiert. Es folgten Berichte über französische Aufmärsche bei Metz und hastiges Auffüllen der Magazine im französischen Flandern,

---

[92] Die beste Quelle für die militärischen Bewegungen Frankreichs im Sommer 1731 ist „Diplomatie Jan—July 1731“, AG Serie A 1, 2676. Asfeld hatte gegenüber Dangervilliers hervorgehoben, die militärischen Bewegungen könnten nicht geheim gehalten werden, 1731 Juni 19, ibidem Nr. 132.

[93] Waldegrave an Newcastle 1731 Juni 29, BL Add. Mss. 32773 fol. 322 f.

ebenso über ein im Reich eifrig verbreitetes Gerücht, daß Frankreich österreichfreundliche Reichsfürsten angreifen wollte[94]. Vor allem erhielten auch die Befürchtungen über den Pretender neuen Auftrieb. Jakobiten in Britannien hatten Nachrichten über eine bevorstehende Landung in Torbay[95], und Berichte über eine jakobitische Invasion kursierten nicht nur in Italien[96], sondern auch in maßgeblichen Wiener Kreisen[97].

Die Regierung konnte sich dieser Entwicklung nicht entziehen. Harrington wies Robinson am 19. Juni st.vet. an, ein österreichisches Hilfsversprechen für den Ernstfall zu erreichen[98]. Am folgenden Tag traf sich der Privy Council in Whitehall. Grafton, Devonshire, Godolphin, Wilmington, Scarborough, Boltone, Newcastle, Harrington, Sir Robert Walpole und Sir William Strickland, der Kriegssekretär, diskutierten mögliche französische Invasionspläne und entschieden, da eine Invasion möglich wäre, sollte Sir Charles Wager als Admiral eines Geschwaders in den Downs tätig werden. An den Lord Lieutenant von Irland erging der Befehl, die Entsendung von Truppen nach England vorzubereiten[99]. Fünf weitere Linienschiffe wurden in Auftrag gegeben und Truppen nach Kent verlegt[100].

Ossorios scharfer Beobachtungsgabe verdanken wir einen Einblick in das Ausmaß der britischen Beunruhigung. Schon vor der eben referierten Ratssitzung hatte er berichtet, daß die französische Truppenbewegung als Teil eines Angriffsplans gedeutet wurde. Es würde angenommen, schrieb er später, die Franzosen beabsichtigten entweder die Wiederbefestigung von Dünkirchen oder eine Invasion, obwohl man annahm, für letzteres hätten sie keine geeigneten Truppen. Die Furcht vor einem französischen Angriff führte dennoch dazu, daß die britische Armee fast ganz an die Küste gelegt wurde. Die Angst vor Verwicklungen hätte sogar die Kurse fallen lassen, was die Nation außerordentlich beunruhigte, berichtete er weiter. Er kommentierte, die allzu große Beunruhigung der Engländer über die simplen französischen Truppen-

---

94 *St. James's Evening Post* 1731 Mai 27—29 und Juli 27—29; *London Evening Post* Juli 3—6; *Applebee's Original Weekly Journal* Juli 17; *Daily Post Boy* Juli 29 (alles st.vet.).

95 Edward Carteret, Joint Postmaster General, an Newcastle 1731 August 2 st.vet., P.R.O. S.P. 36/24 fol. 1.

96 Colonel Burges, britischer Resident in Venedig, an Newcastle, P.R.O. S.P. 99/63 fol. 175.

97 Robinson an Harrington 1731 August 1, P.R.O. S.P. 80/78.

98 Harrington an Robinson 1731 Juni 29 st.vet., P.R.O. S.P. 80/75.

99 Minutes of the Privy Council 1731 Juni 30 st.vet., P.R.O. S.P. 36/23 fol. 184.

100 Gastaldi an den Senat von Genua 1731 Juli 12, ASG. LM. Ing. 11; Le Beau an Segent 1731 Juli 12, AG Serie A 1 2676 Nr. 193; Peter Wentworth an Lord Strafford 1731 Juli 1, BL Add. Mss. 22227 fol. 107.

bewegungen enthülle nur allzu deutlich, wie Großbritannien in der augenblicklichen Lage Grund hätte, einen Angriff Frankreichs zu fürchten[101].

Zur Verschärfung der Situation trug wesentlich bei, daß keine Seite über den Rüstungsstand oder gar die Absichten der anderen hinreichend informiert war[102]. So konnten die britischen Maßnahmen und die daraus folgenden Gerüchte die Franzosen wieder zur Vergrößerung ihrer Anstrengungen veranlassen. Applebee's Original Weekly Journal berichtete am 3. Juli st.vet. aus Paris von dem großen Eindruck, den die britischen Manöver in Paris gemacht hatten. Gerüchte über britische Flottenunternehmungen gegen Dünkirchen wurden selbst durch die britische Presse kolportiert, in der Umgebung des Hafens hieß es sogar, die Stadt würde zu Lande belagert und von See aus beschossen[103]. Wenn auch französische Stellen den Berichten aus Dünkirchen gelegentlich skeptisch gegenüberstanden[104], nahm doch die Öffentlichkeit an, man wäre am Rande eines Krieges[105]. Es gab zwar Elemente, die dagegen sprachen, aber selbst Waldegrave war nicht sicher, ob eingebildete Ängste oder Versorgungsmängel den plötzlichen Marsch der Truppen veranlaßt hätten[106]. Invasionsabsichten Frankreichs nahm er auch jetzt nicht an. Stephen Poyntz scheint mit einem Krieg gerechnet zu haben; er führte die Krise auf falsche Informationen beider Seiten zurück[107]. Tatsächlich mußten die britischen Politiker davon ausgehen, daß sie bei den Franzosen in dem Ruf standen, zu aggressiven Aktionen mit Hilfe ihrer Flotte zu neigen, letztlich gewalttätig und unberechenbar zu sein. Ein französischer Präventivangriff war deshalb nicht auszuschließen. Aber selbst wenn es nicht zu einer französischen Invasion kam, mußte die Londoner Regierung doch fürchten, in ihren Aktionen behindert zu werden. Wenn es Frankreich durch seinen Aufmarsch am Kanal und Flottenbewegungen gelang, das britische Geschwader unter Wager daran zu hindern, ins Mittelmeer auszulaufen und die spanischen Truppen nach Italien zu eskortieren, wäre es für die französische Diplomatie ein leichtes gewesen, Großbritannien als vertragsbrüchig oder zumindest schwach, auf jeden Fall also als uninteressanten Bündnispartner zu diskreditieren[108]. Das

---

[101] Ossorio an Victor Amadeus II. 1731 Juli 9 und 16, A.S.T. L.M. Ing. 38; *York Courant* 1731 Juni 1 und Juli 6 st.vet.; *Wye's Letter* 1731 Mai 15 st.vet.

[102] AG Serie A 1, 2676.

[103] Lascelles an Waldegrave 1731 Juli 4, BL Add. Mss. 32773 fol. 351 f.

[104] Asfeld an Dangervilliers 1731 Juli 2, AG Serie A 1, 2676 Nr. 165.

[105] Waldegrave an Newcastle 1731 Juli 3, BL Add. Mss. 32773 fol. 341.

[106] Ders. an dens. 1731 Juli 10, ibidem fol. 349.

[107] Poyntz an Waldegrave 1731 Juli 19 st.vet., Chewton Mss.

[108] Robinson an Tilson 1731 August 1, P.R.O. S.P. 80/78. Zu ähnlichen Schlüssen kam Zamboni an den Marquis de Fleury, sächsischer Sekretär des Auswärtigen, Zamboni Papers 120 fol. 240.

hätte über den außenpolitischen Schaden hinaus auch die Regierung gestürzt, und so ist es nicht verwunderlich, daß man auch in den Niederlanden, in Österreich und in Preußen mit einem baldigen Krieg rechnete[109]. Der britische Rat diskutierte am 30. Juni st.vet. erneut ernsthaft die Möglichkeit einer französischen Invasion, nahm die Bedrohung also doch ernst. Chammorel war allerdings der Auffassung, die britische Truppenbewegung zur Kanalküste hin wäre nur eine Komödie für Spanien, die Frankreich in Madrid verdächtig machen und Gelegenheit zu der Anklage bieten sollte, Frankreich durchkreuze alle guten Absichten Londons. Das war mit Sicherheit eine Fehleinschätzung. Die Anschuldigung der Presse, daß die ganze Panik nur die Möglichkeit zum Gewinn durch Ankaufen gefallener Aktien geben sollte, ist lachhaft[110]. Vor allen Dingen die Bedrohung durch den Pretender im Zusammenhang mit einem bourbonischen Bündnis wurde für wahrscheinlich gehalten. Robinson erkannte spanische Sympathien für den Pretender und glaubte, daß Frankreich bald diese Karte spielen würde[111]. Die allgemeine Kriegshysterie hatte ihren Höhepunkt erreicht.

V.

Aber weder die französische noch die britische Regierung war wirklich kriegswillig, und so zog der Sturm vorüber, ohne daß es zur bewaffneten Auseinandersetzung kam. Schon Mitte Juli ließ die Unruhe nach[112]. Zwar wurden weiterhin britische Truppen in Kent stationiert[113], und Frankreich baute langsam Dünkirchen wieder auf, aber ohne daß davon großes Aufhebens gemacht wurde[114]. Es ging jetzt also auf keiner Seite darum, Macht zu demonstrieren oder gar mit Krieg zu drohen. Am 23. Juli berichtete der zuverlässige Ossorio, der Lärm hätte aufgehört. Das traf zwar noch nicht ganz zu, Chammorel wies noch am 6. August darauf hin, daß über die französischen Truppen bei Dünkirchen weiter-

---

[109] Chesterfield an Harrington 1731 Juli 13 und 24, P.R.O. S.P. 84/313 fol. 172 und 84/314 fol. 1; Prinz Eugen an Philip Kinsky 1731 August 18, Wien, Haus-, Hof- und Staatsarchiv, Große Korrespondenz 94 (b) fol. 75; Friedrich Wilhelm I. an Chambrier 1731 August 11, M.A.E. C.P. Prusse 91 fol. 121.

[110] *Craftsman* 1731 Juli 10 st.vet.; Chammorel an Chauvelin 1731 Juli 19, M.A.E. C.P. Angleterre 374 fol. 91; Peter Wentworth an Lord Strafford 1731 Juli 1 st.vet., BL Add. Mss. 22227 fol. 107.

[111] Robinson an Tilson 1731 August 1, P.R.O. S.P. 80/78.

[112] Charles Holzendorf, Chesterfields Sekretär Im Haag, an Tilson 1731 Juli 24 und 27, P.R.O. S.P. 84/314 fol. 3 und 19; Peter Wentworth an Lord Strafford 1731 Juli 10 st.vet., BL Add. Mss. 22227 fol. 109.

[113] *London Journal* 1731 Juli 24; *Read's Weekly Journal, or British Gazetteer* 1731 Juli 24 st.vet.; Ossorio an Victor Amadeus II. 1731 Juli 30, A.S.T. L.M. 38.

[114] Ossorio an Victor Amadeus II. 1731 August 6, A.S.T. L.M. Ing. 38.

hin geredet würde[115], und auch der preußische König hielt die Kriegsgefahr durchaus noch nicht für gebannt. Aber es gab doch deutlich beruhigende Entwicklungen. Es kamen jetzt auch zuverlässigere Informationen. Großbritannien hatte jeden Angriff vermieden, und die am 6. August st.vet. zur Inspektion aller französischen Häfen von Dünkirchen bis Le Havre ausgeschickte Schaluppe Ferret hatte nach einem Bericht vom 12. nur die gewöhnlichen Geschäftsleute und keine Flotten- oder sonstigen militärischen Vorbereitungen angetroffen[116]. Damit war die unmittelbare Gefahr vorüber. Die zugrunde liegenden Konflikte aber blieben bestehen, sie waren sogar noch deutlicher als vorher.

Gerade das lenkt auf die Frage zurück, warum es zu einer Panik, nicht aber zum Kriege kam. Der Ablauf der Krise hat deutlich gemacht, daß neben der von Kunisch hervorgehobenen Erbfolgekrise offenbar zwei Punkte als „kriegsfähig" im europäischen Ausmaß angesehen wurden: empfindliche Störung des Gleichgewichts und entscheidende Schwächung des innenpolitischen Prestiges einer Regierung. Beides war schwer zu beurteilen. Wenn London den erhofften Erfolg des Vertrages mit dem Kaiser hatte, war das schon eine empfindliche Störung des Gleichgewichts? Wirkte es so auf das Prestige Fleurys zurück, daß er seine Stellung akut gefährdet sah? Man konnte darüber nur Vermutungen anstellen. Die Frage des Gleichgewichts war seit Utrecht komplizierter geworden durch wachsende, aber stets umstrittene Einbeziehung von Kolonialproblemen. Die von der französischen „Übersee-Partei" zunehmend akzentuierte Forderung, neben das politische das wirtschaftliche Gleichgewicht zu stellen, fand eine gewisse Entsprechung in der Gründung der kaiserlichen Ostendekompanie. Schon die Kontrolle einer einzelnen Großmacht über den Levantehandel oder die Ressourcen der Ostsee war in ihren Folgen kaum kalkulierbar und insofern ein Unsicherheitsfaktor bei der Einschätzung der Kriegsgefahr.

Nicht besser stand es um die Beurteilung von Prestigefragen. Die unterschiedlichen Verfassungsverhältnisse ermöglichten es kaum einem Gesandten vor Ort, um wieviel weniger eine Regierung, rechtzeitig zu einem fundierten Urteil zu kommen. Selbst für Eingeweihte waren Hofintrigen schwer durchschaubar, und die britische Presse bot nur scheinbar gute Anhaltspunkte, da ihr tatsächlicher Einfluß auf politische Entscheidungen nicht vorhersehbar war. Schließlich enthielten die politischen Urteile, die den Entscheidungen zugrunde lagen, stets ein starkes subjektives Element. So war man darauf angewiesen, die wenigen Maßnahmen, die berichtet werden konnten, aufgrund der vorliegenden Er-

---

[115] Chammorel an Chauvelin 1731 August 6, M.A.E. C.P. Angleterre 374 fol. 103.

[116] Smith an Burchett 1731 August 12 st.vet., P.R.O. S.P. 42/20 fol. 498.

fahrungen zu deuten. Insofern konnte auch nach dem Urteil von Zeitgenossen beiderseitiger Informationsmangel zum Kriege führen[117].

Der Schritt von der Kriegsgefahr zum Kriege bedurfte, auch das hat die Krise gezeigt, offensichtlich zusätzlicher Elemente. Entweder mußte das Gleichgewicht so gestört und in Verbindung damit das Prestige einer Regierung so stark geschädigt sein, daß beides nur noch durch Krieg wiederhergestellt werden konnte, oder es mußte sich eine günstige Gelegenheit bieten, mit einem möglichst kurzen Krieg einen erheblichen Gewinn zu erzielen. Beides war in der Krise von 1731 nicht der Fall. Es handelte sich lediglich um die ernste Gefahr einer solchen Störung, deren Realisierung aber noch in der Zukunft lag. Deshalb blieben die Offensiven auf die diplomatische Ebene beschränkt, militärische Maßnahmen waren rein defensiv.

Wenn auch die Krise scheinbar im Sande verlief, war sie doch nicht ohne Folgen für die weitere politische Entwicklung. Die Einschätzung der französischen Politik durch die britische Regierung war korrigiert worden. Schon in den vorangegangenen Jahren hatte Frankreich größere Härte als früher gezeigt und seine militärische und wirtschaftliche Kraft verbessert. Die Hartnäckigkeit bezüglich der Insel St. Lucia war ein Indiz gewesen, der wirtschaftliche Aufschwung, der sich etwa in der Währungsstabilisierung von 1726 manifestierte, wurde gerade wegen der Ungenauigkeit der Kenntnisse in Großbritannien eher überschätzt. Man sah sogar eine Bedrohung des britischen Überseehandels, zumal Fleury die Indienkompanie förderte und Maurepas schon einige Jahre früher einen neuen Akzent gesetzt hatte, als er in einer Zeit schweren Geldmangels und innenpolitischer Schwierigkeiten die Bewilligung erheblicher Mittel für den Flottenausbau erreichte[118]. Die Leichtfertigkeit, mit der London dennoch den zweiten Vertrag mit dem Kaiser ohne politische Absicherung in Versailles geschlossen hatte, war nach der Krise nicht mehr möglich. Der Vertrag hatte die Position Londons in der internationalen Politik eher geschwächt; die Kontrolle über Wien reichte nicht aus, um damit die Differenzen mit Spanien zu beseitigen; das spanisch-französische Verhältnis wurde eher gefestigt als erschüttert. Künftig rechnete man in London mit der Gefahr einer bourbonischen Allianz und der Unterstützung der Jakobiten. Walpole hütete sich künftig, die Bourbonen dadurch zu irritieren, daß er in übertriebener Weise die österreichischen Belange förderte. Charakteristisch ist die britische Zurückhaltung im polnischen Thronfolgekrieg.

---

[117] s. o. Anm. 107.

[118] Pièces Inédites sur les Règnes de Louis XIV, Louis XV et Louis XVI, Bd. II, Paris 1809, 275—281.

Größere Vorsicht gegenüber Versailles war zweifellos angemessen, Frankreich war sehr viel empfindlicher geworden. Charakteristisch ist die Auflösung des Club de l'Entresol in Paris, dem die Pflege der Beziehung zwischen England und Frankreich ein besonderes Anliegen gewesen war[119]. Auch das hatte natürlich seine Vorgeschichte, nicht nur den jahrzehntelangen Streit um St. Lucia, sondern auch negative Erfahrungen mit der britischen Vertragstreue[120]. Die Krise von 1731 hatte dem schon recht verbreiteten Glauben, daß Großbritannien Weltherrschaftspläne verfolgte, erneut Auftrieb gegeben. Die Instruktion für Chavigny vom 16. Dezember 1731 formulierte ganz klar, zwischen Versailles und London gäbe es nichts zu verhandeln, da die beiderseitigen Interessen weit auseinander lägen[121]. Masson de Plissay verfaßte im Juni 1731 ein ausführliches Mémoire über Mittel zur Sicherung des Handels im Frieden und zur ständigen Bereitschaft, sich im Kriegsfall fürchten zu machen[122]. Darin entwickelte er ein umfassendes Konzept, das von dem natürlichen Gegensatz zwischen Frankreich und Großbritannien als feststehender politischer Größe ausging. Die maritime Rivalität war zwar schon wesentlich früher bewußt gewesen[123], aber Fleury hatte auf diesem Gebiet eher zurückhaltend agiert, um die britische Unterstützung französischer Interessen auf dem Kontinent zu erhalten. Das Jahr 1731 hatte nun den Beweis erbracht, daß die Londoner Regierung nicht einmal auf die wichtigsten französischen Sicherheitsinteressen an der Ostgrenze Rücksicht nahm. Das bedeutete, daß die Bemühungen um ein gutes Verhältnis zu London weitgehend hinfällig wurden. Es ging lediglich noch darum, möglichst lange den Frieden zu erhalten. Insofern ist die Panik von 1731 alles andere als ein isoliertes Ereignis ohne Konsequenzen oder gar das Produkt einer politischen Saure-Gurken-Zeit; sie hat vielmehr die prinzipielle und umfassende Gegnerschaft zwischen Versailles und London geklärt und so einen erheblichen Stellenwert in der unmittelbaren Vorgeschichte der großen Auseinandersetzung von 1739 bis 1763.

---

119 Vgl. *Herbert Hömig*, Absolutismus und Demokratie. Das Reformprogramm des Marquis d'Argenson (1737), in: HZ 226 (1978), 349—380, hier: 355.

120 s. o. Anm. 36—38.

121 Recueil des Instructions donnés aux ambassadeurs et ministres de France depuis les traités de Westphalie jusqu'à la révolution française, XXV/2, Paris 1965, 291.

122 M.A.E. M.D. France 1990 fol. 73—91.

123 Pièces Inédites (Anm. 118), Bd. II, 120.

Eine geheime französische Initiative als Auslöser für das Renversement des Alliances?

Von Walter G. Rödel, Mainz*

Der habsburgisch-französische Gegensatz war als Konstante für die europäische Politik des 16. und 17. Jahrhunderts bestimmend gewesen und hatte mit dem Spanischen Erbfolgekrieg einen weiteren Höhepunkt erreicht. Mit der Beseitigung der Umklammerung Frankreichs durch habsburgische Gebiete war eigentlich der Anlaß für diese Gegnerschaft entfallen, doch die Politiker beider Seiten hielten trotz mancher Überlegungen und Annäherungsversuche nach 1715 bis zur Mitte des 18. Jahrhunderts an dem sogenannten „alten System" fest. Max Braubach hat die Stationen dieser Annäherungsversuche in seinem Werk „Versailles und Wien von Ludwig XIV. bis Kaunitz"[1] dargestellt und erneut die überragende Bedeutung, die Kaunitz für die Hinwendung zu dem „neuen System" zukam, herausgearbeitet.

Nach dem Frieden von Aachen schienen die Aussichten für eine Annäherung der alten Gegner keineswegs schlecht zu sein. Kaunitz konnte in der Staatskonferenz für seine Politik mit Erfolg eintreten; auch die französischen Botschafter in Wien, Blondel und der Marquis de Hautefort, zeigten sich kooperationsbereit. Kaunitz versuchte als Botschafter in Frankreich mit großem Einsatz, eine Versöhnung zu bewerkstelligen, mußte aber spätestens im Herbst 1751, als Saint-Contest mit der Leitung des Außenministeriums betraut wurde, erkennen, daß seine Politik gescheitert und Verhandlungen über einen Systemwechsel mit diesem Diplomaten aussichtslos waren. Man hatte zwar in Frankreich den österreichischen Vorstellungen Gehör gegeben, aber zu keinem Zeitpunkt daran gedacht, das seit 1741 bestehende Bündnis mit Preußen aufzukündigen, dessen Nützlichkeit sich gerade wieder einmal bei den russisch-schwedischen Spannungen und auch bei dem gemeinsamen Vorgehen gegen das von England lancierte Projekt der Wahl des jungen Erzherzogs Joseph zum römischen König[2] erwiesen hatte.

* Erweiterte Fassung des Vortrags im Rahmen des Habilitations-Kolloquiums am 9. Mai 1984. FB 16 der Johannes Gutenberg-Universität Mainz.

[1] Bonn 1952.

[2] Vgl. dazu: *Hermann Gehlsdorf*, Die Frage der Wahl Erzherzog Josephs zum römischen Könige, hauptsächlich von 1750 bis 1752, phil. Diss. Bonn 1887; *David Bayne Horn*, The Origins of the Proposed Election of a King of the Romans 1748—1750, in: English Historical Review 42 (1927), 361—370.

Mit der Abberufung von Kaunitz, der zum Jahreswechsel 1752/53 die französische Hauptstadt verließ, hatte auch der Wiener Hof seine Konsequenzen aus diesem verfehlten Annäherungsversuch gezogen und seine Politik wieder ganz auf die Zusammenarbeit mit dem englischen Bündnispartner ausgerichtet. Trotzdem hielt zumindest Kaunitz, dem Maria Theresia das Amt des Staatskanzlers übertragen hatte, insgeheim an seiner Verständigungspolitik mit Frankreich fest, in der er die einzige Möglichkeit sah, Preußen so zu schwächen und seines wichtigsten Rückhaltes zu berauben, daß man ihm Schlesien wieder entreißen konnte.

Die Grenzstreitigkeiten zwischen Franzosen und Engländern in Nordamerika, die seit 1754 kriegerische Formen annahmen, ließen ein Übergreifen des Krieges auf Europa befürchten. Der Versuch, für diesen Fall die Pflichten der Bundesgenossen England und Österreich bei der Verteidigung Hannovers und der österreichischen Niederlande gegen Frankreich und seinen Verbündeten Preußen zu definieren, führte lediglich zu Uneinigkeit und Mißstimmungen zwischen London und Wien. Kaunitz sah die Zeit gekommen, die bestehende Situation auszunützen und Beziehungen zu Frankreich anzuknüpfen. Nach den bereits gemachten Erfahrungen befleißigte er sich bei seinem Vorgehen allerdings größter Vorsicht. In seiner Denkschrift vom 27. Juni 1755 für Maria Theresia analysierte er das französisch-österreichische Verhältnis und führte dazu unter anderem aus: „So lange Frankreich zu keiner deutlicheren Sprache zu bringen ist, und vielmehr durch das Werk selbst zu erkennen gibt, daß es bei seinen früheren Staatsmaximen unabänderlich beharre, so lang kann auch von Eurer Majestät nicht gewagt werden, sich neuerdings, und mehr als es bereits geschehen ist, gegen diesen Hof bloß zu geben, und sich, wie man zu sagen pflegt, der Art zwischen zwei Stühle zu setzen, daß das Vertrauen der Seemächte für immer verloren würde, ohne von anderer Seite her sichergestellt und einer verläßlichen Beihilfe Frankreichs gewiß zu sein[3].“

Knapp zwei Monate später, am 21. August 1755, erging vom Wiener Hof eine neue Instruktion an den Botschafter Graf Starhemberg in Paris mit der Anordnung, dem französischen König insgeheim eine weitreichende Offerte für die Erzielung einer Übereinkunft zu unterbreiten. Es ist hier nicht näher auszuführen, daß auf der Basis dieses österreichischen Angebots nach langen Verhandlungen das Defensivbündnis zwischen Frankreich und Österreich vom 1. Mai 1756 zustandekam, mit dem der Umsturz der Bündnisse besiegelt wurde[4]. Auch auf

[3] Zit. bei *Alfred Ritter von Arneth,* Geschichte Maria Theresias, Bd. 4, Wien 1870, 383.

[4] Vgl. dazu *Braubach,* Versailles (Anm. 1), 422 ff. passim. — *François-Joachim de Pierre Cardinal de Bernis,* Mémoires et Lettres, T. 1.2, éd. Frédéric Masson, Paris 1903, hier Bd. 1, 222—228.

die genugsam bekannten Beeinflussungen der politischen Gesamtlage durch den englisch-russischen Subsidienvertrag vom 30. September 1755 und durch die zwischen England und Preußen abgeschlossene Westminster Convention vom 16. Januar 1756 braucht in unserem Zusammenhang nicht näher eingegangen zu werden.

Es gilt hier vielmehr, eine Antwort auf die Frage zu versuchen, warum Österreich nach einer Periode vorsichtigen Taktierens nicht nur an die im Herbst 1751 als gescheitert eingestellten Bemühungen um eine Verständigung mit Frankreich[5] wieder anknüpfte, sondern warum es sich darüber hinaus mit dem Angebot der Überlassung des größten Teils der österreichischen Niederlande an Don Philipp von Parma, den Schwiegersohn des französischen Königs, und anderer Zugeständnisse an Frankreich aus der bisher strikt beachteten diplomatischen Deckung herausbegab.

Ein Anlaß für diesen Schritt zur Annäherung an den alten „Erbfeind" war sicherlich durch die Verärgerung über den englischen Alliierten gegeben, von dem man in Wien keine Unterstützung bei der von Maria Theresia so sehr herbeigesehnten Rückgewinnung Schlesiens mehr erhoffen konnte. Ferner stellte die englische Regierung hohe Forderungen an ihren Bündnispartner für die Verteidigung der Niederlande gegen Frankreich. Der Versuch des Wiener Hofes, vermittels einer von Kaunitz bewußt ultimativ formulierten Denkschrift vom 21. Juni 1755 Georg II. und seine Minister zu einer klaren Stellungnahme zu den strittigen Fragen zu bewegen, war fehlgeschlagen; der englische Hof hatte sich auch nach zwei Monaten noch nicht zu einer Antwort herbeigelassen. Zudem waren Gerüchte über Geheimverhandlungen zwischen Hannover und Preußen, die tatsächlich seit Juli über den Herzog von Braunschweig angesponnen worden waren, nach Wien gedrungen[6].

Die erste Auswirkung dieser Verärgerung über den englischen Bündnispartner war der von der Staatskonferenz am 16. August gefaßte Beschluß, in dem bevorstehenden Krieg zwischen England und Frankreich neutral zu bleiben, auch wenn dabei die österreichischen Niederlande in französische Hand fallen sollten[7]. Damit war der bestehende englisch-österreichische Vertrag in seiner Substanz verletzt. In einer weiteren Sitzung der Staatskonferenz am 19. August 1755 erfolgte der Durchbruch zu einer Annäherung an Frankreich. Die Mitglieder der Konferenz hatten vorher folgende Möglichkeiten des politischen Verhaltens diskutiert:

[5] *Braubach*, Versailles (Anm. 1), 412.

[6] *Walter Mediger*, Moskaus Weg nach Europa. Der Aufstieg Rußlands zum europäischen Machtstaat im Zeitalter Friedrichs des Großen, Braunschweig 1952, 504—509. — *Friedrich II. König von Preußen*, Politische Correspondenz, Bd. XI, bearb. von Albert Naudé, Berlin 1883, Nr. 6924, S. 254.

[7] *Braubach*, Versailles (Anm. 1), 423.

Teilnahme am Krieg auf Seiten der Seemächte — Strikte Befolgung der Bestimmungen des Aachener Friedens von 1748 — Vollkommene Neutralität — Stillhalten auch bei Verletzung eigenen Gebietes. Als „fünfte Lösung“ hatte Kaunitz seine bevorzugte Politik, die Annäherung an Frankreich, bezeichnet. Adolf Beer hat 1872 festgestellt, daß man „leider über den Gang dieser hochwichtigen Konferenz nicht genau unterrichtet“ sei[8]; auch Max Braubach muß sich auf die am 28. August niedergeschriebene Fassung des Kaunitz'schen Vortrages[9] beziehen, um nähere Einzelheiten ausmachen zu können. Er glaubt aber, „daß in den Tagen zwischen den beiden Sitzungen die Nachrichten sich verdichtet hatten, wonach auf der einen Seite Frankreich nunmehr doch Anstalten zum Einfall in die Niederlande traf, auf der anderen von Hannover aus Preußen umworben wurde“[10]. Damit ist dieser plötzliche Umschwung in der österreichischen Politik allerdings noch nicht erklärt, denn es bleiben zu viele Ungewißheiten über die Beweggründe, gerade zu diesem Zeitpunkt Frankreich gegenüber mit so weitreichenden Angeboten diplomatisch aktiv zu werden. Denn damals bestand am Wiener Hof weder Klarheit über die englische Haltung zu den Verbündeten noch Kenntnis von den möglichen Weiterungen des englisch-französischen Konflikts.

* * *

Ein Fund in dem relativ ungeordneten Faszikel 57 des Reichserzkanzlerarchivs, das Akten zur Frage der Wahl des römischen Königs für den Zeitraum von 1753 bis 1764 enthält[11], kann einiges zur Erhellung der Beweggründe des Wiener Hofes, gerade zu diesem Zeitpunkt Kontakte zu Frankreich aufzunehmen, beitragen. Als Anhang zu dem dritten Teil dieses Faszikels findet sich unter dem Sammeltitel „Acta secreta. Die Kron Frankreich und Ihro Kf. Gn. zu Mainz betreffend 1755. Betr. einen kgl. französischen Antrag p^{to} der römischen Königswahl, nämlich solche nicht vorzunehmen als per unanimia vota aller Kurfürsten, so dan den zwischen England und Frankreich entstandenen Krieg in America betr.“ eine Anzahl von Aktenstücken

[8] *Adolf Beer,* Die österreichische Politik in den Jahren 1755 und 1756, in: HZ 27 (1872), 282—373, hier 322.

[9] Text abgedruckt in: Preußische und österreichische Akten zur Vorgeschichte des Siebenjährigen Krieges, bearb. von Gustav Bernhard Volz und Georg Küntzel (Publikationen aus den kgl. preußischen Staatsarchiven 74), Leipzig 1899, 145—160. Hier wird die Sitzung der Staatskonferenz auf den 21. August datiert.

[10] *Braubach,* Versailles (Anm. 1), 423 f.

[11] HHSTA Wien, Reichserzkanzlerarchiv, Fasc. 57, T. 3. „Röm. Königswahl Actorum de Anno 1753, 1754 et 1755“. Hier im Anhang „Acta secreta“ unfol. Der gesamte Bestand liegt dank der Initiative von Herrn Prof. Dr. A. Gerlich in Mikroverfilmung im Institut für Geschichtliche Landeskunde an der Universität Mainz vor.

1. zu einer französischen Demarche an den Kurfürsten von Mainz, Johann Friedrich Karl von Ostein,
2. zu der Beratung dieses „Antrags“ durch die kurmainzische Regierung,
3. zu der Antwort an die Adresse des französischen Königs, sowie
4. zu einer daraus resultierenden diplomatischen Aktivität von Kurmainz am Wiener Hof.

Aus dem auf Geheiß des Kurfürsten von Hofkanzler Vorster geführten Protokoll, das zusammen mit den oben angeführten Schriftstücken im Erzkanzlerarchiv niedergelegt wurde, sind wir über den Ablauf der Ereignisse am Mainzer Hof informiert. Am 19. Juni 1755 war Herr v. Berns, ein mainzischer Untertan aus Erfurt, der seit langem in Paris ansässig war, „ganz unvermutet“ in Mainz eingetroffen. Als Vertrauter des Kurfürsten war er von diesem als Nachfolger des Bischofsheimer Amtskellers Handel seit eineinhalb Jahren mit der Regulierung der Kurmainz durch die Franzosen im letzten Krieg zugefügten Schäden beauftragt. Die von Kurmainz geltend gemachten Forderungen beliefen sich auf 4 595 130 Livres; die Verhandlungen darüber waren allerdings bis zum gegenwärtigen Zeitpunkt völlig ergebnislos verlaufen.

Am Vormittag des 20. Juni sprach v. Berns bei dem Großhofmeister Graf Stadion vor und hatte bereits wenige Stunden später eine Audienz beim Kurfürsten. Zur Beglaubigung seiner Mission legte er ein Schreiben des M. de Bussy, „premier commis dans l'appartement des affaires étrangères“, vom 6. Juni, in dem er nach Versailles bestellt worden war[12], sowie einen Brief des Außenministers Rouillé vom 8. Juni vor, in dem dieser v. Berns für seine Reise nach Mainz die besondere Wertschätzung des Königs und auch seine eigene zusichert[13]. Mit der Bitte um strengste Geheimhaltung, denn er sei lediglich befugt, den Inhalt der Schriftstücke vorzulesen, diese aber nicht zur Abschrift aus der Hand zu geben, überreichte v. Berns dem Kurfürsten ein „Mémoire sur l'affaire de l'Election du Roy des Romains“[14], das sich auf den offiziellen Grund für seine Mission bezog, daneben aber auch zwei französische Zirkularschreiben mit fünf Anlagen bezüglich der seit Januar 1755 geführten Verhandlungen über den französisch-englischen Konflikt in Nordamerika und schließlich noch ein Memorandum „Observations sur le Contre-projet des Anglois“[15].

In dem Mémoire zur römischen Königswahl wird der seit einigen Jahren von Frankreich und seinen deutschen Alliierten verfochtene Stand-

[12] Acta secreta, Schreiben Nr. 1.
[13] Acta secreta, Schreiben Nr. 2.
[14] Acta secreta, Schreiben Nr. 3.
[15] Acta secreta, Schreiben Nr. 4, 5, 6.

punkt einer einstimmigen Wahl wie auch eines einstimmig zu fassenden Beschlusses über die Notwendigkeit der Wahl erneut vorgetragen[16]. Der Vorsitzende des Kurfürsten-Kollegiums wird aufgefordert, sich zur Erhaltung von Freiheit und Ruhe des deutschen Vaterlandes einzusetzen „à seconder la demande du consentement unanime des Electeurs à l'Election, tant pour la décision de la question préliminaire s'il y a nécessité d'élire, que pour le choix du Candidat et la Capitulation à lui préscrire". Außerdem solle der Mainzer Kurfürst, nach außen hin aus eigener Initiative, denn seine Beziehung zu Frankreich werde geheim gehalten, die Forderungen der mit Frankreich verbündeten Kurfürsten an den Wiener Hof unterstützen und sich einer „par l'enchaînement des circonstances" möglichen Erklärung des Reichskrieges gegen Frankreich oder dessen Verbündete widersetzen und alles unternehmen, damit das Reich nicht in den Krieg hineingezogen werde. Als Rekompensation für seine Bemühungen wird dem Mainzer Kurfürsten zunächst die Liquidation seiner so lange vergeblich gestellten Forderungen auf Schadensersatz in Höhe von fast 5 Millionen Livres versprochen. Dazu komme aber auch noch „un supplément, qui lui tienne lieu de subsides".

Durch eine Schmeichelei über die allseits bekannte Friedensliebe des Kurfürsten wird die Wahlsache mit der Bekanntgabe der gegenseitigen Positionen in den französisch-englischen Verhandlungen über den kolonialen Konflikt in Nordamerika verknüpft und einigermaßen mühsam begründet: „Comme les circonstances actuelles doivent encore engager l'Electeur à redoubler de vigilance pour empêcher, que la liberté et le repos de l'Empire ne reçoivent aucune atteinte de la façon de faire l'Election, le Roi par confiance dans la droiture des intentions de ce Prince, et pour lui prouver de plus en plus Son zèle sincère pour la paix, lui fait communiquer les propositions amiables, qu'il a faites à la Cour d'Angleterre au sujet des différends des deux Couronnes dans l'Amérique Septentrionale, et les reponses, qu'il en a reçues; mais cette communication n'est que pour lui seul. Elle doit être verbale, et sans rien laisser par écrit". Anschließend wird die Friedensliebe des französischen Königs beteuert, der bereit sei, alle im Friedensvertrag von Aachen vorgesehenen Möglichkeiten auszuschöpfen, um zu einer freundschaftlichen Lösung der zwischen den Kolonien in Nordamerika entstandenen Differenzen zu gelangen. Mit dieser Passage wird auf die gemäß Artikel 18 des Friedens von Aachen zusammengetretene und seit längerer Zeit in Paris ergebnislos tagende Kommission für die Regelung der Grenzstreitigkeiten als geeignetes Forum hingewiesen. Im Gegensatz zu dem englischen Vorgehen — General Braddock war mit einem größeren

[16] Vgl. dazu *Gehlsdorf*, Frage der Wahl (Anm. 2); *Horn*, Origins (Anm. 2); *Karl Otto Ebbecke*, Frankreichs Politik gegenüber dem deutschen Reiche in den Jahren 1748—1756, phil. Diss. Freiburg 1931.

Truppenkontingent am 13. Januar 1755 nach Nordamerika in See gegangen — habe Ludwig XV. nur Vorsichtsmaßregeln für die Verteidigung seiner Untertanen in den Kolonien ergriffen, die überdies, wie ganz Europa gesehen habe, erst nach den Rüstungen der Engländer, sowohl in Amerika als auch in Europa, ins Werk gesetzt worden seien. „Mais si contre toute attente les Anglois venoient à agir hostilement contre la France, tant à l'égard de Ses possessions de l'Amérique que de Sa marine et de Son commerce, alors le Roi se croira en droit et dans l'obligation de prendre en vertu des Traités toutes les mésures, qui seront conformes à la dignité de Sa Couronne et à Sa sûreté ...".

Zu dieser Passage des Mémoire sei gleich an Ort und Stelle angemerkt, daß zwar von französischen Reaktionen auf ein feindliches Vorgehen der Engländer gegen die französischen Besitzungen in Nordamerika sowie gegen die Marine und den Handel gesprochen wird, nicht aber expressis verbis von etwa erforderlichen Maßnahmen gegen auf das Mutterland selbst gerichtete englische Vorstöße. Damit wurde deutlich signalisiert, daß Frankreich kein Interesse an einer Ausweitung des Krieges auf den europäischen Kontinent hatte, also von sich aus die Niederlande nicht angreifen würde. Gerade an dieser Stelle läßt sich der Wandel in den Gedankengängen der französischen Politiker feststellen, denn noch im April 1755 hatte der Außenminister Rouillé dem österreichischen Botschafter mit der demnächst bevorstehenden Invasion in den österreichischen Niederlanden gedroht. Außerdem ist festzuhalten, daß der in dem Mémoire als möglich bezeichnete Angriff auf die französische Flotte bereits erfolgt war. Boscawen, der im Frühjahr 1755 mit entsprechenden Ordres ausgelaufen war, hatte am 8. Juni vor Neufundland die beiden Schiffe „Alcide" und „Le Lys" genommen, das Gros der französischen Nachschubflotte für Kanada aber verfehlt. Damit war die Intention der englischen Regierung, „La Nouvelle France" vom Nachschub abzuschneiden, nicht realisiert worden; zudem mußte diese Aktion Boscawens unliebsame Aufmerksamkeit erregen. Die Nachricht von diesem Überfall traf am 13. Juli in London, am 26. Juli in Berlin und erst am 2. August in Wien ein, wie sich aus der politischen Korrespondenz Friedrichs des Großen eruieren läßt[17]. Die französische Reaktion darauf bestand lediglich in der Abberufung der Botschafter aus London und Hannover, Mirepoix und Bussy, „unverzüglich und ohne Abschied"[18]. Auch die abschließende Passage des Mémoire mit den Verhaltensmaßregeln für den Diplomaten, der bezeichnenderweise nicht namentlich genannt wird,

---

[17] Vgl. *Friedrich II.*, Polit. Corr. XI, Nr. 6892, S. 224; Nr. 6926, S. 256: Antworten Friedrichs auf Depeschen Michells und Klinggräffens.

[18] So Podewils in seinem Schreiben vom 25. Juli an Friedrich II. nach einer Mitteilung des französischen Botschafters in Berlin, de La Touche. — *Friedrich II.*, Polit. Corr. XI, Nr. 6893, S. 224.

erscheint mir für den Gesamtzusammenhang wichtig. „La Personne qui fera usage de ce mémoire n'en donnera ni souffrira, qu'il en soit pris Copie, et avant que de faire la communication de ce qu'il contient, Elle exigera le Secret le plus inviolable, de sorte que si l'affaire n'a aucune suite elle soit comme non avenue".

Die beiden Lettres circulaires, ohne Datum und Unterschrift, stammen von Rouillé und waren wohl ursprünglich als Informationen für französische Botschafter benutzt worden. Nach den beigefügten Memoranden des französischen Botschafters in London, Duc de Mirepoix, und seines Verhandlungspartners, des Staatssekretärs Robinson, vom 26. I. und vom 6. II. 1755 ist das erste Schreiben auf Ende Februar, das zweite anhand der beigefügten gegenseitigen Entwürfe für eine Convention préliminaire vom 9. II. und vom 9. III. auf Ende März 1755 zu datieren[19]. Noch Ende Januar 1755 hatte Staatssekretär Robinson die Ansicht seiner Regierung kundgetan, daß eine Einigung in dem Grenzkonflikt am Ohio auf der Basis des Friedensvertrages von Utrecht gefunden werden könne[20]. In der französischen Gegendarstellung wurde darauf hingewiesen, daß schließlich die Franzosen den Ohio bereits 1679 entdeckt hätten und daß in dem Vertragswerk von Utrecht dieser Fluß überhaupt nicht erwähnt sei. Eine Einigung über die bestehenden Differenzen müsse nach den Bestimmungen des Friedensvertrages von Aachen herbeigeführt werden. Auf dieser Basis erstellte das französische Außenministerium auch den Entwurf einer Präliminarkonvention (9. Februar 1755), nach dem sich die Franzosen — von Kanada aus gesehen — hinter den Ohio, die Engländer aber bis zu den Bergen an der Grenze Virginias zurückziehen sollten. Ferner sollten alle Forts, die nach 1748 errichtet worden waren, geschleift werden. Bis zu einer endgültigen Regelung sollte also zwischen den Fronten am Ohio eine Pufferzone, „un pays neutre", entstehen. Der englische Gegenvorschlag, der einen Monat auf sich warten ließ (9. März 1755), zeugt mit seinen maßlos hochgeschraubten Forderungen, daß die Regierung in London Frankreich zum Krieg treiben wollte. Der Katalog reicht von der Neutralisierung eines Gebietes zwischen Grenzlinien von den beiden Enden des Eriesees bis zum 37. Breitengrad, in dem beide Nationen frei Handel mit den Indianern

---

[19] Die Memoranden als Anlage zu Acta secreta, Schreiben Nr. 4 und 5.

[20] Über die Entwicklung des englisch-französischen Konflikts, über die von Diplomaten der zweiten Garnitur geführten Verhandlungen, die wachsende Kriegsbereitschaft Englands und das hinhaltende Taktieren Frankreichs im einzelnen: *Patrice Louis-René Higonnet*, The Origins of the Seven-Years' War, in: Journal of Modern History 40 (1968), 57—90; *David Bayne Horn*, The Duke of Newcastle and the Origins of the Diplomatic Revolution, in: The Diversity of History. Essays in Honour of Sir Herbert Butterfield, ed. by J. H. Elliot and H. G. Koenigsberger, London 1970, 245—268; *Winfried Baumgart*, Der Ausbruch des Siebenjährigen Krieges. Zum gegenwärtigen Forschungsstand, in: Militärgeschichtliche Mitteilungen 11 (1972), 157—165.

treiben dürften, über die Zerstörung der wichtigsten französischen Forts an der Grenze Kanadas bis zu der Forderung auf freie Fahrt und freien Handel im Gebiet des Erie- und Ontariosees. In ähnlicher Weise sollte durch eine neutrale Zone bis zum St. Lorenzstrom Acadia von dem Kerngebiet der französischen Ansiedlungen abgetrennt werden.

In seinem Bestreben, den Krieg zu vermeiden und die Grenzstreitigkeiten im Ohio-Tal durch Verhandlungen beizulegen, hoffte das französische Außenministerium trotz dieser unerfüllbaren englischen Forderungen immer noch auf eine Wende. Es war vor allem Mirepoix, der sich in seiner Gutgläubigkeit von der englischen Regierung in unvorstellbarer Weise hinhalten ließ und optimistische Berichte nach Versailles schickte. Auf der anderen Seite versuchten Robinson und der Duke of Newcastle, dem Drängen der Kriegspartei unter dem Duke of Cumberland Rechnung zu tragen, indem sie Forderungen stellten, die den Bestand der französischen Kolonie in Nordamerika ernsthaft gefährden mußten. Die französische Reaktion darauf, ausgedrückt in den „Observations sur le Contreprojet des Anglois", gipfelt, bezogen auf das geforderte Recht auf Schiffahrt und Handel im Gebiet der Großen Seen, in der Feststellung, „si le Roy d'Angleterre persistoit dans cette prétention, il pouvoit demander la cession entière du Canada, puisqu'il deviendroit impossible de le conserver dès qu'il seroit libre aux Anglois de s'établir partout et à leur choix dans le centre de cette colonie". Mit dem Hinweis auf die verletzte „dignité de la Couronne" wird eindringlich vor den Folgen des englischen Vorgehens gewarnt: „Il seroit bien triste et bien facheux pour l'humanité et pour toute l'Europe que l'Angleterre reclamat une guerre dont personne ne peut prévoir ni l'étendue ni les suites, pour un interêt, qui doit être regardé nul de sa part..."

Über die Maßnahmen der kurmainzischen Regierung nach dieser ersten Audienz des Herrn v. Berns sind wir durch das von Vorster geführte Protokoll in allen Einzelheiten informiert. Nach der Verabschiedung v. Berns fand sofort eine Beratung zwischen dem Kurfürsten, dem Grafen Stadion und Vorster statt, bei der der Kurfürst „gnädigst" befahl, daß alle ihm ausgehändigten Schriftstücke „in Eil und großem geheim" abgeschrieben werden sollten. Ferner wurde die höchste Verschwiegenheit angeordnet, denn außer den vier Beteiligten dürfte niemand etwas von dieser Angelegenheit erfahren. In einer weiteren Geheimkonferenz am 24. Juni, zu der auch der gerade in Mainz anwesende kurmainzische „Minister residens zu Wien", Gerhard von Bree[21], zuge-

[21] Im Churmainzischen Hof- und Staatskalender auf das Jahr 1755 wird Gerhard von Bree als Hofrat und Minister residens in Wien geführt (83). Er hatte wohl erst kürzlich die Nachfolge von Anton Franz Freiherr von Gudenus angetreten, der noch im Hofkalender für das Jahr 1754 als Botschafter in Wien geführt wird.

zogen wurde, befaßte man sich vor allem mit dem „Mémoire sur l'affaire de l'Election du Roy des Romains". Dazu führte der Kurfürst aus, daß er sich außer Stande sehe, auf die von Frankreich verlangten „Conditiones" einzugehen. Allerdings wolle er den französischen Hof nicht durch eine „bloß abschlägige" Antwort reizen. In einer in „ganz generalen terminis" gehaltenen Antwortnote solle ausgeführt werden, „daß sich der Kurfürst von Mainz in allem an die Reichsgesetze, Constitutiones und sonderheitlich an den buchstäblichen Inhalt des Westfälischen Friedensschlusses zu halten gewohnt sei, auch sich künftig nimmermehr davon entfernen, wohl aber ohne die mindeste Absicht alles beitragen würde, was zur Erhaltung des allgemeinen Reichsfriedens und Einigkeit in dem Reich nur immer ersprießlich sein könnte, folglich zu deren Störung in keiner Weis jemals die Gelegenheit geben würde". Dabei solle man es „an schmeichelhaftester Ausdrückung gegen des französischen Königs Majestät" nicht fehlen lassen, „endlich aber auf die fordersame Bezahlung derer in dem letzten Krieg erlittenen und würklich liquidierten dedommagements" mit Nachdruck hinweisen. Die beiden bereits vorbereiteten Entwürfe für die Antwortnote von Vorster und Stadion wurden anschließend verlesen; nach einigen Änderungen wurde die Version Stadions approbiert. Es ist kennzeichnend, daß in diesem Schreiben nur ganz kurz mit einem floskelhaften Bedauern auf den englisch-französischen Konflikt in Nordamerika eingegangen wird. Nachdem v. Berns den Schriftsatz inoffiziell zur Lektüre erhalten und seine Bemerkungen dazu formuliert hatte, wurden die Schlußredaktion und die Reinschrift durchgeführt. Am 1. Juli wurde Berns zur Abschiedsaudienz empfangen und erhielt neben der kurmainzischen Antwortnote für den französischen Hof auch die von ihm am 20. Juni überreichten Schriftstücke wieder zurück. Dem Wunsch des Kurfürsten, sich „je ehender desto besser nach Paris" zurückzubegeben, konnte Berns allerdings nicht entsprechen, da er sich nach seiner Angabe noch zur Erledigung von Privatgeschäften für einige Tage nach Frankfurt begeben mußte.

In den folgenden Wochen entstanden zwei Entwürfe für ein umfangreiches Promemoria, das zusammen mit einer vom Kurfürsten selbst verfaßten Instruktion, datiert in Aschaffenburg am 30. Juli 1755, dem kurmainzischen Minister am Wiener Hof, Herrn von Bree, zur Besorgung ausgehändigt wurde. In dem Promemoria werden ausführlich die Vorgänge und Beratungen während des Aufenthalts von Berns, die unverbrüchliche, durch keine französischen Verlockungen zu beeinträchtigende Reichs- und Kaisertreue des Mainzer Kurfürsten, aber auch die prekäre Situation des Erzstifts mit der Festung Mainz dargestellt. Es sei die Verpflichtung des kaiserlichen Hofes, der sowieso noch über 400 000 fl. dem Mainzer Kurfürsten schulde, durch die Bereitstellung der nötigen Mittel diesen wichtigen Schlüssel zum Reich vor dem Einfall der Franzosen zu sichern, die innerhalb von zwei Tagen unverhofft vor der Festung erscheinen und diese im Handstreich erobern könnten.

In der Instruktion befahl der Kurfürst seinem Minister ausdrücklich, daß er sich nur an die Minister Kaunitz und Colloredo wenden dürfe, um von diesen „eine gelegene Stunde" auszubitten, zu der er dann nach Gewährung des „äußersten Secretum" vorbehaltlos über die Sendung von Berns berichten und höchstenfalls das Promemoria, nicht aber die Kopien der vom französischen Hof stammenden Schriftstücke aus der Hand geben dürfe. Die kaiserlichen Minister könnten sich Notizen machen, um im Notfall den englischen Hof unterrichten zu können. Zu seinen Beweggründen für diesen diplomatischen Schritt bemerkt der Kurfürst in seiner Instruktion: „Unsere einzige Absicht und systema bestcht darinnen, daß wir durch aufrichtige Vorlegung dieser piècen und alles Vorgangs den kaiserlichen Hof vordersambst unserer kurfürstlichen patriotischen redtlichkeit, so dann unseres vollkommenen Zutrauens gegen beide kaiserliche Majestäten überzeugen, dadurch aber den kaiserlichen Hof, so viel an uns ist, durch Entdeckung derer französischen Absichten in Standt setzen wollen, die gefällige Maßregeln für sich selbsten, so dann die erforderliche für uns in Zeiten zu nehmen". Aus dem Promemoria und der Instruktion geht eindeutig hervor, daß der Kurfürst die Sendung von Berns' an den Mainzer Hof einzig und allein zum Anlaß nahm, von Wien noch ausstehende Kriegsentschädigungen und weitere Gelder für die Verstärkung der Festung Mainz anzufordern, um das Erzstift gegen drohende Kriegsgefahren besser sichern zu können. Ostein verlangte unverblümt, das Erzhaus solle ohne Zweideutigkeit erklären, „auf welche Art und wie man uns in den Stand setzen wolle und könne, damit wir nicht wieder das erste Opfer der gegentheiligen Übermacht sind". Mit keinem Wort wird des französisch-englischen Konflikts in Übersee und der daraus sich möglicherweise für Europa entwickelnden Konsequenzen Erwähnung getan.

* * *

Versuchen wir nun, die hier geschilderte französische Initiative in den politischen Gesamtzusammenhang des Sommers 1755 einzuordnen und ihre Auswirkung zu verfolgen.

Die englisch-französischen Verhandlungen über eine mögliche Beilegung der Grenzstreitigkeiten in Nordamerika konnten erst Ende Januar 1755 beginnen, da der französische Botschafter in London, Duc de Mirepoix, vorher für längere Zeit von seinem Posten abwesend war. Zur Eröffnung des neuen Parlaments im November 1754 hatte Georg II. in seiner Rede versprochen, seinen Untertanen in den nordamerikanischen Kolonien den notwendigen Schutz zukommen zu lassen. Zu diesem Zweck war General Braddock mit einem größeren Truppenkontingent entsandt worden, der am 13. Januar, also noch vor Beginn der Verhandlungen mit Frankreich, die Überfahrt über den Atlantik angetreten hatte. Wie Higonnet überzeugend nachgewiesen hat[22], suchte die englische Regierung die Verhandlungen mit Frankreich durch ihr Beharren auf Maximalforderungen dahin zu treiben, daß es zu einem offenen Bruch und zu der nachfolgenden französischen Kriegserklärung kommen mußte. Dies hätte England in den Augen der europäischen Öffentlichkeit eine wesentlich bessere Position verschafft, als selbst in der Rolle des Angreifers zu erscheinen. In den Kreisen der Politiker rechnete man nach den Zusammenstößen des Jahres 1754 ganz sicher mit dem Ausbruch eines Krieges zur See und in den Kolonien, der auch auf Europa übergreifen könnte. So schrieb z. B. Friedrich II. an seinen Botschafter in Paris, Baron v. Knyphausen, am 10. Februar 1755: „Selon toutes les apparences une guerre par mer sera presque inévitable entre la France et l'Angleterre, vu que l'une et l'autre se sont trop loin avancées qu'on ne puisse plus entrevoir comment ils sauraient reculer. Ce qui est bon encore en ceci, c'est qu'on gagnera au moins le temps d'une année, avant que cette guerre se communiquera à l'Europe[23]." Auch der österreichische Botschafter in London, Graf Colloredo, war von einem unmittelbar bevorstehenden Krieg überzeugt[24]. Bereits vor Übergabe des englischen Contre-projet am 9. März hatte Friedrich II. die englischen Verhandlungspositionen mit den Gesetzen des Siegers verglichen[25] und mit seinem scharfen Blick die englische Verhandlungstaktik durchschaut: „... je crains bien, que ... plus la France fera des propositions pour accommoder les différends, plus la Cour de Londres ne hausse peu à peu ses prétentions ..."[26]. Weitere Beurteilungen der Situation im Frühjahr und Sommer ließen sich leicht zusammentragen.

Wenn wir die französische Position näher beleuchten, so finden wir eine in sich uneinige Regierung, in der nur der Kriegsminister d'Argenson eindeutig für den Krieg plädierte, während der Marineminister Machault sehr wohl um den schlechten Ausrüstungsstand der französischen Flotte wußte. Rouillé, durch den völlig unangebrachten Optimis-

---

22 *Higonnet*, Origins (Anm. 20), 83—89.

23 *Friedrich II.*, Polit. Corr. XI, Nr. 6655, S. 60.

24 So der Bericht Michells an Friedrich II. vom 14. II. 1755. — *Friedrich II.*, Polit. Corr. XI, Nr. 6668, S. 72.

25 Friedrich II. an Knyphausen am 8. III. 1755. „... les préalables des Anglois paraissent plutôt des lois de vainqueur que des conditions pour traiter d'accommodement là dessus". — *Friedrich II.*, Polit. Corr XI, Nr. 6678, S. 78.

26 Friedrich II. an Knyphausen am 8. III. 1755. — *Friedrich II.*, Polit. Corr. XI, Nr. 6700, S. 94 f.

mus des Duc de Mirepoix in London verführt, verlegte sich auf das Aushandeln eines vorläufigen Abkommens mit einem Waffenstillstand bis zu einer gütlichen Beilegung des Konflikts auf dem Verhandlungsweg. Erst als am 15. April das Geschwader Boscawens zur Verfolgung der französischen Canada-Flotte ausgelaufen war, scheint man in Versailles den Ernst der Lage erkannt zu haben, ohne allerdings auch im Besitz von strategischen und politischen Konzeptionen für diesen Ernstfall zu sein. So berichtet Knyphausen am 25. April seinem Herrn, daß Rouillé, dem er weisungsgemäß den Vorschlag eines Einmarsches in Hannover unterbreitet habe, ihn dahingehend beschieden habe, „que, jusqu'au présent, on ne s'était fixé à aucun plan d'operation et qu'avant de déliberer à ce sujet, on voudrait être éclairci sur les véritables desseins de l'Angleterre; que, s'ils étaient véritablement offensifs, il n'était pas douteux qu'il faudrait se disposer à faire des diversions dans les Etats de l'électeur d'Hanovre ..."[27]. Angesichts dieser unentschlossenen Haltung bedurfte es wohl eines persönlichen Eingreifens des Königs, um eine Entscheidung über den Kurs der französischen Politik zu treffen. Dazu ließ Ludwig XV. in bereits wiederholt praktizierter Weise seine Geheimdiplomatie spielen, die oft an allen oder auch nur einzelnen seiner Minister vorbei agierte. Zur Verhütung eines Übergreifens des Konflikts auf Europa wurde mit der Sendung des Herrn von Berns auf einem unauffälligen, aber sicheren Umweg ein diskretes Signal für den Wiener Hof gegeben. Ergänzend ist dazu anzumerken, daß etwa gleichzeitig mit der Mission Berns' der Schotte Douglas, ein nach Frankreich geflüchteter Jakobit, als Geheimagent nach Rußland gesandt wurde, um, als Pelzhändler getarnt, die dortigen Verhältnisse am Hof und vor allem die Stärke der Truppen an der Westgrenze zu erkunden. Neben dem Prince Conti, der die Instruktion für Douglas vom 1. Juni verfaßte, zog der König auch bei dieser Aktion nur noch Rouillé ins Vertrauen[28]. Auch die etwa um diese Zeit von Chevalier de La Touche, dem französischen Botschafter in Berlin, mehrfach unternommenen Versuche, den Allianzvertrag mit Preußen, der am 5. Juni 1756 auslief, vorzeitig zu erneuern[29], dürften diesen diplomatischen Aktivitäten zuzuordnen sein.

Ein wichtiger Grund für dieses plötzliche Tätigwerden der französischen Diplomatie, die so lange laviert hatte, ist darin zu suchen, daß sich König Ludwig XV. durch das brüske englische Vorgehen in der „dignité de Sa Couronne" verletzt fühlte und damit das Ansehen Frank-

---

27 *Friedrich II.*, Polit. Corr. XI, Nr. 6774, S. 143 f.

28 Dazu *Duc de Broglie*, Le Secret du Roi. Correspondance secrète de Louis XV avec ses agents diplomatiques, 1752—1774, T. 1.2, Paris 1878, hier T. 1, 161 ff. Text der Instruktion 445—450. — *Herbert H. Kaplan*, Russia and the Outbreak of the Seven Years' War, Berkeley, Los Angeles 1968, 12—14.

29 So Podewils an Friedrich II. am 2. Juni 1755. — *Friedrich II.*, Polit. Corr. XI, Nr. 6817, S. 170.

reichs in Gefahr sah. Erst kürzlich hat Rudolf Vierhaus mit Nachdruck auf den hohen Stellenwert der Reputation im Ancien Régime hingewiesen: „Für Ludwig XIV., Friedrich II., ja alle Fürsten des sogenannten Absolutismus, war ihre Reputation ein Politikum ersten Ranges, die Gleichsetzung dieser Reputation mit dem Ansehen des Staates nicht Willkür oder Ideologie, sondern Element der Souveränität nach Außen und der Herrschaft im Innern[30].“ Daß zusätzlich die Schwäche des französischen Militärwesens und die nach der fehlgeschlagenen Steuerreform Machaults angespannte innenpolitische Situation eine Konzentration auf die überseeische Auseinandersetzung mit England bei Erhaltung der Neutralität in Europa, wo man sich nur auf den mehr und mehr als unsicher eingeschätzten Verbündeten Preußen stützen konnte, ratsam erscheinen ließen, kann hier nur angedeutet werden.

Eine direkte, wenn auch noch so verklausulierte Hinwendung nach Wien mit dem Ziel, Österreich daran zu hindern, im Gefolge Englands militärisch aktiv zu werden, erschien bei der Delikatesse der Angelegenheit untunlich. Hatte doch Frankreich in den letzten Jahren alle werbenden Annäherungsversuche des kaiserlichen Hofes kühl abgelehnt. Normalerweise konnte die französische Diplomatie zur Förderung ihrer Anliegen im Reich auf den kurpfälzischen Alliierten zurückgreifen, doch Kurfürst Karl Theodor befand sich seit langem wegen althergebrachter Forderungen mit dem Wiener Hof im Streit und war zudem wegen offener Meinungsverschiedenheiten mit Versailles in den ersten Monaten des Jahres 1755 kaum ansprechbar; der französische Botschafter in Mannheim, Baron Zuckmantel, hatte zudem verschiedentlich vor einem bevorstehenden Systemwechsel des pfälzischen Kurfürsten gewarnt[31]. Allerdings wußte man im französischen Außenministerium gerade von den Botschaftern in Mannheim, wie prompt der Mainzer Kurfürst, an dessen unverbrüchlich kaisertreuer Gesinnung niemand einen Zweifel hegte, kurpfälzische Verhandlungsangebote in der seit langem schwebenden Entschädigungssache zwischen Wien und Mannheim, die in einem Junktim mit der Abgabe der kurpfälzischen Stimme bei der römischen Königswahl verknüpft war[32], an den kaiserlichen Hof weitergeleitet hatte. So rückte der Mainzer Kurfürst, Johann Friedrich Karl von Ostein, in den Mittelpunkt der Überlegungen der französischen Diplomatie. Bereits im Jahre 1743 war er, dessen Familie bis zum Ende des 17. Jahrhunderts im Elsaß ansässig gewesen war, von dem ebenfalls aus dem

---

[30] *Rudolf Vierhaus*, Handlungsspielräume. Zur Rekonstruktion historischer Prozesse, in: HZ 237 (1983), 289—309, hier 293.

[31] *Meinhard Olbrich*, Die Politik des Kurfürsten Karl Theodor von der Pfalz zwischen den Kriegen, 1748—1756 (Bonner historische Forschungen 27), Bonn 1966, 232.

[32] Vgl. dazu die umfangreichen Materialien in HHSTA Wien, Reichserzkanzlerarchiv, Fasc. 57.

Elsaß stammenden französischen Unterintendanten Hatsel kurz nach der Schlacht bei Dettingen um eine Friedensvermitttlung angegangen worden. Wie 1755 hatte man von französischer Seite mit der Begleichung ausstehender Kriegsentschädigungen an das Erzstift Mainz gelockt[33]. Aus diesen Gründen wurde der Mainzer Kurfürst als unverdächtige und in ihrem kaisertreuen Eifer sicherlich gut funktionierende Anlaufstelle für die französische diplomatische Initiative auserkoren. Da, und dies ist wiederum bezeichnend für die politische Haltung des Kurfürsten von Ostein, seit 1748 in Mainz kein französischer Botschafter mehr akkreditiert war, bediente man sich des Herrn von Berns, dessen Mission in Versailles analog zu dem Vorgehen von 1743 eingeordnet werden konnte und ihn für diesen Zweck geradezu prädestinierte. Das Gebot höchster Geheimhaltung der Berns anvertrauten Schriftstücke mußte die Angelegenheit in die gewünschte Richtung lenken, zumal man von Berns wußte, daß er als Vertrauter des Kurfürsten sicherlich im Sinne der französischen Diplomatie agieren werde. Prompt hat sich Berns auch nicht an die strengen Anweisungen gehalten und die Schriftstücke sofort an den Kurfürsten ausgehändigt. Es ist nicht mehr nachzuvollziehen, ob Berns für dieses Verhalten die entsprechenden Weisungen in Versailles erhalten hat, oder ob man im französischen Außenministerium stillschweigend mit diesem modus procedendi gerechnet und Recht behalten hat. Auch Kurfürst von Ostein hat seinem Botschafter Bree eingeschärft, die von Berns illegal erhaltenen und heimlich abgeschriebenen Briefschaften nicht den österreichischen Ministern auszuhändigen, weil er durch den Bruch seines kurfürstlichen Wortes, wie er sich in der genannten Instruktion ausdrückt, Sorge um sein Seelenheil haben müsse; doch hat er sicher mit einer stillschweigenden Übergabe an Kaunitz und Colloredo gerechnet.

Die Reaktion der kurmainzischen Regierung auf das französische Ansinnen in puncto römische Königswahl konnte Versailles nicht überraschen. Kurfürst von Ostein scheint allerdings die Tragweite des durch die Übermittlung der genannten Schriftstücke auszulösenden Ereignisses nicht erkannt zu haben. Erst nach dem Bekanntwerden des englischen Angriffs durch Boscawen auf die französischen Schiffe hat er seine Instruktion für seinen Botschafter in Wien verfaßt, wobei er die sich zuspitzende Konfliktsituation einzig und allein für die Kurmainzer Belange ausnutzen wollte. Sein Einblick in die europäischen und vor allem in die überseeischen politischen Zusammenhänge war wohl nur schemenhaft, davon zeugt der Hinweis an Bree, daß die französischen

[33] Dazu *Elisabeth Solf,* Die Reichspolitik des Mainzer Kurfürsten Johann Friedrich Karl von Ostein von seinem Regierungsantritt (1743) bis zum Ausbruch des Siebenjährigen Krieges, Berlin 1936, 27. — *Braubach,* Versailles (Anm. 1), 366 f.

Schriftstücke im Auszug notfalls dem englischen Hof zugänglich gemacht werden könnten. Im Jahr 1743 hatte Ostein den englischen König über das französische Ansinnen auf Friedensvermittlung von sich aus unterrichtet. Eindeutig rangierte der Schutz des Erzstiftes, für den der Kurfürst angesichts der französischen Anträge den kaiserlichen Hof gewinnen zu können glaubte, an erster Stelle der Überlegungen.

Der kurmainzische Minister Gerhard von Bree erschien, dies läßt sich aus der Datierung seiner Instruktion auf den 30. Juli 1755 schließen, so rechtzeitig am kaiserlichen Hof in Wien, daß er vermutlich *nach* dem 16. August, aber auf jeden Fall *vor* dem 19. August, bei Kaunitz vorstellig werden konnte. Hatte doch Kaunitz die zweite Sitzung der Staatskonferenz am 19. August mit der Begründung erbeten, „da(ß) es ein Staatsverbrechen sein würde, wenn in einer so decisiven Angelegenheit das Geringste, was einer besonderen Aufmerksamkeit würdig sei, den kaiserlichen Majestäten vorenthalten würde“[34]. Konnte er doch in Kenntnis der ihm über die kurmainzische Regierung übermittelten französischen Schriftstücke die von ihm in seiner Denkschrift vom 27. Juni erwünschte „deutlichere Sprache“ Frankreichs endlich vernehmen und seine langgehegten Pläne konkretisieren. Die Instruktion für den Grafen Starhemberg vom 21. August mit den weitreichenden Angeboten an Frankreich, in der auch der französisch-englische Konflikt in den nordamerikanischen Kolonien direkt angesprochen wurde, legt davon ein deutliches Zeugnis ab.

Wenn auch noch lange die französisch-österreichische Divergenz Bestand haben sollte, daß Frankreich Frieden auf dem europäischen Kontinent wünschte, um den Streit um die Vorherrschaft auf den Weltmeeren mit England ausfechten zu können, Österreich dagegen das Bündnis mit Frankreich nur deshalb anstrebte, um einen Kontinentalkrieg gegen Preußen entfesseln zu können[35], so war doch das französische Signal für eine Annäherung am kaiserlichen Hof in Wien verstanden und aufgegriffen worden. Der bisher als äußerst abrupt anzusehende diplomatische Schritt Österreichs, vollzogen mit der Sitzung der Staatskonferenz am 19. August 1755, wurde mit großer Wahrscheinlichkeit durch die hier geschilderte französische Initiative ausgelöst.

---

[34] *Beer,* Österreichische Politik (Anm. 8), 321.

[35] *Horn,* Newcastle (Anm. 20), 265.

Bündnispolitik und Mächtesystem

Österreich und der Aufstieg Rußlands im 18. Jahrhundert*

Von Reiner Pommerin, Köln

> „Politische Allianzen werden nur so lange bestehen, als die entscheidenden Interessen aller Betheiligten in ihnen ihre Förderung finden[1]."

Friedensverhandlungen und den aus ihnen resultierenden Verträgen kam im Europa des 18. Jahrhunderts angesichts der häufigen Kriege nicht allein die Aufgabe zu, territoriale Veränderungen festzuschreiben, sondern sie erfaßten auch die Veränderungen innerhalb der europäischen Staatenwelt und bestimmten „ausdrücklich oder stillschweigend die tragenden Elemente der Staatengemeinschaft"[2].

Als ein solcher Friedensschluß ist der im Jahre 1779 den Bayerischen Erbfolgekrieg beendende Friede von Teschen zu betrachten, der „ausdrücklich" ein die europäische Staatenwelt von nun an mittragendes Element — Rußland —bestimmen sollte. Während Artikel XII des Friedensvertrages vom 13. Mai die Erneuerung der zwischen Österreich und Preußen abgeschlossenen Verträge nach den drei Schlesischen Kriegen von 1742, 1745 und 1763 enthielt, wurden in Artikel XVI König Ludwig XVI. von Frankreich und Zarin Katharina II. von Rußland um die Garantie nicht nur des Teschener Vertrages selbst gebeten[3], sondern ausdrücklich alle Traktate und Konventionen einbe-

---

* Dieser Aufsatz, eine überarbeitete Fassung meiner Kölner Antrittsvorlesung vom 16. Januar 1985, ist Dr. *Andreas von Lutterotti*, Kaltern (Südtirol) und seiner Familie in Freundschaft gewidmet.

1 *Gustav Volz/Georg Küntzel* (Hrsg.), Preußische und österreichische Acten zur Vorgeschichte des Siebenjährigen Krieges, Leipzig 1899, LXVII.

2 *Ulrich Scheuner*, Die großen Friedensschlüsse als Grundlagen der europäischen Staatenordnung zwischen 1648 und 1815, in: Festgabe für Max Braubach zum 1. April 1964, hrsg. von Konrad Repgen und Stephan Skalweit, Münster 1964, 220—250, hier 221.

3 An sich besaß das Völkerrechtsdenken der Zeit die Tendenz zum „vermittlerlosen Friedensschluß". Im Fall des Friedens von Teschen verstanden sich Rußland und Frankreich allerdings mehr als die „zum Frieden drängenden und über die Regeln der Convenance und Gleichgewicht Wachenden". Vgl. dazu *Heinz Duchhardt,* Gleichgewicht der Kräfte, Convenance, Europäisches Konzert. Friedenskongresse und Friedensschlüsse vom Zeitalter Ludwigs XIV. bis zum Wiener Kongreß, Darmstadt 1976, 24.

zogen, die — wie der Westfälische Frieden[4] — Bestandteile des Vertrages bildeten.

Mit seiner Einbeziehung in das Vertragswerk hatte Rußland nicht nur äußerlich das neben Frankreich als zweite Macht außerhalb des Reichsverbandes den Westfälischen Frieden garantierende Schweden ersetzt, sondern konnte künftig auch in allen Angelegenheiten des Reiches seine Stimme erheben, besaß somit gleichsam „ein verbrieftes Mitspracherecht im Reich"[5]. Dem neuen russischen Selbstverständnis entsprach daher die Instruktion für den russischen Gesandten beim Reichstag, die dieser 1785 mit auf den Weg nahm und die betonte, es sei der Teschener Friede gewesen, der „den ersten Grund zum russischen Einfluß in Deutschland legte und uns das Recht gab, unmittelbar selber, nicht aber durch einen Dritten an den politischen Händeln Deutschlands Anteil zu nehmen"[6].

Den Anstoß zu dieser Entwicklung hatte Peter der Große gegeben. Nachdem die europäische Szene durch den Erdrutsch des großen Nordischen Krieges von 1700—1721 radikal verwandelt worden war, war Rußland „territoral bis an die Ostsee und einflußpolitisch bis nach Warschau vorgestossen"[7]. Nach Auffassung des russischen Großkanzlers Golovkin hatten die Taten des Zaren „Uns deroselben getreue Unterthanen aus der Finsternis der Unwissenheit, auff den Schauplatz der Ehren, vor der gantzen Welt gestellet, daß Wir so zusagen aus nichts [et]was, und der Gemeinschaft policierter Völker einverleibt worden"[8]. Hatte Peter der Große mit den im Frieden von Nystad Schweden 1721 abgerungenen Positionen für Rußland an der östlichen Nordsee „das

[4] Der Rückgriff auf den Westfälischen Frieden bildete ein Strukturelement aller Friedensschlüsse nach 1648. Vgl. dazu *Duchhardt,* Gleichgewicht der Kräfte (Anm. 3), 80 f.

[5] *Wolfgang Stribrny,* Die Rußlandpolitik Friedrichs des Großen 1746—1786, Würzburg 1966, 114.

[6] Ebd., Anm. 57. — Zum Auftreten des russischen Gesandten vgl. *Karl Otmar Freiherr von Aretin,* Die Mission des Grafen Romanzoff im Reich 1782—1797, in: Deutsche Frage und europäisches Gleichgewicht. Festschrift für Andreas Hillgruber zum 60. Geburtstag, hrsg. von Klaus Hildebrand und Reiner Pommerin, Köln 1985, 15—29. Der Anspruch Rußlands, durch den Frieden von Teschen Garant der Ordnung von 1648 geworden zu sein, unterstrich noch einmal, welche „fast kanonische Bedeutung" dem Westfälischen Frieden als erster Völkerrechtsurkunde Europas zukam. Vgl. dazu *Duchhardt,* Gleichgewicht der Kräfte (Anm. 3), 84.

[7] *Klaus Zernack,* Negative Polenpolitik als Grundlage deutsch-russischer Diplomatie in der Mächtepolitik des 18. Jahrhunderts, in: Rußland und Deutschland. Festschrift für Georg von Rauch, hrsg. von Uwe Liszkowski, Stuttgart 1974, 144—159, hier 147.

[8] Zitiert nach *Klaus Zernack,* Das preußische Königtum und die Polnische Republik im europäischen Mächtesystem des 18. Jahrhunderts (1701—1763), in: JbGMittelOstd 30 (1981) 4—20, hier 11.

Tor zum Weltmeer"[9] und damit ein „Fenster zum Westen"[10] aufgestoßen[11], so gelang es der Zarin Katharina II. keine sechzig Jahre später — um im Bild zu bleiben — mit dem Frieden von Teschen durch die Tür ins europäische Haus einzutreten.

Zeitgenossen wie König Friedrich II. von Preußen oder sein politischer Gegenspieler, der österreichische Staatskanzler Graf Kaunitz, verfügten durchaus über ein feines Gespür für sich anbahnende Veränderungen im europäischen Mächtesystem. Doch selbst für sie stellte der 1721 erstmals augenfällig werdende und sich dann im weiteren Verlauf des 18. Jahrhunderts immer schneller vollziehende Aufstieg Rußlands zu einer europäischen Großmacht eine sie — wie noch zu zeigen sein wird — offensichtlich überraschende Entwicklung dar. Der Bedeutung und dem Stellenwert, die gerade der österreichischen Bündnispolitik mit Rußland für diesen das europäische Mächtesystem so nachhaltig bestimmenden Aufstieg zukamen, soll im folgenden besondere Aufmerksamkeit gelten.

Zunächst muß berücksichtigt werden, daß sich das Augenmerk der europäischen Staatenwelt erst relativ spät, von den Erfolgen Peters des Großen an auf diese östliche Macht richtete, „weil lange Zeit alle westpolitischen Durchbruchsversuche des Moskauer Staats — die es gegeben hat — entweder an Schwedens Militärmacht oder an Polens struktureller Assimilationskraft gescheitert waren"[12]. Lediglich Österreich mußte früher als den übrigen europäischen Mächten an einem Zusammenwirken mit der im Osten aufsteigenden Macht gelegen sein, sah es sich doch seit Beginn der Jahre 1680 mit einem letzten großen Vorstoß der Türken nach Westen konfrontiert, der diese schließlich 1683 bis vor die Tore Wiens führen sollte. Die Türken hinderten aber ihrerseits Zar

---

[9] *Walther Mediger,* Mecklenburg, Rußland und England-Hannover 1706—1721. Ein Beitrag zur Geschichte des Nordischen Krieges, Bd. 1, Hildesheim 1967, 450.

[10] *Manfred Hellmann,* Die Friedensschlüsse von Nystad (1721) und Teschen (1779) als Etappen des Vordringens Rußlands nach Europa, in: HJB 97/98 (1978), 270—288, hier 276.

[11] Zernack, der die epochale Bedeutung des Nordischen Krieges als einen gleichsam ersten europäischen Weltkrieg betont, weist zu Recht darauf hin, daß sich bereits 1721 das System der Pentarchie in Europa abzeichnete und keine der neuen Führungsmächte mehr Politik treiben konnte, ohne die Interessen der anderen Mächte zu berühren. Vgl. dazu *Klaus Zernack,* Das Zeitalter der nordischen Kriege als frühneuzeitliche Geschichtsepoche, in: ZHF 1 (1974), 55—79.

[12] *Zernack,* Das preußische Königtum (Anm. 8), 6. — Die Peter I. vom Stummen Reichstag von Grodno 1716/17 zugestandene militärische Kontrolle des Staatsgebietes der polnischen Republik bildete eine wichtige Voraussetzung für die russische Handlungsfreiheit gegenüber Schweden. Vgl. dazu *Michael G. Müller,* Polen zwischen Preußen und Rußland. Souveränitätskrise und Reformpolitik 1736—1752, Berlin 1983, 9 f.

Peter I., die russischen Expansionsabsichten, die sich auf die Eroberung von Azov richteten, erfolgreich abzuschließen. Ein Zusammengehen Österreichs mit Rußland gegen die Türken lag daher durchaus im Staatsinteresse beider Höfe.

Dem 1684 gegen die Türken zustandekommenden „Heiligen Bund“ zwischen Kaiser Leopold I., König Johann Sobieski von Polen und der Republik Venedig schloß Rußland sich aber erst mit dem im Jahre 1686 mit Polen geschlossenen sogenannten „Ewigen Frieden von Moskau“ an. Erst als der Zar 1695 erneut gegen Azov vorgehen wollte, schien es ihm ratsam, auch ein direktes Bündnis mit dem Kaiser zu suchen. Dieser Auftakt zu weiteren Abmachungen zwischen beiden Staaten, der von Rußland ausgegangen war, begann mit dem Bündnis von 1697, das — unter Einbeziehung Venedigs — mit alleiniger Spitze gegen die Pforte auf drei Jahre abgeschlossen wurde[13]. Dies bedeutete allerdings nicht, daß Rußland und Österreich künftig militärisch koordiniert und gemeinsam gegen die Türken vorgingen. Vielmehr entsprachen den von beiden Staaten keineswegs parallel unternommenen Aktionen — und dies galt natürlich um so mehr für die Zeit nach Ablauf des Bündnisses — auch die von ihnen je nach Erfolg oder Mißerfolg der vorangegangenen Kampfhandlungen mit der Pforte abgeschlossenen Friedensverträge, in denen sie lediglich ihre eigenen Interessen vertraten.

An einem Österreich erneut von Seiten des Zaren angebotenen Bündnis zeigte Kaiser Karl VI. nur noch geringes Interesse, da Prinz Eugen am 5. August 1716 bei Peterwardein einen großen Sieg über die Türken errungen hatte. Hinzu aber kamen vor allem die Bedenken der österreichischen Konferenzminister, die eine vom Fürsten Trautsohn dem Kaiser übergebene Denkschrift verdeutlichte. Hierin brachten sie zum Ausdruck, daß der Zar seinem Bundesgenossen nur zur Last fallen werde, zumal „dessen mehrere nachbarschafft, absonderlich respectu seines in oriente ob rationem religionis habenden groszen anhang gar zu bedenkhlich, er auch unter dem schein einer habenden allianz vill unangenehme demarches absonderlich in Wallachey und Moldau machen, und entlichen bey einer künftigen Türckhischen friedenshandlung selbsten mit seinen angewohnten übermässzigen forderungen schädliche hinternuszen zueziehen dörffte“[14].

---

[13] *F. Martens*, Recueil des traités et conventions conclus par la Russie avec les puissances étrangères publie d'ordre du ministère des affaires étrangères, Bd. I, St. Petersbourg 1874, 1. — Zum österreichischen Zusammenwirken mit Venedig vgl. *Alvise Zorzi*, Venedig. Die Geschichte der Löwenrepublik. Aus dem Italienischen von Sylvia Höfer, Düsseldorf 1985, 479 ff.

[14] Zitiert nach *Hans Uebersberger*, Rußlands Orientpolitik in den letzten zwei Jahrhunderten, Bd. 1: Bis zum Frieden von Jassy, Stuttgart 1913, 122. — Zur Frage einer militärischen Hilfe Österreichs gegen die Pforte durch Ruß-

Tatsächlich barg ein gemeinsames Vorgehen Rußlands und Österreichs gegen die Pforte die Gefahr, daß dadurch die Harmonie zwischen beiden Staaten in der Zukunft Schaden leiden konnte. Je mehr der europäische Herrschaftsraum der Pforte zusammenschmolz, um so größer wurde die Wahrscheinlichkeit, daß die Expansionsrichtung beider Staaten sich auf das sie vormals wie ein Schlauch geographisch trennende osmanische Gebiet richtete. Diese Gefahr wuchs in dem Maße, in dem Expansionsmöglichkeiten in anderen Räumen, z. B. für Rußland nach Westen, blockiert wurden.

In der Folgezeit aber belastete die Flucht des russischen Thronfolgers nach Wien und seine erzwungene Rückkehr nach Rußland die beiderseitigen Beziehungen weitaus stärker als das zurückgewiesene Bündnisangebot. Nach dem Frieden von Nystad brach der direkte Verkehr zwischen beiden Höfen für längere Zeit sogar völlig ab, weil Karl VI. sich weigerte, den Kaisertitel anzuerkennen, den sich 1721 Peter der Große zugelegt hatte[15]. Ein Bericht des schwedischen Gesandten aus dem Jahre 1725, als nach dem Tod Peters jetzt seine Gemahlin Katharina I. regierte, bemerkte dazu, „daß die gedachte jalousie hier so weit gehet, daß, wenn auch der Türck vor Belgrad und der Frantzos vor Philippsburg stünde, man ehender alle extrema erwarthen als der Czarin assistence verlangen würde“[16], falls diese dafür die Anerkennung des Kaisertitels erwarte.

Neben die gemeinsame Interessenbindung beider Höfe durch die Pforte im Osten Europas trat aber mehr und mehr als Axiom ihrer Außenpolitik die bei Österreich seit langem vorhandene und bei Ruß-

land vgl. *Maren Köster*, Russische Truppen für Prinz Eugen. Politik mit militärischen Mitteln im frühen 18. Jahrhundert, Wien 1986.

[15] Schon 1687 hatte Peter I. von Leopold I. die Anerkennung des Kaisertitels verlangt. England benutzte vor Peters Machtzuwachs den Titel „Emperor of all Russia“, änderte dies aber nach dem neuen europäischen Geltungsanspruch des Zaren und gebrauchte bis 1742 wieder den Titel „Great Lord Czar and Great Duke“. Preußen anerkannte den russischen Kaisertitel 1722, die Pforte 1741, Österreich 1742, Frankreich 1744 und Spanien 1745. Vgl. dazu *Emmerich Lukinich*, Der Kaisertitel Peters des Großen und der Wiener Hof, in: JbbKultGSlav NF 5 (1929), 369—380; *Heinrich Doerries*, Rußlands Eindringen in Europa in der Epoche Peters des Großen. Studien zur zeitgenössischen Publizistik und Staatenkunde, Königsberg, 1939, 145; *Karl-Heinz Ruffmann*, England und der russische Zaren- und Kaisertitel, in: JbbGOsteur NF 3 (1955), 217—224; *Klaus Meyer*, Kaiserliche Großmächtigkeit. Titulaturfragen bei Verhandlungen zwischen Kaiser und Zar 1661/62, in: ZsOstforsch 12 (1963), 1—10; *Aristide Fenster*, Rußland im System der europäischen Mächte, in: Handbuch der Geschichte Rußlands, Bd. 2: Vom Randstaat zur Hegemonialmacht, hrsg. von Klaus Zernack, Lieferung 5, Stuttgart 1984, 349—362, hier 352 f.

[16] Zitiert nach *Walter Leitsch*, Der Wandel in der österreichischen Rußlandpolitik in den Jahren 1724—1726, in: JbbGOsteur NF 6 (1958), 33—91, hier 74.

land neu entstehende antifranzösische Haltung. Zunächst hatte Rußland in der politischen Konzeption Frankreichs, die seit Richelieu mit Hilfe einer aus Schweden, Polen und der Pforte bestehenden „barriere de l'est" Habsburg im Rücken einzuschnüren versuchte[17], keine Rolle gespielt. Erst die Ergebnisse des Nordischen Krieges änderten die Einschätzung Rußlands, und es erfolgte der französische Versuch, die neue Macht im Osten in die alte Barrierepolitik einzubeziehen. Die expansiven Tendenzen Rußlands im Interessenbereich des Osmanischen Reiches, „des ältesten und wertvollsten Bundesgenossen, den Frankreich besaß", und die damit einhergehende Möglichkeit der Gefährdung des für Frankreich so bedeutsamen Levantehandels schlossen aber ein dauerhaftes französisch-russisches Zusammengehen aus. Künftig fiel aus französischer Sicht Schweden und vor allem Polen die Aufgabe zu, in eventueller Zusammenarbeit mit der Pforte „den Moskowiters alle Tore zu versperren, damit sie nichts mehr gegen die Außenwelt unternehmen" konnten[18].

Die damit für Frankreich einhergehende Notwendigkeit der Stützung Schwedens und vor allem Polens, das für Rußland in der Tat das Vorfeld nach Westeuropa bildete, mußte Rußland gleichsam automatisch an die Seite des französischen Gegners Österreich führen. Doch zunächst näherte sich Zarin Katharina I. dem Haus Habsburg nur der „Türken wegen"[19]. Die den Kaiser beratenden Beamten hatten zwar — zumindest bis zum Tod Peters des Großen — keine Veranlassung gesehen, erneut mit Rußland ein Bündnis gegen die Pforte zu schließen, schlugen aber doch vor — und sei es auch nur mit Hilfe eines unverfänglichen Traktats —, „den Czar mit seiner dermahligen Macht wegen des künftigen unß bey mithin von anderen abzuhalten"[20], oder — wie es an anderer Stelle hieß — „temporis praesentis den Czar nit ausserseits zu setzen, sed dilatorie agendum donec eventus orientalium rerum appareat"[21].

Neben dem möglichen gemeinsamen Vorgehen gegen die Pforte zogen die kaiserlichen Räte hier also erstmals ein Hineinziehen der Macht Rußlands in ihr gegen Frankreich gerichtetes Bündnissystem ins Kalkül oder wollten doch zumindest Rußland nicht an die potentiellen Gegner verlieren. So waren es mehr die Veränderungen im

---

[17] *Walter Mediger*, Moskaus Weg nach Europa. Der Aufstieg Rußlands zum europäischen Machtstaat im Zeitalter Friedrichs des Großen, Braunschweig 1952, 73.

[18] Ebd., 79.

[19] Ebd., 81.

[20] Zitiert nach *Leitsch*, Der Wandel der österreichischen Rußlandpolitik (Anm. 16), 48.

[21] Ebd., Anm. 31.

europäischen Bündnissystem — die Verträge von Wien hatten 1725 zur Allianz von Herrenhausen zwischen England, Preußen und Frankreich geführt — als die Angst vor der Türkengefahr, die es endlich dem Kaiser geraten erscheinen ließen, die nordischen Mächte Schweden und Rußland an sich zu ziehen. Im April 1726 trat Österreich zunächst der im Vorjahr abgeschlossenen russisch-schwedischen Allianz bei, damit Österreich Schweden „wenigst von der accession der Hanoverischen allianz ab- und zurugghallte". Letzteres hoffte man durch das Mittel zu erhalten, „wan nemblich E[ure] K[aiserliche] M[ajestät] zu den Niestättischen Frieden, zu welchem Sie von Schweden bereits eingeladen seind, zu accedieren sich erkläreten und dieses durch ihre graffen der Czaarin declariren lasset"[22].

Aus russischer Sicht mußte die erste Anerkennung des neuen Besitzes an der Ostsee durch eine europäische Großmacht von allergrößtem Nutzen sein. Ziel dieser Allianz aus österreichischer Sicht aber war, wie Starhemberg ausgeführt hatte, „daß die Czarin dadurch von der durch Frankreich und England antringende alliance ab- und diesseits gewiß beybehalten werde"[23]. Mit dem am 6. August 1726 zwischen dem Kaiser und der Zarin beschlossenen Bündnis wollte der Kaiser also nicht die Probleme im nördlichen Teil Europas lösen, „sondern seinen neuen östlichen Partner als Bundesgenossen in die westliche Interessensphäre hineinziehen"[24].

Es war auch die Politik Österreichs, die im Polnischen Thronfolgekrieg 1733—1735, in dem Rußland und Österreich gemäß ihrer im Vertrag von Warschau ausgehandelten Politik[25] den Kurfürsten Friedrich August von Sachsen, Frankreich, Spanien und Sardinien hingegen Stanislaus Leszczynski unterstützten, zur Entsendung eines russischen Hilfskorps in den Westen Europas führte. Damit hatte sich Karl VI. nach Meinung des preußischen Kronprinzen Friedrich gegen Artikel VI. seiner Wahlkapitulation vergangen, „indem er gegen die Grundgesetze des Reiches Hilfstruppen fremder Mächte nach Deutschland gerufen hat, da ihm die russische Kaiserin ein Corps von 10 000 Mann an den Rhein sandte"[26].

[22] Ebd., 86.

[23] Ebd., 90 f.

[24] Ebd., 91. — Zum Text des Bündnisses vgl. *Martens* (Anm. 13), 32.

[25] *Martens* (Anm. 13), 63.

[26] Betrachtungen über den gegenwärtigen politischen Zustand Europas (1738), in: Die Werke Friedrichs des Großen, Bd. 1, hrsg. von *Gustav Berthold Volz*, Berlin 1913, 232. — Freilich hatte der Marsch dieses Hilfscorps an den Rhein lediglich psychologische Wirkung. Vgl. dazu *Günther Stökl*, Russische Geschichte. Von den Anfängen bis zur Gegenwart, 3. erweiterte Auflage, Stuttgart 1973, 347.

Das Rußland und Österreich gemeinsame, doppelte Ziel, Frankreichs Einfluß in Polen niedrig und die polnische Republik kraftlos zu halten[27], wobei allerdings die inneren Verhältnisse in der polnischen Republik den Interessen der beiden Mächte Vorschub leisteten, hatte — unter Hinzuziehung Preußens — zur ersten militärischen Kooperation zwischen beiden Mächten in westlicher Richtung geführt und mußte, bei Fortführung einer entsprechenden französischen Polenpolitik, Garant für ein Allianzdenken zwischen Österreich und Rußland werden.

1735 wandte sich Rußland in einem Krieg gegen die Pforte wieder dem östlichen Raum Europas zu. Der österreichische Bündnispartner vermochte sich erst nach einigem Zögern 1737 zum Kriegsbeitritt zu entschließen. Im Gegensatz zum vorhergegangenen Konflikt im westlichen Teil Europas endete dieser Türkenkrieg für beide Bündnispartner jedoch höchst unbefriedigend. Er belastete das beiderseitige Verhältnis zudem noch durch die für Rußland überraschende militärische Schwäche und den Abschluß eines nicht vertragsgemäßen Sonderfriedens Österreichs mit den Osmanen 1739, der Rußland um die im Krieg gemachten Gewinne brachte[28]. Hatte das österreichisch-russische Verhältnis durch diese Ereignisse im osteuropäischen Raum gelitten, so sollte es im westlichen Interessenbereich beider Staaten durch Preußen wieder verbessert werden.

Als Friedrich II. von Preußen im Dezember 1740 die trotz des Systems der kaiserlichen Politik zwecks Anerkennung der Pragmatischen Sanktion von 1713 an nach dem Tod Karls VI. entstandene unsichere Situation in Europa als „conjoncture favorable“ zu einem Einmarsch in das habsburgische Schlesien nutzte[29], konnte Österreich zunächst nicht auf direkte Hilfe von russischer Seite hoffen, da sich Rußland noch nach Ausbruch des Krieges mit Preußen zu einer Defensivallianz verbunden hatte.

Hierin lag aus russischer Sicht durchaus keine antihabsburgische Tendenz, da der Erste Minister Rußlands, Feldmarschall Münch, glaubte, daß die Allianzverpflichtung gegenüber Österreich, die sich dem Buchstaben nach auf die Pforte bezog, durch den Vertrag mit Preußen

---

[27] *Müller,* Polen zwischen Preussen und Russland (Anm. 12), 41 f.

[28] *Mediger,* Moskaus Weg nach Europa (Anm. 17), 164.

[29] Zu dieser Entscheidung bewogen den König auch die Vorgänge im Spanischen Erbfolgekrieg und im Nordischen Krieg. Vgl. dazu *Peter Baumgart,* Epochen der preußischen Monarchie im 18. Jahrhundert, in: ZHF 6 (1979), 287—316, hier 296; *Theodor Schieder,* Macht und Recht. Der Ursprung der Eroberung Schlesiens durch König Friedrich II. von Preußen, in: Hamburger Jahrbuch für Wirtschafts- und Gesellschaftspolitik 24 (1979), 235—251.

nicht berührt und russische „Vorstellungen gegenüber dem preußischen König dahin wirken würden, diesen von so weitreichenden Vorsätzen abzubringen“[30]. Rußland beabsichtigte also keineswegs eine Rückendeckung Preußens, wie sie der preußische König im Prinzip aber dennoch erhielt. Gerüchte über eine schwedische Aktion unter Einbeziehung Preußens, auf Betreiben Frankreichs hatte Schweden gerade ein Bündnis mit der Pforte abgeschlossen, zur Rückgewinnung der im Nordischen Krieg an Rußland verlorengegangenen Gebiete, hatten es vielmehr ratsam erscheinen lassen, sich Preußen seit Mitte 1740 mit einem Allianzvorhaben zu nähern: „afin de s'opposer à l'agrandissement de la Suède et de tenir en bride les Polonais, dont l'esprit [est] turbulent et inquiet...“[31].

In dieses Vorhaben willigte Friedrich II. aufgrund seiner Absichten hocherfreut ein[32]. Da aber weiterhin die Gefahr bestand, daß sich Rußland über Lippenbekenntnisse zur Pragmatischen Sanktion hinaus doch noch zu einer Interventionspolitk entschloß, ging der preußische König im Juni 1741 ein Bündnis mit Frankreich ein, das in Rußland die schlimmsten Befürchtungen wachrufen mußte, zumal sich Sachsen der antipragmatischen Allianz anschloß[33]. Der Abschluß der Allianz mit Preußen zeigte seine Berechtigung, als Schweden einen von Friedrich II. erhofften Krieg gegen Rußland begann und damit die Frage einer militärischen Intervention Rußlands zugunsten Österreichs zunächst einmal gegenstandslos machte. Im März 1743 mußte Zarin Elisabeth sich zu einer Erneuerung der Allianz mit Preußen entschließen, um den französischen Plan zur Schaffung einer großen Liga zur Unterstützung Schwedens, die Dänemark[34], die Pforte sowie auch Preußen umfassen sollte[35], weiterhin zu vereiteln.

---

[30] Zitiert nach *Müller*, Polen zwischen Preußen und Rußland (Anm. 12), 50. — Zur englischen Politik vgl. *Richard Lodge*, The First Anglo-Russian Treaty 1739—1742, in: EHR 43 (1928), 354—375.

[31] Ebd., 47.

[32] An eine Allianz mit Rußland hatte Friedrich II. schon als Kronprinz am 1. November 1737 gedacht, als er Grumkow empfahl, zwischen Rußland und Österreich Zwietracht zu säen, um auf diese Weise selbst zu einer Allianz mit Rußland und eventuell auch mit Sachsen zu gelangen und dann, unter Hinzuziehung Hollands, Dänemarks und Schwedens, gegenüber den Großmächten Frankreich und Österreich offensiver auftreten zu können. Vgl. dazu *Friedrich Meinecke*, Des Kronprinzen Friedrich Considérations sur l'état présent du corps politique de l'Europe, in: HZ 117 (1917), 42—73, hier 63.

[33] Freilich bestand auch ein russisch-sächsisches Abkommen, in dem beide Staaten den Bruch der Pragmatischen Sanktion für den Fall vorsahen, daß auch andere Staaten Ansprüche auf das österreichische Erbe erhoben. Vgl. dazu *Hans Branig*, Preußen und Rußland während des Ersten Schlesischen Krieges, Phil. Diss. Greifswald 1930, 14.

[34] Dänemark hatte sich den Gegnern Rußlands in dem Moment genähert, in dem die Zarin Elisabeth ihren Neffen, den Sohn ihrer Schwester Anna und deren Gatten, Karl-Friedrich von Holstein-Gottorp, den jungen Herzog

Zweck seiner neuen Verbindung mit der Zarin, so schrieb der preußische König, sei es, sowohl „mich ihres Beistandes zu versichern, als zu verhindern, daß sie nicht meinen Feinden beistehe"[36]. Allerdings enthielt der Vertrag zunächst keine russische Garantie für den neuen schlesischen Besitz Preußens, diese Garantie wurde im November 1743 nachgereicht. So schien das Einvernehmen zwischen dem preußischen und dem russischen Hof aus österreichischer Sicht groß zu sein, zumal Großfürst Peter, Enkel und erklärter Thronfolger Elisabeths, auf Anraten des preußischen Königs die Ehe mit Sophie Auguste von Anhalt-Zerbst, der späteren Katharina II., schloß und eine angebliche Verwicklung des österreichischen Gesandten Botta d'Adorno in eine gegen die Zarin gerichtete Verschwörung die Sympathien für den österreichischen Hof weiter abschwächte. Doch signalisierten die beiden Vertragsabschlüsse Rußlands mit Preußen keineswegs, daß Rußland die Vergrößerung Preußens um Schlesien begrüßt hätte. An einer Schwächung des verbündeten Österreich war es schon wegen dessen Bedeutung in einem — angesichts des schwedisch-türkischen Bündnisses durchaus realistisch scheinenden — eventuellen Krieg gegen die Pforte nicht interessiert und wollte — so die Zarin — „eine Demembrierung obgesagter Erblande weder mit gleichgültigen Augen anschauen, noch gestatten"[37]. Zu einem direkten Eingreifen zugunsten Österreichs vermochte sie sich lange Zeit jedoch auch nicht zu entschließen. Nur sehr langsam gelang es dem russischen Vizekanzler Bestužev, ab 1744 Großkanzler, seine Besorgnisse über Preußen und dessen in Zukunft zu erwartende Expansionsabsichten auf Elisabeth zu übertragen.

Sein Amtsvorgänger Ostermann hatte Preußen während der Regierungszeit Friedrich Wilhelms I. noch gering eingeschätzt: „Den König von Preußen müssen wir bei uns festzuhalten suchen; denn wenn auch nicht viel Hilfe von ihm zu erwarten ist, so kann er mit Rücksicht auf die anderen Nachbarn doch von Nutzen sein[38]." In dieser Aussage of-

---

Peter von Holstein-Gottorp, als ihren künftigen Nachfolger nach Moskau hatte rufen lassen. Damit mußte Dänemark künftig befürchten, daß der Herzog, erst einmal in Rußland an die Macht gekommen, die Teile Schleswigs, die es sich widerrechtlich angeeignet hatte, mit größerer Aussicht auf Erfolg zurückverlangen werde. Vgl. dazu *Eckhard Hübner*, Staatspolitik und Familieninteresse. Die gottorfische Frage in der russischen Außenpolitik 1741—1773, Neumünster 1984, 43 f.

[35] *Paul Karge*, Die russisch-österreichische Allianz von 1747 und ihre Vorgeschichte, Göttingen 1786, 12.

[36] Zitiert nach *Branig*, Preußen und Rußland (Anm. 33), 11.

[37] Ebd., 27 f. — Zur englischen Politik vgl. *Richard Lodge*, Russia and Great Britain 1742—1744, in: EHR 45 (1930), 579—611.

[38] Zitiert nach *Mediger*, Moskaus Weg nach Europa (Anm. 17), 106. — Zum außenpolitischen System Ostermanns vgl. *Michael G. Müller*, Das Petrinische Erbe. Russische Großmachtpolitik bis 1762, in: Handbuch der Geschichte Rußlands, Bd. 2 (Anm. 15), Lieferung 6, Stuttgart 1985, 402—444, hier 417 f.

fenbarte sich der Wunsch Rußlands, den status quo in Mitteleuropa unter Erhalt der Machtlosigkeit der polnischen Republik zu erhalten, die in der Form der „Allianz der drei Schwarzen Adler“ ihren Niederschlag gefunden hatte[39].

Friedrichs Überfall auf Schlesien hatte diesen status quo radikal verändert[40]. Jetzt stand aus russischer Sicht im mitteleuropäischen Raum eine nach innen und außen straff organisierte Macht, die sich eventuell für gegen Rußland gerichtete Allianzen anbot und russischen Expansionswünschen nach Westen ein gänzlich anderes Kräftepotential entgegenstellen konnte als bisher die Republik Polen. Bestuževs politische Absicht ging folglich dahin, „das alte und wahre System Europas“ wiederherzustellen[41]. In seinen Denkschriften für die Zarin erkannte er: „Je mehr die Macht des Königs von Preußen wächst, desto größer die Gefahr für uns wird und daß wir nicht voraussehen können, was von Seiten eines derartig mächtigen, leichtsinnigen und unbeständigen Nachbarn einem so großen Reiche widerfahren kann[42].“ „Dieser König ist als nächster und mächtigster Nachbar unseres Reiches natürlich auch der Gefährlichste“[43], meine Bestužev im August 1744[44]. Der preußische König könne nämlich von drei Seiten, von Preußen, von Schweden, wo seine Schwester Luise Ulrike soeben den Thronfolger geheiratet hatte, und von der Pforte aus gegen Rußland vorgehen bzw. vorgehen lassen[45]. Die Hauptangst, die hinter allen russischen Befürchtungen vor dem so plötzlich erstarkten Nachbarn Preußen stand, charakterisierte eine Bemerkung des Vizekanzlers Voroncov, der ein Erstarken der Könige von Preußen, Spanien und Frankreich sowie eventuell des Kaisers und einiger deutscher Klein-

---

[39] *Müller*, Polen zwischen Preußen und Rußland (Anm. 12), 40 f.

[40] Zur Bedeutung der Eroberung Schlesiens durch Preußen für das Mächtesystem vgl. *Peter Rassow*, Die Angliederung Schlesiens an Preußen 1740 in ihrer Bedeutung für das System der Großen Mächte, in: Osteuropa und der Deutsche Osten, Heft 1, Beiträge zur Ostdeutschen Kultur- und Geistesgeschichte, Köln 1953, 12—20.

[41] Zitiert nach *Karge*, Die russisch-österreichische Allianz (Anm. 35), 102.

[42] Ebd., 104.

[43] Ebd., 102.

[44] Die sowjetische Geschichtsschreibung unterstellt Friedrich II., er habe ganz Polen und das baltische Gebiet annektieren wollen. Diese Absicht aber sei durch die russischen Siege im Siebenjährigen Krieg verhindert worden. Insgesamt sei Preußen eine Gefahr für Rußland gewesen. Die russische Staatsführung habe daher allen Grund gehabt, „den preußischen König für ihren gefährlichsten Gegner zu halten“. *Horst Jablonowski*, Der preußische Absolutismus in sowjetischer Sicht, in: Festschrift Braubach (Anm. 2), 565—580, hier 577.

[45] Vgl. dazu auch den Bericht von Michail Bestužev, dem Bruder des Kanzlers, aus Grodno vom Oktober 1744, in: *Müller*, Polen zwischen Preußen und Rußland (Anm. 12), 58, Anm. 43.

staaten nach Beendigung des österreichischen Erbfolgekrieges vorausahnte. Alle diese Staaten blickten mit Neid auf die Macht Rußlands und trachteten danach, „daß sie dieselbe in ihre früheren Grenzen zurückdrängen und daß Rußland in Europa oder sonstwo nicht mehr solche Macht habe und hindernd auftreten könne“[46].

Um Preußen zu schwächen, bis es „wieder auf den Zustand reduziert sei, indem es einen von Rußland abhängigen Hof“ darstellte[47], sah Bestužev die Verteilung preußischer Gebiete an die Nachbarstaaten vor. So sollte Österreich Schlesien zurückerhalten, Ostpreußen an Polen fallen und Rußland dafür von Polen die Smolensk und Pskow vorgelagerten Gebiete erhalten[48]. Während er aber noch die Meinung vertrat, „daß Preußen vernichtet werden müsse“[49], gelang es Friedrich II., der Zarin Ende 1744 mit einer Bitte um Friedensvermittlung zu schmeicheln. Nach der Lektüre dieser Bitte des preußischen Königs äußerte sie die Auffassung, sie wünsche nicht, daß dieser „vollständig zu Boden getreten werde“[50].

Als aber Bestužev der Zarin von einem Friedensvermittlungsangebot der Pforte und dem angeblichen Ausspruch Friedrichs, die Vermittlung eines Türken sei ihm ebenso wertvoll wie die eines Griechen[51], berichtet hatte, lehnte sie die Friedensvermittlung ab. Schließlich führte die Kriegserklärung Preußens an Sachsen am 25. August 1745 im Zweiten Schlesischen Krieg zum Entschluß der Zarin, zugunsten ihres sächsischen Allianzpartners einzugreifen; nachdem sie zuvor der am 8. Januar 1745 in Warschau abgeschlossenen Allianz zwischen Sachsen, den Seemächten und Österreich nicht beigetreten war. Doch führten Friedrichs Siege bei Hohenfriedberg und Soor schon am 25. Dezember 1745 zum Frieden von Dresden, noch bevor russische Mobilmachungsmaßnahmen überhaupt greifen konnten. Doch war damit der generelle Schritt in Richtung einer Unterstützung der Gegner Preußens getan.

Im übrigen wurde der österreichische Hof nicht müde, dem russischen Vertreter in Wien aus verständlichen Gründen beständig die angebliche preußische Eroberungslust vor Augen zu führen, die sich

---

[46] Zitiert nach *Karge*, Die russisch-österreichische Allianz (Anm. 35), 110.

[47] *Mediger*, Moskaus Weg nach Europa (Anm. 17), 258 f.

[48] Ebd., 259.

[49] *Dieter Ernst Bangert*, Die russisch-österreichische militärische Zusammenarbeit im Siebenjährigen Krieg in den Jahren 1758—1759, Boppard 1971, 20.

[50] Zitiert nach *Mediger*, Rußlands Weg nach Europa (Anm. 17), 275.

[51] Ebd., 276, und *Karge*, Die russisch-österreichische Allianz (Anm. 35), 52 f.

auf das polnische Preußen, Kurland und gar ganz Livland richten solle[52]. Im Januar 1746 stellte die Zarin noch ganz unter dem Eindruck des Friedens von Dresden an ihre Staatskonferenz die Frage: „Welche Maßregeln sind bei dem gegenwärtigen Machtzuwachs des Königs von Preußen am besten und möglichstens zu ergreifen, um einen plötzlichen Angriff von seiner Seite auf Rußland abzuwenden oder erforderlichenfalls demselben zuvorzukommen[53].“ Die Konferenzteilnehmer sprachen sich eindeutig für eine Wehrhaftmachung und enge Allianz mit Österreich aus, und Elisabeth gab Weisung zu Bündnissen mit Österreich und Dänemark, die am 2. und 20. Juni 1746 unterzeichnet wurden.

Auf den ersten Blick schien der russisch-österreichische Vertrag nur die Neuauflage des Abkommens von 1726; denn erneut richtete sich die Spitze gegen die Pforte. In einem Geheimartikel aber versprachen beide Staaten, sich im Falle eines preußischen Angriffs beizustehen. Während Österreich am Ende eines solchen Krieges das verlorengegangene Territorium zurückerhalten sollte, beanspruchte Rußland — anders als ursprünglich von Bestužev erwünscht — keinerlei Landgewinn[54].

Die russische Kriegsbereitschaft suchte der Großkanzler mit Hilfe großzügiger englischer Subsidien zu erhalten. So stand für eineinhalb Jahre ein russisches Observationskorps an der livländischen Grenze, um Preußen die Unterstützung Frankreichs im noch andauernden Österreichischen Erbfolgekrieg zu erschweren. Englische Subsidien waren es dann auch, die im Februar 1748 zum zweiten Male ein russisches Hilfskorps in den Westen Europas führten. Diesmal gelangten die von General Repnin kommandierten Truppen über Warschau, Krakau und Bielitz bis nach Nürnberg, wobei die englische Weigerung, den gegen Preußen gerichteten Geheimartikel der beiderseitigen Konvention vom Dezember 1747 zu ratifizieren, fast zum Rückzug der bereits auf dem Marsch befindlichen russischen Truppen durch den St. Petersburger Hof führte[55]. Kam das russische Hilfskorps auch nicht mehr zum Einsatz, so trug es doch indirekt zu einer Stärkung der englischen Verhandlungsposition gegenüber Frankreich bei. Dennoch zeigte England keinerlei Interesse, die von der Zarin geforderte Einbeziehung Rußlands in die Aachener Friedensverhandlungen und

---

[52] Ebd., 48.

[53] Ebd., 75.

[54] *Mediger,* Moskaus Weg nach Europa (Anm. 17), 294.

[55] Vgl. dazu *Eva Mahrer,* Die englisch-russischen Beziehungen während des Österreichischen Erbfolgekrieges. Phil. Diss., Wien 1972, 101; *Emanuela Weigand,* Die englisch-österreichischen Beziehungen im Österreichischen Erbfolgekrieg, Phil. Diss., Wien 1953, 10.

den Friedensvertrag selbst zu unterstützen[56]. Immerhin brachte der Friede von Aachen Preußen am 18. Oktober 1748 die Garantie des Besitzes von Schlesien und der Grafschaft Glatz.

Ende 1748 entstand bei Bestužev der Plan, den Schwager Friedrichs II. in Schweden, den Kronprinzen Adolf Friedrich von Holstein-Gottorp, von der Thronfolge auszuschließen und als neuen Kandidaten den Schwiegersohn Georgs II. von England, Prinz Friedrich von Hessen, zu favorisieren. In diesem Fall hätte Preußen, gemäß des preußisch-schwedischen Vertrages von 1747, dem schwedischen Vertragspartner mit allen Kräften zu Hilfe kommen müssen. Dies wußte der russische Großkanzler sehr wohl, als er seinen Plan im Frühjahr 1749 dem verbündeten England, Dänemark, Sachsen und vor allem Österreich vorlegen ließ, dessen Eingreifen im Falle eines Krieges durch die Petersburger Allianz von 1746 gesichert schien. Aber nicht nur der dänische Partner zögerte, auf das Angebot einzugehen; „das wiedererstarkte Schweden durch ein gemeinsames Vorgehen niederzuhalten“[57], auch der englische Partner erhob Bedenken.

Die energischste Ablehnung der Absichten des russischen Großkanzlers aber fand sich auf der Seite des österreichischen Bündnispartners[58]. Dessen Bedenken formulierte am deutlichsten Wenzel Anton von Kaunitz, Architekt der bevorstehenden diplomatischen Revolution von 1756[59], der von 1753 bis 1792 als Hof- und Staatskanzler die auswärtige Politik Österreichs entscheidend prägen sollte[60]. In den diplomatischen Dienst war Kaunitz 1742 als österreichischer Botschafter am sardinischen Hof in Turin eingetreten. Nach einem Zwischenspiel als Oberhofmeister am Hofe der Schwester der Kaiserin, Maria Anna, in

[56] *Mahrer,* Die englisch-russischen Beziehungen (Anm. 55), 103. — Aber auch von französischer Seite hieß es: „If the mercenary powers are admitted to this peace, France will not conclude it“ (*Lawrence Jay Oliva,* Missalliance. A study of French policy in Russia during the Seven Years' War, New York 1964, 5). Zu den Friedensverhandlungen aus österreichischer Sicht vgl. *Adolf Beer,* Zur Geschichte des Friedens von Aachen 1748, in: AÖG 47 (1871), 1—195.

[57] *Hübner,* Staatspolitik und Familieninteresse (Anm. 34), 79.

[58] Mediger betont die Einwände von englischer Seite, läßt aber den österreichischen Bedenken kaum Raum. Vgl. dazu *Mediger,* Moskaus Weg nach Europa (Anm. 17), 311.

[59] *William J. McGill,* The Roots of Policy: Kaunitz in Italy and in the Netherlands, 1742—1746, in: CEH 1 (1968), 131—149.

[60] Zu Kaunitz vgl. *Alfred von Arneth,* Biographie des Fürsten Kaunitz, in: AÖG 88/I (1899), 5—201; *Georg Küntzel,* Fürst Kaunitz-Rittberg als Staatsmann, Frankfurt am Main 1923; *Alexander Novotny,* Staatskanzler Fürst Kaunitz (1711—1794), in: *Hugo Hantsch* (Hrsg.), Gestalter der Geschichte Österreichs, Innsbruck, München 1962, 253—261; *Grete Klingenstein,* Der Aufstieg des Hauses Kaunitz. Studien zur Herkunft und Bildung des Staatskanzlers Wenzel Anton, Göttingen 1975; *Tibor Simanyi,* Kaunitz. Staatskanzler Maria Theresias oder die diplomatische Revolution, Wien, München 1984.

den österreichischen Niederlanden in Brüssel, hatte er die Interessen Österreichs beim Friedenskongreß in Aachen 1748 vertreten[61]. Im März 1749 verfaßten die sechs Mitglieder der „Geheimen Conferenz", dem obersten Rat der Kaiserin, zu dem Kaunitz soeben hinzugezogen worden war, auf Verlangen Maria Theresias Denkschriften zur Situation Österreichs nach Beendigung des Erbfolgekrieges[62].

Kaunitz legte der Kaiserin am 24. März 1749 mit 246 Seiten nicht nur die umfangreichste, sondern in ihren Forderungen und Konsequenzen das damalige europäische Bündnissystem revolutionierende Ausarbeitung vor[63].

Es müsse künftig — so führte Kaunitz aus — die „unabänderliche Staats-Maxime" des österreichischen Hauses sein, alle Mittel darauf zu konzentrieren, den preußischen König zu schwächen, der mit der Eroberung Schlesiens tatsächlich in eine günstige strategische Position gegenüber Österreich gekommen war und der „den Schlüssel zu dem Hertzen der Erblanden in Handen hat". Oberstes Ziel des Wiener Hofes müsse es sein, „Schlesien wieder herbeyzubringen und den preußischen König gar übern Hauffen" zu werfen. Notwendige Voraussetzung dafür war eine Veränderung des bisherigen europäischen Bündnissystems, in dem England seinen Platz in der Allianz mit Österreich mit dem Frankreichs, des bisherigen Feindes, tauschen sollte. Um dieses „renversement des alliances" verwirklichen zu können[64], strebte

---

[61] *William J. McGill,* Wenzel Anton von Kaunitz Rittberg and the Conference of Aix-la-Chapelle 1748, in: Duquesne Review 14 (1969), 154—167.

[62] *Arneth,* Biographie des Fürsten Kaunitz (Anm. 60), 153—185. — Die Konferenz stand vor dem Hintergrund einer Mobilmachung des preußischen Königs, der Mitte März in einem Schreiben an die preußischen Vertreter im Ausland ausgeführt hatte: „Da anjetzo in einigen benachbarten Landen verschiedene ungewöhnliche Bewegungen verspürt und ganz außerordentliche Kriegsrüstungen und solche Veranstaltungen getroffen werden, daß nicht unbillig besorget sein muß, daß leicht in bevorstehenden Frühjahre der Ruhestand im Norden gestöret werden könne, so haben Se. Königl. Majestät der Nothdurft zu sein erachtet, sich ebenmäßig in solche Verfassung zu setzen, damit Dero Armee gleichfalls im Stande sein möge, aller Gefahr, so bei gegenwärtigen Umständen Ihren Landen und Unterthanen unvermutet zugezogen werden könnte, vorzubauen und abzukehren." Zitiert nach *Reinhold Koser,* Preußen und Rußland im Jahrzehnt vor dem Siebenjährigen Kriege, in: PreußJbb 47 (1881), 469 f.

[63] Im folgenden stütze ich mich auf die — trotz ihres grundlegenden Charakters für die österreichische Politik des 18. Jahrhunderts bisher in vollem Umfang noch unveröffentlichte — Denkschrift des Grafen Kaunitz vom 24. März 1749. Diese Denkschrift wird im Anhang dieses Heftes abgedruckt, sie liegt im Original im HHStA Wien: Staatskanzlei, Vorträge, Karton 62, Bll. 115r—238v.

[64] Vgl. dazu *Max Braubach,* Versailles und Wien von Ludwig XIV. bis Kaunitz. Die Vorstadien der diplomatischen Revolution im 18. Jahrhundert, Bonn 1952; *David B. Horn,* The Diplomatic Revolution, in: The New Cambridge Modern History, Bd. 7, Cambridge 1966, 440—464.

Kaunitz an, alle Frankreich von einem solchen Schritt abhaltenden Hindernisse aus dem Weg zu räumen. In diesem großen Zusammenhang sind folglich u. a. die hier besonders interessierenden Bemerkungen in seiner Denkschrift zu verstehen, die Rußland betrafen.

Zunächst betonte Kaunitz die Bedeutung, die dem österreichischen Bündnis mit Rußland zukam: „Daß die Allianz und das dermahlige gute Vernehmen zwischen Euer K[ayserlichen] K[öniglichen] M[ayestät] und Rußland ersprießlich seye, und auf einen Soliden Grund beruhe, fallet von selbsten in die Augen, da die beyderseits nöthige Vorsichten und Staats-Interessen gegen den Türcken, Frantzösischen, und Preußischen Hof, wie auch zum Theil in Ansehung derer Königreichen Pohlen, und Schweden zusammentreffen. Jedoch wäre zu wünschen, daß Rußland seit etlichen Jahren, so, wie dermahlen gedacht hätte, und künfftig dencken, mithin auf seine vollkommene gute Gesinnung, deren man sich billich, so lang sie fürdauret, zu nutzen zu machen suchet, zuverläßig zu rechnen seyn möchte. Allein das Absterben, oder der Fall des wohldenckenden Cantzlers Bestuchef, nebst denen Preußischen, und Frantzösischen Intriguen könnten große Veränderungen verursachen. Die letztere Kranckheit der Czarin, hatte ein gefährliches Aussehen, und überhaupt lehret die Erfahrung, wie leicht der Orten, die Conspirationen und kecke Unternehmungen einen glücklichen Ausschlag gewinnen"[65]. Nach dieser Erinnerung an die Thronwirren in Rußland nach dem Tod Peters des Großen und einer geradezu prophetisch erscheinenden Gefahr des Verlusts des Bündnispartners durch den Tod der Zarin, wie er im Siebenjährigen Krieg Wahrheit werden sollte, befaßte Kaunitz sich mit dem Plan Bestuževs. Zwar könne Rußland leicht einen Krieg gegen das die Verluste an der Ostsee nicht verschmerzende Schweden anzetteln, zumal es von Seiten der Pforte zur Zeit keine ernsthafte Bedrohung zu erwarten habe, und Frankreich den schwedischen Bundesgenossen lediglich finanziell und aufgrund der Verhältnisse an der Ostsee, nicht mit der Flotte unterstützen könne. Der Hauptkritikpunkt der Absicht Bestuževs lag aber nach Kaunitz' Meinung darin, daß diese lediglich auf einen russischen Angriff gegen Schweden zielte „und die für Preußen zu tragende Obsorge fast gäntzlich in Vergess stellet"[66].

Für Kaunitz war es Preußen, welches allen seinen Nachbarn, also auch dem russischen Reich, gefährlich sein könne; zumal wenn es, von Frankreich darum gebeten, in einem russisch-schwedischen Krieg zugunsten Schwedens eingreifen werde. Da die Gefahr weiterer preußischer Vergrößerungsabsichten keine „Chimere" sei, solle Rußland

[65] *Kaunitz,* Denkschrift (Anm. 63), hier Bll. 147v—148r.

[66] Ebd., Bl. 153r.

seine Kräfte nicht auf das bereits entkräftete Schweden richten, sondern, „wann es doch loßbrechen und den künfftigen üblen Folgen ernstlich vorbauen wil, den grösten Theil seiner Macht gegen Preußen gebrauche, dessen Lande ohnedeme noch gantz offen, und der Verwüstung der Cosaken und Kalmücken exponirt, und auch der Meer-Seiten wieder die Rußische Galeeren schlecht verwahret seynd“[67]. Falls aber Rußland aus Mangel an Geld und einem erfahrenen kommandierenden General „mit Preußen recht anzubinden Bedencken tragen“ sollte, riet Kaunitz, allen Krieg zu vermeiden und eine bessere Gelegenheit abzuwarten. Weiter führte er aus, daß Vergrößerungen Preußens oder Rußlands zwar nicht im französischen Interesse lägen, Frankreich andererseits aber aus Ehre und Nutzen einen Krieg Rußlands gegen Schweden nicht dulden und dadurch geradezu in ein Bündnis mit Preußen gegen Rußland gezwungen werde, welches nicht im österreichischen Interesse liegen könne. Er bat Maria Theresia daher, dem russischen Hof „demnächst ohne Rückhalt zu eröffnen, daß Euer Kayserliche Königliche Mayestät Ihme in seinen Absichten gegen Schweden, und daraus vielleicht entstehenden großen Krieg, wegen der augenscheinlichen Gefahr, für Franckreich, und den Türcken, durch ohnmittelbare, und werckthätige Hülffsleistung nicht beförderlich seyn könnten“[68]. Die Vorsicht erfordere es, sich nicht in die nordischen Unruhen einzumischen „oder das Feuer gegen Schweden anzublasen“. Das „Meritum der gestifteten Ruhe im Norden“ werde Frankreich von der friedfertigen österreichischen Haltung überzeugen und in Richtung einer Annäherung an Österreich — so hoffte Kaunitz — fortschreiten lassen. Er schloß seine Überlegungen zu Rußland mit der Überzeugung, „daß die rußische Freundschafft sehr ersprießlich, und auf das sorgfältigste zu unterhalten seye, ist keinem Zweiffel unterworffen“[69].

Trotz der Bedeutung, die Kaunitz dem Erhalt guter Beziehungen zu Rußland beimaß, hielt er in der gegenwärtigen Situation nach Beendigung des Erbfolgekrieges, der Österreich große Kraftanstrengungen gekostet hatte, die Aufrechterhaltung des Friedens und die damit einhergehende Chance einer Erholung der österreichischen Kräfte für sinnvoller als einen erneuten Krieg gegen Preußen, zumal Rußland seine Kräfte gegen Schweden nur an der nördlichen Peripherie kon-

[67] Ebd., Bll. 154r—154v.

[68] Ebd., Bl. 208v.

[69] Ebd., Bl. 229v. — Der Abschluß eines Handelsvertrages mit Rußland wurde von Kaunitz in Erwägung gezogen, kam aber erst nach dem Tode Maria Theresias zustande. Vgl. dazu *Adolf Beer*, Die österreichische Handelspolitik unter Maria Theresia und Josef II., in: AÖG **86** (**1899**), 1—204, hier 97 ff.

zentrieren wollte und damit allein Österreich dem Ansturm Preußens ausgesetzt bleiben würde[70].

Anfang Mai 1751, wenige Wochen bevor sich die Lage durch den Regierungsantritt König Adolf Friedrichs in Schweden klärte, äußerte Kaunitz in einem Bericht aus Paris, wo er sich noch als österreichischer Botschafter befand, die Hoffnung, daß es dem österreichischen Gesandten in Petersburg, dem Grafen von Pretlack, gelingen möge, Rußland von den Plänen gegen Schweden abzuhalten, „so daß die bisherigen nordischen Bewegungen eine vergnügliche Gestalt gewinnen“[71]. Nur eine friedliche Haltung Rußlands gegenüber Schweden könne einen großen Stein des Anstoßes des französischen Hofes gegenüber dem österreichischen Bündnispartner Rußland wegräumen: „Zumalen hierorts [Paris] garwohl eingesehen wird, daß einesteils allerhöchst derselbe [der österreichische Hof] sich von dem russischen Reich als einem natürlichen Alliierten gegen Preußen und die Türcken nicht trennen und noch weniger die vorberichtete französische und schwedischen Absichten mit Nachdruck befördern helfen können. Anderenteils aber zu gleicher Zeit die französische enge Einverständnis mit Euer KKM und dem König von Preußen eine ganz untunliche Sache mithin die Auswahl von zweien Mächten festzustellen sei[72].“ Auf diesem Wege, so hoffte Kaunitz, sollte die Entwicklung schließlich in Richtung des von ihm bereits in seiner Denkschrift von 1749 entwickelten künftigen außenpolitischen Systems Österreichs gehen.

Der Bericht, der Rußlands Position als einen für Österreich wichtigen Allianzpartner gegen Preußen und die Pforte, die beide seit März 1749 miteinander verbunden waren[73], unterstrich, machte das für die Zeitgenossen offenbar ungewöhnliche Auftauchen Rußlands als europäische Macht deutlich. Nach erneuter Betonung seines politischen Grund-

[70] Ein Befehl des preußischen Königs vom 6. März 1749 sah für den Fall eines russischen Angriffs lediglich eine Besatzung für die festen Plätze vor, die übrigen Truppen und wehrfähigen Männer sollten aus dem östlichen Preußen über die Weichsel nach Pommern geführt werden. Der König selbst wollte mit der Hauptarmee von Schlesien aus gegen Sachsen vorgehen. Vgl. dazu *Koser*, Preußen und Rußland (Anm. 62), 474.

[71] Kaunitz am 3. Mai 1751 aus Paris an Maria Theresia, in: HHStA Wien: Staatenabteilung, Frankreich, Berichte, Karton 77, Bll. 11r—18r, hier Bl. 15r. — Zu Kaunitz als Botschafter in Paris vgl. *William J. McGill*, The Roots of Policy: Kaunitz in Vienna and Versailles, 1749—1753, in: JMH 43 (1971), 228—244.

[72] HHStA Wien: Staatenabteilung, Frankreich, Berichte, Karton 77 (Anm. 71), Bl. 14r.

[73] Friedrich II. suchte zu diesem Zeitpunkt, mit Hilfe Frankreichs eine Kriegserklärung der Türkei gegen Österreich und gegen Rußland zu erlangen, und er äußerte: „Wir wollen den Frieden; der Türkenkrieg ist es, der uns den Frieden verlängert und befestigt“ (zitiert nach *Koser*, Preußen und Rußland [Anm. 62], 475.)

satzes, daß der preußische König der ärgste und gefährlichste Feind Österreichs sei, schrieb Kaunitz nämlich: „Da aber Rußland noch zu Anfang des laufenden saeculi wenigen oder gar keinen Einfluß in die Staatsvorfallenheiten der europäischen Höfe hatte und fast von Namen unbekannt war, hingegen seine Macht und Ansehen seither kurzem sozusagen wie ein Erdschwamm aufgewachsen und dergestalt zugenommen, daß sie nicht nur Schweden, so vormals im Norden den Meister spielte und für Frankreich einen nötigen Alliierten abgegeben fast gänzlich entkräftet und in der nordischen Balance das Übergewicht bekommen, sondern auch wirklich schon zwei Mal durch Abschickung ansehenlicher Corps von Hilfsvölker dem französischen Hof näher Einsehen machen was er für das Künftige zu gewarten habe, im Fall Rußlands seine ganze Macht zu derer Seemächten und ihrer Alliierten Verteidigung anwendete und durch englisches Geld in den Stand gesetzt würde, den Krieg außer seinen Grenzen führen und so gar einen namhaften Teil seiner wohldisziplinierten Truppen ohnmittelbar gegen Frankreich gebrauchen zu können. Es fallen diese Umstände dem hiesigen Hof [Paris] um so beträchtlicher je mehr solche in dem ganzen Zusammenhang derer europäischer Allianzen und Staatsmaßnehmungen eine Veränderung verursachen und zum Nachteil des überwiegend französischen Systematis und seiner Alliierten gereichen. Es wird also die hiesige Politik auf das sorgfältigste dahin gerichtet, Rußland als eine erst seit kurzen Jahren emporgekommene Macht sozusagen aus dem senato gentium annoch auszuschließen und von deren Angelegenheiten der übrigen europäischen Höfen so viel immer tunlich entfernt zu halten, auch ihm durch Vereinigung mehrerer Mächte eine hinlängliche Barriere entgegenzusetzen, folglichen den russischen Einfluß und Zusammenhang mit dem Durchlauchtigsten Erzhaus und denen Seemächten auf *alle* Art und Weise zu unterbrechen[74]."

Auch Äußerungen des erklärten Gegners des Grafen Kaunitz, des preußischen Königs Friedrich II., spiegelten den Aufstieg Rußlands

[74] HHStA Wien: Staatenabteilung, Frankreich, Berichte, Karton 77 (Anm. 71), hier Bl. 13r. — Auch ein Blick auf die institutionelle Zuständigkeit für Rußland innerhalb der österreichischen Verwaltung zeigt den geringen Stellenwert, der den Beziehungen zu Rußland bisher in der österreichischen Außenpolitik zugekommen war. Für Rußland zeichnete weder die Reichshofkanzlei noch nach 1742 die österreichische Hofkanzlei verantwortlich. Vielmehr blieb für Rußland bis zur Verwandlung der Staatskanzlei in eine „Institution moderner Außenpolitik" durch Kaunitz im Frühjahr 1753 aufgrund der „langdauernden Militarisierung der Südostgrenze" der Hofkriegsrat zuständig. (Vgl. *Grete Klingenstein,* Institutionelle Aspekte der österreichischen Außenpolitik im 18. Jahrhundert, in: *Erich Zöllner* (Hrsg.), Diplomatie und Außenpolitik Österreichs. 11 Beiträge zu ihrer Geschichte, Wien 1977, 74—93, hier 81 f.), und *Friedrich Walter,* Die österreichische Zentralverwaltung, Bd. 1, 1. Halbbd., Wien 1938, 27 f.

als eine ungewöhnliche Entwicklung. Schon sein Vater, Friedrich Wilhelm I., hatte ihm im Politischen Testament von 1722 geraten, mit Rußland enge, dauerhafte Freundschaft und Allianz zu halten[75]. In seiner „letzten Ansprache" vom 28. Mai 1740 legte er seinem Nachfolger erneut die Harmonie und Freundschaft mit Rußland ans Herz, fügte allerdings warnend hinzu, „daß wenn man sich mit Rußland brouillierte sehr viel dabey zu risquiren, aber nichts vor Deroselben und Dero königlichen Hause zu gewinnen wäre, indeßen müßte man doch auch den Russen nicht viel trauen"[76]. In den vom preußischen Kronprinzen 1738 angestellten „Considérations sur l'état présent du corps politique de l'Europe" hatte Rußland nur ganz am Rand Erwähnung gefunden[77], und noch in der „Histoire de mon temps" von 1746 fehlte Rußland in der vom König in einer Hierarchie in drei Klassen unterteilten europäischen Staatenwelt gänzlich[78]. In dem zeitlich nahezu parallel zu den zitierten Äußerungen von Kaunitz entstandenen politischen Testament Friedrichs II. von 1752 rangierte Rußland nicht unter der Zahl der wirklichen Feinde Preußens, galt vielmehr als ein von einem bestechlichen Kanzler Bestužev fehlgeleiteter Staat, der nach einem Sturz dieses Kanzlers zu einer Politik der freundschaftlichen Beziehungen zu Preußen zurückkehren werde. Dennoch äußerte der preußische König gewisse Befürchtungen, daß ein mit englischen Subsidien ausgestattetes Rußland im Falle eines erneuten österreichisch-preußischen Krieges Preußen angreifen könne[79]. Offenbar mißdeutete Friedrich II., da er vom geheimen Artikel 4 des russisch-österreichischen Abkommens zur Zeit der Abfassung des Testa-

---

[75] *Richard Dietrich* (Hrsg.), Politische Testamente der Hohenzollern, München 1981, 120. — Zu den außenpolitischen Lagebeurteilungen der Hohenzollern insgesamt vgl. *Gregor Schöllgen,* Sicherheit durch Expansion? Die außenpolitischen Lageanalysen der Hohenzollern im 17. und 18. Jahrhundert im Lichte des Kontinuitätsproblems in der preußischen und deutschen Geschichte, in: HJb 104 (1984), 22—45.

[76] Politische Testamente der Hohenzollern (Anm. 75), 127.

[77] Die Werke Friedrichs des Großen (Anm. 26), Bd. 1, 226—244. Zu dieser Schrift vgl. *Meinecke,* Considérations des Kronprinzen Friedrich (Anm. 32), 42—73.

[78] *Max Posner* (Hrsg.), Frédéric II., Histoire de mon temps. Redaction von 1746, Leipzig 1879, 143—499.

[79] Politische Testamente der Hohenzollern (Anm. 75) 179. — Otto Hintze ging in seinem Vortrag anläßlich der Feier des Geburtstages Kaiser Wilhelms II. am 27. Januar 1904, den er über dieses Testament hielt, auf Rußland überhaupt nicht ein. Vgl. dazu *Otto Hintze,* Das Politische Testament Friedrichs des Großen von 1752, jetzt in: *ders.,* Regierung und Verwaltung. Gesammelte Abhandlungen zur Staats-, Rechts- und Sozialgeschichte Preussens, hrsg. und eingeleitet von *Gerhard Oestreich,* 2. Auflage, Göttingen 1967, 429—447. Vgl. dazu weiterhin *Karl Erich Born,* Die Politischen Testamente Friedrichs des Großen, in: Seemacht und Geschichte. Festschrift zum 80. Geburtstag von Friedrich Ruge, hrsg. vom Marine-Institut, Bonn-Bad Godesberg 1975, 13—28.

ments noch nichts wußte[80], dieses Abkommen in Richtung einer angeblichen Abmachung über die Übergabe der polnischen Krone an den Schwager Maria Theresias, Karl von Lothringen[81]. „Diese" — wie Theodor Schieder ausgeführt hat — „vereinfachende Personalisierung einer wie jede andere von staatlichen Interessen bestimmten Politik enthält nun aber im Kern auch eine Aussage über die strukturellen Bedingungen des außenpolitischen Handelns der russischen Staatsführung[82]."

Die Tatsache, daß Friedrich II. die russische Außenpolitik von der „Willkür einzelner Personen" wie Bestužev bestimmt sah, während er „überall sonst bei seinen Analysen des politischen Verhaltens der Mächte" von „kalkulierbaren Interessen" ausging[83], barg die Gefahr der Fehleinschätzung der russischen Macht in sich. Im „System" des preußischen Königs, von dem er hier 1752 erstmals sprach, beruhte noch alles auf dem englisch-französischen Gegensatz, auf der alten Rivalität zwischen Österreich und Frankreich. Zudem enthob ihn die geringe Einschätzung der militärischen Macht Rußlands der Überlegungen[84], ob seine Eroberung Schlesiens „eben nicht das westliche, sondern das östliche Kräftefeld störte"[85], und ob er damit seinerseits den russischen Kanzler Bestužev bewog, in seinem — bei aller Bestechlichkeit — doch von der Staatsraison dirigierten politischen System Preußen einen negativen Platz zuzuweisen. Die geringe Wertschätzung des östlichen Nachbarn dokumentierte sich auch deutlich nach außen, als der König nach Abberufung des erfahrenen preußischen Gesandten Graf Finck von Finckenstein Ende 1748 den von ihm selbst als Novizen

---

80 *Johann Gustav Droysen*, Friedrich des Großen „Trois lettres au public", in: Deutsche Rundschau 40 (1884), 383 f.

81 *Erika Bosbach*, Die Rêveries politiques in Friedrichs des Großen Politischem Testament von 1752. Historisch-politische Erläuterung, Köln, Graz 1960, 47 f.

82 *Theodor Schieder*, Friedrich der Große. Ein Königtum der Widersprüche, Frankfurt, Berlin, Wien 1983, 226.

83 Ebd.

84 Für die bis zu den Ereignissen des Siebenjährigen Krieges anhaltende negative Beurteilung der militärischen Macht Rußlands durch Friedrich II. mag stellvertretend für ähnliche Äußerungen ein am 26. Februar 1756 getroffenes Urteil des Königs Erwähnung finden. Friedrich beruhigte General von Lehwaldt, indem er schrieb, für den Fall eines russischen Angriffs glaube er, „daß es Euch nicht darauf ankommen wird, ob ihr ein Drittel von dergleichen Volk mehr gegen Euch habt als ihr stark seid" (zitiert nach *Ferdinand Wagner*, Die europäischen Mächte in der Beurtheilung Friedrichs des Großen 1746—1757, in: MIÖG 20 (1899), 392—443, hier 409). Zu neueren Forschungsergebnissen über das russische Militär der damaligen Zeit vgl. *Christopher Duffy*, Russia's Military Power, 1700—1800, London 1985; *John L. H. Keep*, Soldiers of the Tsar. Army and Society in Russia 1462—1874, Oxford 1985.

85 *Schieder*, Friedrich der Große (Anm. 82), 229.

auf dem diplomatischen Parkett bezeichneten Freiherrn von der Goltz nach Petersburg entsandte. Als dieser aus Gesundheitsgründen seinen Posten verlassen mußte, wurde er lediglich durch den bisherigen Bürochef der Gesandtschaft ersetzt, bevor Friedrich II. schließlich Ende 1750 die diplomatischen Beziehungen zu Rußland ganz abbrach[86].

Die vom Grafen Kaunitz herbeigesehnte günstige Situation zu einer endgültigen Abrechnung mit Preußen trat im Frühjahr 1755 ein, als sich der englisch-französische Gegensatz in Nordamerika zum offenen Konflikt ausweitete und die Ausdehnung des Kriegsgeschehens auf den europäischen Kontinent bevorzustehen schien. Bei seinen Überlegungen, welche Rolle Österreich in diesem Fall spielen sollte, ging Kaunitz, inzwischen zum Staatskanzler avanciert, zunächst noch davon aus, daß der Krieg Österreich an der Seite des englischen Allianzpartners finden würde. Jetzt gelte es aufgrund der während des österreichischen Erbfolgekrieges gemachten Erfahrungen — so meinte Kaunitz —, den Mangel der Schwäche in der Allianz durch Einmütigkeit auszugleichen. „Aller Eigennutz und Übervorteilung" sollte „außer Augen gesetzet werden". Doch schon der folgende Punkt im Konzept für den Vortrag vor Maria Theresia am 4. April 1755 relativierte dieses hohe Postulat der Uneigennützigkeit; denn Kaunitz forderte für die österreichische Politik: "2do ist sich in allen Fällen an den generalen Grundsatz zu halten, daß die Wohlfahrt der gemeinsamen Sache überhaupt und des Durchlauchtigsten Erzhauses insbesondere unumgänglich erfordere, dem König in Preußen gleich allen Anfangs des Krieges mit so großer Staatsmacht als immer gegen ihn auszubringen sein wird, zu Leib zu gehen und nichts ohnversucht zu lassen, daß dieser gefährliche Feind gänzlich übern Haufen geworfen und ihm die Gelegenheit zu neuen Unruhen benommen werde[87]."

Hier offenbarte sich das grundsätzliche Dilemma der englisch-österreichischen Allianz. Aus englischer Sicht mußte — nach einer Entscheidung für die Fortführung des Kolonialkrieges auf dem europäischen Kontinent[88] — der Einsatz aller österreichischen Kräfte gegen Frankreich im Vordergrund des Interesses liegen. Das österreichische Sicherheitsinteresse verbot aber geradezu, zumindest solange ein Still-

[86] *Koser*, Preußen und Rußland (Anm. 62), 427.

[87] „Ohnmassgeblicher Entwurf was bei entstehendem Krieg für Gegen-Maassnehmungen einzuschlagen und unter den Alliierten zu concertieren wären", Wien den 28. Martii 1755, abgedruckt bei: *Johann Josef Khevenhüller-Metsch*, Aus der Zeit Maria Theresias. Tagebuch des Fürsten Johann Josef Khevenhüller-Metsch 1742—1776, hrsg. von Rudolf Khevenhüller-Metsch und Hans Schlitter, 7 Bde., Wien, Leipzig 1907—1925, hier Bd. 5, 508.

[88] *Richard Pares*, American versus Continental Warfare, 1739—63, in: EHR 51 (1936), 429—465.

halten des preußischen Königs nicht feststand, die österreichischen Kräfte zu dislozieren. Brach aber der Krieg auf dem Kontinent aus, so wollte Kaunitz alle Kräfte gegen Preußen gerichtet wissen. Tatsächlich erforderte die Realisierung eines so weitreichenden Kriegszieles — von einer bloßen Rückeroberung Schlesiens war in seinem Vortrag nicht einmal die Rede, sie galt als selbstverständlich —, die Zusammenfassung aller verfügbaren militärischen Kräfte.

Um dieses Ziel zu erreichen, regte Kaunitz in Kenntnis der defizitären russischen Haushaltslage einen Subsidienvertrag zwischen England und Rußland an, damit Rußland auf diese Weise in die Lage versetzt werde, hunderttausend Mann oder mehr gegen Preußen ins Feld zu stellen. Dies sei wichtiger als Vertragsabschlüsse mit weniger mächtigen Höfen. Dennoch sah Kaunitz englische Subsidienverträge auch mit Sachsen, Hannover, Schweden und Dänemark als durchaus nützlich an. Für ein Motiv der Bereitschaft anderer Höfe, sich an einem Krieg gegen Preußen zu beteiligen, hielt er neben „Eifersucht und Beisorge“ deren „Vergrößerungsbegierde“. So hoffte er zum Beispiel, daß Schweden, das nicht mehr in der Lage sei, Rußland wieder aus Finnland zu verdrängen, „seinen Kornboden wenigstens in Teutschland gern ausbreiten mögte“[89]. Dahinter verbarg sich im Grunde das Ziel des österreichischen Staatskanzlers, alle Höfe, die sich an einem Krieg gegen Preußen beteiligten, bei einem Friedensschluß mit preußischem Territorium zu entschädigen und somit zu einer möglichst endgültigen Schwächung Preußens und damit zur Hegemonialstellung Österreichs im Reich beizutragen.

Mochte Kaunitz anfänglich wirklich noch daran geglaubt haben, den Krieg gegen Preußen an der Seite Englands führen zu können, sein Wunschpartner blieb gewiß nicht England, sondern war Frankreich. Unter ausdrücklicher Berufung auf seine umfassende Denkschrift vom März 1749 suchte er erneut, Maria Theresia in seinem Vortrag vom 27. Juni 1755 die Notwendigkeit des Wechsels des österreichischen Bündnissystems einsichtig zu machen[90]. Zunächst erinnerte Kaunitz die Kaiserin daran, daß es England gewesen sei, das in den Aachener Friedenspräliminarien von 1748 als erster Staat die Forderung nach einer Garantie Schlesiens für Preußen eingebracht habe. In letzter Zeit falle „der Dictatorische, ungestimmte und herrschsüchtige Be-

---

[89] Tagebuch des Fürsten *Johann Josef Khevenhüller-Metsch* (Anm. 87), 510.

[90] Adolf Beer hat in diesem Zusammenhang davon gesprochen, daß auch Staatsmänner eine erste und einzige Liebe hätten, zu der sie immer zurückkehrten, wenn sie auch mittlerweile nach verschiedenen Richtungen gebuhlt hätten. Vgl. dazu *Adolf Beer,* Die österreichische Politik in den Jahren 1755 und 1756, in: HZ 27 (1872), 282—375.

trag des englischen Hofes je länger, je unerträglicher ins Auge“[91]. Erneut wies er darauf hin, daß England die Erfüllung der Allianz als in erster Linie auf Frankreich gerichtet ansehe: „Da England die ernannte Cron, daß durchlauchtigste Ertzhaus aber den besagten König als seinen gefährlichsten Nachbarn und heimlichen Feind ansiehet hieraus aber ein ganz unterschiedenes Staats-Interesse und aus diesem gegeneinander streitende die Allianz schwächende Massnehmungen nothwendig erwachsen müssen[92].“ Zudem schätze England offensichtlich den preußischen König als eine Macht in Europa ein, die im englischen Bündnissystem einmal die Stelle Österreichs einnehmen könne. Da mithin auf eine sichere Hilfe Englands im Falle eines türkischen oder preußischen Angriffs auf Österreich nicht zu rechnen sei, wäre es wünschenswert, „daß ein solideres und besseres System ergriffen und andurch die Wohlfahrt und Aufrechterhaltung des Durchlauchtigsten Ertzhauses befördert werden könnte“[93]. Kaunitz riet allerdings der Kaiserin, zunächst einmal die weitere Entwicklung abzuwarten.

Nur vier Wochen später, am 28. August 1755, wurde der Staatskanzler jedoch deutlicher, als er noch einmal das Axiom seiner Politik umriß: „Richtig ist, dass Preussen muss übern Hauffen geworfen werden, wann das Durchlauchtigste Ertzhaus aufrecht stehen soll. Wir sind sonst uns und unseren Allierten unnütz. Die beständige Gefahr ist da. Wir haben weniger Einfluß und Ansehen in allen Europäischen Angelegenheiten. Im Reich setzt sich Preussen öffentlich der kaiserlichen Authorität entgegen; und wir wissen sicher, dass es nur auf Unseren Untergang lauret und solchen menschlichem Ansehen nach bewürken würde, wann wir ihne nicht bevorkommen[94].“ Um dieser Gefahr zu begegnen, sei es vor allem erforderlich, daß Frankreich seine Allianz mit Preußen beende. Nun habe allerdings Frankreich das größte Interesse daran, Preußen nicht fallen zu lassen, sondern vielmehr durch dessen Macht die österreichische in Schach zu halten. Eine Änderung dieser französischen Politik sei in Friedenszeiten nicht zu erreichen, habe aber jetzt, zur Zeit des Konflikts zwischen Frankreich und England, seine Chance. Es gelte, sich diese besonderen Umstände zunutze zu machen. Um Frankreich zu einem Verzicht auf das Bündnis mit Preußen zu bewegen, müßten wesentliche Vorteile geboten werden. Kern eines solchen Angebotes, das Österreich Frankreich vor-

[91] „Des Hof- und Staatskanzlers Abschilderung des eigentlichen General-Systems, wonach bisher seine Staats-Amts-Verrichtungen abgemessen worden“, vom 27. Juni 1755, abgedruckt bei *Adolf Beer*, Denkschriften des Fürsten Wenzel Kaunitz-Rittberg, in: AÖG 48 (1872), 1—162, hier 22.

[92] Ebd., 25.

[93] Ebd., 26.

[94] „Erleuterung des fünften Weegs“. Zum Vortrag vom 28. August 1755, in: *Beer*, Denkschriften des Fürsten Wenzel Kaunitz-Rittberg (Anm. 91), 39.

legen solle, bilde am zweckmäßigsten die Abtretung der österreichischen Niederlande an Frankreich. Neben diesem Angebot wollte Kaunitz auch den französischen Alliierten und Freunden wie Schweden, Sachsen und der Pfalz wesentliche Vorteile verschaffen. Dieser Vorschlag, so führte Kaunitz aus, „gründet sich auf die große Absicht, dem König in Preussen nicht nur gantz Schlesien und das Glatzische wieder zu entziehen, sondern ihn unter Französcher Begnehm- und Mitwürkung dergestalt in enge Gränzen einzuschliessen, dass er in den Stand, in welchem er sich vor dem 30jährigen Krieg befunden, gesetzet, und ihm die Krafft benommen werde, vor das Künfftige einige Rache auszuüben"[95].

Wenn Maria Theresia Preußen im Frühjahr des folgenden Jahres mit einer Armee von 100 000 Man angreife und Rußland mit einer fast gleich starken Armee ebenfalls in den Krieg eintrete, so würden sich sicherlich auch Schweden, Kursachsen, die Kurpfalz, ein Teil des Fränkischen Reichskreises und vielleicht sogar Kur-Hannover nicht mehr lange bitten lassen. Dann wäre bei Kriegsende Schweden mit Stettin und ganz Vorpommern, Sachsen mit dem Magdeburgischen, die Pfalz bzw. der Herzog von Zweibrücken mit dem Cleve- und Märkischen, der Fränkische Kreis durch die Entfernung der von einem preußischen Bayreuth drohenden Gefahr und Hannover mit dem Halberstädtischen oder anderen ihm gelegenen preußischen Besitz zu entschädigen. Der russische Großfürst, gemeint war der spätere Zar Peter III., werde sich wohl mit einem Zuwachs zu seinen holsteinischen Erblanden begnügen. Mit diesen Vorschlägen, so hoffte Kaunitz, werde Frankreich „ein Perspektiv der wichtigsten, angenehmsten und sichersten Vortheilen vorgelegt"[96]. Es könne ohne Krieg und innerliche Schwächung auf dem europäischen Kontinent bereits das erhalten, was nur aus einem allergünstigst ausfallenden Friedensschluß zu erwarten sei. „Es scheint also durch den gegenwärtigen Plan", so setzte Kaunitz seine Überlegungen fort, „der Hauptgrund erfüllt zu seyn, dass die beyderseitigen Staats-Interessen vereinbaret werden müssen[97]."

Um die Identität der russisch-österreichischen Staatsinteressen als Voraussetzung zu einem gemeinsamen Krieg gegen Preußen sorgte Kaunitz sich offensichtlich nicht. Die Verhandlungen mit Rußland sollten erst dann beginnen, wenn das französische Einverständnis feststand. Vorher wollte Kaunitz die Zarin nicht in das ganze Geheimnis einweihen, sondern ihr nur eröffnen lassen, daß sich aufgrund des

[95] Ebd., 50.
[96] Ebd., 51.
[97] Ebd., 52.

Krieges zwischen England und Frankreich jetzt die beste Gelegenheit biete, Preußen zu demütigen. Österreich sei fest entschlossen, so sollte der Zarin mitgeteilt werden, im Frühjahr 1756 Preußen mit aller Macht anzugreifen, falls Rußland gemäß des vierten geheimen Artikels des österreichisch-russischen Bündnisses von 1746 zur gleichen Zeit mit einer Armee von 80 000 Mann vorrücke.

Die Einweihung Rußlands in die französisch-österreichischen Gespräche und die Einbeziehung Schwedens in den Krieg sollte also verständlicherweise erst erfolgen, wenn daraus keine negativen Konsequenzen von Seiten des russischen Hofes mehr zu erwarten waren. Daß es sich bei dem erwähnten Bündnis von 1746 um eine Abmachung handelte, die einen Angriff Preußens voraussetzte, und der erwähnte Artikel IV. lediglich die Rückgewinnung der von Österreich im Frieden von Dresden 1745 an Preußen abgetretenen Gebiete als gemeinsames Kriegsziel vorsah, erwähnte Kaunitz gegenüber der Kaiserin mit keinem Wort. Er dachte, in den bevorstehenden Bündnisverhandlungen mit Frankreich und Rußland Zustimmung zu seinen weitreichenden Kriegszielen zu finden. Daß Kaunitz die Zustimmung Maria Theresias für die Änderungen des außenpolitischen Systems erhielt, lag wohl weniger daran, daß die Kaiserin die Superiorität seines Geistes anerkannte — wie Adolf Beer vermutet hat: „Liegt es doch in Frauenart, männlichem Geiste und männlicher Tathkraft sich zu beugen[98]“ — als vielmehr daran, daß auch die Kaiserin den Verlust Schlesiens nicht verwinden konnte und den Wunsch zur weitgehenden Schwächung Preußens teilte.

In den seit Ende August 1755 beginnenden österreichisch-französischen Verhandlungen, die der österreichische Gesandte Graf Starhemberg mit dem Beauftragten Ludwigs XV., Abbé Graf Bernis, in Paris führte, zeigte Frankreich jedoch zunächst nur geringes Interesse, auf das österreichische Angebot einzugehen und seiner Allianz mit Preußen zu entsagen. Erst das „entscheidende Ereignis zu Österreichs Heile“, wie Kaunitz es später nennen sollte[99], die am 16. Januar 1756 zwischen Preußen und England abgeschlossene Konvention von Westminster[100], veränderte die Haltung des französischen Hofes zugunsten eines Abkommens mit Österreich. Konnte Starhemberg Kaunitz am 27. Fe-

---

[98] *Beer,* Die österreichische Politik (Anm. 90), 311.

[99] „Mémoire du chancelier de cour et d'état comte Kaunitz, exposant et justifiant la manière dont le traité secret d'alliance avec la France a été négocié“, wahrscheinlich vom Juli 1756, in: *Volz/Küntzel,* Preußische und österreichische Acten (Anm. 1), 733.

[100] Zur Vorgeschichte der Konvention von Westminster vgl. *Reed Browning,* The British Orientation of Austrian Foreign Policy 1749—1754, in: CEH 1 (1968), 299—323.

bruar mitteilen, daß Frankreich generell auf die preußenfeindlichen Pläne Österreichs eingehe, so mußte er doch auch von der deutlichen Ablehnung der österreichischen Absichten berichten, die — über die Rückeroberung Schlesiens weit hinausgehend — eine Zerstückelung Preußens zum Ziele hatten.

Als einen Punkt, der ihn noch von der Vertragsunterzeichnung abhalte, habe der französische König — nach der Aussage des Abbé Bernis — zur Frage der Behandlung Preußens hervorgehoben: „que l'on aimerait mieux lui déclarer ouvertement la guerre, que de se prêter sous main à sa destruction totale"[101]. Obgleich Kaunitz dem Gesandten sogleich in einem eigenhändigen Schreiben noch einmal den Stellenwert eines französischen Einverständnisses gerade in dieser Frage vor Augen führte — „mais que c'est uniquement la reprise de la Silésie et du comté de Glatz et surtout un beaucoup plus grand affaiblissement encore du roi de Prusse indispensable à notre tranquillité qui en est le reciproque et la condition sine qua non" —[102], gelang es Starhemberg nicht, die Zustimmung des französischen Königs zu diesem Kriegsziel zu erreichen. Erneut mußte er dessen Meinung nach Wien melden: „Il s'opposera toujours fortement à la destruction totale du roi de Prusse[103]." Da es Kaunitz allerdings schon aus Sicherheitsgründen zunächst um den Abschluß eines Neutralitäts- und Defensivtraktats mit Frankreich ging und seiner Meinung nach nichts verdorben war, wenn die große Abrechnung mit Preußen noch ein wenig verschoben würde[104], konnte Starhemberg am 1. Mai 1756 in Versailles ein österreichisch-französisches Defensivabkommen unterzeichnen[105]. Zwar enthielt der Text des ersten Versailler Bündnisvertrages auch nicht die Formulierung „destruction totale de la Prusse", worauf Michael G. Müller kürzlich ganz zu Recht hingewiesen hat[106], aber genau dies war als Kriegsziel in den österreichisch-französischen Bündnisgesprächen von österreichischer Seite so formuliert worden, und es bestand auf französischer Seite offenbar durchaus eine klare

101 Starhemberg an Kaunitz, 27. Februar 1756, in: *Volz/Küntzel*, Preußische und österreichische Acten (Anm. 1), 248.

102 Kaunitz an Starhemberg, 9. März 1756, ebd., 154 f.

103 Starhemberg an Kaunitz, 11. März 1756, ebd., 257.

104 „Kurze Anmerkungen über des Herren Grafen Starhemberg Berichtschreiben vom 27. Februar 1756 und die darinnen enthaltene Äusserungen des französischen Hofs in Ansehung des diesseitigen geheimen Vorschlags", Wien 27. März 1756, ebd., 279.

105 *Martens* (Anm. 13), 190 ff.

106 *Michael G. Müller*, Rußland und der Siebenjährige Krieg. Beitrag zu einer Kontroverse, in: JbbGOsteur NF 28 (1980), 198—219, hier 209. — Da die preußischen und die österreichischen Akten im Beitrag Müllers nicht mehr aufgegriffen werden, wird es nötig, diese hier im folgenden noch einmal detaillierter zu betrachten.

Vorstellung darüber, was diese österreichische Forderung in letzter Konsequenz für den Staat Preußen bedeuten mußte, nämlich — um mit Ranke zu sprechen — daß Preußen „dadurch in seiner politischen Stellung nullifiziert" werden mußte[107]. Damit aber fiel — wie Klaus Hildebrand betont hat —[108] das österreichische Kriegsziel weit aus dem Rahmen der üblichen Kriegsziele der Zeit des ancien régime, die eine Zerstückelung und Aufteilung eines Staates mit dem Ziel seiner völligen Entmachtung bisher noch nie vorgesehen hatten. Vielmehr war es geradezu ein Kennzeichen jener Epoche gewesen, daß ein Friedensschluß immer erfolgte, „solange der Gegner, wenn auch geschlagen, noch aufrecht stand"[109].

Mußte aus der Sicht des Hauses Habsburg der preußische König geradezu wie ein Emporkömmling wirken und die Größe der von ihm unterhaltenen militärischen Macht bereits als eine Bestätigung des preußischen Ausdehnungsdranges, jener oft zitierten Vergrößerungsbegierde, gelten, so bestand aus französischer Sicht weder die Notwendigkeit, durch eine Zustimmung zu einer Zerstückelung Preußens mit den bisher üblichen politischen Gepflogenheiten zu brechen, noch die Absicht, Österreich auf diese Weise zu einer übermäßigen Stärkung und damit — trotz aller noch existierenden Absprachen — zur erneuten Förderung hegemonialer Tendenzen zu verhelfen. Daß Österreich trotzdem hoffte, die französische Zustimmung zur größeren Schwächung Preußens doch noch zu erhalten, zeigten die Anweisungen, die Starhemberg im Juni 1756 die Bedingungen für ein österreichisch-französisches Offensivbündnis übermittelten. Darin hatte Maria Theresia formuliert: „Die zweite conditio sine qua non hätte darinnen zu bestehen, dass der allerchristlichste König nicht nur zur Wiedereroberung Schlesiens und der Grafschaft Glatz, sondern auch zu der noch größeren Schwächung des Königs in Preussen seine vorläufige und förmliche Einwilligung ertheilte[110]." Bestand nun Starhemberg in den Verhandlungen gemäß dieser Weisung zunächst noch auf diesem französischen Zugeständnis: „J'insisterai toujours fortement sur la première condition, qui est celle du plus grand affaiblissement du roi de Prusse[111]", so wurde ihm doch bald einsichtig, daß der französische Hof in dieser Frage — zumindest offiziell — nicht zu Konzessionen bereit sein würde. Deshalb schlug er von sich aus vor, auf eine for-

[107] Zitiert nach *Volz/Küntzel*, Preußische und österreichische Acten (Anm. 1), LXXIV.

[108] *Klaus Hildebrand*, Die Suche nach dem wahren Preußen, in: PVS 11 (1970), 388—396, hier 395.

[109] *Scheuner*, Die großen Friedensschlüsse (Anm. 3), 221, Anm. 2.

[110] Maria Theresia an Starhemberg, 9. Juni 1756, in: *Volz/Küntzel*, Preußische und österreichische Acten (Anm. 1), 399.

[111] Starhemberg an Kaunitz, 3. Juli 1756, ebd., 446.

melle französische Zustimmung zu diesem österreichischen Kriegsziel zu verzichten und sich mit einem — seiner Meinung nach sicheren — stillschweigenden französischen Einverständnis zu begnügen[112]. Tatsächlich enthielt dann auch der Offensiv-Vertrag von Versailles vom 1. Mai 1757 nicht den von Österreich erwünschten Passus, sondern lediglich ein gemeinsames Einverständnis über eine „reduction de la puissance du roi de Prusse"[113].

Mag man nun aus den verschiedenen von Starhemberg nach Wien gemeldeten Äußerungen des französischen Hofes eine stillschweigende indirekte Gewährung der österreichischen Forderung ablesen — wie dies Georg Küntzel getan hat — oder — wie Max Lehmann — diese stillschweigende Gewährung des österreichischen Kriegsziels durch Frankreich bestreiten[114], feststeht, daß die neuen Allianzpartner Frankreich und Österreich nicht mit einem exakt umrissenen gemeinsamen Kriegsziel in den inzwischen durch Friedrich II. begonnenen Krieg zogen. Vielmehr dachten wohl beide Mächte daran, am Ende des Krieges in einem Friedensschluß ihren jeweiligen Staatsinteressen zum Durchbruch verhelfen zu können. Daß die wenig präzise Formulierung von gemeinsamen Kriegszielen auch zu Unstimmigkeiten der Planung der gemeinsamen Kriegführung führen mußte, lag auf der Hand.

Nicht viel besser aber sah es mit der Übereinstimmung über das Kriegsziel zwischen Österreich und seinem russischen Verbündeten aus. Sowohl die Zarin Elisabeth als auch ihr Kanzler Bestužev hatten sich bereits gegenüber dem österreichischen Gesandten in Petersburg, dem Grafen Esterhasy, im Winter 1755 dahingehend geäußert, „sich nicht nur des Königs in Preussen weiterer Vergrößerung äusserst zu widersetzen, sondern auch zu trachten, damit ihme das Schlesien wieder abgenommen werden möge"[115]. Zunächst ging der russische Hof, der am 30. September 1755 mit England einen Subsidienvertrag abgeschlossen hatte[116], in Unkenntnis der bereits zwischen Österreich

[112] Starhemberg an Kaunitz, 20. August 1756, ebd., 516.

[113] *Ch. Koch,* Table de traités entre la France et les puissances étrangères, Bd. II, Basel 1802, 43—84.

[114] Vgl. dazu *Volz/Küntzel,* Preußische und österreichische Acten (Anm. 1), CXXXI f. und *Max Lehmann,* Der Ursprung des Siebenjährigen Krieges, Leipzig 1894, 53, Anm. 1.

[115] Esterhasy an Kaunitz, 14. Oktober 1755, in: *Volz/Küntzel,* Preußische und österreichische Acten (Anm. 1), 184 und 188. — Zu den russischen Kriegszielen vgl. *Herbert Butterfield,* The Reconstruction of an Historical Episode. The History of the Enquiry into the Origins of the Seven Years War, Glasgow 1951; *Patrice Louis René Higonnet,* The Origins of the Seven Years War, in: JMH 40 (1968), 57—90; *Herbert H. Kaplan,* Russia and the Outbreak of the Seven Years' War, Berkeley/Los Angeles 1968.

[116] *Friedrich August Wenck,* Codex juris gent. recent., Bd. III, Leipzig 1785, 75.

und Frankreich schwebenden Verhandlungen noch davon aus, in einem Krieg gegen Preußen an der Seite Österreichs und Englands zu kämpfen[117], und hielt sich bereit, „unitis viribus“ Schlesien zurückzuerobern[118]. Auch bei den jetzt folgenden österreichischen Bestrebungen, Rußland langsam von England zu lösen und auf eine Allianz mit Frankreich vorzubereiten, half das Bekanntwerden des Abschlusses der Konvention von Westminster, die den englischen Subsidienvertrag, der das militärische Vorgehen Rußlands gegen Preußen hatte ermöglichen sollen, konterkarierte. Gleichzeitig flossen großzügige Bestechungsgelder von Wien nach St. Petersburg[119]. Graf Esterhasy wurde auf Weisung Maria Theresias in St. Petersburg nicht müde, die angeblichen preußischen Vergrößerungsabsichten in den düstersten Farben zu malen[120].

Als Esterhasy aus Gesprächen mit der Zarin als Konsequenz aus dem Abschluß der Westminster-Konvention eine Abnahme der russischen Kriegslust gegen Preußen entnehmen zu können glaubte[121], entschloß sich Maria Theresia, die Zarin Elisabeth von den mit Frankreich laufenden geheimen Verhandlungen zu unterrichten und ihr einen gemeinsamen Angriff auf Preußen vorzuschlagen[122]. Daraufhin äußerte die Zarin die Bereitschaft, Maßnahmen treffen zu wollen, die der Vergrößerungsbegierde des preußischen Königs Einhalt gebieten sollten[123], doch konnte Esterhasy lediglich die „vergnügliche Nachricht“ nach Wien senden, daß der russische Hof zur „Eroberung Schlesiens und Glatz' an dem Krieg gegen Preussen theilnehmen und [mit] 80 000 Mann, auch noch in diesem Jahre [1756], wann es unserer Seits ge-

[117] Esterhasy an Kaunitz, 6. Januar 1756, in: *Volz/Küntzel*, Preußische und österreichische Acten (Anm. 1), 203.

[118] Esterhasy an Maria Theresia, 13. November 1755, ebd. 188.

[119] Beispiele finden sich ebd., 264, 267, 243. — Nach dem Frieden von Aachen waren die diplomatischen Beziehungen zwischen Frankreich und Rußland abgebrochen worden und selbst die zwischen den Monarchen üblichen Freundlichkeiten unterblieben. Rußland wurde zum Zufluchtsort für die französischen „outlaws“. Die Anweisungen, die der Chevalier Alexander Mackenzie Douglas anläßlich seiner Reise nach Rußland vom französischen Außenministerium erhielt, zeigen, daß Frankreich keineswegs an eine Wiedereröffnung der diplomatischen Beziehungen zu Rußland dachte. Es wollte lediglich einen Bruch des englisch-russischen Subsidienvertrags herbeiführen und war bereit, dafür als Ersatz und für eine weitere neutrale Haltung Rußlands französische Subsidien anzubieten. Vgl. dazu *Oliva*, Misalliance (Anm. 56), 30.

[120] Maria Theresia an Esterhasy, 11. Februar 1756, und Esterhasy an Kaunitz, 5. April 1756, in: *Volz/Küntzel*, Preußische und österreichische Acten (Anm. 1), 223 und 302.

[121] Esterhasy an Zinzendorf, 23. Februar 1756, und Esterhasy an Maria Theresia, 25. Februar 1756, ebd., 336 f. und 242.

[122] Maria Theresia an Esterhasy, 13. März 1756, ebd., 258.

[123] Esterhasy an Kaunitz, 23. März 1756, ebd., 266.

schiehet, zu operieren anfangen wolle“[124]. Nur zwei Wochen später vermochte Esterhasy sogar, den russischen Vorschlag zum Abschluß eines gegen Preußen gerichteten Offensivbündnisses nach Wien weiterzuleiten. Zur Überraschung des österreichischen Hofes enthielt dieser Vorschlag die Idee, den Frieden erst dann zu schließen, wenn Österreich Schlesien und Glatz, Rußland aber das ganze Königreich Preußen — gemeint war Ostpreußen — erobert habe. Doch gedachte die Zarin nicht, dieses Land für sich zu behalten, sondern wollte es vielmehr mit der Republik Polen verbinden, um von dieser dafür die Fürstentümer Kurland und Semigallen zu erhalten[125]. Damit verließ Rußland die seit dem Bündnisvertrag von 1746 eingeschlagene Politik, im Falle eines Krieges gegen Preußen ausdrücklich auf eigene Eroberungen zu verzichten[126].

Diese Wendung ging auf die Beschlüsse der ersten Sitzung der Petersburger Konferenz vom März/April 1756 zurück, die als Ziel der Politik Rußlands formuliert hatte, „dem König von Preußen künftig keinen weiteren Machtzuwachs zu gestatten, sondern seine Macht unverzüglich in angemessene Grenzen zurückzuführen und, mit einem Wort, ihn durchaus ungefährlich für unser Reich zu machen“[127]. Durch die Überlassung Ostpreußens an Polen erhoffte Rußland sich eine Arrondierung der Grenze mit dem westlichen Nachbarn sowie die Verbindung des Handels mit dem Schwarzen Meer und damit größeren Einfluß auf den Levantehandel[128]. Da der russische Vorschlag auch die Einbeziehung Schwedens und Sachsens in das Offensivbündnis, deren Entschädigung mit Pommern bzw. mit Magdeburg und damit eine Schwächung Preußens ganz im österreichischen Sinne vorsah[129], hätte der Wiener Hof eigentlich jetzt allen Anlaß zur Freude und zu spontanem Eingehen auf den russischen Vorschlag haben müssen. Dies war aber keineswegs der Fall.

---

124 Esterhasy an Kaunitz, 6. April 1756, ebd., 304.

125 Esterhasy an Kaunitz, 22. April 1756, ebd., 321.

126 Im Gegensatz zu *Michael G. Müller,* Rußland und der Siebenjährige Krieg (Anm. 106), 213, scheint mir die Wegnahme Ostpreußens, des Royaume de Prusse, weit mehr als eine kontrollierte Machtverringerung Preußens, traf sie doch genau das Gebiet, aus dem die preußische Monarchie ihren Königstitel bezog. In soweit lag aus der Sicht Preußens eine gewisse Identität der Kriegsziele Rußlands und Österreichs vor; denn beide stellten auf ihre Weise die weitere Existenz der preußischen Monarchie in Frage. Zur russischen Accession des österreichisch-französischen Vertrages vgl. *Martens* (Anm. 13), 191—201.

127 Zitiert nach *Müller,* Rußland und der Siebenjährige Krieg (Anm. 106), 212.

128 Ebd.

129 Esterhasy an Kaunitz, 22. April 1756, in: *Volz/Küntzel,* Preußische und österreichische Acten (Anm. 1), 322.

Zunächst mußte der russische Vorschlag trotz aller Mahnungen Esterhasys[130] schon deshalb dilatorisch behandelt werden, weil für Kaunitz zunächst die Einigung mit Frankreich Priorität besaß. Zum anderen mußte Kaunitz aufgrund der nur langsam vorangehenden österreichisch-französischen Verhandlungen seine Hoffnung auf einen baldigen Kriegsbeginn über Bord werfen und — was ihm angesichts der russischen Mobilmachungsanstrengungen sicherlich schwerfiel — in Petersburg um eine Verschiebung des Angriffstermins auf das Jahr 1757 bitten. Der Zarin ließ er versichern, „daß alles, was zu des Königs in Preussen mehrerer Schwächung gereichen kann, vollkommen mit unserem Plan übereinstimme, dass wir hierzu mit Freude die Hände bieten werden; dass aber der ganze Vorschlag in der Execution ohne vorgängige Einstimmung des französchen Hofes allzu gefährlich, ja ohnmöglich seie“[131]. Mochte der russische Hof die Verschiebung des Angriffs auf Preußen auch bedauern, das Argument des österreichischen Staatskanzlers wurde akzeptiert[132]. Erst als Esterhasy im Oktober 1756 erneut eine Antwort auf den Vorschlag des russischen Offensivvertrages vom April 1756 forderte, anderenfalls die russische Accession zum Versailler Bündnisvertrag vom 1. Mai 1756 gefährdet sei[133] — zur Einhaltung des durch den Einmarsch Preußens in Sachsen in Kraft getretenen Bündnisvertrages von 1746 hatte Rußland sich bereit erklärt —, sah sich Maria Theresia veranlaßt, ihrem Gesandten in Petersburg reinen Wein zu den von Rußland im April geäußerten territorialen Ansprüchen einzugießen[134].

Der Vertrag von 1746, so führte die Kaiserin aus, habe den russischen Beitrag zur Wiedereroberung von Schlesien und Glatz zugesichert, ohne daß Rußland eigene Länderakquisitionen verlangt habe. Von dieser Regelung aber wolle Rußland jetzt mit Hilfe eines Offensiv-Vertrages abgehen und zwar so, „daß Curland und Semigallien unter die russische Bottmässigkeit gerathe“. Nun gönne Österreich dem russischen Reich diese Akquisition zwar von Herzen, wenn sie nur nicht den österreichischen Interessen schade. Eine solche russische Forderung aber werde an den meisten Höfen — fuhr Maria Theresia fort —, „besonders aber bei Frankreich, das größte Aufsehen verursachen und weit mehr Schwierigkeiten als Unsere Wiedereroberung der cedierten schlesischen und glatzischen Landen finden“, wenn durch sie nicht „auch

---

130 Solche Mahnungen finden sich unter den Daten vom 13. Juli 1756, 26. August 1756, 7. September 1756, ebd., 469, 563, 573, 589 f.

131 Kaunitz an Esterhasy, 22. Mai 1756, ebd., 369.

132 Esterhasy an Kaunitz, 8. Juni 1756, 22. Juni 1756, 25. Juni 1756, ebd., 395 f., 420, 423 ff.

133 Esterhasy an Kaunitz, 12. Oktober 1756, ebd., 619.

134 Maria Theresia an Esterhasy, 31. Oktober 1756, ebd., 628 ff.

wohl gar die große Absicht verdorben würde". Die Kaiserin riet dem russischen Hof deshalb in eigenem Interesse, die Forderung auf Kurland und Semigallen erst dann bekannt zu geben, wenn der preußische König in die Enge getrieben sei: „Alsdann ist es an der Zeit, daß Rußland seinen eigentlichen Endzweck blossgebe und wann Frankreich gleich nicht einstimmen wollte, so könnte doch das Werk auch ohne dieser Kron Mitwirkung durchgesetzet werden". Um zu einer vertraglichen Basis zu gelangen, schlug Maria Theresia den Abschluß einer russisch-österreichischen Konvention vor, der der Vertrag von 1746 zugrunde liegen sollte und dem sich die Kronen Frankreichs, Schwedens, Dänemarks und Kursachsens unter Inaussichtnahme von Gebietserwerbungen anschließen könnten. Gleichzeitig fügte sie hinzu, daß Rußland sicherlich Verständnis dafür haben werde, wenn Österreich, das die Mitwirkung Frankreichs habe teuer erkaufen müssen, für die von Rußland vorgesehenen Erwerbungen ein Äquivalent suchen müsse[135].

Zu diesem Zeitpunkt schwebte der Kaiserin vor, ihren zweitgeborenen Sohn Carl unter Anerkennung der polnischen Lehenshoheit zum Herzog von Preußen zu machen und damit Österreich zu einer weiteren Sekundogenitur zu verhelfen[136]. Der österreichisch-russischen Konvention sollte eine die geheimen Absichten beider Staaten umfassende geheime Deklaration beigelegt werden. Esterhasy unterrichtete die Zarin jedoch gar nicht erst von den österreichischen Ambitionen auf Preußen, da er annahm, daß Rußland seinerseits auf dem Erwerb Kurlands und Semigallens nicht weiter bestehen werde[137]. Zwar hatte Maria Theresia die geheime Deklaration, die den Erwerb dieser Territorien durch Rußland vorsah, zusammen mit der Konvention bereits unterschrieben, wobei sie Esterhasy wissen ließ, „dass Wir in Unserem ganzen Leben keine Acte unlieber als die gegenwärtige unterzeichnet haben"[138], wies ihren Gesandten jedoch an, auf einen Austausch wenn irgend möglich zu verzichten, indem sie jetzt offenbarte, daß Starhemberg in Paris nicht gewagt hatte, von den russischen Territorialforderungen zu berichten, sondern immer nur russische Geldforderungen erwähnt habe[139]. Er mußte erkennen, daß Frank-

[135] Maria Theresia an Esterhasy, 13. November 1756, ebd., 632 ff.

[136] Maria Theresia an Esterhasy, 13. November 1756, ebd., 636 ff.

[137] Esterhasy an Maria Theresia, 30. November 1756, ebd., 645 f. — Am 9. Januar 1757 bemerkte die Kaiserin hierzu: „Wann die geschehene Erklärung, dass auf keine Conquêten abgezielet werde, aufrichtig gemeinet ist, so bleiben andurch grosse Schwürigkeiten ganzlich vermieden, und ist dahero sehr wohl von Dir geschehen, dass Du von dem Inhalt Unseres geheimen P.S. vom 13. novembris gar keine Erwähnung gemacht hast." Ebd., 653.

[138] Maria Theresia an Esterhasy, 26. März 1757, ebd., 662.

[139] Ebd., 663, Anm. 1. — Ein Motiv für die Wiederherstellung der russisch-französischen diplomatischen Beziehungen, die von beiden Staaten am 15.

reich diese russischen Forderungen niemals akzeptieren würde und daß das Eingeständnis der bereits erhaltenen österreichischen Zustimmung zur russischen Forderung das österreichisch-französische Offensivbündnis gefährden konnte. Die Bemühungen Esterhasys waren offensichtlich von Erfolg gekrönt, da die Zarin am 17. Mai 1757 die Konvention unter Weglassung der geheimen Deklaration unterschrieb[140].

Eine weitere Belastung der russisch-französischen Beziehungen konnte sich aus der Absicht des österreichischen Staatskanzlers ergeben, Louis-François de Bourbon, Prince de Conti, beim Erwerb des polnischen Königsthrons nach der Vakanz behilflich zu sein. Kaunitz hatte in seiner Denkschrift vom 28. August 1755 ausgeführt, daß der Abschluß eines Bündnisses mit dem französischen König sicherlich erleichtert werde, wenn Österreich die Thronfolgeabsichten Contis, der bei Ludwig XV. sehr beliebt sei, unterstützen werde[141]. Zwar sei ein französischer Prinz auf dem polnischen Thron als Nachbar des Hauses Habsburg nicht ungefährlich, zumal wenn sich dieser mit den Türken verbündete, aber eine solche Gefahr sei nicht im entferntesten mit der vom preußischen König ausgehenden Gefahr zu vergleichen. Im übrigen könne Conti sogar ohne österreichische Unterstützung auf den polnischen Thron gelangen.

Dem österreichischen Hof war natürlich bewußt, daß Rußland der Wahl eines französischen Prinzen zum polnischen König ähnlich negativ gegenüberstehen würde, wie es dies schon 1697 getan hatte. Und Maria Theresia wies in ihren Erläuterungen des österreichischen Bündnisangebotes Graf Starhemberg außerdem darauf hin, daß Conti von jeher aufgrund seiner Ambitionen in Polen ein Gegner engerer Verbindungen Österreichs mit Sachsen gewesen sei. Indessen hoffte die Kaiserin, Sachsen durch die Zusicherung Magdeburgs zum Verzicht auf

---

September 1756 verkündet wurden — der Amtsantritt der Botschafter erfolgte im Januar 1757 — war der Wunsch des französischen Hofes, auf diese Weise mehr über die russisch-österreichischen Verhandlungen zu erfahren. Vgl. dazu *Oliva*, Misalliance (Anm. 56), 35.

[140] Esterhasy an Kaunitz, 23. Mai 1757, ebd., 666. — Rußland wollte dem Versailler Traktat nur dann beitreten, wenn Frankreich sich verpflichtete, Rußland im Fall eines türkischen Angriffs beizustehen. Tatsächlich unterzeichnete Douglas am 11. Januar 1757 einen solchen geheimen Artikel. Der französische König war darüber außer sich, und so fehlte dieser Artikel — nach einem Briefwechsel zwischen der Zarin und dem König — im russisch-französischen Vertrag vom 19. April 1757. Vgl. dazu *Oliva*, Misalliance (Anm. 56), 56. — Die Auswechslung der Ratifikationsurkunden erfolgte am 19. Mai 1757. Zum Text der Konvention vom 22. Januar/2. Februar 1757 vgl. *Martens* (Anm. 13), 201 ff. Die Verträge zwischen beiden Staaten von 1760 räumten Rußland das Recht auf eine Besetzung Ostpreußens ein (ebd., 301).

[141] Vortrag des Staatskanzlers Kaunitz in der Konferenzsitzung vom 21. August 1755, in: *Beer*, Denkschriften des Fürsten Wenzel Kaunitz-Rittberg (Anm. 91), 46 f.

Ansprüche in Polen bewegen zu können[142]. Ein Schreiben Esterhasys vom 16. September 1755 machte am österreichischen Hof deutlich, daß die Zarin einer Thronkandidatur Contis schwerlich zustimmen würde. So schrieb Esterhasy unter anderem: „Nach diesem ist der Discours auf die französchen Absichten mit dem Prinzen Conty zum polnischen Thron gefallen, und dass die diesfällige Besetzung mit einem französchen Prinzen dem Gleichgewicht und der gemeinsamen guten Sach höchst schädlich sein würde[143].“ Erst die deutlichen Äußerungen Ludwigs XV., er wolle sich keineswegs in die polnische Thronfolge einmischen und sei lediglich an der Erhaltung der polnischen Nation und ihres Königwahlrechts interessiert[144], lösten das österreichische Problem. Maria Theresia konnte Starhemberg mitteilen, daß die französischen Absichten, die polnische Krone einem sächsischen Prinzen zu verschaffen, „die künftigen Unterhandlungen mit Rußland und Sachsen sehr erleichtern werde“[145].

Durchaus bewußt war sich der Wiener Hof aber auch der Gefahr, die dem russisch-österreichischen Bündnis und den gegen Preußen gerichteten gemeinsamen Absichten von Seiten des russischen Thronfolgers, des Großfürsten Peter, und dessen Ehefrau Katharina drohte. So berichtete Esterhasy im Februar 1756 aus Petersburg, zwar sei er sich der treuen und tatkräftigen Unterstützung der österreichischen Politik durch die Zarin Elisabeth sicher, fuhr dann aber fort: „Was aber von künftigen Zeiten und bei erfolgender Regierungsänderung eigentlich zu erwarten sei, ist aus der Kaiserin selbsteigenem Zeugnisse über des Grossfürsten artige Absichten leicht abzuschliessen. Ich wünsche nichts mehr, als dass eine solche Veränderung lang und wenigstens ad feliciora tempora hinausgesetzet bleibe[146].“

Großfürst Peter galt — nicht zu Unrecht, wie die Zukunft zeigen sollte — als aufrichtiger Freund und Bewunderer des preußischen Königs Friedrich II. In der Zeit vor Ausbruch des Siebenjährigen Krieges standen sowohl er als auch seine Frau unter dem Verdacht, den von Österreich gewünschten Wechsel Rußlands von der Seite Englands an die Seite Frankreichs wieder rückgängig machen zu wollen[147]. Offensichtlich schätzte Maria Theresia die Größe des Einflusses der Großfürstin Katharina höher ein als die des Großfürsten selbst; denn

142 Maria Theresia an Starhemberg, 21. August 1755, in: *Volz/Küntzel*, Preußische und österreichische Acten (Anm. 1), 161.

143 Esterhasy an Kaunitz, 16. September 1755, ebd., 170.

144 Starhemberg an Kaunitz, 27. Februar 1756, und am 18. Juli 1756, ebd., 245 und 481.

145 Maria Theresia an Starhemberg, 27. Juli 1756, ebd., 493.

146 Esterhasy an Zinzendorf, 23. Februar 1756, ebd., 235.

147 Esterhasy an Kaunitz, 9. März 1756, ebd., 255 f.

sie forderte Esterhasy auf, „Uns die diensamste Mittel und Wege an Hand zu geben, wie Wir die Grossfürstin völlig gewinnen und Uns sicher stellen können, dass sie bei den eingeschlagenen Massnehmungen ohnabänderlich beharren würde, wanngleich die Unpässlichkeit der russischen Kaiserin währenddem Krieg einen unglücklichen Ausschlag nehmen sollte“[148]. Es zeigte sich jedoch, daß es unmöglich blieb, die Großfürstin auf die österreichische Seite zu ziehen, zumal ein zu offenes Herstellen von Kontakten zu ihr die Eifersucht und den Argwohn der Zarin nach sich ziehen konnte[149]. Mochte Kaunitz auch Kanzler Bestužev über Esterhasy versichern lassen, daß ihm ein Stein vom Herzen fallen würde, falls es gelänge, die Sympathie der großfürstlichen Familie für Österreich zu gewinnen[150]; „die grossfürstlichen Herrschaften“ blieben — wie Esterhasy berichten mußte — gegenüber dem neuen Bündnissystem in Europa und der russischen Accession dazu abgeneigt[151]. Neben einer vertraglichen Vereinbarung über eine Abtretung des noch unter polnischer Hoheit stehenden Herzogtums Kurland an Peter, die freilich nicht zustande kam[152], ließ Österreich sich eine weitere Gunst für diesen einfallen. Unter dem Schein einer Truppenkonvention, die Österreich mit Peter in dessen Eigenschaft als Herzog von Holstein-Gottorf abschloß, erhielt dieser ohne Gegenleistung jährlich 100 000 Gulden. Ein geplanter geheimer Artikel, in dem sich Peter verpflichten sollte, als Zar später die von Elisabeth eingegangenen Verpflichtungen zu erfüllen, kam allerdings nicht zustande[153]. Da alle österreichischen Bemühungen um die großfürstliche Familie ohne Erfolg blieben, erhielt Esterhasy schließlich nur noch die resignierende Anweisung, die Politik und Gesinnung Peters und seiner Frau zu beobachten und nach Wien zu melden[154].

Dem österreichischen Widerpart Friedrich II. von Preußen war die für ihn positive Haltung des großfürstlichen Paares wohl bewußt. Er ließ sich, „da des Königs Majestät Sich von der guten Gesinnung des jungen petersburgischen Hofes gegen Dieselbe alles gute versprechen und dahero intentionniret seind auf den Fall, dass die russische Kaiserin mit Tode jetzo abgehen sollte, sogleich und sonder Verzug jemanden an den gedachten jungen Hof exprès abzusenden“[155], die „Credentiales“ des vorgesehenen preußischen Gesandten, dessen Name noch

---

[148] Maria Theresia an Esterhasy, 13. März 1756, ebd., 264.
[149] Esterhasy an Maria Theresia, 22. April 1756, ebd., 320.
[150] Kaunitz an Esterhasy, 13. September 1756, ebd., 580.
[151] Esterhasy an Kaunitz, 22. Oktober 1756, ebd., 619.
[152] Maria Theresia an Esterhasy, 9. Januar 1757, ebd., 650.
[153] Ebd., Anm. 1.
[154] Maria Theresia an Esterhasy, 9. Januar 1757, ebd., 652.
[155] Eichel an Podewils, 9. März 1757, ebd., 123.

offenblieb, an den Großherzog und die Großherzogin schon im März 1757 ausfertigen und zur Unterschrift vorlegen. Somit war Preußen für den Fall des „Mirakels" bereits vorbereitet.

Zusammenfassend läßt sich sowohl von den österreichisch-französischen als auch von den österreichisch-russischen Verhandlungen sagen, daß es Kaunitz keineswegs gelungen war, sein weitgespanntes, auf eine völlige Zerstörung der preußischen Macht gerichtetes Kriegsziel vertraglich durchzusetzen. Andererseits hatten auch die russischen Eroberungsabsichten zunächst keineswegs die ehrliche Zustimmung Maria Theresias gefunden. Die deutliche Geheimhaltung der österreichisch-französischen Verhandlungen über ein Defensivbündnis mochte noch der Überlegung entsprungen sein, daß Rußland diese Verhandlungen an das ihm in einem Subsidienvertrag verbündete England weiterleiten würde. Zunächst aber hatte Kaunitz offensichtlich überhaupt nicht vor, Rußland als eine eigenständige „puissance belligérante", sondern lediglich als eine — wenn nun auch von Frankreich anstatt von England Subsidien erhaltende — Hilfsmacht am Krieg gegen Preußen zu beteiligen. Ein Dreibund Österreichs, Frankreichs und Rußlands lag nicht in seinem Interesse, er wünschte vielmehr getrennte Verträge. Eine selbständige Verbindung zwischen Frankreich und Rußland kam für ihn aber nicht nur deshalb nicht infrage, weil er alle Fäden des großen Unternehmens allein in seiner Hand halten wollte, sondern es war für Kaunitz schon schwierig genug, Rußland Frankreich, den alten Partner Schwedens und der Pforte, und umgekehrt Frankreich Rußland, mit dem es seit zwölf Jahren keine diplomatischen Beziehungen mehr pflegte, als Partner schmackhaft zu machen. Ein Bündnis zu dritt hätte zur Voraussetzung gehabt, daß alle drei Mächte ihre wirklichen Kriegsziele auf den Tisch gelegt hätten. Die Bestätigung des französischen Verdachts, daß Rußland über Subsidienzahlungen hinaus von Österreich Versprechungen zu territorialen Zugewinnen erhalten hatte, die Bloßlegung des französischen Interesses an einer Thronfolge des Prinzen Conti in Polen samt dem österreichischen Einverständnis und das wirkliche Ausmaß der Wiener Absichten in Preußen — das alles hätte den großen „Endzweck" der österreichischen Politik erheblich infrage stellen können.

Neben den bereits von der Forschung herausgearbeiteten strukturellen Mängeln der österreichischen und russischen Armee, der Unbeholfenheit der Armeeführung, dem Kompetenzwirrwarr und dem Mangel an Kooperation als Ursachen für die Erfolglosigkeit der Kriegführung der gegen Preußen kämpfenden Allianz[156] muß diese Erfolglosigkeit

[156] *Johannes Kunisch,* Das Mirakel des Hauses Brandenburg. Studien zum Verhältnis von Kabinettspolitik und Kriegführung im Zeitalter des Siebenjährigen Krieges, München, Wien 1978.

aber nicht zuletzt auf das Fehlen einer von den Alliierten gemeinsam getragenen Kriegszielpolitik zurückgeführt werden. Während der schwache Willen und die Halbheiten in der russischen Kriegführung wohl zu Recht dahingehend gedeutet worden sind, daß Rußland sich von Preußen gefährdet fühlte, gleichwohl Friedrich II. aber nur demütigen, allenfalls verdrängen, aber nicht — wie Österreich — vernichten wollte[157], lag auf französischer und österreichischer Seite ein wichtiger Grund für die mangelnde Kooperationswilligkeit in der Besorgnis vor einer weiteren russischen Expansion im Ostseeraum oder gar nach Westen. Nicht ohne Grund hatte Österreich seinen französischen Verbündeten nicht von dem mit Rußland im März 1760 unterzeichneten Vertrag unterrichtet, der für den Fall, daß Österreich Schlesien und Glatz zurückerhielt, Rußland das Recht zur Annektion Ostpreußens einräumte. Nichts verdeutlicht die bange Skepsis, die Österreich selbst vor dem russischen Verbündeten empfand, der 1758 — wenn auch erst im zweiten Anlauf — Ostpreußen erobert hatte, im August 1759 gemeinsam mit österreichischen Truppen dem preußischen König bei Kunersdorf ein vernichtendes Debakel zugefügt und Anfang Oktober 1760 sogar für kurze Zeit Berlin besetzt gehalten hatte, besser als die Gedanken, die Kaunitz im Dezember 1760 im Rahmen von Überlegungen zur Fortführung oder Beendigung des Krieges für Maria Theresia niederschrieb.

Zunächst schlug Kaunitz vor, die Politik nicht in Richtung eines Friedens zu lenken; denn nur die Fortführung des Krieges sei das Mittel, den preußischen Feind völlig zu entkräften und in die Enge zu treiben. Hinzu kam, daß Kaunitz glaubte, daß es wohl kaum noch einmal zu einer solch starken Allianz gegen Preußen kommen würde wie zum jetzigen Zeitpunkt. Zu Österreichs Haltung gegenüber dem russischen Verbündeten aber stellte Kaunitz fest: „Und zwar ist es überhaupt dem Staatsinteresse des Durchlauchtigsten Erzhauses keineswegs gemäß, daß die große Macht des Rußischen Reichs sich weiter ausbreite, und denen Teutschen Grenzen nähere. Die künftige Zufälle sind nicht vorzusehen, und die Menge der griechischen Glaubensgenossen, so von der Moldau bis an das Meer ausgebreitet seynd, vergrößert die förchterliche Vorstellung, so daß bey Rußland mehr als bey dem König von Preußen zu besorgen seyn dörfte; Zumalen Polen keine Barriere abgebet, Kurland von den Russen völlig eingeschlossen wäre, und die schönste Seehäfen des Baltischen Meeres sich in ihren Händen befänden. Allein weit förchterlicher würde die Russische Macht fallen, wenn dieser Hof nicht nur das Königreich Preußen, sondern auch der Großfürst seine Holsteinischen Erblande in Besitz behielte,

---

[157] *Bangert,* Die russisch-österreichische militärische Zusammenarbeit (Anm. 49), 376.

und der einstens auf den russischen Thron gelangte. Dieser mächtige Monarch hätte sodann einen festen Fuß in Teutschland, Sitz und Stimme auf dem Reichs Tag, und die Gelegenheit in Handen, seinen Einfluß, Ansehen, und Übergewicht immer weiter auszubreiten, die Kayserliche Authorität zu beschränken, oder selbsten nach dieser höchsten Würde sein Absehen zu richten. Schon der Zar Peter führte in Absicht, Holstein zu einem Churfürstenthum zu errichten, und andurch einen tiefen Einfluß in die Wahlstimmen zu erhalten, welche weit aussehende Idée noch nicht erloschen sein dörfte. Gleichwohlen ist diesem bevorstehenden politischen Unheil nicht anders abzuhelfen, als wenn der Großfürst zum Verzicht seiner Holsteinischen Erblande vermöget und durch die Acquisition des Königreichs Preußen entschädiget würde[158]."

Erstmalig äußerte der österreichische Staatskanzler an dieser Stelle Bedenken, der aus der Ehe der Schwester der Zarin Elisabeth, Anna Petrovna, mit dem Herzog Karl Friedrich von Holstein-Gottorf stammende Herzog Karl Peter Ulrich, den die Zarin im November 1742 unter seinem neuen Namen Petr Fedorovic zum Großfürsten und Thronfolger ernannt hatte, könne unter Ausnützung des ihm und seinen holstein-gottorfschen Erblanden zustehenden Sitz- und Stimmrechts auf dem Reichstag dereinst als Zar Österreichs Position im Reich, die es gerade mit seiner Hilfe gegen Preußen zu stabilisieren trachtete, erneut und vielleicht sogar in größerem Maße als der preußische König gefährden. Vorläufig war sich Kaunitz noch sicher, daß Peter gemäß dem Artikel II. des zwischen ihm und Österreich abgeschlossenen Subsidientraktats sich sowohl als Großfürst als auch als Mitglied des Heiligen Römischen Reiches an den österreichischen Interessen orientieren würde[159]. Aber die Haltung Peters nach seinem Regie-

---

158 „Kurz zusammengefasstes ohnmassgebliches Dafürhalten des Hof= und Staatskanzlers über 10 Deliberations=Punkten", Dezember 1760, in: HHStA Wien, Staatskanzlei, Vorträge, Karton 87, XII, Bll. 19r; 23r—24r, hier Bll. 23r—24v. — Nach der Schlacht bei Groß-Jägerndorf am 30. August 1757 wuchs auch die französische Angst, Rußland könne zu schnell über Preußen siegen und Einfluß im Westen Europas gewinnen. Vgl. dazu *Oliva,* Misalliance (Anm. 56), 79, und *Gregoire Wolkonsky,* La France et la menance d'expansion russe pendant la guerre de Sept-Ans (1756—1763). Pendule Est-Ouest, in: RHDipl 70 (1956), 193—199.

159 *Hübner,* Staatspolitik und Familieninteresse (Anm. 34), 141 f. — Die hier von Kaunitz geäußerte Furcht vor einer Reichsstandschaft des russischen Zaren hatte bereits früher bestanden. Ende November 1710 hatte eine in Regensburg beim Reichstag kursierende handschriftliche Wochenzeitung vermutet, Zar Peter I. werde demnächst dem Reichstag anbieten, das soeben von ihm eroberte Livland mit dem Reich zu verbinden, „und das Contingent willig einzusenden, jedoch mit der condition, dass man ihre Czaarische Mt. als einen Stand des Reiches erkennen und sessionem et votum verstatten möge". Diese Nachricht blieb eine ebensolche Fiktion wie spätere Gerüchte, die von einer Absicht Peters sprachen, Mecklenburg gegen Liv-

rungsantritt als Zar blieb ungewiß, und tatsächlich sollte es eine der ersten Amtshandlungen Peters III. Mitte Mai 1762 sein, den holsteinischen Gesandten in Regensburg anzuweisen, künftig im Sinne Brandenburgs und Hannovers und nicht mehr wie bisher im Interesse Österreichs zu votieren[160].

Hatte Österreich bisher das von Dänemark vorgeschlagene Projekt eines Austausches des Anspruchs des Großfürsten auf Holstein-Gottorf gegen die in dänischem Besitz befindlichen Grafschaften Oldenburg und Delmenhorst schon deshalb begrüßt, weil es sich davon eine Hinzuziehung Dänemarks zur Allianz gegen Preußen versprach, und, nach der Besetzung des preußischen Fürstentums Ostfriesland durch französische Truppen Anfang 1757, nichts gegen eine Einbeziehung Ostfrieslands in die Tauschüberlegungen einzuwenden gehabt[161], da diese gut ins Gesamtkonzept der „mehreren Schwächung Preußens" paßte, so änderte Kaunitz 1760 seine Politik. Jetzt ging es ihm darum, wenn irgend möglich den russischen Großfürsten — natürlich unauffällig — von einer ausweitbaren Position im Reichstag ganz fernzuhalten. Sein Vorschlag, der ja bereits im März Vertragscharakter gewonnen hatte, schlug dabei gleich drei Fliegen mit einer Klappe. Überließ Österreich dem Großfürsten als Äquivalent für Holstein-Gottorf Ostpreußen, so konnte es um so sicherer den Beitritt Dänemarks zur Allianz erwarten, da Dänemark damit ein altes außenpolitisches Ziel nur unter Zahlung einer auch schon früher angebotenen finanziellen Entschädigung an den Großfürsten erreichen konnte. Fiel Ostpreußen an den Großfürsten, so besaß dieser nicht länger Sitz- und Stimmrecht auf dem Regensburger Reichstag, da Ostpreußen nicht zum Reichsgebiet gehörte. Gleichzeitig aber verlor der preußische König jenen Teil seines Herrschaftsbereiches, aus dem er bisher den Anspruch auf seinen Königstitel gewonnen hatte.

Insgesamt zeigte Kaunitz damit, daß er zwar die österreichischen Interessen, nicht aber das Beharrungsvermögen Peters auf seine Erblande richtig einzuschätzen wußte. Die österreichischen Überlegungen, dem russischen Thronfolger zu einem aus der Sicht der österreichischen Staatsinteressen möglichst günstigen Äquivalent für seine holsteinischen Erblande zu verhelfen, verlieren ihre scheinbare Belanglosigkeit um so mehr, wenn für die Bereitschaft des nach dem Tode Elisabeths am 5. Januar 1762 an die Macht gelangten Zaren Pe-

---

land einzutauschen, um auf diese Weise deutscher Reichsfürst zu werden (*Reinhard Wittram*, Peter I. Czar und Kaiser. Zur Geschichte Peters des Großen in seiner Zeit, Bd. 2, Göttingen 1964, 227).

160 *Hübner*, Staatspolitik und Familieninteresse (Anm. 34), 189, Anm. 861.

161 Maria Theresia an Esterhasy, 13. November 1757, in: *Volz/Küntzel*, Preußische und österreichische Acten (Anm. 1), 635.

ter III., aus der Allianz gegen Preußen auszuscheiden und mit diesem unter Verzicht auf jede territoriale Erwerbung am 5. Mai 1762 einen Friedensvertrag abzuschließen, nicht allein dessen oft zitierte „Borussophilie" herangezogen wird[162]. Hat noch Theodor Schieder von Peter als einem der extremsten, blindesten Verehrer des preußischen Königs gesprochen, der diese Verehrung jeder Staatsraison geopfert habe[163], so scheint doch die langjährige und konsequente Haltung Peters, sich dem Austausch seiner Erblande gegen ein noch so verlockendes Äquivalent zu widersetzen und seine angeblich schon 1751 geäußerte Einsicht, daß er den Teil seiner Erblande, den Dänemark sich angeeignet habe, nur durch eine enge Verbindung mit dem preußischen König zurückerlangen könne[164], für die erstmals 1908 von Dassow und jetzt erneut von Hübner geäußerte Vermutung zu sprechen[165], daß die Entscheidung Peters III. mit ihren großen Konsequenzen für den Verlauf des Siebenjährigen Krieges[166], die Allianz mit Österreich zu verlassen, durchaus auch einem handfesten staatspolitischen Interesse entsprang.

Es kann keinem Zweifel unterliegen, daß zähes Festhalten an den Erblanden und die Unveräußerlichkeit des gesamten Territorialbesitzes den allgemeinen Anschauungen der Zeit entsprach. Denn es war gelungen, „das bisher vorwiegend privatrechtlich aufgefaßte Erbrecht der Dynastie in Übereinstimmung mit der Staatsraison zu bringen"[167]. Die Erblande waren für die Fürsten des „ancien régime" zu Territorien besonderen Wertes geworden. Nicht umsonst hatte deshalb Maria Theresia nach dem Überfall Friedrichs II. auf Schlesien geäußert, daß sie nie und nimmermehr einen Zoll breit von ihren Erbländern abtreten werde, solle sie auch dabei mit allem, was ihr bleibe, zugrunde gehen[168]. Zum grundsätzlichen Willen des Festhaltens an seinen Erblanden mag bei Peter hinzugekommen sein, daß die nach dem Tode früherer russischer Herrscher folgenden Thronwirren es ihm angeraten erscheinen ließen, trotz der Aussicht auf die russische Thronfolge seine Erblande zu behalten. Dabei mag ihm die Chance, mit ihrer Hilfe selbst noch als Zar Sitz- und Stimmrecht am Regensburger Reichstag

162 *Müller*, Rußland und der Siebenjährige Krieg (Anm. 106), 216.

163 *Schieder*, Friedrich der Große (Anm. 82), 237.

164 *Hübner*, Staatspolitik und Familieninteresse (Anm. 34), 177.

165 Ebd., 178, und *Josef Dassow*, Friedrich II. von Preußen und Peter III. von Rußland, Berlin 1908, 15.

166 Zu den Konsequenzen vgl. *Kunisch*, Das Mirakel des Hauses Brandenburg (Anm. 156), 11—14, 45—77, 91—95.

167 *Johannes Kunisch*, Staatsverfassung und Mächtepolitik. Zur Genese von Staatenkonflikten im Zeitalter des Absolutismus, Berlin 1979, 82.

168 *Hanns Leo Mikoletzky*, Österreich. Das große 18. Jahrhundert. Von Leopold I. bis Leopold II., Wien 1967, 183.

zu behalten, vor Augen gestanden haben. Folgerichtig sicherte sich der Zar in einem im Juni 1762 mit Preußen abgeschlossenen Bündnisvertrag die militärische Unterstützung Friedrichs II. für den Fall, daß er gezwungen sein würde, „Dero Erbvaterliche Possessiones durch die Macht der Waffen an sich zu bringen“[169].

Bevor es jedoch noch zu Kampfhandlungen zwischen Rußland und Dänemark kam — die Truppen beider Staaten waren nach dem mit Erlaubnis des Herzogs von Mecklenburg erfolgten Einmarsch der dänischen Truppen in Mecklenburg nur noch 100 km voneinander entfernt —, stürzte Katharina ihren Gatten Peter, wozu neben anderen Gründen nicht zuletzt sein Entschluß, erneut einen Krieg zu beginnen, beigetragen haben mag[170].

Der Thronwechsel von Peter III. zu Katharina II. bedeutete aber nicht, daß Rußland erneut in den Krieg an der Seite Österreichs eingriff. Vielmehr blieb Rußland, obgleich Katharina den Bündnisvertrag mit Preußen nicht bestätigte, dem Krieg ebenso fern wie Schweden, das nach dem Ausscheren Rußlands ebenfalls im Mai 1762 die Allianz, schon um den russischen Nachbarn im Auge behalten zu können, verlassen hatte. Da sich inzwischen auch Frankreich und England ausgesöhnt hatten, kam es am 15. Februar 1763 zum Frieden von Hubertusburg, der die Friedensschlüsse von Dresden und Breslau erneut bestätigte.

Damit war die Politik des österreichischen Staatskanzlers, Preußen auf eine Größe zu reduzieren, die es vor dem Großen Kurfürsten umfaßt hatte, endgültig gescheitert. Es war daher nur konsequent, daß nach der Deklaration des Zaren zur Einstellung der militärischen Aktionen vom 8. Februar 1762[171] und dem sich daran später anknüpfenden preußisch-russischen Defensivvertrag, in dem Rußland Preußen zudem den Besitz Schlesiens garantierte[172], für zehn Jahre — bis zum Vertrag über die Teilung Polens im Jahre 1772 — Österreich mit Rußland höchst distanziert umging.

Immerhin brachte der Austritt Rußlands aus der Allianz Kaunitz zu der späten Erkenntnis: „Der Ausschlag des vorletzten und letzten Krieges dienet zum überzeugenden Beweistum, daß ganze Monarchien nicht so leichter Dingen über Hauffen zu werfen seien, und daß die noch so wohl ausgedachte Konzept durch ganz unvorhergesehene Zufälle unterbrochen und vermittelt werden könne[173].“ Künftig richtete

---

169 Zitiert nach *Hübner*, Staatspolitik und Familieninteresse (Anm. 34), 193.

170 Ebd., 198.

171 *Martens* (Anm. 13), 304.

172 *Wenck* (Anm. 116), 299 ff.

sich die österreichische Politik daher — außer auf den Grundsatz, das System der Allianz mit Frankreich zu wahren — auf die Erhaltung des allgemeinen Friedens mit allen übrigen Mächten „und selbsten mit einbegriff des Königs in Preuszen“. Gleichzeitig sollte Österreichs größte Aufmerksamkeit der innerlichen Vermehrung der Kräfte des Landes durch Verbesserung des Kultur-, Manufaktur-, Kommerz- und Finanzsystems und des Heerwesens gelten. Außer einigen kleinen Problemen mit der Republik Venedig und dem König in Preußen — so glaubte der Staatskanzler im September 1764 — befinde sich Österreich mit allen anderen Staaten in guter Nachbarschaft.

Herrschte in Mitteleuropa nach Beendigung des Siebenjährigen Krieges eine längere Friedensperiode, so kam es im Osten Europas zu einem Krieg der Pforte gegen Rußland. Nach dem Tod König Augusts III. war es der Zarin Katharina II. mit Hilfe des preußischen Verbündeten 1764 gelungen, ihren Kandidaten Graf Stanislaus II. August Poniatowski zum polnischen König wählen zu lassen. Der national gesinnte Adel Polens hatte sich daraufhin gegen den russisch gesinnten Teil des Adels in der Konföderation von Bar im Februar 1768 vereinigt. Es begann ein Bürgerkrieg, in den sich die Pforte, die sich mit der Konföderation verbunden hatte, durch eine Kriegserklärung an Rußland einmischte. Schon im Dezember 1770 befaßte sich der österreichische Hof mit den russischen Friedensplänen; denn der Krieg gegen Rußland war für die Türken zu einem schnellen Desaster geworden. Ihr Zusammenbruch schien nur noch eine Frage der Zeit zu sein. Rußlands Absichten richteten sich damals darauf, Azov zu behalten, die Freiheit der Schiffahrt im Schwarzen Meer zu erlangen, die bisher den Türken untertanen Tatarenvölker zu befreien und Otschakow, am Schwarzen Meer in der Nähe der Mündung des Bug gelegen, zu erhalten.

Kaunitz argwöhnte bereits, wie russische Flotten über das Schwarze Meer und die Ostsee Europa umspannten und Konstantinopel gefährdeten. In den St. Petersburger Friedensbedingungen — so befürchtete Kaunitz — läge der Grundstein für eine russische Übermacht zu Wasser und zu Lande, der nichts mehr gewachsen sei. „Im Fall des russischen Friedensplans wäre es um das bisherige Gleichgewicht getan und kein zureichendes Mittel mehr zur Aufrechterhaltung dieses reißenden Stromes zu erfinden sein dürfte[174].“ Es gelte daher, sich jetzt recht-

---

173 HHStA Wien: Staatskanzlei, Vorträge, Karton 108, Bll. 233r—258v, hier Bll. 253v—r.

174 HHStA Wien: Staatskanzlei, Vorträge, Karton 106, Bll. 129r—258v, hier Bl. 129r. — Zur Frage des europäischen Gleichgewichts in dieser Zeit vgl. *Johann Heinrich Gottlob von Justi*, Die Chimäre des Gleichgewichts von Europa, Altona 1758; *Eberhard von Vietsch*, Das europäische Gleichgewicht.

zeitig den russischen Vergrößerungsabsichten sowohl in Polen als auch im Herrschaftsbereich der Pforte mit Hilfe der Pforte und anderer Mächte entgegenzustellen, um das Gleichgewicht in Europa zu wahren. Dies sei um so leichter zu erhalten, wenn der König in Preußen hierbei mithelfe. Kaunitz schlug Maria Theresia nicht nur vor, Friedrich II. mittels des österreichischen Gesandten in Berlin, van Swieten, von der russischen Gefährdung des europäischen Gleichgewichts zu überzeugen, sondern er ging noch einen Schritt weiter. Swieten solle, falls der König Interesse zeige, diesem die gemeinsame Verdrängung der Russen aus Polen und die Besetzung sowohl Kurlands als auch Semigallens vorschlagen. Die beiden letzteren Provinzen sollten Friedrich II. als Gewinn zufallen, allerdings weiterhin polnisches Lehen bleiben. Zwar seien Friedrich Polnisch-Preußen und das Bistum Ermland sicherlich lieber, ein solcher Gewinn aber für Österreich ohne eigene entsprechende Vergrößerung unzumutbar, zumal Polen dabei das unverschuldete und ungerechte Opfer abgeben müsse. Für Österreich sah Kaunitz als Entschädigung die Landstriche vor, die es von Siebenbürgen aus in Richtung Moldau und von Ungarn gegen Polen hin besetzt habe, und neben einer Einlösung der 13 Zipfer Städte die eventuelle Abtretung der kleinen Wallachei von der Pforte. Allein, die Kaiserin zeigte sich realistischer als ihr Staatskanzler, und Swieten mußte sich auf die Mitteilung der österreichischen Bereitschaft an Friedrich II. beschränken, an der Vereitelung der russischen Vergrößerungsabsichten mitwirken zu wollen[175].

Will man das Echo ermessen, auf das ein solches österreichisches Ansinnen bei Friedrich II. stoßen mußte, so ist zunächst die Veränderung des Rußlandbilds des preußischen Königs zu beachten. Nach dem Siebenjährigen Krieg, in dem auch sein negatives Urteil über das russische Militär angesichts der Erfahrungen mit dessen Infanterie und Artillerie einer positiveren Beurteilung Platz gemacht hatte, erschien dem König Rußland aufgrund seiner Bevölkerungszahl von 9 000 000 Einwohnern, deren schnelle Zunahme für ihn außer Zweifel stand,

---

Politische Idee und staatsmännisches Handeln, Leipzig 1942; *M. S. Anderson,* Eighteenth-Century Theories of the Balance of Power, in: Studies in Diplomatic History. Essays in Memory of David B. Horn, hrsg. von Ragnhild Hatton and M. S. Anderson, London 1970, 183—198; *Herbert Butterfield,* The Balance of Power, in: ebd., 149—175; Ernst Kaeber, Die Idee des europäischen Gleichgewichts in der publizistischen Literatur vom 16. bis zur Mitte des 18. Jahrhunderts, ND Hildesheim 1971; *Kurt Kluxen,* Zur Balanceidee im 18. Jahrhundert, in: Vom Staat des Ancien régime zum modernen Parteienstaat. Festschrift für Theodor Schieder, hrsg. von Helmut Berding, Kurt Düwell, Lothar Gall, Wolfgang J. Mommsen, Hans-Ulrich Wehler, München, Wien 1978, 41—58.

[175] *Alfred Ritter von Arneth,* Geschichte Maria Theresias, 10 Bde., Nachdruck der Ausgabe von Wien 1863—1879, Osnabrück 1971, hier Bd. 8, 251.

als „la puissance la plus dangereuse à l'Europe"[176]. Obwohl das Bündnis mit Rußland, wie Otto Hintze formuliert hat, seit 1764 geradezu „den Grundstein des politischen Systems" Friedrichs gebildet hatte[177], zeigte er eine fast traumatische Sorge vor Rußland. Diese war — wie Theodor Schieder wohl richtig gesehen hat — „kein Ergebnis eigener Erfahrungen, sondern eine Vision, eine der ‚Chimären', denen seine Phantasie oft nachhing, sicher nicht ohne Wirklichkeitsgehalt, aber im Augenblick, da er sie niederschrieb, noch nicht Gegenwart, sondern Zukunft"[178].

‚Gegenwart' waren für den preußischen König jene Subsidienzahlungen, die er sich an Rußland — allzu schnell, wenn man ihm selbst Glauben schenken darf — im inzwischen Realität gewordenen Fall eines russischen Krieges gegen die Türkei zu zahlen verpflichtet hatte. Insoweit lag bei Friedrich durchaus ein Interesse, diesen Konflikt möglichst bald durch einen Frieden zu beenden. Auch hegte er schon lange die Absicht[179], bevor ihm dies durch die österreichische Seite nahegelegt wurde, das russische Bündnis durch ein österreichisches zu ersetzen. Allein seine Skepsis gegenüber Österreich überwog, dem er nicht abnehmen wollte, daß es den Verlust Schlesiens überwunden hatte. Wenn ihm auch der durch eine Vergrößerung Rußlands am Schwarzen Meer drohende Machtzuwachs seines Nachbarn ungelegen war, er die Gedanken Kaunitz' zum europäischen Gleichgewicht teilte, so wollte er sich — wie er Finckenstein im August 1769 mitteilte — lediglich die Zeit nehmen, dem Kaiser bei einem Treffen zuzuhören „und dann sehr gründlich abwägen, was für uns das Vorteilhafteste sei"[180].

---

[176] Politische Correspondenz Friedrich's des Großen, hrsg. von *Gustav Berthold Volz*, Ergänzungsband, Berlin 1920, 196. — In einer Denkschrift Josephs II. aus den Jahren 1776/68 hieß es: „L'immensité de la Monarchie Russe, sa situation, qui li met à couvert du coté des Turcs et des Persans par des deserts immenses et de celui du reste de l'Europe par la Pologne et par plusieurs bonnes forteresses, qui bordent ses confins, le nombre des ses sujets, la forme despotique de son gouvernement, la fertilité de plusieurs des ses provinces, la quantité de matières premières, necessaires au commerce et surtout à la marine, que le sol y produit, la religion et la stupidité de ses peuples, qui leur faisant accroire une certaine prédestination, les rend la plus brave infanterie: tout cela rend, sans doute la Russie la plus formidable puissance de l'Europe, surtout quand elle est gouvernée par un souverain, qua a tant d'esprit, de hardiesse et de consequence dans toutes ses actions, que l'Imperatrice actuelle." (Vgl. *Hermann Conrad*, Staatsgedanke und Staatspraxis des aufgeklärten Absolutismus, Opladen 1971, 58).

[177] *Otto Hintze*, Friedrich der Große nach dem Siebenjährigen Kriege und das Politische Testament von 1768, in: *ders.*, Regierung und Verwaltung (Anm. 79), 448—503, hier 464.

[178] *Schieder*, Friedrich der Große (Anm. 82), 237.

[179] Politische Correspondenz Friedrich's des Großen (Anm. 176), hier Bd. 29, Berlin 1903, 11 f. und 250 f.

[180] Ebd., 11 f.

Auch Kaunitz hegte seinerseits weiterhin Mißtrauen gegen den preußischen König, da dieser anläßlich der polnischen Unruhen und des russisch-türkischen Krieges die Gelegenheit genutzt haben würde, „um im Trüben fischen, und seiner Vergrößerungs Begierde ein Genüge leisten zu können", wenn ihn daran nicht die österreichische Politik gehindert hätte[181]. Kaunitz übersah freilich nicht, daß es der gegen seinen Rat offensichtlich von Kaiser Josef II. veranlaßte Einmarsch österreichischer Truppen in Polen gewesen war, der Friedrich II. bewogen hatte, diesem Beispiel zu folgen. Im Februar 1771 erreichte Kaunitz ein Schreiben Maria Theresias, in dem sie den Kurs der künftigen österreichischen Politik gegenüber Rußland präzisierte. Dort hieß es: „Nach reifer Überlegung der Mir von ihm schon öfters übergebenen politischen Staats-Betrachtungen und auch schon von Mir gut geheißenen und abgelaufenen verschiedenen Expeditionen habe ich Mich endlich fest entschlossen, nicht mit der bisherigen Gleichgültigkeit die rußischen Progreßen anzusehen, sondern von nun an alle Mittel zu ergreifen; selben Abbruch und Einheit zu thun, ja auch der von Gott Mir gegebenen Gewalt der Waffen selbst zu gebrauchen[182]."

Kaunitz glaubte, im Interesse des österreichischen Staates und des europäischen Gleichgewichts zu handeln, wenn er mit der Pforte einen Vertrag abschloß, der diese verpflichtete, im Falle eines Friedensschlusses mit Rußland Österreichs Zustimmung einzuholen. Dafür sicherte er der Pforte finanzielle Unterstützung zu. Andererseits wollte auch der österreichische Staatskanzler ganz wie Friedrich II. erst einmal die Entwicklung abwarten, zumal ihm Rußland die Moldau und die Wallachei sowie die von Österreich besetzten polnischen Distrikte unter Einschluß Krakaus anbot. Die Einigung mit Rußland aber lief dem Endzweck der österreichischen Politik, der Sicherheit, Wohlfahrt und Erhaltung des Hauses Habsburg „schnurgerade zuwider". Er wollte deshalb die Pforte weiterhin stützen und ihr durch österreichische Mobilmachungen an der Donau zumindest psychologisch den Rücken stärken. Im übrigen könne es Österreich nur recht sein, wenn sich sowohl die Pforte als auch Rußland durch einen langen Krieg gegenseitig schwächten. Kaunitz erinnerte das Kaiserpaar daran, daß sie die einzige Macht seien, „welche sich den russischen gefährlichen Absichten entgegensetzen kann. Aus bloßer Freundschaft sind niemals Vorteile und Begünstigungen von Rußland zu erwarten. Der Eigennutz dieses Hofes hat sich im letzten Krieg, wo man doch alles hätte hoffen sollen, zuviel verraten und nur alsdann kann man sich Rücksichten

---

[181] HHStA Wien: Staatskanzlei, Vorträge, Karton 108, Bll. 187v—202r (ad Vortrag 25. September 1771), Bl. 188r.

[182] Ebd., 195r (Der Brief Maria Theresias vom 5. Februar wird hier in voller Länge von Kaunitz wiedergegeben).

und vorteilhafte Einwilligungen von Rußland versprechen, wenn es hierzu durch wahrscheinliche Beisorge und sein eigenes Interesse vermöget würde“[183].

Andererseits vertrat Kaunitz das Konvenienz-Denken seiner Zeit, wenn er riet, Friedrich II. erkennen zu lassen, „daß wir zwar den Krieg verabscheuten aber uns zu solchem ehender als zur Schwächung des Gleichgewichts und unserer Selbsterhaltung einverstehen würden. Daß daher nebst der russischen auch des Königs Vergrößerung ohne das dem Durchlauchtigsten Erzhaus ein gleicher Vorteil zuwachsen nicht gleichgültig angesehen werden können“[184]. Im übrigen stehe es förmlich im Interesse der Pforte, wenn Österreich durch den Besitz von Moldau, Wallachei und Bessarabien eine Mauer gegen Rußland bilde.

In den Äußerungen des preußischen Königs und des seit 1764 in den Fürstenstand erhobenen österreichischen Staatskanzlers spiegelte sich das Dilemma, in das ihre jeweilige Außenpolitik geraten war. Einerseits fürchteten beide den Machtzuwachs Rußlands und schienen gar bereit, für das Prinzip des Gleichgewichts in Europa ihre Truppen gegen Rußland ins Feld führen zu wollen. Andererseits konnte selbst dieser Machtzuwachs geduldet werden, wenn nach dem für die Zeit gültigen Prinzip der Konvenienz zumindest ein gewisser Vorteil für ihre Staaten heraussprang. Das, was man später als „sacro egoismo“ bezeichnet hat, dominierte das Staatsinteresse letztlich mehr als der Wunsch, eine gemeinsame Wendung gegen die neue Großmacht Rußland zu vollziehen. Diese Politik der Wahrung des Vorteils der eigenen Dynastie um „jeden“ Preis führte konsequent zur ersten Zerstückelung Polens unter der ausdrücklichen Erklärung der Einhaltung vollkommener Parität zwischen ihnen[185].

---

[183] HHStA Wien: Staatskanzlei, Vorträge, Karton 108, Bll. 233r—258v, hier 235r.

[184] Ebd., Bl. 242r.

[185] *Martens* (Anm. 13), 286 ff. In einer Stellungnahme zu der Teilung Polens schrieb Maria Theresia unter anderem: „Am leichtesten wäre es wohl, einzugehen auf die uns angebotene Teilung Polens. Aber mit welchem Rechte kann man einen Unschuldigen berauben, den vertheidigen und unterstützen zu wollen wir uns immer gerühmt haben? Warum alle diese großen und kostspieligen Vorbereitungen, warum so viele lärmende Drohungen im Norden Europas das Gleichgewicht aufrecht halten zu wollen. Der einzige Beweggrund der Convenienz, nicht allein zu bleiben zwischen den zwei andern Mächten — Preußen und Rußland —, ohne irgendwelchen Vorteil zu ziehen scheint mir nicht zu genügen, ja nicht einmal ein ehrenhafter Vorwand zu sein, um sich zwei ungerechten Usurpatoren in der Absicht zuzugesellen, ohne irgendeinen Rechtsanspruch einen Dritten noch mehr zu verderben.“ (Zitiert nach *Friedrich Walter* (Hrsg.), Maria Theresia. Briefe und Aktenstücke in Auswahl, Darmstadt 1968, 307). Zum angesprochenen Problem vgl. auch *Karl Otmar Freiherr von Aretin*, Tausch, Teilung und

Trotz des Ausmaßes des russischen Sieges über die Pforte, das sich 1774 im Frieden von Küçük Kaynarci in russischen Erwerbungen an der Schwarzmeerküste niederschlug, stellte dieser Frieden im europäischen Rahmen noch nicht mehr als einen — obschon für das Gleichgewicht der Kräfte wichtigen — Nebenschauplatz dar. Mitteleuropa war und blieb der der Mitentscheidung Gesamteuropas bedürftige und von der Mitsprache aller europäischen Staaten abhängige Raum[186].

Daß Rußland — mehr als bisher — in diesem Raum innerhalb des Konzerts der Mächte künftig seine Stimme erheben wollte und konnte, zeigte sich schließlich — und damit kehren wir zu unseren einleitenden Überlegungen zurück — am Ende des Bayerischen Erbfolge-Krieges 1779 im Frieden von Teschen[187]. Als im Dezember 1777 Kurfürst Maximilian III. Joseph von Bayern und damit der letzte männliche Sproß der wilhelminischen Linie der Wittelsbacher starb, schien sich aus der Sicht Josephs II. die Gelegenheit zu bieten, einen alten Traum des Hauses Habsburg, die Übernahme des Nachbarlandes, zu realisieren, zumal der wittelsbachische Erbe Kurfürst Karl Theodor von der Pfalz im Januar 1778 in einem Vertrag mit Österreich auf seine Ansprüche verzichtet hatte. Der nächstfolgende Agnat Karl Theodors jedoch, Karl August von Pfalz-Zweibrücken, wollte sich den österreichischen Anforderungen nicht beugen. Da auf dem Regensburger Reichstag nicht nur Pfalz-Zweibrücken, sondern auch Preußen gegen die österreichischen Pläne Einspruch erhob und daneben noch Forderungen Maria Antonias von Sachsen und auch Herzog Friedrichs von Mecklenburg-Schwerin laut wurden, zog der österreichische Anspruch auf Bayern größere Kreise, als von Joseph II. ursprünglich erwartet worden war. Zur österreichischen Überraschung begann Friedrich II. am 5. Juli 1778 mit dem Einmarsch seiner Truppen in Böhmen und Sachsen den Krieg.

Länderschacher als Folgen des Gleichgewichtssystems der europäischen Großmächte. Die polnischen Teilungen als europäisches Schicksal, in: JbGMittel-Ostd 30 (1981), 53—68.

[186] *Duchhardt*, Gleichgewicht der Kräfte (Anm. 3), 3. — Gemäß den Bestimmungen des Westfälischen Friedens sahen sich Maria Theresia, Ludwig XV. von Frankreich und König Adolf Friedrich von Schweden bei Kriegsausbruch 1757 veranlaßt, eine Konvention über die Garantie der Ruhe im Reich abzuschließen. Es bedeutete eine erhebliche Aufwertung der Position Rußlands, daß die Zarin zur Accession aufgefordert wurde, eine Aufforderung, die ohne die Existenz des österreichisch-russischen Bündnisses nur schwer vorstellbar gewesen wäre. Rußland trat der Konvention im November 1757 bei: *Martens* (Anm. 13), 216.

[187] Zum folgenden vgl. *Adolf Beer*, Zur Geschichte des Bayerischen Erbfolgekrieges, in: HZ 35 (1876), 88—152, und vor allem *Volker Press*, Bayern am Scheideweg. Die Reichspolitik Kaiser Josephs II. und der Bayerische Erbfolgekrieg 1777—1779, in: Festschrift für Andreas Kraus zum 60. Geburtstag, hrsg. von Pankraz Fried und Walter Ziegler, Kallmünz 1982, 277—307.

Die Zarin Katharina II. hatte aufgrund der in dieser Zeit drohenden Gefahr eines Krieges zwischen Rußland und der Pforte zwar nicht die Absicht, ihren preußischen Bundesgenossen, mit dem sie zudem nur eine Defensivallianz verband, militärisch zu unterstützen, wollte ihm aber ihre Hilfe keineswegs versagen. Der preußische König hatte es nicht nur verstanden, daß der Herzog von Pfalz-Zweibrücken sich mit einem Gesuch um Hilfe an die Zarin gewandt hatte, sondern auch die übrigen beteiligten Höfe, die sich der so von ihnen verstandenen österreichischen Anmaßung nicht beugen wollten, veranlaßt, Katharina II. um Beistand und Garantie der Verfassung des Reiches anzurufen[188]. Vor allem Friedrich II. ließ über seinen Gesandten in St. Petersburg, den Grafen Solms, der Zarin damit schmeicheln, daß nur sie es sei, die als Schlichterin der Auseinandersetzungen im Reich, ihrer alten Heimat, wirksam werden und sich damit als Friedensstifterin in Europa große Verdienste erwerben könne[189].

Es waren die preußischen Kabinettsminister, die ihrem König vorschlugen, die Zarin auf den Gedanken zu bringen, an Stelle Schwedens, welches als vom mit Österreich verbundenen Frankreich abhängig angesehen wurde, als Garantin des Westfälischen Friedens zu treten[190]. Diese Anregung leitete Friedrich II. über Solms an Katharina II. weiter, die daraufhin tatsächlich eine mit Frankreich gemeinsam zu gestaltende Vermittlung im Konflikt anbot, zu der sich Frankreich, trotz des Hinweises des österreichischen Gesandten Mercy, es sei doch bedenklich, wenn eine halbasiatische Macht sich in europäische Verhältnisse einmische, auch bereit erklärte, zumal es gerade zusammen mit Spanien als „Geburtshelfer der amerikanischen Republik“ in den amerikanischen Unabhängigkeitskrieg gegen England eingegriffen hatte[191]. Da Maria Theresia zwar im Gegensatz zu ihrem Sohn, aber mit Unterstützung von Kaunitz, der eine Fortführung des Krieges aufgrund der ungünstigen militärischen Voraussetzungen und der geringen Bedeutung des Anlasses ablehnte, einzulenken bereit war[192],

---

188 Der Berliner Hof hatte nach 1762 und nach dem Bündnis mit Rußland von 1764 jede Gelegenheit genutzt, Rußland stärker für die deutschen Angelegenheiten zu interessieren, um dem wieder größer werdenden österreichischen Einfluß im Reich den russischen entgegenzustellen. So hatte Katharina II. Preußen 1764 die Garantie gegeben, nach dem Aussterben der regierenden Nebenlinien in den Markgrafschaften Ansbach und Bayreuth an das Kurhaus Brandenburg zu bringen. Vgl. dazu *Adolf Unzer*, Der Friede von Teschen. Ein Beitrag zur Geschichte des Bayerischen Erbfolgestreits, Kiel 1903, 151 ff. und 128.

189 Ebd., 152.

190 Ebd., 153.

191 Ebd., 204 ff.

192 Trotz der bisher fehlgeschlagenen Umsetzung seiner 1749 aufgestellten „Hauptmaxime“ in der Praxis formulierte Kaunitz hier, am 7. September

kam es zu Friedensverhandlungen in Teschen, die mit dem Austausch der im Westfälischen Frieden verankerten Garantiemacht Schweden gegen die Garantiemacht Rußland endeten[193].

Die von nationalistischer Empfindlichkeit noch weitgehend freie Öffentlichkeit im Reich sah zunächst beglückt nur die Wiederherstellung des Friedens. Sie feierte Katharina II. als Friedensbringerin und maß dem Zuwachs des russischen Einflusses in Angelegenheiten des Reiches zunächst nur geringe Bedeutung bei[194]. Führende Staatsmänner Europas aber hatten längst Angst vor einer „russischen Gefahr“[195], konnte doch die neue Großmacht im Osten das europäische Gleichgewicht nicht nur erschüttern, sondern unter günstigen Umständen gar zu seinen Gunsten verlagern. Der zweite Türkenkrieg der Zarin, 1787—1791, der Krieg gegen Schweden und vor allem die zweite und dritte Teilung Polens brachten dann auch den rußlandfeindlichen Umschwung in der öffentlichen Meinung[196]. Jetzt nach Wegfall des „Schlagbaumes zwischen uns und Rußland“, wie der hannoverische Kanzleisekretär Johann Wackerhagen 1794 klagte — schien auch die deutsche Freiheit aufgrund des Rußland in Teschen verbrieften Mitspracherechts in Reichsangelegenheiten jederzeit von „Kosaken- und Kalmückenschwärmen“ bedroht[197]. Das Schicksal Polens ließ ähnliche Konsequenzen auch für die Zukunft des Reichs befürchten[198].

1778, erneut: „La partie en était supérieurement bien liée, et l'objet auquel elle était destinée, était non seulement la récupération de la Silésie et du Comté de Glatz, mais même la réduction de la Maison de Brandebourg à son état primitif de petite puissance très secondaire. La présente guerre, en échange, dans toute l'étendue des suppositions les plus favorables n'a qu' un si mince objet, qu'il semble, que devant Dieu et devant les hommes on ne peut pas se permettre de repandre le sang humain, de ruiner ses états, et de dépenser beaucoup d'argent pour la faire durer un jour de plus, qu'il ne le faudra absolument“ (*Karl Otmar Freiherr von Aretin,* Heiliges Römisches Reich 1776—1806. Ausgewählte Aktenstücke, Bibliographie, Register, Wiesbaden 1967, 2).

[193] *Georges Frédéric de Martens,* Recueil de Traités des puissances et états de l'Europe, Bd. II, Göttingen[2] 1817, 661 ff.

[194] Vgl. dazu *Dieter Groh,* Rußland und das Selbstverständnis Europas. Ein Beitrag zur europäischen Geschichte, Neuwied 1961, 59 ff.; *Th. J. G. Locher,* Das abendländische Rußlandbild seit dem 16. Jahrhundert, Wiesbaden 1965; *Eckhard Matthes,* Das veränderte Rußlandverständnis im 18. Jahrhundert zwischen 1725 und 1762, Frankfurt am Main 1981.

[195] Warum Michael G. Müller für das von ihm sehr sehr spät angesetzte Entstehen einer Angst vor der „russischen Gefahr“ mehr die orientalische und weniger die nach Westeuropa gerichtete Expansion Rußlands verantwortlich macht, bleibt unverständlich. Vgl. dazu *Michael G. Müller,* Zum Epochenbegriff des nachpetrinischen Rußlands, in: Handbuch der Geschichte Rußlands, Bd. 2 (Anm. 15), 372—378, hier 374. — Zum ersten Auftauchen der „russischen Gefahr“ vgl. *Walter Platzhoff,* Das erste Auftauchen Rußlands und der russischen Gefahr in der europäischen Politik, in: HZ 115 (1916), 77—93.

[196] *Matthes,* Das veränderte Rußlandverständnis (Anm. 194), 195 ff.

Nun hatten die Russen sicherlich schon früher ohne Unterweisung aus dem Reich gelernt, ihre Schwerter treffsicher zu benutzen. Doch das Faktum des so überaus raschen Aufstiegs ihres Staates unter die Zahl der europäischen Großmächte des 18. Jahrhunderts, dem für die Zukunft des europäischen Staatenssystems machtpolitisch eigentlich ein größeres Gewicht zukam als dem „renversement des alliances", kann nicht allein mit dem erfolgreichen russischen Expansionsdrang erklärt werden. Die Bündnispolitik Österreichs, die den russischen Partner von einem gemeinsamen Vorgehen im Osten Europas gegen die Pforte auch in ihre westliche Interessensphäre hinüberzog, stellte ein ganz wesentliches Element für diesen Aufstieg dar. Die entscheidende Beschleunigung erfuhr der Prozeß des russischen Aufstiegs im 18. Jahrhundert durch die außenpolitischen Zielsetzungen Österreichs.

Die nur durch einen Krieg zum Erfolg zu bringende Absicht des Staatskanzlers Kaunitz, dem österreichischen Hauptfeind, dem König von Preußen, nicht nur Schlesien wieder abzunehmen, sondern diesen darüber hinaus zu schwächen, zu entkräften, und schließlich sogar — wie er 1755 als Kriegsziel formuliert hatte — „ihn unter Französcher Begnehm- und Mitwürkung dergestalt in enge Gränzen einzuschliessen, dass er in den Stand, in welchem er sich vor dem 30jährigen Krieg befunden, gesetzet werde"[199], konnte Rußland nicht mehr wie bisher auf dem Niveau eines gegen Bezahlung Hilfstruppen stellenden Landes halten. Die Wiener Politik mußte dem österreichischen Bündnispartner, der zur Erreichung einer solchen Absicht unbedingt erforderlich war, vielmehr einen gleichrangigen Platz als „puissance belligérante" und damit konsequenterweise eine neue Position im Konzert der Mächte zuweisen. Dabei war es Kaunitz nicht einmal gelungen, dieses aus dem Rahmen der bisherigen Kriege in der Zeit des „ancien regime" weit herausfallende Kriegsziel bei seinen Bundesgenossen Frankreich und Rußland durchzusetzen. „Ein Koalitionskrieg, diesen Vorwurf wird man dem Wiener Hof wohl nicht ersparen können, wird nie unter ausschließlicher Berücksichtigung der eigenen Kriegsziele gewonnen werden können, sondern nur unter Beobachtung der Interessen der Verbündeten[200]." Kaunitz' späte Erkenntnis, daß ganze Mon-

---

[197] Ebd., 201.

[198] So glaubte Johann Gottfried von Herder 1798 in einem Gedicht über die Ereignisse in Polen, die Deutschen warnen zu müssen, indem er unter anderem schrieb: „Weiter schaue. Du siehst, ferne im Osten steht Dir ein Riese; Du selbst lehrtest ihn, sein Schwert, seine Keule zu schwingen. Zorndorf erprobte sie auch an Dir" (*Matthes,* Das veränderte Rußlandbild [Anm. 194], 199).

[199] *Beer,* Denkschriften des Fürsten Wenzel Kaunitz-Rittberg (Anm. 91), 50.

[200] *Duchhardt,* Gleichgewicht der Kräfte (Anm. 3), 11.

archien nicht so leicht „über Hauffen" geworfen werden könnten[201], zeigt, daß er die Einwände Ludwigs XV., dem das Vorhaben gegen den preußischen König zu weit ging[202], unterschätzte und damit das monarchische Denken seiner Zeit. Denn es „darf als Band der Einigkeit nicht unterschätzt werden, die monarchische Solidarität, das Band der gegenseitigen Rücksichtnahme. Es schloß in der Regel die Vernichtung des Gegners aus; noch die Behandlung Napoleons 1814 (anders nach der Rückkehr von Elba!) zeigte die Stärke dieses Grundsatzes"[203]. Für die österreichischen Bundesgenossen Frankreich und Rußland hatte sich auch ein Krieg gegen Preußen in den Schranken „eines letztlich auf regulierende Mäßigung und kühle Rationalität bedachten Zeitalters"[204] zu halten. So spielte Kaunitz wahrlich ein Spiel „of high political intrigue, misrepresenting Russian policy to France and French policy to Russia in order to whip together his offensive alliance against Prussia"[205]. Daß gerade zum Zeitpunkt des Friedens von Teschen die beiden westlichen Großmächte Frankreich und England aufgrund ihres Engagements in Nordamerika vom europäischen Kontinent kräftemäßig gleichsam abwesend waren, hat den russischen Aufstieg sicherlich gefördert. Die Bündnispolitik Österreichs aber war für die Gewinnung des neuen russischen Platzes im europäischen Mächtesystem mit von ausschlaggebendem Charakter.

---

[201] HHStA Wien: Staatskanzlei, Vorträge, Karton 108, Bll. 253v—r.

[202] „Que le procédé serait trop violent et trop opposé à la facon de penser du Roi." Starhemberg an Kaunitz, 27. Februar 1756, in: *Volz/Küntzel*, Preußische und österreichische Acten (Anm. 1), 247.

[203] *Scheuner*, Die großen Friedensschlüsse (Anm. 2), 240 f.

[204] *Kunisch*, Das Mirakel des Hauses Brandenburg (Anm. 156), 42.

[205] *Walter L. Dorn*, Competition for Empire 1740—1763, New York 1940, 311.

ANHANG

Denkschrift des Grafen Kaunitz zur mächtepolitischen Konstellation nach dem Aachener Frieden von 1748

Bearbeitet von
Reiner Pommerin und Lothar Schilling, Köln

Einleitung

Einer Anregung des Hof- und Staatskanzlers Anton Graf Ulfeld folgend tagte am 5. März 1749 in Wien die „geheime Conferenz", der oberste Rat der österreichischen Krone. Neben Ulfeld gehörten dieser Konferenz Reichsvizekanzler Rudolph Graf Colloredo, der oberste Kanzler von Böhmen, Friedrich Graf Harrach, Oberstkämmerer Johann Joseph Graf Khevenhüller, Feldmarschall Joseph Lothar Graf Königsegg und Wenzel Anton Graf Kaunitz an. Aus dem vom Sekretär der Konferenz, Johann Christoph von Bartenstein, gefertigten Protokoll der Sitzung geht hervor, daß Graf Harrach das Fehlen einer Leitlinie, eines Systems bemängelt hatte, das die österreichische Außenpolitik nach dem mit dem Frieden von Aachen am 18. Oktober 1748 abgeschlossenen Erbfolgekrieg bestimme.

Diese Bemerkung des Grafen Harrach veranlaßte Kaiserin Maria Theresia am 7. März 1749 zu verfügen, daß sich ein jedes Mitglied der Konferenz binnen von 14 Tagen darüber Gedanken machen sollte, welcher außenpolitische Kurs, welches System Österreichs Politik künftig prägen müsse. Das im folgenden abgedruckte Konferenz-Votum ist das des erst seit dem 15. Januar 1749 zum Mitglied der Konferenz berufenen Wenzel Anton Graf von Kaunitz[1].

Kaunitz war am 2. Februar 1711 als Sohn des mährischen Landeshauptmanns Maximilian Ulrich von Kaunitz in Wien geboren[2]. Nach

[1] Zur Konferenz vom 5. März 1749 und der Weisung Maria Theresias vgl. *Jacob Strieder*, Kritische Forschungen zur Österreichischen Politik vom Aachener Frieden bis zum Beginn des Siebenjährigen Krieges, Leipzig 1906, 7 ff.

[2] Zur Biographie vgl. *Karl Otmar Freiherr von Aretin*, Art. Kaunitz, Wenzel Anton, in: NDB 11 (1977), 363—369; *Alfred von Arneth*, Art. Kaunitz,

einem vorbereitenden Privatunterricht studierte Wenzel Anton an der juristischen Fakultät der Universität Leipzig und erwarb dabei über das eigentliche Studium des Rechts hinausgehende Kenntnisse. Nach einer kurzen Mission, die ihn 1741 zur Notifikation der Geburt Erzherzog Josephs nach Rom, Florenz und Turin geführt hatte[3], trat er 1742 mit seiner Ernennung zum österreichischen Gesandten am sardinischen Hof in Turin als Diplomat in den Dienst der österreichischen Außenpolitik[4]. 1744 berief Maria Theresia ihn als Obersthofmeister an den Brüsseler Hof ihres Schwagers Karl v. Lothringen, des Statthalters der österreichischen Niederlande. In diesem Amt verblieb Kaunitz bis zum Juni 1746. Nach einem vorübergehenden Rückzug von Kaunitz ins Privatleben entsandte die Kaiserin den Grafen im November 1747 als österreichischen Unterhändler zu den Friedensverhandlungen in Aachen. Im Februar 1749 kehrte er nach Wien zurück und blieb hier bis zu seinem Amtsantritt als österreichischer Botschafter in Versailles im folgenden Jahre[5].

Das Votum des Grafen Kaunitz — mit einem Umfang von 123 Folioblättern mehr als doppelt so umfangreich wie die Voten der übrigen Konferenz-Mitglieder zusammen — bezieht seine Bedeutung natürlich vor allem aus dem Umstand, daß es Kaunitz vergönnt sein sollte, als österreichischer Staatskanzler von 1753 bis 1792, also fast 39 Jahre, die hier geäußerte Vorstellung von der österreichischen Außenpolitik verantwortlich selbst zu gestalten. So war es ihm unter anderem tatsächlich möglich, jenes „renversement des alliances", den als „diplomatische Revolution" bezeichneten Wechsel des bisherigen Bündnisses Österreichs mit England 1756 zu Gunsten eines Bündnisses mit dem bisherigen Widersacher Frankreich durchzuführen. Dafür gelang es ihm nicht, einen weiteren zentralen Punkt seines außenpolitischen „Programms", nämlich

---

Wenzel Anton, in: ADB 15 (1882), 487—505; *ders.*, Biographie des Fürsten Kaunitz. Ein Fragment, in: AÖG 88/I (1899), 5—201; *Grete Klingenstein*, Der Aufstieg des Hauses Kaunitz. Studien zur Herkunft und Bildung des Staatskanzlers Wenzel Anton, Göttingen 1975; *Georg Küntzel*, Fürst Kaunitz-Rittberg als Staatsmann, Frankfurt am Main 1923; *Alexander Novotny*, Staatskanzler Kaunitz als geistige Persönlichkeit. Ein österreichisches Kulturbild aus der Zeit der Aufklärung und des Josephinismus, Wien 1947; *ders.*, Staatskanzler Fürst Kaunitz (1711—1794), in: Gestalter der Geschicke Österreichs, hrsg. von Hugo Hantsch, Innsbruck 1962, 253—261; *Tibor Simányi*, Kaunitz. Staatskanzler Maria Theresias oder die diplomatische Revolution, Wien, München 1984.

[3] Vgl. dazu *Klingenstein*, Der Aufstieg des Hauses Kaunitz (Anm. 2), 273.

[4] Vgl. dazu *William J. McGill*, The Roots of Policy: Kaunitz in Italy and the Netherlands, 1742—1746, in: CEH 1 (1968), 131—149.

[5] Vgl. dazu *William J. McGill*, Wenzel Anton von Kaunitz Rittberg and the Conference of Aix-la Chapelle 1748, in: Duquesne Review 14 (1969), 154—167; *ders.*, The Roots of Policy: Kaunitz in Vienna and Versailles, 1749—1753, in: JMH 43 (1971), 228—244.

„la réduction de la Maison de Brandebourg à son état primitif de petite puissance très-secondaire“[6], also die nachhaltige Schwächung des Königs von Preußen zu erreichen. Dennoch legte das hier abgedruckte Votum des späteren Staatskanzlers die Richtschnur für die österreichische Außenpolitik unter Maria Theresia fest und macht diese für den historischen Betrachter erst einsichtig und verständlich.

Darüber hinaus spiegelt das Dokument das Bestreben eines Staatsmannes des 18. Jahrhunderts, die zwischenstaatlichen Beziehungen sowohl unter Berücksichtigung der zeitgenössischen Überlegungen von der Lehre der Macht der Staaten — wie sie in Begriffen wie Gleichgewicht, Staatsinteresse und Konvenienz auftauchen — als auch unter Einbeziehung der Lage der eigenen Ressourcen, ihrer Zusammenfassung und Optimierung, systematisch zu gestalten. Da Kaunitz vorhandene theoretische Ansätze mit eigenen Gedanken und Entwürfen verband, ist das Votum einerseits zwar noch den staatswissenschaftlichen Überlegungen der Zeit verbunden, weist andererseits aber bereits über das 18. Jahrhundert hinaus.

Beim Druck des Dokuments ist besonderer Wert darauf gelegt worden, den Buchstabenbestand so weit wie möglich zu erhalten. Sprachliche und sachliche Erläuterungen sind nur in geringem Umfang notwendig geworden. Personen, Sachen, Begriffe und Ereignisse sind in dem Umfang dig ist.

Reiner Pommerin

---

[6] Zitiert nach *Karl Otmar Freiherr von Aretin*, Heiliges Römisches Reich 1776—1806. Ausgewählte Aktenstücke, Bibliographie, Register, Wiesbaden 1967, 2 (HHStA Wien: Staatskanzlei, Vorträge, Karton 127, IX, Bll. 69r—71v, hier Bl. 71r).

„Meynungen des Graffen Kaunitz über das auswärtige System" vom 24. März 1749*

Allergnädigste Kayserin, Königin, und Frau Frau. Euer Kayser[liche] Königl[iche] May[es]t[ä]t[1] haben allergnädigst zu verordnen geruhet: „daß ein jeder *Conferenz-Minister*[2, a] seine Meinung zu Papier setzen, und solche in 14 Tagen zu allerhöchsten Handen beförderen solle: Was nach nunmehro geschloßenem Frieden[3], anscheinenden Unruhen in Norden, gegen Engelland, Franckreich, und dem Reich für ein *Systema* zu ergreiffen wäre?" Wobey zugleich der erlauchteste Endzweck dahin ausgedrucket wird: „Wie höchst nöthig seye, daß aus einem *Principio* und Maaß-Regel zu Werck gegangen werde."

Diesem allergnädigsten Befehl, so den 11ten *hujus*[4] zu meiner [115r] Wißenschafft gelanget, leiste hiermit allerunterthänigste Pflichtschuldigste Folge; Und ob ich zwar schon seit einigen Jahren in allerhöchsten Diensten als auswärtiger *Ministre* gebraucht zu werden, und mir währender Zeit, zu mahlen aber bey dem Aachener Friedens-*Congress* von der Höfen dermahliger Gesinnung und Beschaffenheit einige Kanntnüß zu erwerben, die Gelegenheit erhalten; So bescheide mich doch von selbsten, daß diese Kanntnüß nur als ein Stück-Werck anzusehen[b] seye, und nicht wohl anderst, als aus dem gantzen Zusammenhang der Staats-Geschäfften /:gleich wie[c] solche in die *Conferenz*, als in einen Mittel-*punct* zusammenfließen:/ durch mehr jährige Erfahrung erlehrnet, und zur Vollkommenheit gebracht werden könne. [115v]

---

* HHStA Wien: Staatskanzlei, Vorträge, Karton 62, Bll. 115r—238v.

[1] Maria Theresia (* 1717, † 1780), seit 1740 Erzherzogin von Österreich, seit 1741 Königin von Ungarn, seit 1743 Königin von Böhmen, verheiratet mit Franz Stephan von Lothringen (* 1708, † 1765), seit 1737 Großherzog von Toskana, seit 1740 Mitregent der Erblande, seit 1745 Kaiser.

[2] Konferenzminister waren im März 1749 Feldmarschall Joseph Lothar Graf von Königsegg (* 1673, † 1751), der böhmische oberste Kanzler Friedrich August Gervas Graf von Harrach (* 1696, † 1749), Staatskanzler Corfiz Anton Graf von Ulfeld (* 1699, † 1760), Reichsvizekanzler Rudolph Joseph Graf von Colloredo-Waldsee (* 1706, † 1788), Obersthofmarschall Johann Joseph Graf von Khevenhüller-Metsch (* 1706, † 1776) und als jüngstes Mitglied der geheimen Staatskonferenz Wenzel Anton Graf von Kaunitz-Rittberg (* 1711, † 1794).

[3] Aachener Friede vom 18. Oktober 1748 zwischen Österreich, Großbritannien, den Generalstaaten und Sardinien einerseits und Frankreich, Spanien, Modena und Genua andererseits. Österreich trat dem Frieden am 23. Oktober 1748 bei.

[4] 11. März 1749.

[a] In lateinischer Schrift gehaltene Passagen werden durchgängig kursiv wiedergegeben.

[b] 'sehen' von zeitgenössischem Leser nachträglich eingefügt.

[c] 'wie' von zeitgenössischem Leser nachträglich eingefügt.

Bey welchen Umständen, und da ich erst seither kurtzem zum Mit-Glied der *Conferenz* allergnädigst ernennet zu werden die Ehre erhalten, der allerunterthänigsten Hoffnung lebe, daß Euer Kayser[liche] Königl[iche] May[es]t[ä]t die Unvollkommenheit meiner Beurtheilung, über das dermahlen einzuschlagende Staats-*Systema,* dem Abgang der hinlänglichen Erfahrung beyzumeßen, und mir allermieldest nachzusehen geruhen werden.

In dieser Ehrerbietungsvollen Zuversicht, erkühne mich meine wenige Gedancken nach bestem Wissen und Gewißen, ohne Rückhalt, Neben-Absicht, oder Gemüths-Regung, der erläuchtesten Beurtheilung in aller gehorsamster Frey[116r]müthigkeit zu unterwerffen; Und damit Euer Kayser[lichen] Königl[ichen] May[es]t[ä]t nicht verborgen bleiben möge: Ob ich von der dermahligen Beschaffenheit, und Gedenckens-Art der grösten Mächten in *Europa,* einen wahren, oder falschen Begrieff gefaßet; Und ob folglichen meine über das künfftige Staats-*Systema* zu eröffnende Meynung aus irrigen, oder gegründeten *Suppositis* herfließe; So glaube zu Erreichung dieser Absicht nöthig zu seyn, daß ich fordersamst die Gesinnung, und Absichten der auswärtigen Höfen, so, wie ich sie ansehe, in möglichster Kürtze abschildere, und demnächst in nähere Erwegung eingehe, was Euer Kayer[liche] Königl[iche] May[es]t[ä]t von einem jeden Hof zu hoffen, oder zu beförchten haben dürfften; Worauf so dann die natürliche Folge [116v] erwachset, in was für Umständen das Durchläuchtigste Ertz-Hauß selbsten sich dermahlen befinde, und was so wohl zu Abwendung des besorglichen Übels, als zu Erlang- und Beförderung der wahren Wohlfahrt für diensame Mittel einzuschlagen seyen.

Umb nun hierbey einige Ordnung zu beobachten, so sind die *Europae*ische Höfe nach der gemeinen Vorstellung, so sich in Staats-Geschäfften seit vielen Jahren von der *Balance* zwischen dem *Bourboni*schen- und Durchläuchtigsten Ertzhauß gemacht worden, in Drey Haupt-*Class*en einzutheilen, nemlichen

*1mo* in jene, so als natürliche Freunde, [117r]

*2do* so als natürliche Feinde des Durchläuchtigsten Ertzhaußes anzusehen; und

*3^tio^* in jene Höfe, so nach Unterschied der Fällen, sich zu einem, oder dem anderen Theil schlagen dürfften.

Unter die Erste *Classe* ist sonder Zweiffel die Cron Engelland vor anderen zu setzen, und hiebey die bekannte Wahrheit nicht außer Acht zu laßen, daß die allgemeine *Politique* der Höfen nichts von einer Verwandt- oder *personal*en Freundschafft zu wißen pflege, sondern die hauptsächlichste Richtschnur, wonach fast alle Maaßnehmungen ausgemeßen werden, in eines jeden eigenem *Interesse* bestehe.

Dieses ist das stärckste Band aller *Allianzen,* und wo sich gegen einander streitende Absichten befinden, unter solchen Höfen wird [117v] selten ein wahres, und dauerhafftes Einverständnüß zu Stand gebracht werden können; Dahingegen bey jenen Höfen eine vollkommene Vereinigung zu hoffen stehet, deren weesentliche Wohlfahrt auf den nemlichen Grund-Sätzen, und Hülffs-Mitteln beruhet.

Wie nun zwischen dem Durchläuchtigsten Ertzhauß, und der Cron Engelland keine Irrungen, Strittigkeiten, oder gegen einander lauffende *Interess*en /:ausser was etwa in das Niederländische *Commercium,* und den *Barriere-Tractat*[5] einschlaget:/ noch auch Vergrößerungs[-]Absichten, vorwalten; Hingegen aber die beyderseitige Staats-*Interess*en darinnen übereinstimmen, und [118r] zusammentreffen, daß sich gegen die Übermacht, gefährliche Unternehmungen, und gewohnte Kunst-Griffe des *Bourboni*schen Hauses zu verwahren, und solchen durch vereinigte Maaßnehmungen behörige Schrancken zu setzen; So ist auch aus diesen und mehr anderen Betrachtungen nach der gesunden Vernunfft, und wahren *Politique* nicht wohl eine andere Folge zu ziehen, als daß die eigene Wohlfahrt der Cron Engelland erfordere, sich mit allen Kräfften, und aufrichtigst dahin zu bearbeiten, damit das Durchläuchtigste Ertzhauß nicht nur von seinen Feinden nicht unterdrucket, noch geschwächet, sondern vielmehr in seiner Macht, und Ansehen, mit[118v]hin im Vermögen dem gemeinsamen Feind behörig zu wiederstehen, vergrößeret werde.

Gleichwohlen giebt seit verschiedenen Jahren die leidige Erfahrung ohntrügliche Beweißthümber an die Hand, daß Engelland bey sehr vielen Gelegenheiten keinesweges nach de[n] berührten Grund-Sätzen zu Werck gegangen, sondern sich dergestalt betragen, als ob die dießseitige Wohlfahrt mit der Seinigen nicht verknüpffet, und gantz davon unterschieden wäre.

Das Angedencken aller vor, bey und nach dem Utrechter Frieden[6], begangener Englischen Fehltritten, und Wiedersinnigen Unternehmungen zu erneueren, würde mich zu weit [119r] führen, und eine umb so überflüssigere Weitläuffigkeit verursachen, da diese Fehler ohnedem

---

[5] Im Barrieretraktat vom 15. November 1715 hatte Kaiser Karl VI. (* 1685, † 1740, ab 1711 Kaiser) den Generalstaaten mehrere Festungen längs der französischen Grenze eingeräumt und sich verpflichtet, jährlich 500 000 Reichstaler zum Unterhalt der dort untergebrachten holländischen Garnisonen zu zahlen.

[6] Friedensschluß zwischen Frankreich und den Seemächten, Savoyen, Portugal und Preußen vom 11. April 1713. England war 1712 aus der antibourbonischen Allianz ausgeschieden.

schon in des Printzen Carl von Lothringen[7] Königl[iche] Hoheit, und in des Graffen Sternberg[8] *Instruction*[9], meistentheils zusammen getragen, und vor Augen geleget worden.

Was aber meines wenigen Ermeßens, die mehreste Aufmercksamkeit, wegen der für das Künfftige hieraus zu ziehenden Folgen, verdienet, bestehet in deme, daß:

1° es so viele Mühe gekostet, die See-Machten zu ernsthaffter Theilnehmung am Krieg, und ergiebiger Hülfleistung zu vermögen; Ohngeachtet das Durchläuchtigste Ertzhauß auf der Spitze seines Umsturtzes gestanden, und nach dessen Fall auch der See-Machten Untergang nicht wohl vermeidlich ge[119v]west wäre.

2do Da[ß] Engelland währendem Krieg nicht nur viele schöne- und *decisive* Gelegenheiten, dem Feind empfindliche Streiche beyzubringen, aus handen gelaßen, sondern unter anderen recht darauf *studirct*, die *Conquete* von *Neapel*[10], sowann Engelland nur gewollt, nicht hätte fehlschlagen können, hinterstellig zu machen, auch die Wieder-Eroberung von *Genua*[11] zu vereitlen; Da doch ein- oder das andere Euer Kayser[liche] Königl[iche] May[es]t[ä]t in den Stand gesetzet hätte, den Krieg mit desto größerem Nachdruck, und ohne Beschwerden der See-Mächten fortzusetzen, und einen allgemeinen vortheilhafften Frieden zu erzwingen.

Von der Wahrheit deßen, was ich wegen *Neapel* erwehnet, bin ich [120r] nur allzuviel, und zu meiner mehrmaligen grösten Betrübnüß,

---

[7] Karl Prinz von Lothringen und Bar (* 1712, † 1780), Schwager Maria Theresias, seit 1740 Feldmarschall, seit 1744 Statthalter der österreichischen Niederlande. Infolge der kriegerischen Ereignisse mußte er die Niederlande bald nach seinem Amtsantritt verlassen und ging erst nach der im Aachener Frieden vereinbarten Räumung der Niederlande durch die französischen Truppen im April 1749 wieder nach Brüssel.

[8] Franz Philipp Graf von Sternberg (* 1708, † 1786), von April 1749 bis 1763 österreichischer Bevollmächtigter Minister am polnisch-kursächsischen Hof.

[9] „Geheime Anweisung für Unsers vielgeliebten Schwagers, des Prinzen Carl von Lothringen L., die mit dem Ihro anvertrauten niederländischen Guberno eine Verknüpfung haben mögende auswärtige Staatsgeschäften betreffend", datiert vom 28. Februar 1749; sowie die Instruktion für Graf Sternberg (vgl. A. 8), der Anfang März nach Dresden abreiste.

[10] Die Eroberung des (bourbonischen) Königreichs Neapel, im Wormser Traktat (vgl. A. 49) zum Kriegsziel der Alliierten erklärt, wurde von England und Sardinien nicht unterstützt. 1744 scheiterte der Versuch österreichischer Truppen, Neapel im Alleingang zu erobern.

[11] Im Dezember 1746 wurden die österreichischen Truppen durch einen Volksaufstand aus dem von ihnen besetzten Genua vertrieben. Die Wiedereroberung scheiterte u. a. daran, daß die englische Flotte den Golf von Genua nur unzureichend überwachte, so daß französische Entsatztruppen in die belagerte Stadt verschifft werden konnten.

seit meinem Aufenthalt in *Turin*[12], überzeuget worden; Wie ich dann auch solches meiner treuesten Pflicht-Schuldigkeit gemäß, schon damahlen in meinen erstatteten allerunterthänigsten *Relationen*[13] vorstellig zu machen, und die Ursachen meiner Vermutungen zu begründen, keinen Anstand genommen.

3tio Daß Engelland den *Turiner* Hof in den unbillichsten Begehren begünstiget, und gegen denselbe[n] eine so außerordentliche, als Partheyische Vorliebe ohne scheu an Tag geleget, so daß ein Englischer *Ministre* dem von *Wasner*[14] in das Gesicht zu sagen, kein Bedencken getragen: *La Cour de Turin n'a pas tort, n'a jamais eu tort, et n'aura pas tort.*

4to Daß die ernannte Cron die [120v] durch den *Grimaldi*[15] angesponnene Friedens-Unterhandlung ausgeschlagen, ohngeachtet deren Zustandbringung zu ihrem eigenen grösten Vortheil gereichet hätte.

5to Daß Engelland aus eigenem Antrieb, und ohne von Franckreich darzu veranlaßt zu seyn, sich in den Friedens-Unterhandlungen so sehr an den Laden geleget, um die *Garantie* von Schlesien für den König in Preußen[16] auszuwürcken, das *Reciprocum* aber für Euer Kayser[liche] Königl[iche] May[es]t[ä]t außer Augen zu setzen.

6to Und daß der besagte Hof bis hiehin seinen Beytritt zu dem mit Rußland geschloßenen *Tractat*[17] erschweret, und sich zu einer Zeit entwaffnet, da Er selbsten auf ein stifftendes bewaffnetes Bündnüß angetragen, und hiebey so wenig Vor[121r]sicht gebrauchet, daß deßfalls schon großes Aufsehen bey Frankreich verursacht worden; deme

7mo noch beyzurucken ist, daß Engelland dem Rußischen Hof nicht nur die zwischen Schweden und Preußen vorseyende Geheime Unterhandlungen neuerlich gestecket, sondern sich auch schon seit etlichen Jahren angelegen seyn laßen, den ernannten Hof gegen Schweden auf-

---

12 Kaunitz war von August 1742 bis April 1744 österreichischer Gesandter in Turin.

13 Kaunitz bezieht sich hier auf zwei Denkschriften, die er unter dem Titel „Rohe Gedancken und Reflexionen über den Zustand in Italien" und „Fernere Gedancken" seinem Bericht aus Turin vom 18. März 1743 beigefügt hatte. Beide enthielten Überlegungen zu einem Friedensplan für die Beendigung des Erbfolgekrieges (HHStA Wien: Staatenabteilung, Sardinien, Berichte 1743, Fasz. 4, Bll. 165r—185r; 186r—193v).

14 Ignaz Johann Freiherr von Wasner († 1767), 1741 bis 1748 bevollmächtigter Minister Österreichs in London.

15 Der Genueser Girolamo Marchese Grimaldi (* 1709, † 1789) führte 1746 mit der österreichischen Regierung Geheimverhandlungen über einen Bündniswechsel Spaniens.

16 Friedrich II. (* 1712, † 1786), seit 1740 König in (ab 1772: von) Preußen.

17 Bündnisvertrag Österreichs mit Rußland vom 2. Juni 1746. England trat diesem Bündnis unter Ausschluß der (u. a. Preußen betreffenden) Geheimartikel am 30. Oktober 1750 bei.

zuhetzen, obschon Preußen bishero so vieles Gehör und Unterstützung in Engelland gefunden[18].

So außerordentlich, und unbegreifflich nun gleich, die erwehnte und mehr andere Englische Maaßnehmungen, in Gegeneinanderhaltung der so eng verk[nüp]fften gemeinsamen Wohlfahrt zu seyn scheinen; So dürffte doch einer ohnpartheyischen Beurtheilung nicht schwer fallen, die Hauptsächliche Qvelle alles dieses Unheils, und den Schlüßel zu den [121v] verdeckten Absichten ausfündig zu machen.

Wie aber überhaupt die Erfahrung, und Vorstellung des Vergangenen eine sehr nützliche Lehrmeisterin vor das Künfftige alsdann abgiebet, wann nicht nur die bloße *Facta,* und begangene Fehler, sondern auch deren Grund- und Beweg-Ursachen in Betrachtung gezogen werden; So scheinet auch solches, in Ansehung des bisherigen Englischen Betragens um so nützlicher, und nöthiger zu seyn, da hieraus eines theils die Folge zu ziehen, was für das künfftige von der erwehnten Cron zu beförchten, und zu hoffen stehe; Anderen theils aber mit mehrerem Grund geurtheilet werden kan; was für Mittel und Weege am diensamsten seyn dürfften, das Engli[122r]sche *Ministerium zu rectificir*en, und die Sachen wieder in das rechte Gleiß einzuleiten.

Die vollständige Kanntnüß der auswärtigen Höfen, kan zwar von niemand beßer, als von denen *Ministres,* so an solchen *negotiir*et, eingezogen werden; Jedoch geruhen Euer Kayser[liche] Königl[iche] May[es]t[ä]t als eine Würckung meines offenhertzigen allerunterthänigsten Dienst-Eyffers, allergnädigst aufzunehmen, daß ich nach wichtigkeit der Sachen, meine wenige Gedancken, über die bemerckte Englische Fehltritt *Summariter* zur erläuchtesten Beurtheilung anzuführen die Freyheit nehme.

Und zwar ist Engelland von dem nur allzugewöhnlichen Fehler keines weges befreyet, daß die Gemeinsame Wohlfahrt *privat*-Vortheilen, Absichten, [122v] und Gemüths-Regungen, nachgesetzt zu werden pflege; obschon diese ohne jene nicht bestehen, noch den Schaden *in Universo* einbringen können.

Die gröste Sparsamkeit, oder deutlich zu reden der Geitz der bisherigen Hanoverischen Regenten[19], die Regierungs-*Form,* die beständige

[18] Auf Veranlassung Frankreichs verhandelten Schweden und Preußen 1746/1747 über eine Defensivallianz gegen Rußland; diese wurde am 29. Mai 1747 in Stockholm unterzeichnet. Unter Hinweis auf die preußisch-schwedische Allianz drängte England seinen Verbündeten Rußland, der angeblichen Gefahr eines schwedischen Angriffs durch die sofortige Besetzung Finnlands zuvorzukommen.

[19] Seit 1714 regierte das Haus Kurhannover: bis 1727 Kurfürst Georg Ludwig von Hannover (* 1660, † 1727) als Georg I., seither Kurfürst Georg II. August (* 1683, † 1760) als Georg II.

Parthien, und *Factionen*, die Englische Ungestimmigkeit, nebst anderen dergleichen Gebrechen, geben gleichfalls in denen dortigen Staats-Geschäfften öffters den Ausschlag.

Hierzu kommt nun noch ins besondere, daß die Niederländer die Erwürckung der Kayserlichen *Octroi* für die *Ostendische Compagnie*[20] allzugeschwind, und eyfferig betrieben, und damahlen bloßerdienges der Vortheil nicht aber zugleich in behörige Erwegung gezogen worden, in wie [123r] weit der Westphälische Frieden-Schluß der *Octroi* entgegen stehe, was sich für Schwierigkeiten nothwendig ergeben, und ob es möglich sein würde, solche übersteigen, und bloß mit seiner eigenen Unterstützung durchdringen zu können. Eine Überlegung ohne Vorurtheil gemäßigte Entschlüß- und Vorbereitungen zu einem billigen gütlichen Einverständnüß, wären gleich anfangs, und ehe sich noch die Gemüther, und Maaßnehmungen allzusehr erhitzet, sonder zweiffel vermögend gewesen, denen Niederlanden einen großen Vortheil im *Commercio* für beständig zu versichern, worzu nunmehro die Hoffnung verschwunden. Damahlen wäre die Beobachtung der *maxime: Vivre, et laisser vivre,* ohnvergleichlich zustatten gekommen. Allein es wurden die See-Mächten an [123v] dem empfindlichsten Ort angegriffen, und besonders sahe Holland bey Fürdauerung der *Ostendischen Compagnie* seinen völligen Umsturtz vor Augen. Dieses veranlaßete bey dem Volck die größte Verbitterung, und in den *Cabineten* nicht nur neue, dem alten *Systemati* gantz zuwiederlauffende Entschlüßungen, sondern auch den Saamen des höchstschädlichen Vorurtheils: als ob das Durchläuchtigste Ertzhauß zu einer allzu großen, und denen See-Mächten selbsten gefährlichen Macht erwachsen wäre, und sich weit ehender nach ihren Absichten, und Willkuhr lencken lassen würde, wann desselben Schwächung erfolgte.

Nebst deme haben sich bekanntermaßen auf dem *Cambrayer Congress*[21], zwischen denen *Ministres* solche [124r] Hitzigkeiten, und *personal*-Vorwürffe ergeben, welche nothwendig eine *personale* Abneigung, heimliche Rach-Begierde, verkehrte Staats-*maximen,* und menschliche Gemüths-Regungen nach sich ziehen müßen.

---

[20] Kaiser Karl VI. (vgl. A. 5) hatte die 1719 in Ostende gegründete Handelskompagnie 1722 unter kaiserlichen Schutz gestellt. Dies hatte zu Spannungen mit den Seemächten geführt.

[21] Der 1718 beim Abschluß der Quadrupelallianz in Aussicht genommene Kongreß, der die noch ungelösten Fragen der Erbfolge in den italienischen Fürstentümern Parma, Piacenza und Toskana klären sollte, war nach langen Vorverhandlungen am 24. Januar 1724 in Cambrai eröffnet worden. Er blieb erfolglos, da Karl VI. der Eventualbelehnung des spanischen Infanten Carlos (vgl. A. 89) nicht zustimmen wollte. Der Kongreß fand nach dem Wiener Bündnis zwischen Spanien und Österreich vom 1. Mai 1725 (vgl. A. 26) sein Ende.

Walpole[22] wurde aus einem anfänglichen Eyfferer für die Gemeinsame Wohlfahrt, einer der ärgsten heimlichen Feinden des Durchläuchtigsten Ertzhauses. Wie vielen Einfluß Er in denen Englischen Staats-Geschäfften gehabt habe, ist sattsam bekannt; Seine Anhänger haben seine wiedrige *maximen* mit der Freundschafft eingesogen, und solche bey ihren Freunden vermehrter fortzupflantzen, nicht außer Acht gelaßen. Seit der Zeit haben sich wenig, oder kein Englischer *Ministre* gefunden, welcher dem hiesigen Hof wahrhafft geneigt, und nach Maaß des einstimmigen *In*[124v]*teresse*, vollkommen ergeben gewest wäre; Wann Engelland nicht allzu klar vor Augen gesehen hätte, daß ihnen die Erhaltung des Durchläuchtigsten Ertzhaußes nützlich, ja nöthig seye, so wäre dieses Große, und umb die gemeine Wohlfahrt so sehr verdiente Hauß schon seit geraumen Jahren, wo nicht völlig *sacrificire*t, jedoch gänztlich außer Augen gesetzet worden; Wie sich dann täglich nur allzuviel Spuhren zeigen, daß der *Walpoli*sche Geist, und seine geführte *Principia*[23] bey einem nahmhafften Theil der Englischen Großen, annoch herrschen, und in dem *Ministerio* vordringen.

Es bewähret auch die tägliche Erfahrung bey anderen Höfen, wie sehr öffters ein aufgebrachter- und heimlich verbitterter *Ministre*, seine [125r] Rach unter dem anscheinenden Dienst seines Herrns ausüben könne. Wann der König von Preußen nicht, zum Glück und gegen seine gewohnte *Politique*, des Cantzlers *Bestuchef*[24], und Graffen *Brühl*[25] Personen mit so starcken Vorwürffen angegriffen hätte, so ist zu vermuthen, daß beyde nicht mit so vielem Eyffer, und Angelegenheit, als dermahlen geschiehet, gegen Preußen arbeiten würden; Und wer die Menschliche Gemüths-Regungen kennet, der wird Staat darauf machen, daß die ernannte beyde *Ministres* gewißlich keine Gelegenheit, so einiger maßen mit ihres Hofs-*Interesse* vereinbarlich ist, aus handen laßen werden, ihren Muth zu kühlen, und denen Königl[ich] Preußischen Absichten sich *directe, vel indirecte* in den Weeg zu stellen.

Was aber die See-Mächten in ihrer [125v] vorerwehnten wiedrigen Gesinnung, am meisten gestärcket, und sozusagen, dem Faß den Boden

---

22 Sir Robert Walpole, seit 1742 1st Earl of Orford (* 1676, † 1745), 1721—1742 britischer Schatzkanzler und Lordschatzmeister.

23 Walpole war während seiner gesamten Regierungszeit um einen Ausgleich mit Frankreich und Spanien bemüht. Die Grundlagen dieser Politik legte er anläßlich des englisch-spanischen Vertrages von Sevilla (November 1729) in einer Denkschrift nieder, die unter dem Titel „Observations upon the Treaty between the Crowns of Great-Britain, France and Spain" veröffentlicht wurde.

24 Aleksei Petrowitsch Graf von Bestuschew-Rjumin (* 1693, † 1766), 1744—1758 russischer Großkanzler.

25 Heinrich Graf von Brühl (* 1700, † 1763), seit 1733 sächsischer Kammerpräsident, seit 1746 Premierminister.

eingestossen, ware der hiesige im Jahr 1725 mit Spanien geschloßene Frieden, und *Commercien-Tractat*[26]. Die von Seiten der See-Mächten dagegen eingeschlagene Maaßnehmungen sind bekannt, und ware gleich zu allem Anfang ohnschwer vorzusehen, daß die Verbündung mit Spanien auf einem allzuschwachem Fuß beruhe, um von ergiebiger Würckung seyn zu können. Nachdem man also die See-Mächten vergeblich in Harnisch gejaget, so muste man sich Ihnen endlich in allem fügen, was sie von Uns verlangeten; Und obzwar das alte Freundschaffts-Band, im Jahr 1731 und 1732 wieder erneuert wurde[27]; So blieben doch die *Walpolische Principia,* und das [126r] gehäßige Angedencken des Vergangenen zurück; Woraus dann bey dem, im Jahr 1733 mit Franckreich entstandenem Krieg erfolget, daß Engelland, ohngeachtet es anfänglich zur Verwirrung Anlaß gegeben, und so frisch die *Garantie* der Erblanden versichert, dannoch gegen alles beßeres Vermuthen das Durchläuchtigste Ertzhauß hülffloß gelaßen, und den offenbaren *Casum foederis* in Abrede gestellet[28].

Wie nun die bemerckte Umstände dem letzteren Krieg kurtz vorhergegangen, so haben sie auch in solchen ihren starcken Einfluß gehabt; und damit die besondere Ursachen der oberwehnten Englischen Fehler, nicht gantz mit Stillschweigen übergehe; So kan

ad 1mum Der See-Mächten verzö[126v]gerte ernsthaffte Theilnehmung am Krieg um so weniger befrembdlich fallen, da zu gleicher Zeit in Holland die Beysorg für der, doch zuletzt empor gekommenen Statthalterschafft[29]; In Engelland die Eiffersucht über das ruhig fortgeführte Holländische *Commercium,* und in Hanover die grosse Forcht vor der, an den Gräntzen gestandenen Frantzösischen *Armée* abgewaltet; auch schon damahlen die geheime Englische Absicht mit unterloffen seyn dürffte, daß allenfalls der König von Preußen in dem alten *Systemate* an die Stelle des Durchläuchtigsten Ertzhauses eintretten werde.

---

[26] Wiener Friedens- und Bündnisvertrag vom 1. Mai 1725 zwischen Kaiser Karl VI. und König Philipp V. von Spanien (vgl. A. 87), zustandegekommen auf Initiative der spanischen Königin Elisabeth Farnese (vgl. A. 88), die eine Heirat ihrer Söhne mit den erbberechtigten Kaisertöchtern anstrebte.

[27] Der Wiener Bündnisvertrag vom 16. März 1731 zwischen Karl VI. und Georg II. von Großbritannien besiegelte die Wiederherstellung des „alten Systems“. Gegen den Verzicht auf die Ostendekompagnie (vgl. A. 20) garantierte England die Pragmatische Sanktion (vgl. A. 71). Die Generalstaaten traten dem Wiener Bündnis am 20. Februar 1732 bei.

[28] Im Polnischen Thronfolgekrieg (1733—1735) blieben die Seemächte auf Betreiben Walpoles und gegen den Willen König Georgs II. dem Kampf fern, nachdem Frankreich eine Neutralisierung der österreichischen Niederlande zugesichert hatte.

[29] Wilhelm IV., Fürst von Nassau-Dietz und Prinz von Oranien (vgl. A. 53) wurde 1747 erblicher Statthalter.

ad 2dum Desgleichen sind die Ursachen ohnschwer zu ermeßen, warumb Engelland Euer Kayser[liche] Königl[iche] May[es]t[ä]t zu so großen Opffern zu vermögen, und [127r] andurch den Frieden mit Preußen, und die *Allianz* mit *Sardini*en zu erkauffen, sich so eyfferig bestrebet, und in Schadloßhaltungs-Versprechungen zwar ziemlich willfährig, aber solche zur Würcklichkeit zu bringen niemahls ernstlich bedacht gewesen. Dann das Erstere ließe sich unter denen scheinbaren Vorstellungen, daß ohne Frieden mit Preußen, und ohne *Allianz* mit *Sardini*en, alle Rettungs-Mittel vergeblich, und zu mahlen alle Italienische Lande so gut als verlohren seyn, gar füglich verbergen; Und so viel ins besondere *Sardini*en anbetrifft, so wäre aus vielen Umständen so dermahlen zu berühren für überflüssig halte, fast *demonstrative* anzuweisen: Wie Engelland durch die feine *Insinuation*en des *Marquis Ormea*[30] in der Hoffnung bestärcket worden, daß *Sardini*en je mehr es an Macht zunehme, [127v] umb so mehrers sich von dem *Bourboni*schen Hauß ab- und in die künfftige Englische *Dependenz* werffen, auch wann es *Final*[31], und *Savona*[32] an dem Mittelländischen Meer erhielte, denen Englischen Flotten, und Kauffardey-Schiffen den ungemein wichtigen Vortheil verschaffen werde, an den Mittelländischen, und zwar nahe an denen Frantzösischen Meer-Küsten einen gesicherten Aufenthalt zu finden, und andurch das *Commercium* in der *Levante,* bey ohnedieß schon im Besitz habenden *Port Mahon*[33], und *Gibraltar,* sehr zu beförderen; Wie dann bekannter maßen, Engelland noch vor Schlüßung der *Praeliminari*en sich auf das eiferigste bemühet, *Final* und *Savona* dem König von *Sardini*en[34] zuzuschantzen; Wobey aber die Billichkeit, und Schwächung des [128r] Durchläuchtigsten Ertzhauses um so leichter außer Augen gesetzet worden, da just diese Schwächung nach denen *Walpoli*schen Staats-*maxim*en darzu dienen sollen, das Durchläuchtigste Ertzhauß um so mehrers, und für beständig der Englischen *Dependenz* zu unterwerffen.

Die Schadloßhaltungs-Versprechen bestunden ohnedem nur in Worten, und Papier, und musten erst durch die Kriegs-*Operation*en, und deren Ausschlag zur Würcklichkeit gebracht werden.

Nebst dem hat sich die Englische Absicht, Spanien durch den besorglichen Verlust von *Neapel* in Verlegenheit zu setzen, aber diese Cron

---

[30] Carlo Francesco Vincenzo Ferrero di Rosario, Marchese d'Ormea (* 1680, † 1745), 1732—1745 sardinischer Minister des Auswärtigen.

[31] Finale, Stadt und Markgrafschaft südwestlich von Genua. Im Wormser Traktat (1743, vgl. A. 49) hatte Maria Theresia dem König von Sardinien ihre Rechte auf Finale überlassen.

[32] Stadt an der italienischen Riviera nordwestlich von Genua.

[33] Englischer Kriegshafen auf Menorca (Balearen).

[34] Karl Emanuel III. von Savoyen (* 1701, † 1773), ab 1730 König von Sardinien.

zu keinem unversöhnlichen Feind zu machen, die Mittel zur vollständigen Aussöhn- und Endigung des Kriegs in handen zu behalten, und [128v] das künfftige Friedens-Geschäfft so zu führen, daß dem Englischen *Commercio* die hauptsächlichste Vortheile zuwachsen möchten, in dem gantzen Lauff des Kriegs gantz känntlich an Tag geleget.

Hingegen ware Engelland allzu viel überzeuget, daß, wann Euer Kayser[liche] Königl[iche] May[es]t[ä]t einmahl zum Besitz von *Neapel* gelangeten, der Frieden, nebst denen angehofften *privat*-Vortheilen im *Commercio,* nicht so leicht nach denen Englischen Absichten einzuleiten, und es Mühe kosten würde, die versprochene Schadloßhaltung wieder aus dießseitigen Händen zu winden, und denen geschehenen Versprechen ihre Würckung zu entziehen. Um also dem gegebenen Wort nicht offenbar zu wieder zu handlen, und dennoch seinen Endzweck zu erreichen; So [129r] ware das Englische *Ministerium,* um so mehrers bemühet, eine äußerliche Willfährigkeit zu bezeigen, und zu gleich unter der Hand alles mögliche anzuwenden, damit Euer Kayser[liche] Königl[iche] May[es]t[ä]t von der Eroberung des Königreichs *Neapel* zuruckgehalten würden.

Die Ausführung dieser *Idée,* ohne sich allzuviel bloß zu geben, und bey der *Nation* in schwere Verantwortung zu setzen, wäre nicht wohl möglich gewesen, wann man nicht *Sardini*en in das Geheimnüß gezogen, und zur Mitwürckung vermögt, auch die Sachen so eingepfädmet[35] hätte, daß bald Engelland, bald *Sardini*en, und bald beyde zugleich Hindernüße in Weeg geleget, und die dießseitige Waffen anderwärtshin eingeleitet hätte. Bey solchen Umständen ist

ad 3tium Die Englische für *Sar[129v]dini*en geäußerte Vorliebe, und die wenige Rucksicht auf die dießseitige noch so gegründete Vorstellungen gar wohl zu begreiffen. *Vilettes*[36] fande in *Turin,* und *Osorio*[37] in London einen vertrauten Zutritt bey dem *Ministerio,* und damit *Sardini*en die Englische Absichten unterstützte, und das Geheimnüß beybehielte; so muste es begünstiget werden: Ein Übel ziehet gemeiniglich mehrere nach sich; Und aus der geheimen Bearbeitung, die *Conquete* von *Neapel* hinterstellig zu machen, haben die meiste währendem Krieg sich ergebene Unschlüßigkeiten, wiedersinnige Maaßnehmungen, gegen einander lauffende *Operation*en, Mißvergnügen, und Hülfflosigkeiten ihren Ursprung hergeführet, ohne welche, menschlichem Ansehen nach, die

[35] eingefädelt.

[36] Arthur Vilettes († 1776), 1741—1749 britischer Gesandter am Turiner Hof.

[37] Guiseppe Cavaliere Ossorio-Alarcón (* 1697, † 1763), 1730—1748 außerordentlicher Gesandter Sardiniens in London, 1743 außerordentlicher Gesandter und Bevollmächtigter Minister bei den Verhandlungen zum Wormser Traktat (vgl. A. 49), 1748 beim Friedenskongreß von Aachen; 1749—1750 Botschafter in Madrid.

Sachen eine weit vergnüglichere Gestalt nicht nur für das Durch[130r]-läuchtigste Ertzhauß, sondern auch selbst für Engelland, und *Sardinien* bekommen hätten, und ist nur zu bedauren, daß Euer Kayser[lichen] Königl[ichen] May[es]t[ä]t die anderseitige verkehrte *Politique* zum Schaden gereichen müßen, welches ich dem Graffen *Chavanne*[38], wie auch dem *Milord Sandwich*[39], und Graffen *Bentinck*[40] mehrmahlen zu Gemüth zu führen, um so weniger Bedencken getragen, als weniger Schaden kan, dem Englischen *Ministerio* nicht gantz unkänntlich zu laßen, daß die Beweg-Ursachen seiner begangenen Fehltritt gar wohl zu errathen, und an Tag zu bringen seyen.

ad 4tum Auch ist sonder zweiffel aus der nemlichen Quelle hergefloßen, daß Engelland die von dem *Grimaldi* angesponnene Spanische Friedens-Unterhandlungen ausgeschlagen, und alle Vorstellungen wegen der *Sardinischen* Untreu kaum einer Antwort gewürdiget; [130v] Es verdienet aber

ad 5tum weit mehrere Aufmercksamkeit, daß die ernannte Cron wegen der einseitigen Schlesischen *Garantie* sich so sehr an Laden geleget; desfalls zwar der Vorwand zum Deckmantel dienen sollen, daß dem Englischen *Interesse* gemäß seye, einen neuen Krieg zwischen Euer Kayser[lichen] Königl[ichen] May[es]t[ä]t und Preußen vorzubiegen, da solcher auch andere Mächten mit einflechten würde; Jedoch hätte diese Betrachtung wenigstens das *Reciprocum* nicht ausschlüssen, sondern vielmehr begründen sollen.

So gewieß es nun einer seits ist, daß der König, Printz *Wallis*[41], und das Hanoverische *Ministerium*[42] gegen Preussen eine wahre, und *personal*-Feindschafft, und Eiffersucht tragen, und hierzu gegründete Ursachen für sich haben; So gewieß ist es hingegen anderer seits, daß Preußen sich einen starcken Anhang [131r] in Engelland zu erwerben, Mittel gefunden; Daß in diesem Fall ein großer Unterscheid zwischen der Englischen- und Hanowerischen Denckens-Art vorwalte, und daß dem Englischen *Ministerio*, durch Vergnügung der Geld-Begierde sehr offt gelinge, den König zu Maßnehmungen, die seiner Gedenckens-Art zuwieder lauffen, nach und nach einzuleiten.

---

[38] Guiseppe Borré, Conte de la Chavanne († nach 1752), Bevollmächtigter Minister Sardiniens beim Kongreß von Aachen.

[39] John Montagu, 4th Earl of Sandwich (* 1718, † 1792), seit 1746 englischer Bevollmächtigter bei den Generalstaaten, bei den Verhandlungen zu Breda (1746), Den Haag (1747/48) und beim Aachener Friedenskongreß.

[40] Wilhelm Graf von Bentinck (* 1704, † 1774), Bevollmächtigter der Generalstaaten beim Aachener Friedenskongreß.

[41] Frederick Louis Kurprinz von Hannover, Prince of Wales (* 1707, † 1751), Gegner Walpoles (vgl. A. 22) und an dessen Sturz beteiligt.

[42] Das hannoverische Ministerium leitete 1728 bis 1770 Gerlach Adolf Freiherr von Münchhausen (* 1688, † 1770).

Es ist bekannt, auf was für außerordentliche *Idéen* die Englische *Nation* verfallen könne. Noch vor kurtzen Jahren haben verschiedene große den *Thesin*[43] mit Eiffer vertheidiget; Die Englische *Politique* erfordere sich in gar keine auswärtige Geschäffte einzumischen, und allein das Augenmerck auf das Innerliche, die See-Macht, und das *Commercium* zu richten, von welcher Meinung sie jedoch seither der Schottischen *Rebellion*[44] ziemlich abgekommen seyn dürfften.[131v]

Nunmehro ist bey verschiedenen der König in Preußen das *Idol,* welches zum Theil aus de[n] *Walpoli*schen *Principiis,* aus der Gleichheit der *Religion,* oder, wie der von *Wasner* billig genennet, der *Irreligion;* Aus den glücklichen *Progress*en des ernannten Königs, und aus der Hoffnung herrühren dürffte, daß Preussen in der *Balance* gegen das *Bourboni*sche Hauß, an des Durchläuchtigsten Ertzhaußes Stelle eintretten könne, und dahero seine Vergrößerung mehr zu befördern, als zu hintertreiben seye.

Über dieses ist der *Nation* die auswärtige Macht ihres Königs, ein Dorn in den Augen, da solche zu Abänderung der Englischen Regierungs-*Form,* nach Zeit, und Umbständen angewendet werden könnte; Die Hanoverische Eiffersucht, wegen der [132r] Preußischen Übermacht, vermehret also die Englische Zuneigung für Preussen, da dieser Hof den König von Engelland von *despoti*schen Unternehmungen ab- und sein Hanoverisches *Ministerium* in beständiger Beysorge unterhaltet, auch allenfalls mit Nutzen gegen Hanover gebraucht werden könnte, [d]zumahlen dem König in Preussen, die Thronfolge in Engelland *ordine Successivo* zukommet.[d]

Daß nun die vorerwehnte *Reflexion* bey verschiedenen Engelländern starcken Eindruck gefunden, und immer weiter einreißen dürffte, ist mir zuverläßig bekannt; Ich weiß aber nicht, ob der König, und sein Hanoverisches *Ministerium* deren *Consequenz* recht eingesehen, und erwogen; Welches, wann es nicht geschehen, annoch auf eine schickliche Art behöriger Orten anzubringen, und gelten zu machen wäre. [132v]

So dann hat bekannter maßen, das Englische *Ministerium,* zu beschönigung seines Einseitigen Friedens, und eigenen Betragens, keine Scheue getragen Euer Kayser[liche] Königl[iche] May[es]t[ä]t bey dem Rußischen Hof mit gehäßigen Auflagen, und ungegründeten Beschuldigungen zu belegen.

Ein gleiches ist auch bey denen *Parlaments*-Gliedern, und bey der *Nation* geschehen; Welches also nicht wenig beygetragen, die Gemüther

[43] Die These.

[44] Der jakobitische Aufstand in Schottland 1745.

[d] . . . [d] Zeitgenössische Unterstreichung.

immer mehrers von dem Durchläuchtigsten Ertzhauß abzuziehen, und nach Maaß, als dieser Haß, und Vorurtheil anwachset, die Preußischen Anhänger zu verstärcken; Woraus sich dann von selbsten ergiebet, was nach den dermahligen Umständen, von Engelland für eine Hülffe gegen Preusßen, im Fall sich neue Unruhen ergebeten, anzuhoffen seye. [133r]

*ad 6^tum^ et 7^mum^* Warumb aber Engelland seinen Beytritt zu der mit Rußland geschloßenen *defensiv*-Bündnüß erschwere, sich entwaffne, und dannoch auf ein gewaffnetes Bündnüß antrage, auch Rußland gegen Schweden und Preußen aufzuhetzen, und in Krieg zu verwicklen suche; Laßt sich meines wenigen Ermeßens, aus der muthmaßlichen Vorstellung, worinnen dermahlen das Englische *Systema* bestehe, am besten beurtheilen.

Es wird niemand wiedersprechen, daß das Frantzösische- und Englische Staats-*Interesse* schnur gerad gegen einander lauffe, und daß folglichen auch nach geschloßenem Frieden, die beyderseitige Eifersucht beständig fürdauren werde. Da aber beyde die Nachwehen des bisherigen Kriegs empfinden, und der Ruhe nöthig haben, um neue Kräfften für künfftige Gelegenheiten zu sammlen; So ist man auch beyderseits [133v] mit Freundschaffts- und Friedens-Bezeugungen nicht spahrsam, welche wenigstens bey Engelland nicht geringen Eindruck zu verursachen scheinen; Zumahlen Franckreich währenden Friedens-*Tractat*en, und bis diese Stunde die *Politique* gebrauchet, sich hauptsächlichen des Englischen *Canal*s zu bedienen, und dieser Crone eine große Rucksicht zu bezeugen. Zu gleicher Zeit wird die Hoffnung unterhalten, die mit Spanien annoch abzuhandlende, und in das *Commercium* einschlagende *Difficultät*en, wo nicht auf eine vergnügliche, doch leidentliche Art haben zu können.

Das dermahlige Holländische Unvermögen, so einem gäntzlichen Verfall sehr nahe kommet, ist Niemand beßer, als der Cron Engelland bekannt, von welcher Seiten sich also gar keine Mitwürckung zu versprechen. [134r]

In was für Umständen sich Euer Kayser[liche] Königl[iche] May[es]t[ä]t befinden, und daß die billige Empfindung über der See-Mächten, in dem gantzen Friedens-Geschäfft bezeigtes wiedriges Betragen, annoch für dauren müße, ist gleichfalls dem Englischen *Ministerio* nicht verborgen; Bey welchem auch Rußland um so weniger wohlangeschriebe[n] stehet, da solches unter anderen in seinen zweyen schrifftlich hinausgegeben Noten, der Feder freyen Lauff gelaßen, die begangene Englische Fehler lebhafft abgeschildert, und sattsam zu erkennen gegeben, daß es mit Preusßen nicht zu vereinigen, hingegen aber gäntzlich entschloßen seye, mit dem hiesigen Hof ein gutes Einverständnüß zu unterhalten.

Nebst deme kan sich die Englische Zuneigung für Preußen annoch nicht bis zu einem wahren Vertrauen [134v] erstrecken, daß dieser Hof sich aufrichtig in etwas einlaßen werde, was ihn von der Cron Franckreich völlig abziehen könne. Und überhaupt bestärcket die tägliche Erfahrung, daß in Engelland mehr denen gewöhnlichen *Boutaden*[44a], als einer reiffen Überlegung statt gegeben werde. Die unterschiedene Partien, *privat*-Absichten, und *Cabal*en, dringen der gemeinsamen Wohlfahrt, und dem alten *Systemate* weit vor; Bey dem König ist keine Abänderung seiner Gedenckens-Art anzuhoffen, und wann sich gleich ein — so anderer wohldenckender *Ministre* für den Riß stellen, und die Sachen wieder in die rechte Weege einzulencken bemühet seyn wollte, so würde Ihm doch die nöthige Unterstützung ermanglen. [135r]

Aus vereinbarter Erwegung der bemerckten, und mehr anderer Umbständen, erwachset also die natürliche Vermuthung, daß Engelland alle neue Unruhen und Kriege mit dem Hauß *Bourbon*, auf das sorgfältigste vermeiden, und falls Ihm auch darzu Anlaß gegeben würde, lieber in seinen eigenen Angelegenheiten gütliche Ausweege, und Vergleiche einschlagen, als zu den Waffen greiffen werde.

Um so weniger kan man sich, nach dem dermahligen Stand der Sachen mit der geringsten wahrscheinlichen Hoffnung schmeichlen, daß, wann gleich Euer Kayser[liche] Königl[iche] May[es]t[ä]t die mit den See-Mächten vorgewaltete Bündnüße, *Garantien etc.* ohnverzuglich erneuerten, die ernannte Mächten an einem zwischen dem Durchläuchtigsten Ertz- und [135v] dem *Bourboni*schen Hauß entstehenden Krieg, *direct*en Antheil nehmen, und den *Casum foederis* nicht *eludir*en würden, zumahlen wann sich das Wetter nicht in denen Niederlanden zusammen zöge.

Und am allerwenigsten ist solches gegen Preußen, wann Er schon seiner Gewohnheit nach, ohne alle Erhebliche Ursach, am ersten den Frieden brechen sollte, anzuhoffen; Indeme Engelland nicht nur durch die vorerwehnte Zuneigung für Preußen, sondern auch zugleich durch die Beysorge, mit Franckreich in neuen Krieg zu gerathen, von aller Hülffleistung abgehalten, und die währendem letzteren Krieg gebrauchte Ausflucht, daß die Vereinigte Macht der *Alliierten*, denen Cronen Franck[136r]reich und Preußen nicht gewachsen seye, wieder vor die Brust spannen würde.

Aus den nemlichen Betrachtungen, muß ich auch davor halten, daß der Rußische Cantzler *Bestuchef* sich in seinem, dem Freyherrn von *Bretlach*[45] mitgetheiltem vorjährigem *Plan*[46], sehr geirret haben dürffte,

[44a] Launen, Grillen.

da Er das *Suppositum,* als ob Engelland an dem vorhabenden Krieg gegen Schweden, *direct*en Antheil nehmen würde, mit zum Grund seiner großen Absicht leget.

Es hat zwar seine ohngezweiffelte Richtigkeit, daß das Vorhaben, eine *Monarchi*sche Regierungs-*Form* in Schweden einzuführen[47], und andurch den Frantzösischen Anhang zu verstärcken, keinesweeges mit dem Englischen *Interesse* übereinstimme; Und über das würde der König [136v] nebst seinem Hanoverischen *Ministerio,* und einigen wohlgesinneten Engelländern allerdiengs gern sehen, wann nicht nur das bemerckte Vorhaben hintertrieben, und sein Schwieger-Sohn, der Printz von Heßen[48], auf den Schwedischen Thron gebracht, sondern auch Preussen mit in das Spiel gezogen, und durch Rußland in die behörige Schrancken gesetzet werden könnte; Allein alles dieses lieget Engelland nicht so nahe am hertzen, daß es sich um deßwillen der Gefahr eines neuen Kriegs mit Franckreich vor dermahlen aussetzen sollte.

Wann hingegen Rußland nebst Dännemarck, allein zu Ausführung ihres Vorhabens schreiten, so kan der Englischen *Nation* durch die glückliche Rusßische Waffen, und [137r] mittelst völliger Entkräfftung des an Franckreich beständig ergebenen Königreichs Schweden, ein großer Vortheil zugehen; Und im Fall der Krieg für Rußland, und Dännemarck unglücklich ausschlüge, so gereichte solches denen See-Mächten zu keinem unwiederbringlichen, und unmittelbaren Schaden; Vielmehr würden die ernannte Zwey Cronen andurch genöthiget, sich leichter diengen, und mit mehrer Anliegenheit, künfftighin der Cron Engelland, und ihren Absichten in die Arme zu werffen, oder wenigstens deren *Mediation* zu suchen. Woraus also meines wenigen Ermeßens, die

---

45 Johann Franz Freiherr von Prettlack († 1767), 1745 bis 1748 außerordentlicher Gesandter und Bevollmächtigter Minister Wiens in St. Petersburg.

46 Ende 1748 entwickelte Bestuschew (vgl. A. 24) den Plan, den von der Partei der Hüte unterstützten schwedischen Thronfolger, Kronprinz Adolf Friedrich von Holstein-Gottorp (* 1710, † 1771, 1743 zum Thronfolger gewählt, ab 1751 schwedischer König), durch militärische Intervention von der Thronfolge auszuschließen. Gemäß dem schwedisch-preußischen Vertrag von 1747 (vgl. A. 18) hätte Friedrich II. (vgl. A. 16) seinem Schwager Adolf Friedrich zu Hilfe kommen müssen. Bestuschew rechnete damit, daß dadurch sämtliche Allianzen Rußlands mit England, Dänemark, Sachsen und Österreich wirksam würden und hoffte, mit Unterstützung der Verbündeten Preußen niederringen zu können.

47 Gegen die Zusage einer außenpolitischen Orientierung an Preußen und Frankreich hatte die Partei der Hüte Kronprinz Adolf Friedrich (vgl. A. 46) einen Machtzuwachs nach seiner Thronbesteigung in Aussicht gestellt; diese Zusage wurde nicht eingelöst.

48 Bestuschews Plan (vgl. A. 46) favorisierte eine Kandidatur Prinz Friedrichs von Hessen-Kassel (* 1720, † 1785), seit 1740 verheiratet mit Maria Prinzessin von Großbritannien (* 1723, † 1772), einer Tochter Georgs II.

fernere Folge zu ziehen, daß Engelland, nach Anleitung der erwehnten Ursachen, Rußland zu [137v] dem vorhabenden Krieg gefliessentlich anreitze, und vielleicht bis zu deßen Ausbruch einige Hofnung, hieran Theil nehmen zu wollen, hervorscheinen laßen werde, aber solches zu bewerckstelligen, wenigstens noch vor dermahlen, keinesweeges die ernstliche- und wahre Absicht führe.

Immittelst erhielten die See-Mächten die erwünschte Gelegenheit ihr Stillsitzen gelten zu machen, sich der Cron Franckreich gefällig zu erzeigen, an Ausführung anderer Angelegenheiten, so ihnen noch auf dem Hertzen liegen, zu arbeiten, und sich hierzu des Frantzösischen Wohlwollens schicklich zu bedienen.

Unter diesen Anliegenheiten [138r] sind sonder Zweiffel einige begriffen, so in Euer Kayser[lichen] Königl[ichen] May[es]t[ä]t allerhöchstes *Interesse* tief einschlagen, und eine zeitige Vorbauung zu erforderen scheinen.

Aus den oberwehnten Umständen, und aus dem Eifer, mit welchem sich das Englische *Ministerium* des Königs von *Sardinien* im Krieg, und Frieden angenommen, ist ohnschwer zu beurtheilen: Wie nahe Ihm annoch gehen müße, daß *Mylord Sandwich* währenden Friedens-Unterhandlungen nicht durchdringen können, die Gültigkeit der *Wormser Cessionen*[49] außer allen Wiederspruch zu setzen.

Zwar wird Engelland, bey zu vorschein kommenden Wiederspruch allerdiengs behaupten [138v] wollen, daß die Bestättigung durch den dießseitigen Beytritt zu den *Praeliminarien*, und nach gefolgtem Frieden, in voller Maaß erfolget seye. Es ruhet aber zu gleich in frischen Angedencken, was für eine *Declaration* der *Accession* vorher gegangen, in welchem Verstand diese geschehen seye, und warumb sich dießseits mit allem Eifer bestrebet worden, bloßerdiengs die Worte der *Praeliminarien* im *definitiv*-Frieden beyzubehalten; Dahero nicht nur *Sardinien*, sondern auch Engelland, zum voraus überzeugt seyn muß, daß nur auf schickliche Gelegenheit gewartet werde, die aufrechterhaltene allerhöchste Gerechtsame nach Zeit [139r] und Umständen annoch gelten zu machen.

Wann sich soll[c]he Vorfallenheiten ereigneten, welche Euer Kayser[liche] Königl[iche] May[es]t[ä]t nöthigten, oder veranlaßeten, etwas mit Anliegenheit bey Engelland zu suchen, oder zu betreiben, so zweiffle ich

[49] Im Wormser Traktat vom 13. September 1743 zwischen Österreich, England und Sardinien mußte Maria Theresia auf englischen Druck hin Sardinien die Gebiete westlich des Tessin und südlich des Po, Teile von Pavia und Piacenza sowie ihre Ansprüche auf Finale überlassen. Im Gegenzug anerkannte Sardinien die Pragmatische Sanktion, verzichtete auf seine Ansprüche auf Mailand und verpflichtete sich, Österreich 45 000 Soldaten für den Kampf in Italien zu stellen.

keinen Augenblick, daß die ernannte Cron vor allen Diengen die Bedingnüß, denen Ansprüchen auf die erwehnte *Cession*en feyerlichst zu *renuncir*en, als eine *Conditionem sine qua non,* vorlegen, und ohne solche, auch in den billigsten, und die Gemeinsame Wohlfahrt betreffenden diengen, nicht die geringste Willfährigkeit bezeigen würde; Deßfalls die vorgeschütz[t]e Ursachen der bis nun zu verweigerten *Accession* zur *Allianz* mit Rußland, eine hinläng[lich]e Probe abgeben. [139v]

Sollten aber, wie ich aus reinestem Dienst-Eyffer grundmüthigst wünsche, sich nicht so bald dergleichen Umstände äußeren; Hingegen Engelland durch sein Stillsitzen währendem Rußischen- und Schwedischen Krieg, oder auf andere Art, Mittel und Weege finden, durch Frantzösische Mitwürck- und Unterstützung den König von *Sardini*en, wegen dem Besitz der *Worms*er Abgaben vollkommen sicher zu stellen; So würde die ernannte Cron eine solche Gelegenheit gewißlich nicht aus handen laßen; Worinnen dann meine Beysorge zu weit zu treiben, um so weniger vermuthe, da ein dergleichen Versuch schon auf dem A[a]chner Friedens-*Congress* erfolget, und dem *Impegno* für *Sardini*en, das Gemeinsame, ja das eigene Englische *Interesse* in verschie[140r]denen Stücken aufgeopffert worden.

Daß auch Franckreich hier unter denen Englischen Absichten mit Nachdruck die hände zu biethen, durch Erreichung anderer wichtiger Vortheilen, gar wohl vermöget werden könne, und wann solches erfolgte, sehr schwer fallen würde, dem Streich auszuweichen, und ergiebige Rettungs-Mittel zu finden, wird keinen Beweißthum erforderen; Und obzwar der Frantzösischen *Ministres* mir vielfältig gegebene gute Versicherungen ein anderes hoffen machen sollten; So kan doch hierauf umb so weniger einiger Staat gemacht werden, da das *Interesse* die eintzige Richtschnur bey den meisten Höfen abgiebet, und sich von Franckreich ohne Neben-Vortheile, keine sonderliche Rucksicht auf Euer Kayser[liche] [140v] Königl[iche] May[es]t[ä]t noch so gegründete Gerechtsame, mit einiger Wahrscheinlichkeit zu versprechen, da heut zu Tag so gar die *Solenn*este Friedens-Schlüße, und theuer erkauffte *Garanti*en, um so ehender aber bloße Worte, und *general* Äußerungen der *Ministres,* leichter diengen außer Augen gesetzet zu werden pflegen.

Die Erneuerung des *Barriere Tractats*; die vermög desselben an Holland jährlich auszuzahlende 500^{m} [500 000] *Patacons*[50], nebst der Beybehaltung des alten *Tariffs,* und zwar solche Angelegenheiten, bey welchen das wahre Englische *Interesse,* und die gemeinsame Wohlfahrt allerdiengs erforderte, mehr Euer Kayser[lichen] Königl[ichen] May[es]t[ä]t als der *Republic* Holland beyzulegen, und das Aufnehmen der Niederlanden zu

---

[50] 500 000 Reichstaler (vgl. A. 5).

befördern, mithin solche in den wee[141r]sentlichen Stand zu setzen, daß sie nicht eine bloße *Barriere* nach dem Nahmen, sondern in der That abgeben können.

Aber auch hierinnen hat sich nur allzu klar an Tag geleget, daß die Englische Maßnehmungen theils auf *privat*- und eigennützige Absichten, und theils auf den vorzüglichen Vortheil der *Republic* Holland gerichtet gewesen. Dann die mehrmahlige Äußerungen des Hertzogs von *Cumberland*[51] gegen den Feld-*Marchallen* Graffen *Bathyany*[52], und andere bekannte Umstände, laßen keinen Zweiffel übrig, daß man anfänglichen in Engelland auf das *Project* verfallen, die Sachen in solche Weege einzuleiten, damit die *Barriere*-Plätze mit einem Theil der Englischen *Trouppen* für beständig besetzet würden, folglichen die ernannte Cron einen festen Fuß auch auf der Land-Seiten überkom[141v]men möchte; Warum aber dieses *Project* gleichsam das Licht gescheuet, und deßfalls keine nähere *Propositionen* zum Vorschein gekommen, ist eintzig und allein der Ursach beyzumeßen, daß Franckreich auf der, nach erfolgtem Friedens-Schluß ohngesäumt vorzunehmender Überschiffung der Englischen *Trouppen* bestanden, und der Hertzog von *Cumberland*, nebst dem Englischen *Ministerio* erkennen, und überzeugt seyn müßen, daß Franckreich sich der bemerckten *Idée* auf alle weise wiedersetzen würde, und es dermahlen nicht an der Zeit seye, dergleichen *Projecten* unternehmen, und ausführen zu können; Wobey jedoch nicht wohl anderst zu vermuthen stehet, als daß um deßwillen der Gedancken noch nicht völlig erloschen, sondern auf schick[142r]lichere Gelegenheiten ausgesetzet seye.

Nachdem aber Engelland seinen *privat*-Vortheil nicht erreichen können, so erstreckte sich seine vorzügliche Rucksicht auf Holland, und der Endzweck diese *Republic* völlig in die Englische Friedens-Vorschläge eingehen zu machen, und darinnen zu erhalten, so weit, daß das *Ministerium* kein Bedencken getragen denen zwey *Contreprojecten* die höchst verfängliche *Clausul: Pour être possedés sur le même pied, et sous les mêmes conditions* [etc.] in Ansehung der Niederlanden einfließen zu laßen, und andurch alle an dem Frieden theilnehmende Mächten zur Unterstützung der Holländischen *Praetensionen*, in ansehung des *Barriere-Tractats* zu berechtigen. Ob nun zwar diesem großen *Praejudiz* mit vieler Mühe [142v] ausgewichen worden; So laßt sich doch aus dem bisherigen Vor-

---

[51] William Augustus Herzog von Cumberland (* 1721, † 1765), zweiter Sohn Georgs II., leitete 1746 in Den Haag die Koordinierung der Kriegsoperationen gegen Frankreich und führte 1747/48 den alliierten Oberbefehl in den Niederlanden.

[52] Karl Graf von Batthyány (* 1697, † 1772), kämpfte 1746/47 unter den Oberbefehlen Karls von Lothringen (vgl. A. 7) und Cumberlands (vgl. A. 51) in den Niederlanden und war Bevollmächtigter Minister Wiens beim Abschluß der alliierten Militärkonventionen in Den Haag.

gang, ohnschwer, und zum Voraus mit vieler Wahrscheinlichkeit beurtheilen, was auch in ansehung dieses *Puncts* von denen Englischen Maaßnehmungen für das künfftige zu besorgen, und wie solchen in Zeiten auf die thunlichste Weise zu begegnen seye.

Es würde allzu weitläuffig fallen, in weitere Betrachtungen über die Englische Staats Absichten einzugehen, und den Zusammenhang mit anderen Höfen, wie auch die innerliche Verfaßung vorstellig zu machen. Was ich auch von den bisherigen Englischen Fehltritten, und deren Beweg-Ursachen etwas umständlich allerunterthänigst anzumercken die Freyheit genommen, ist aus gar keiner Gemüths-Regung hergefloßen, sondern eintzig, [143r] und allein in der Absicht geschehen, um auf die vollständige Erkanntnüß, aus was für Ursachen das Übel eigentlich seinen Ursprung hergeführet, mein ferneres allergehorsamstes darfür[-]halten zu begründen, welche Hülffs-Mittel, und Maaßnehmungen dem allerhöchsten Dienst am ersprießlichsten seyn dürffeten.

Ich bin anbey vollständig überzeugt, daß alle *Extrema* sorgfältig zu vermeiden, die Nutzbarkeit der geleisteten Englischen Hülffe nicht zu mißkennen, und aus Einsicht der wiedrigen Gesinnungen das gute, und ersprießliche, so von Engelland ferners anzuhoffen stehet, nicht außer Augen zu setzen; Gleich wie hingegen die *Generale* Betrachtung, daß Engelland für einen natürlichen *Alliirten* anzusehen, und das so genannte alte *Systema* zu Aufrechthaltung des Durch[143v]läuchtigsten Ertzhaußes, am vorträglichsten seye, [e]meines wenigen Ermessens, unvollkommen, und unschlüßig seyn würde, wann deßwegen nicht auf den Unterscheid der Zeiten, und Umstände, wie auch auf die vorwaltende Gebrechen behörige Aufmercksamkeit getragen werden wollte.[e]

So viel nun die *Republic* Holland anbetrifft, so schlagen gleichfalls bey Ihr die zwey Grund Regeln ein, nach welchen Sie unter die natürlichen *Alliirten* des Durchläuchtigsten Ertzhauses zu zehlen. Dann eines theils stehen keine gegeneinander lauffende *Interessen,* außer was den *Barrier-Tractat* anbelanget, einer wahren Einverständnüß entgegen; Und anderen theils vereiniget sich die beyderseitige Wohlfahrt darinnen, daß sich gegen die höchstgefährliche Nachbarschaft des *Bourboni*schen Hauses, und des Königs in Preußen durch [144r] Zusammensetzung der Kräfften sicher zu stellen, und hierunter nach einem *Principio* zu Werck zu gehen.

Wie groß und nahe Gefahr der *Republique* von beyden Seiten obschwebe, und wie ihr Umsturtz, oder Aufrechterhaltung, hauptsächlichen von der Schwächung, oder Flor des Durchläuchtigsten Ertzhaußes abhange, liegt ohne dem klar vor Augen. Auch äußern sich bey Ihr beson-

e ... e Zeitgenössische Unterstreichung.

dere, und weit wichtigere Ursachen, als bey Engelland, nicht nur den König in Preussen nicht zu begönstigen, sondern wo möglich, deßen Schwächung auf alle Weise zu befördern.

Warumb aber die ernannte *Republic* dannoch bey verschiedenen *Decisiv*en Gelegenheiten, das Durchläuchtigste Ertzhauß hülffloß gelaßen, den *Casum foederis eludir*et, oder schläfferig, und nicht zu rechter Zeit, mit behörigem Nachdruck zu [144v] Werck gegangen; Bey dem Letzteren Frieden für den König in *Sardini*en ohne, und für den König in Preußen gegen sein Staats-*Interesse* gearbeitet, ist theils denen nemlichen Ursachen, welche oberwehntermaßen die Englische Fehltrite veranlaßet, und theils denen innerlichen Holländischen Gebrechen beyzumeßen.

Die beständige Eifersucht der See-Mächten in Ansehung des *Commercii,* der Holländische Eigennutz, durch vermeidung der Kriegs *Declaration* die Handelschafft aufrecht zu erhalten, und mehr und mehr an sich zu ziehen, nebst dem empfindlichen Angedencken, was bey dem Utrechter Frieden vorgefallen, und wie Engelland in dergleichen Gelegenheiten *dictator*isch zu verfahren pflege, haben [145r] denen dießseitigen, und so gegründeten Vorstell- und Betreibungen vorgewogen, zumahlen der vormahlige hertzhaffte Eifer für die Freyheit, währendem Frieden sehr erweichet, und in eine Kaltsinnigkeit ausgeschlagen.

Die Beysorge für der Statthalterschafft, hat, wie schon von anderen gründlich angemercket worden, bey denen Rathschlüßen der jenigen, so das Ruder geführet, den grösten Einfluß gehabt, und wann Franckreich mit mehrerer Mäßigung gegen die *Republique* zu Werck gegangen wäre, so dürffte der Printz von *Orani*en[53] schwerlich seinen Endzweck erreichet haben; Zum Unglück ist diese Veränderung zu spat, und zu einer Zeit erfolget, als der allgemeine Verfall fast auf das höchste gestiegen, und die [145v] *formidable* Feindliche *Armée* einen Einfall in das Hertz der *Republic,* mithin ihren völligen Umsturtz androhete. Es hat also die Forcht, nebst denen bekannten *disgusto,* so wegen dem Ober-*Commando* der *Troupp*en in dem Haag vorgefallen, des Statthalters vorhin bezeugten *Patriot*ischen Eifer, zu ausgiebiger Kriegs-Verfaßung, auf einmahl in ein außerordentliches Verlangen zum Frieden verwandlet, und die Englischen Absichten dergestalt befördert, daß Holland weder von dem Einseitigen Schluß der *Praeliminari*en, noch von Begünstigung des *Turin*er, und Berliner Hofs, durch die nachdrucksamste Vorstellungen abzuhalten ware, sondern sich in allem nach der Englischen Vorschrifft gerichtet.

---

[53] Wilhelm IV., Fürst von Nassau-Dietz und Prinz von Oranien (* 1711, † 1751), 1747—1751 Erbstatthalter der Vereinigten Niederlande.

Nunmehro aber wird dem [146r] Printzen Statthalter wo nicht ohnmöglich, doch sehr schwer fallen, denen eingerißenen großen Unordnungen, innerlichen *fermentation*en, und dem fast gantz darniederligenden *Finanz-* und Militar-Weesen wieder aufzuhelffen; wenigstens laßen sich dergleichen wichtige Verbeßerungen nicht in kurtzer Zeit bewerckstelligen, und inzwischen ist die *Republic* außer Stand, an etwa entstehenden auswärtigen Kriegen, wann Sie gleich wollte, werckthätigen Antheil nehmen zu können. Vielmehr wird Ihr haupt Augenmerck dahin gerichtet seyn, alle neue Unruhen, und Gefahr von seiten Franckreichs und Preußen sorgfältig von sich abzuwenden, und sich wegen der Gemeinsamen Wohlfahrt, so wenig als möglich an Laden zu legen; Wo[146v]bey des Statthalters eigene *Conservation* erfordert, sich von seines Schwieger-Vatters[54] eiferigen Unterstützung immer mehr, und mehr auf den Fall der Noth zu versichern, und das Englische *Ministerium* bey gutem Willen zu erhalten.

Je mehr auch die Abänderung des Niederländischen *Tariffs,* und die Einbeziehung der 500^{m} *Patacons* in der *Republic Interesse* einschlagt; Je weniger ist zu zweifflen, daß sie alle Mittel hervor suchen werde, um diese Angelegenheit wieder in das alte Gleiß einzuleiten. Ob nun zwar Ihre eigene Kräfften, nicht zureichen, das Werck mit Gewalt anzugreiffen, und durchzusetzen, so stehet doch ohnschwer zu ermeßen, daß Holland sich umb so mehrers um die Englische, auch allenfalls um die Frantzösische- und andere [147r] Mitwürckung bewerben werde, und hierunter leicht ausreichen dürffte, wann sich geneigte Umstände hierzu ergeben, und dießseits in Zeiten keine hinlängliche Mittel zu erfinden seyn sollten, denen besorgliche Folgen, wo nicht an beyden, doch an einem der ernannten Höfen vorzubiegen.

Daß die *Allianz,* und das dermahlige gute Vernehmen, zwischen Euer Kayser[lichen] Königl[ichen] May[es]t[ä]t und Rußland ersprießlich seye, und auf einen *Solid*en Grund beruhe, fallet von selbsten in die Augen, da die beyderseits nöthige Vorsichten, und Staats-*Interess*en gegen den Türcken, Frantzösischen, und Preußischen Hof, wie auch zum Theil in Ansehung derer Königreichen Pohlen, und Schweden zusammen treffen; Jedoch [147v] wäre zu wünschen, daß Rußland seit etlichen Jahren, so, wie dermahlen, gedacht hätte, und künfftig dencken, mithin auf seine vollkommene gute Gesinnung, deren man sich billich, so lang sie fürdauret, zu nutzen zu machen suchet, zuverläßig zu rechnen seyn möchte. Allein das Absterben, oder der Fall des wohldenckenden Cantzlers *Bestuchef,* nebst denen Preußischen, und Frantzösischen *Intriguen*

[54] Wilhelm IV. von Oranien-Nassau-Dietz war seit 1734 mit Anna Prinzessin von Großbritannien und Irland (* 1709, † 1759), einer Tochter Georgs II., verheiratet.

könnten große Veränderungen verursachen; Die Letztere Kranckheit der *Czarin*[55], hatte ein gefährliches Aussehen, und überhaupt lehret die Erfahrung, wie leicht der Orten, die *Conspiration*en, und kecke Unternehmungen einen glücklichen Ausschlag gewinnen.

Des *Bestuchef* vorjähriger *Operations-Plan,* ist allerdiengs nach [148r] dem Rußischen Staats-*Interesse* ausgemeßen; Ob Er aber auch mit der Hollsteinischen, und insbesondere mit der Groß-Fürsten, und der Groß-Fürstin[56] geheimen Denckens-Art übereinstimme, solches ist umb so weniger zu vermuthen, da die angebohrne Liebe für sein Hauß, anderen Betrachtungen vorzudringen pfleget. Es spielet also *Bestuchef* in meinen Augen eine zwar große, aber gefährliche *Role;* Und so viel seinen erwehnten *Plan* anbetrifft, so ermanglen mir annoch die vollständige Nachrichten, ob die Auflage, als gedächte der Schwedische Thronfolger[57] gegen sein eydliches Versprechen, die *Monarchi*sche Regierungs-*Form* in Schweden wieder einzuführen, aus zuverläßigen Kundschafften, oder nur aus einem [148v] Verdacht, und *personal* Feindschafft, über sein- und seiner Gemahlin so stoltzes, als undanckbares Betragen gegen die *Czarin,* herrühre, in wie weit sich Preußen mit Schweden bereits verbunden, und warumb Rußland die bekannte *Declaration* durch seinen *Ministre Panin*[58] an Schweden gelangen laßen? Da doch die erste Absicht dahin gegangen, Schweden ohne vieles warnen, und in der Geschwindigkeit mit Krieg zu überziehen. Jedoch ist überhaupt nicht zu zweifflen, daß die Schweden den erlittenen Verlust von Pommern, Lief- und Ehst-Inngermannland, und einem großen Theil von Finnland, so zusammen ein Strich Landes von mehr als 150 Schwedischen Meilen[59], lauter Meer-Küsten, und guten Korn-Bodens ausmachet[60], nebst [149r] dem Geld, und Frucht-Mangel, besonders aber die immer mehr anwachsende Rußische Übermacht, noch keines weeges verschmertzet haben, und viele, in sonderheit von dem Ersten und [v]erarmten Adel, welchem die übrige Mitstände der Bauern, Bürger, und Geistlichen ein Eckel, und Dorn in den Augen seynd, die Wiedereinführung der *Monarchi*schen Regierungs-*Form,* als ein ergiebiges Mittel ansehen, sich aus der Rußischen *Dependenz* zu winden, und zum vorigen *Flor* zu gelangen.

---

55 Elisabeth Petrowna (* 1709, † 1762), Tochter Peters I., 1741—1762 Zarin.

56 Thronfolger war Karl Peter Ulrich Herzog von Holstein-Gottorp (* 1728, † 1762, 1762 als Peter III. Zar), seit 1745 verheiratet mit Sophie Friederike Auguste von Anhalt-Zerbst (* 1729, † 1796, 1762—1796 als Katharina II. Zarin).

57 Adolf Friedrich von Holstein-Gottorp (* 1710, † 1771, vgl. A. 46).

58 Nikita Iwanowitsch von Panin (* 1718, † 1783), 1748 bis 1760 russischer Gesandter und Bevollmächtigter Minister in Schweden.

59 1 schwedische Meile = 10,689 km.

60 Schweden hatte am Ende des Nordischen Krieges im Frieden von Nystad (10. September 1721) Livland, Estland, Ösel, Ingermannland und einen Teil Kareliens an Rußland abtreten müssen.

Um nun die Ausführung dergleichen Absichten in der Geburt zu ersticken, und in Schweden das Vortheilhaffte *Systema* aufrechtzuerhalten, *ut maneat Respublica, et ut Rex sit in Republica,* kan Rußland nach seiner Verfaßung, um so [149v] ehender einen neuen Krieg wagen, da es einem besorglichen Einfall der unter der Türckischen Zinnß Bothmäßigkeit stehenden verschiedenerley Tart[aren], eben so viel *Ukraini*sche- und andere *Cosak*en, so gleichen Schlags, ohne sonderliche Kosten[f] entgegen stellen kan. Die Pforte, wird aus Beysorge für Persien, welches Reich, seit dem Ihm von der Kayserin *Anna*[61] die eroberte *Provinz*ien, und besonders *Derbent*[62], als der Schlüssel zu Land, und der *Caspi*schen See, zu[-]ruck gegeben worden, mit Rußland in gutem Vernehmen stehet, sich nicht leicht aufhetzen laßen, zumahlen eine Türckische *Armée*, die mit ohngefehr 40^m^ [40 000] Mann beständig besetzte, vom *Tanais*[63] bis an die *Wolga* oberhalb *Astrachan*[64] sich erstreckende, und mit *Redouten*, auch zahlreicher [150r] *Artillerie* versehene *Czaritzini*sche *Lini*en, und vor- und nach deren Übersteigung, große Wüsteneyen vor sich fände, mithin der Gefahr des völligen Untergangs derseits ausgesetzet würde.

Noch weniger hat Rußland vor der Frantzösischen ohnmittelbaren Hülffleistung zu besorgen. In dem *Balthi*schen Meer, wo Schweden ohnedem sehr eingeschräncket, und der Sund zu *passir*en ist, wird sich eine Frantzösische Flotte wohl schwerlich sehen laßen; Und an der Nord-See bleibet der Cron Schweden nur der eintzige, gleichsam in Dänischem Gesicht liegende Haven *Gothenburg* übrig. Alles was Franckreich zum Vortheil der Cron Schweden thun kan, bestehet in Bewilligung reicher *Subsidi*en, und in anfrischung des Königs in Preußen sich in den Krieg miteinzu[150v]mischen.

Dieses Königs zahlreiche Land-Macht, Geld-Vorrath, weit aussehende *Idéen,* nebst seinem bereits in Pohlen habenden, und nicht zu verachtenden, auch durch Geld leicht zu vermehrenden Anhang, sind auch Rußland weit gefährlicher, als Schweden; Mit was für einem großen *Project* auf das Pohlnische Preußen, schon des jetzigen Königs Ur-Groß-Vatter[65], schwanger gegangen, ist kein Geheimnüß verblieben. Preußen besitzet würcklich Pfandweiß die Stadt Elbingen, und haltet *Garnison* in denen Vorstädten; Daß es auch ein begieriges Aug auf Curland geworffen habe, und *Praetension*en darauf *formir*e, ist bekannt; Die *Conquete*

[61] Anna Iwanowna (* 1693, † 1740), Tochter Peters I., 1730—1740 Zarin.

[62] Stadt am Kaspischen Meer, nördlich von Baku.

[63] Der Don.

[64] Hafenstadt am Kaspischen Meer.

[65] Friedrich Wilhelm von Brandenburg (* 1620, † 1688, Regierungsantritt 1640).

[f] Endung '-en' nachträglich eingefügt.

dieses mit verschiedenen schönen See-Häven, und bey die 40 Teutsche Meilen[66] in der Länge sich erstreckenden [151r] Hertzogthumbs, machte Preußen zu einem gefährlichen Nachbarn von Liefland. Es könnte das für Rußland sehr erträgliche *Commercium* auf der *Duina* sperren, und an sich ziehen; In dem Nieder-Sächsischen Creyß ist es ohnedem schon durch den Besitz von Halberstadt, Ost-Frießland [etc. etc.] und durch die Anwartschafft auf Mecklenburg ziemlich eingewurtzelt; Der Anfall dieses Hertzogsthumbs würde Preußen von Rostock, Wißmar [etc.] dann von einem sehr großen Theil der Abendländischen Küsten des *Maris Balthici*, an welches ohnedem schon seine Pommersche Lande angräntzen, und fast bis hinunter nach Lübeck, Meister machen.

Daß Preußen im Schilde führe, die Cron Schweden zur *Cession* seines Rests von Hinter-Pommern, welches der ernannten Cron, ohnedem wenig [151v] eintraget, und zur größeren Last, als Vortheil gereichet, durch seinen Beystand, und ausbediengung anderer zu verschaffender Gegen-Vortheilen, etwa in Norwegen, Finn- oder Liefland zu vermögen, hat Engelland bereits dem Rußischen Hof gestecket, und des *Antivari*[67] *Correspondenz* giebet deßfalls verschiedene, und große Vermuthungen an die Hand. Sollte nun dieses *Project* einen glücklichen Ausschlag gewinnen, so wäre Preußen von dem grösten Theil der Abendländischen Küsten an der Ost-See Meister, und erhielte andurch die vollkommene *Communication* zur See mit seinen Preußischen Landen, von denen es bishero wie gantz zu Land, also theils zu Waßer durch den zwischen-Strich des Schwedischen Pommerens abgesondert gewesen. [152r]

Dieser Zusammenhang würde Ihm trefflich zustatten kommen, seine Absichten auf Curland früh, oder spat auszuführen, mithin sich auch von der dortigen Süd-Ostlichen Küste der Ost-See zu bemeisteren, und eine *Continuation* von Küsten, die durch nichts, als die eintzige Stadt Dantzig, und durch das kleine Pohlnische Stuck Landes Pommerellen, unterbrochen wäre, von ohngefehr 150 Teutschen Meilen zu besitzen.

Die berührte Preußische Vergrösserungs Hoffnung, bestehet nun in keinen *Chimer*en, und blosen gehäßigen Aufbürdungen, sondern einige glück[lich]e *Evenements* können solche zu Ihrer völligen Reiffe bringen.

Daß aber Preußen in solchem Fall eine sehr *formidable* See-*Puissance* in Norden abgeben, und wie allen seinen Nachbarn, also auch ins beson[152v]dere dem Rußischen Reich höchst gefährlich seyn würde, ist eine unwiedersprechliche Wahrheit, woraus von selbsten erfolget, daß Rußland seine erste und hauptsächlichste Sorgfalt, Bemühen, und Unter-

---

[66] 1 deutsche Meile = 7,42 km.

[67] Christoph Theodor Antivari, 1737 bis 1750 Vertreter Österreichs bzw. des Reichs in Schweden.

nehmungen, nicht so wohl auf Schweden, als einen ohnedem entkräffteten, von allen eigenen Hofs-Mitteln entblößten, und leicht im Zaum zu haltenden Feind, sondern auf Preußen richten, und gegen solches seine gröste Macht anwenden, mithin die anwachsende Gefahr noch in Zeiten, und in der Geburt zu ersticken bedacht seyn sollte. Die eintzige Schwedische Hoffnung, sich für der Rußischen Übermacht zu retten, und auswärtigen ergiebigen Beystand zu finden, kan sich ohnedem nur auf Preussen erstrecken; Ist aber diese Cron einmahl gedemüthiget, und wieder [153r] in seine alte Gräntzen eingeschräncket, so ermanglen der Cron Schweden auch für das Künfftige die Kräfften, seinen bösen Willen in das Werck zu setzen.

Was ich also an dem mehr angezogenen *Bestuchef*ischen *Operations-Plan* insbesondere zu *desiderir*en finde, bestehet in deme: [g]Daß solcher auf die Unternehmungen gegen Schweden fürdencket, und die für Preußen zu tragende Obsorge fast gäntzlich in Vergeß stellet.[g] Wahr ist es, daß diese Cron sich sehr bedencken, und Ihr schwer fallen werde, Rußland in seinen wohl *fortificirt*en Gräntzen ohnmittelbar zu *attaquir*en. Sie kan aber Dännemarck durch seine überlegene Land-Macht bald übern Hauffen werffen, oder durch Zusendung einer nahmhafften *Troupp*en-Anzahl, oder wohl gar durch bloße [153v] Hülffs-*Demonstration*en, die Kriegs-*Operation*en dergestalt führen, daß Schweden und Rußland alle Last und Gefahr allein tragen, und sich entkräfften müßen immittelst aber das Kriegs-Feuer von denen Preußischen Landen abgewendet bleibe, und dannoch zuletzt der gröste Vortheil, im Frieden auf die Preußische Absichten zuruckfalle.

Rußland sollte sich an dem Vorgang des Letzteren Krieges, und wie sich Preußen sowohl gegen Euer Kayser[liche] Königl[iche] May[es]t[ä]t als gegen Franckreich betragen, allerdienges spiegeln, und seinem gefährlichsten Feind weder Zeit, noch Gelegenheit in Händen laßen, die Nordische Unruhen zu seinem Vortheil anzuwenden; Welches nicht beßer bewerckstelliget werden kan, als daß Rußland, wann es doch loßbrechen, und [154r] den künfftigen üblen Folgen ernstlich vorbauen wil, den grösten Theil seiner Macht gegen Preußen gebrauche, dessen Lande ohnedeme noch gantz offen, und der Verwüstung der *Cosaken,* und *Kalmucken exponirt,* auch auf der Meer-Seiten wieder die Rußische *Galeer*en schlecht verwahret seynd.

Zu dergleichen Unternehmen hat Rußland eine zureichende Land-Macht; Woran es Ihm aber am meisten ermanglet, ist Geld, und ein erfahrener *commandir*ender *General.* Sollte nun Rußland wegen diesem Abgang, mit Preußen recht anzubinden Bedencken tragen, und mit

g ... g Zeitgenössische Unterstreichung.

anderen Mächten kein *Concert* zu Stand zu bringen seyn; So wäre meines wenigen Ermeßens, für die erstere Cron, und ihre *Alliirte* am rathsamsten, vor dermahlen allen Krieg zu vermeiden, und beßere Gelegenheit abzuwarten. [154v]

Dann wie kann mit dem wahren Rußischen Staats-*Interesse* übereinkommen einen ohnedem schwachen Feind, wie Schweden ist, noch mehrers zu schwächen, und einen Theil seiner eigenen Kräfften dabey aufzusetzen; Hingegen zu gleicher Zeit einen anderen starcken Feind die Mittel in Handen zu geben, daß Er zu noch größerer Stärcke gelangen könne; Welche Betrachtung mir von solcher Wichtigkeit zu seyn scheinet, daß sie auch in Euer Kayser[lichen] Königl[ichen] May[es]t[ä]t Staats-*Systema* einen großen Einfluß haben dörffte.

Die Gesinnung des Sächsischen Hofs, welcher wegen dem übereinstimmenden *Interesse* gegen den König in Preußen unter die Zahl von Euer Kayser[lichen] Königl[ichen] May[es]t[ä]t natürlichen *Aliirte*n mitgerechnet zu wer[155r]den verdienet, in umständliche Vorstellung zu bringen, wäre vor dermahlen umb so überflüßiger, da solches bereits zur Gnüge in der Sternbergischen *Instruction* geschehen, und darinnen angemercket worden, wie das gute und böse, bey diesem Hof untermischet seye; Das übleste aber ist, daß Derselbe eines theils, nach der Bekanntnüß seiner eigenen *Ministres,* sich außer Stand befindet, an einem *Impegno* gegen Preußen gleich anfangs *direct*en Antheil zu nehmen, und als ein werckthätiger *Alliirt*er zu *figurir*en; Andern theils aber dannoch aus einer dergleichen Einverständnüß, nach *proportion* seiner Mitwürckung, einen allzu übermäßigen Vortheil zu ziehen sich in den Kopff gesetzet. Wann also künfftighin an einem *Concert* gegen Preußen gearbeitet werden [155v] sollte, so würde bedencklich fallen, sich gleich anfangs allzu viel gegen Sachsen bloßzugeben, und andurch nur die Schwierigkeiten zu vergrössern; Welches aber keinesweges ausschlüßet, diesen Hof immittelst zur *general*en Vorbereitung bey Franckreich nützlich anzuwenden, und zu gebrauchen. Daß auch Derselbe für die Gemeinsame Wohlfahrt wenige Rücksicht zu tragen, und öffters zu Erreichung seines *privat* Vortheils, in die Preussische- und Frantzösische Absichten auf dem Reichs-Tag, und bey anderen Gelegenheiten einzugehen pfleget, dürffte hauptsächlichen aus dem dermahligen Unvermögen, und der *Dependenz* von Franckreich herrühren, welche Cron ihre *Subsidi*en, und *Protection* nicht ohne [156r] anderwärtigen Nutzen zu verschwenden pfleget.

Nebst deme haben sich schon mehrere Proben ergeben, daß bey dem Sächsischen Hof nicht ungewöhnlich seye, voreilig, ohne genugsame Überlegung, und kurtzsichtig zu Werck zu gehen; Wie es denn nicht wohl zu begreiffen ist, daß Sachsen bey seinen jetzigen Umständen, wegen Aufheb- oder doch Beschränckung des *Liberum veto*[68] in Pohlen, so großen Lermen zur Unzeit verursachet, und sich nur dergleichen Gedancken einfallen lassen können, ohne daß die Sach bey dem hiesigen, Frantzösischen, Rusßischen, oder einem andern Hof immindesten vorbereitet gewesen.

Des gleichen ist in Ansehung Chur-Hanover nicht in Abrede zu stellen, daß desselben Staats-*Interesse* in verschiedenen weesentlichen Stücken von [156v] dem Englischen gantz unterschieden, und daß es nicht nur wegen der *Conservation* von Bremen und Vehrden, sondern auch wegen Sicherheit aller seiner übrigen Landen, die wichtigsten Ursachen für sich habe, seinen Rath, und That gegen den König in Preußen, mit allen übrigen Mächten, die nach einem gleichen *Principio* zu Werck gehen, aufrichtigst zu vereinigen, und sich zumahlen eifferigst dahin anzuwenden, daß der Zusammenhang im Reich zwischen Haupt und Gliedern aufrecht, und das allerhöchste kayserliche Ansehen, vor denen Preußischen- und anderer übelgesinnter Kunst-Griffen, und *Faction*en ohnverletzt erhalten werde. Warum sich aber gleichwohlen verschiedene, dem bemerckten Grund-Satz schnur gerad zu wieder lauffen[157r]de Gebrechen in denen Hanoverischen Maaßnehmungen noch täglich ergeben, ist bereits bey anderen Gelegenheiten so offt und überzeugend erinnert worden, daß ich solches ohne Bedencken hier mit Stillschweigen übergehen kan.

So viel nun die zweyte *Classe*, nemlich die jenige *Europae*ische Mächten, so unter die natürliche Feinde des Durchläuchtigsten Ertzhaußes zu rechnen, fordersamst aber die *Ottomanni*sche Pforte anbetrifft, so kan von derselben künfftigen Unternehmungen umso weniger ein gesichertes Urtheil gefället werden, da solche nicht so wohl aus Staats-*maxim*en, und Einmischung in die Angelegenheiten der Christlichen Höfen, als aus denen zufälligen Empörungen, *intriguen* des *Seraglio*, und Gesinnung [157v] der ersten *Ministres* herzurühren pflegen. Die Absetzung eines friedfertigen, und die Erhebung eines Geitzigen, und kriegerischen Groß-*Veziers*, ist allein vermögend gählinge[69] Unruhen, und einen allzeit höchstgefährlichen Krieg zu veranlassen. Je leichter, und unvermutheter aber sich dergleichen Veränderungen ergeben können, um so mehrers erfordert die dießseitige Wohlfahrt, die Beysorge für einem Türckischen Friedensbruch niemahlen gantz auser Augen zu setzen, und solche mit auf die Waagschaale der Berathschlagungen zu legen; Wobey die in dem Gutachten über den offt angezogenen *Bestuchef*ischen *Operations-Plan*

---

[68] Adliges Gewohnheitsrecht in Polen, demzufolge jeder Landbote an einen Reichstagsbeschluß, dem er nicht zugestimmt hatte, nicht gebunden war. Dieser Grundsatz der Einstimmigkeit brachte im 18. Jahrhundert die meisten regulären Reichstage zu Fall.

[69] plötzliche.

einkommende Betrachtung, eine besondere [158r] Einsicht zu erfordern scheinet, daß nemlichen die Pforte wegen der in Ungarn findenden Leichtigkeit der Kriegs-*Operation*en, und der Mittel die erforderliche Verpflegungen für Ihre *Armeen* herbeyzuschaffen, viel ehender zu einem Krieg gegen Euer Kayser[liche] Königl[iche] May[es]t[ä]t als gegen Rußland zu vermögen seyn dürffte.

Wie sehr des Durchläuchtigsten Ertzhaußes, und der Cron Franckreich Staats-*Interesse* gegen einander lauffe, und unterschieden seyn, erfordert keine weitläuffige Untersuchung, da es seit etlichen *Saeculis* die vielfältige Kriege genugsam bestärcken. Nicht nur zu zeiten *Caroli V^ti*[70] sondern auch nachhero, stunde Franckreich etliche mahl in nicht geringer Gefahr, der [158v] Oesterreichischen Ober-Macht völlig zu unterliegen; Allein seither dem Utrechter Frieden haben die Umstände sich sehr, und bedauernswürdig geändert; Und noch vorher ist von manchen Staats-Männern und Höfen der große Fehler begangen worden, daß sie sich bey Gegeneinanderhaltung des Oesterreichischen- und *Bourboni*schen Haußes, eine *Balance* vorgestellet, und das auf der Frantzösischen Seiten ausschlagende große Übergewicht nicht genugsam erwogen.

Ohne mich jedoch in dergleichen Betrachtungen weiters zu vertieffen, so ist fordersamst als eine *generale*- und offenbare Wahrheit vorauszusetzen, daß Euer Kayser[liche] Königl[iche] May[es]t[ä]t die Cron Franckreich, auch nach nunmehro [159r] geschloßenem Frieden, nicht anderst als einen höchst gefährlichen Hof anzusehen haben, theils wegen seiner bekannten innerlichen Stärcke, Verfaßung, gleichen Regierungs-Form, und auf allen Seiten wohlverwahrten Gräntzen; theils wegen seinem großen Zusammenhang, und Einverständnüß mit anderen mächtigen Höfen, worunter die Ottomannische Pforte, und der König in Preußen insbesondere zu zehlen seynd; theils wegen seines gewohnten schlechten Trauens, und Glaubens, und zumahlen wegen seiner weit aussehenden Staats-*maxim*en. Diese gründen sich bloß, und allein auf das *Interesse*, und wann solches einen Absprung von den kräfftigsten Versicherungen [159v] erfordert, so werden *Solenn*e Friedens-Schlüße, und theuer erkauffte *Garanti*en für nichts geachtet. Euer Kayser[liche] Königl[iche] May[es]t[ä]t haben diese Wahrheit nur allzu viel durch die That erfahren. Noch im Jahr 1738. wurde die *Sanctio Pragmatica*[71]

[70] Karl V. (* 1500, † 1558), 1516—1556 als Karl I. König von Spanien, 1519—1556 römischer Kaiser.

[71] Habsburgisches Hausgesetz vom 19. April 1713, durch das Kaiser Karl VI. die habsburgischen Länder für unteilbar und untrennbar erklärte und die Erbfolge für den Fall des Aussterbens des habsburgischen Mannesstamms regelte. Zuerst sollten seine Töchter, dann die Töchter Josephs I. (* 1678, † 1711, Kaiser ab 1705) und schließlich alle anderen von Leopold I. (* 1640, † 1705, Kaiser ab 1658) abstammenden Habsburgerinnen erbberechtigt sein.

auf das feyerlichste *garantir*et, Franckreich machte die schöne und wichtige *acquisition* von Lothringen, und der ernannten Cron, wurde nicht der geringste Anlaß zu einiger Beschwerde, oder Abneigung gegeben.

Wann es noch bey Unerfüllung der *Garantie* verblieben wäre, so könnte solches nach der jetzigen Gewohnheit den *Casum Foederis* abzuläugnen nicht so gar befrembdlich fallen; Daß aber Franckreich [160r] selbsten ohne die mindeste Ursach zu den Waffen gegriffen, und das seiner Meinung nach, ohnfehlbare *Project* geschmiedet, Euer Kayser[liche] Königl[iche] May[es]t[ä]t umb Cron und Scepter zu bringen, ist ein solches treuloses *Factum,* davon in den Geschichten kein Beyspiel zu finden seyn wird.

Zwar hat *Cardinal Fleury*[72] so gar schrifftlich seine Reue hierüber bezeuget, und wie mich die Frantzösischen *Ministres* mehr mahlen versichern wollen, so wird nunmehro das gantze Verfahren von dem König[73] und *Ministerio* selbsten verabscheuet; Allein diese Reue, und Verabscheuung ist erst nach Fehlschlagung des schönen *Projects* erfolget. Hierdurch hätte Franckreich sein schon lang im Schild geführtes [160v] Absehen, der *Universal Monarchie* in so weit erreichet, daß alle *Europae*ische Mächte in gewißer Maaß unter seine *Dependenz,* und Führung gerathen wären. Der Umsturtz des Durchläuchtigsten Ertzhaußes ware dergestalten eingefädmet, daß solcher menschlichem Ansehen nach, nicht wohl vermieden werden können, wann nicht die sich klar gezeigte Göttliche *Providenz,* einen Strich durch die übermüthige Rechnung gemacht, und die natürliche *Evenements* so geführet hätte, daß Franckreich selbsten währendem Krieg sich etliche mahl in der Gefahr gesehen, in dem Hertzen seiner eignen Landen angegriffen, und in die gelegte Stricke ver[161r]wickelt zu werden.

Franckreich ist seither des *Cardinal*en *Richelieu*[74], und *Mazarin*[75] Zeiten gewohnt, seine Staats-Absichten von weiten vorzubereiten, nach einem *Plan* beständig, und zwar nach Unterscheid der Welt-Läufften mehr, oder weniger, zu Werck zu gehen. Schon bey dem *Pyrenaei*schen Frieden[76], ist auf Mittel, die Spanische Thronfolge auf das *Bourboni*sche

[72] André Hercule de Fleury (* 1653, † 1743), 1726—1743 Kardinal und Leitender Minister.

[73] Ludwig XV. (* 1710, † 1774), König seit 1715, Selbstregierung seit 1743.

[74] Armand Jean du Plessis, (ab 1631) Herzog von Richelieu (* 1585, † 1642), ab 1622 Kardinal, 1624—1642 Erster Minister.

[75] Jules Mazarin, (ab 1659) Herzog von Nevers (* 1602, † 1661), ab 1641 Kardinal, 1643—1661 Leitender Minister.

[76] Friede zwischen Spanien und Frankreich vom 7. November 1659. Spanien verlor seine Gebiete nördlich der Pyrenäen (Roussillon, Cerdaña), Teile des Artois, von Flandern und Luxemburg. Gleichzeitig wurde die Vermählung der Infantin Maria Theresia (* 1638, † 1683) mit Ludwig XIV. (vgl. A. 78) vereinbart. Ende der habsburgisch-spanischen Vormachtstellung in Europa.

Hauß zu bringen fürgedacht; und an der *Acquisition* des Hertzogthumbs Lothringen, bereits seither einem *Saeculo* gearbeitet worden. Auch ware die Unterdruckung des Durchläuchtigsten Ertz-Haußes schon längstens der Haupt-Gegenstand der Frantzösischen *Politique;* Dieser Endzweck [161v] ist nunmehro, durch den Verlust Schlesiens, und Vergrößerung des Königs von Preußen, in so weit erreichet, daß Franckreich der Oesterreichischen Macht, und gewohnten Großmüthigen Gesinnung, sich für die gemeinsame Wohlfahrt anzuwenden, einen großen Feind entgegen gestellet, welcher nicht nur vor sich gefährlich, und wegen der verursachenden Beysorge, oder durch würcklichen Friedensbruch den grösten Theil der dießseitigen Waffen für die See-Mächten ohnnütz machen, und von Franckreich abziehen, sondern zugleich eine große Gegen-Parthie im Reich *formir*en und die Bewürckung eines Reichs-[162r] Kriegs, welcher in vorigen Zeiten dem durchläuchtigsten Ertzhauß mehrmahlen wohlzustatten gekommen, wo nicht gantz ohnmöglich, Jedoch sehr beschwerlich machen, andurch aber der gemeinsamen Wohlfahrt eine *diversion* und Hülffe von 60^{m} bis 80^{m} Mann zum großen Vortheil der Cron Franckreich, entziehen kan.

Nebst deme ist bekannt, daß zwar die Cron Schweden denen Frantzösischen Absichten vor diesem großen Vorschub gegeben, aber dermahlen ihre Freundschafft und *Allianz* wegen der erlittenen Entkräfftung mehr zur Last, als Vortheil gereiche. Allein dieser Abgang wird nunmehro durch den König in Preussen [162v] in Übermaaß ersetzet, und mittels desselben Mitwürckung erhaltet auch Franckreich einen starcken Einfluß in die Nordische Angelegenheiten, und ein kräfftiges Mittel, der Rußischen Macht ihre Schrancken zu setzen.

Von was vor großer Wichtigkeit nun die berührte- und andere mit Stillschweigen zu übergehende *Consideration*en seyen, leget sich von selbsten zu Tage.

Gleich wie aber das jenige, was von der Frantzösischen Gesinnung ohne Vorurtheil, und nach meiner Überzeugung in allerunterthänigste Erinnerung gebracht worden, in *general*en, und solchen Betrachtungen bestehet, die durch Neben-Umstände öffters eine andere Gestalt bekommen, und keinen gesicherten Schluß für das Gegenwärtige an [163r] Hand geben, als ist auch hiermit der jetzige innerliche Frantzösische Zustand, die Gesinnung des Königs, des *Ministerii* [etc.] zu vereinigen, und nicht außer Augen zu setzen.

Da nun der König, bekannter maßen, vor sich selbsten keine sonderliche Einsicht besitzet, vielen Beschäfftigungen ausweichet, Niemanden mit besonderer Vorliebe und Vertrauen zugethan ist, seiner *Maitresse*[77]

---

[77] Jeanne Antoinette Poisson, Dame Le Normant d'Étoiles, (seit 1745) Marquise de Pompadour (* 1721, † 1764), seit 1745 Maitresse Ludwigs XV.

einen ziemlich starcken Einfluß in den Geschäfften verstattet, und ein jeder *Ministre* vor dem anderen *Credit*, und Ansehen zu erwerben sich bemühet, mithin die *Intriguen*, und *Cabal*en starck eingerißen; So ist auch gantz känntlich wahrzunehmen, daß die dermahlige Frantzösische Maaßnehmungen bey weitem nicht mit der Feine, Geschwindigkeit, Vereinbarung aller Um[163v]ständen, Vorsicht, und Ordnung, als wie zu Zeiten *Ludwig* des *XIV.*[78] oder des *Cardinal*en *Fleuri* geführet werden. *Marquis Puyzieux*[79] hat eine gute Einsicht, aber wenige Erfahrung; Er ist nach aller Beschreibung in seiner Denckens Art, und so viel von einem *Ministre Supponir*et werden kan, billig, gerecht, friedfertig, und wie Ihm die Frantzosen ausstellen, nur allzu gelind.

Allem Ansehen nach, haltet Er sich an die Staats-*maxime*, daß Franckreich seine Absichten ehender durch geheime Unterbauungen, und nach und nach, als durch Kriege und andere in die Augen fallende gewaltsame Mittel zu erreichen, und vor allem seine innerliche Kräfften herzustellen, und zu vermehren suchen solle. Sein Aufkommen hat Er der *Pompadour* zu dancken, durch welche Er sich auch bishero gegen des *Marquis d'Argentsons*[80] [164r] *partie* in *Credit* erhalten, und von dessen *Principiis* Er theils aus Temperament, theils aus *Politique*, und theils aus Überzeugung in vielen Stücken abgehet, welcher *favorable* Umstand weiteren vergnüglichen Einfluß haben könnte.

Durch den Krieg ware Franckreich sehr an Geld, und Volck entkräfftet; Das *Commercium* lage in letzten Zügen, man beförchtete einen unglücklichen Streich, welcher alles bisheriges Frantzösisches Glück der Waffen, auf einmahl übern hauffen werffen können: Die *Jalousie* der übrigen *Europae*ischen Mächten, im Fall der Krieg in das Hertz der *Republic* Holland gespielet wurde, hat bey *Marquis Puyzieux* einen großen Eindruck verursachet; Er sahe viele Gefahr, und weniger Hoffnung vor sich, mit großem Vortheil aus dem Krieg, bey deßen längerer Fortsetzung zu scheiden: Der König selbst ist von keinem Kriegerischen [164v] Geist, und zu gleich zur Sparsamkeit geneigt: das Klagen seines Volckes, und die *Intrigu*en der *Pompadour*, welcher die *Campagn*en nicht anständig seyn konnten, machten den Frieden wünschen: Des Königs-Gesundheits Zustand ist nicht der stärckeste: die gantze *Successions*-Hoffnung bestehet nur in dem *Dauphin*[81], deßen Leibes-*Constitution*

[78] Ludwig XIV. (* 1638, † 1715), ab 1643 französischer König, Selbstregierung ab 1661.

[79] Louis Philogène Brûlard de Sillery, Marquis de Puisieux (* 1702, † 1770), 1747—1756 französischer Staatssekretär des Auswärtigen.

[80] René Louis de Voyer de Paulmy, Marquis d'Argenson (* 1694, † 1757), 1744—1747 Staatssekretär des Auswärtigen.

[81] Louis Dauphin de Viennois (* 1729, † 1765), Vater Ludwigs XVI. (* 1754, † 1793 [hinger.], König 1774 bis 1792).

kein gar langes Leben, noch viele *Succession* anverspricht: Ein gählinger Todes-Fall, zu mahlen währendem Krieg, und ehe genugsame *praecautionen* genommen, könnte große innerliche Unruhen, und Spaltungen verursachen: Das *Militare* fande Mittel sich bey dem König beliebt, und *necessaire* zu machen, auch mit seinen *Consiliis* dem *Ministerio* in Staats-Geschäfften vorzugreiffen; Und die große Eigennutzigkeit des [165r] *Comte de Saxe*[82], *Loewendahls*[83], und anderer, überzeugten den *Marquis Puyzieux,* daß die Längere For[t]setzung des Kriegs, nur zu jener *privat*-Vortheil, und Ansehen; Hingegen aber zu mehrerer Erschöpffung des Königli[chen] *Aerarii* gereichen würde; Deme dann der Anmarsch der Rußischen *Trouppen*, und die Beysorge, daß des Spanischen *Generalen Wall*[84] geheime Unterhandlung mit Engelland, weiters, als mit dem Frantzösischen *Interesse* übereingekommen, sich erstrecken, und zum Schluß gelangen dürffte hinzukommen, mit noch mehr anderen dergleichen Umständen, welche also veranlaßet haben, daß das Frantzösische *Ministerium,* mit außerordentlichem Verlangen, dem Frieden entgegen gesehen.

Durch keinen geschwinderen- und sicherern *Canal,* als durch den Englischen [165v] konnte es zu seinem Endzweck gelangen. Die dießseitige geheime *Negotiation* schiene Franckreich zuweit ausschauend, und zugleich unsicher, weilen die längere Fortdaurung des Kriegs zur See, auch nur mit der Cron Engelland allein, dem Frantzösischen *Commercio* den Hertzstoß geben können; Hingegen ware leicht vorzusehen, daß, wann die See-Machten sich aus dem Spiel zögen, die übrige kriegende Theile, sich gleichfalls ohne längeren Verzug zum Frieden entschlüssen müsten.

Nachdem nun Franckreich dieses Mittel einmahl erwählet, und eingeschlagen, so fande es seiner Anständigkeit gemäß, in dem nemlichen Weeg fortzufahren, und ware anbey seine *Politique* gantz känntlich dahingerichtet, das billige Mißvergnügen der Englischen *Alliirten* zu vergrößeren, und die See-Mächten [166r] für das Künfftige mehr einzuschläfern, auch dem Friedens-Geschäfft, *tam quoad materiam, quam formam,* eine solche gestalt zu geben, daß das gantze Gebäude, wann es der ernannten Cron, und seiner *Alliirten Interesse* erforderte, mit leichter Mühe übern Hauffen geworffen werden könnte.

---

[82] Hermann-Moritz Graf von Sachsen (* 1696, † 1750), französischer Marschall deutscher Herkunft, natürlicher Sohn Augusts des Starken, kämpfte 1745—1748 mit großem Erfolg in Flandern.

[83] Ulrich Friedrich Woldemar Graf von Lovendal (* 1700, † 1755), französischer Marschall deutscher Herkunft, kämpfte 1745—1748 in Flandern.

[84] Ricardo Wall y Devreux (* 1694, † 1778), spanischer General und Staatsmann irischer Herkunft; beteiligt an den Verhandlungen zum Aachener Frieden, 1749—1754 Bevollmächtigter Minister in London.

Auch wird sich wohl niemand bereden laßen, daß die besondere Achtung, so Franckreich bey dieser Gelegenheit der Cron Engelland bezeuget, aufrichtig gemeinet gewesen; vielmehr sind viele wahrscheinliche Vermuthungen obhanden, daß der ersternannte Hof, seine in dem Letzteren Krieg begangene grosse Fehler zum theil erkennet, und beßer eingesehen, gegen welche Macht künfftighin sein haupt absehen zu richten.

Da nun die nemliche Umstände, und Ursachen, welche den Frieden wünschen [166v] machen, meistentheils in Franckreich annoch vorwalten, und sich in beßere Verfaßung zur See zu setzen, eine gewiße Zeit erfordert; So laßt sich zwar mit keiner vollständigen Gewießheit, jedoch mit vieler wahrscheinlichkeit hieraus urtheilen, daß die erwehnte Cron, in so lang keine Haupt-Veränderungen, zu mahlen in dem *Ministerio,* und in dem Vorgewicht der *Militar-* und *Argenson*ischen *Partie* vorfallen, sich in etlichen Jahren nicht leicht zu einem Friedens-Bruch verleiten laßen werde; Es seye dann, daß ihm solcher durch anderseitige *directe*, oder *indirecte* Unternehmungen gleichsam abgedrungen würde.

Welche Betrachtung[e]n mich auf die fernere Vermuthung führen, daß Franckreich, wann es nicht wegen Preußen besondere [besondere][h] geheime Absichten im Schilde führet, [167r] in der That an dem Ausbruch der Nordischen Unruhen keinen Gefallen trage, und solchen abzuwenden ernstlich bemühet seyn dürffte, da wenigstens die *Subsidi*en der Cron Schweden erhöhet werden müsten, und die weitere Folgen, und Maaßnehmungen anderer Höfen, Franckreich wieder Willen, in einen neuen weit aussehenden Krieg einflechten könnten. Diese Cron wird so bald nicht vergessen, daß sein vor dem Letzteren Krieg zum Grund gelegtes *Project,* und *Concert* mit so vielen Mächten, zuletzt gantz anderst, als es sich mit sehr wahrscheinlicher Hoffnung geschmeichlet, ausgeschlagen seye; Dermahl aber dürffte schwer fallen, ein gleiches *Concert* zu Stande zu bringen.

Allem Ansehen nach, würde Rußland, oder Preußen, oder auch beyde zugleich, den grösten Vortheil [167v] aus den Nordischen Unruhen, und künfftigen Frieden ziehen; Es ist aber von der Frantzösischen *Politique* nicht wohl zu vermuthen, daß sie eines, oder des andern Hofs Vergrößerung mit gleichgültigen Augen ansehen, und selbsten hierzu Anlaß geben sollte.

Von der Wahrheit dieses *Suppositi,* so viel Rußland anbetrifft, ist gar nicht zu zweifflen; Und das Einverständnüß zwischen Franckreich und Preußen, mag so hochgestiegen seyn, wie es immer wolle; So muß doch die erstere Cron, durch die gegebene werckthätige Proben, gäntzlich

---

[h] Wiederholung von zeitgenössischem Leser erkannt und gekennzeichnet.

überzeuget seyn, daß auf des Königs in Preußen Freundschafft keinesweeges sicherer Staat zu machen, und seine mehr anwachsende Macht denen vorhienigen *Alliirt*en, und Aufhelffern selbsten, zum grösten [168r] Schaden gereichen könne. Sein Zusammenhang mit Engelland, und sein zweydeutiges Betragen, nebst der gegen Franckreich tragenden *Jalousie,* hat sich nicht nur währenden Friedens-*Tractat*en, sondern auch zu der Zeit, geäußert, als die *Rebellion* in Schottland ausgebrochen.

Daß aber Franckreich bey diesem großen, und *decisiv*en Unternehmen, nicht mit so vielem Nachdruck, als es wohl gekönnt hätte, zu Werck gegangen, und auf gewiße Art die Schotten, und des *Praetendenten*[85] Sohn[86] *Sacrificir*et, ist hauptsächlichen der Beysorge zuzuschreiben, daß Preussen wegen seinem eigenen *Interesse,* in die Länge nicht stillsitzen, sondern seine Macht gegen Franckreich, und zu Vertheidigung des Königs von Engelland anwenden würde. Dergleichen Vorfallenheiten, wo die [168v] *Interessen* gegen einander lauffen, können sich auch künfftighin ereignen; Und hat das *Bourboni*sche Hauß an dem König von *Sardinien,* zu seinem eigenen Schaden erfahren, daß, wann schwache *Puissanc*en, durch öffteren Absprung zu einem gewissen Grad der Macht, und *Consistenz* gelanget, alsdann sich auch Ihre Staats-Absichten, und Verbündungen abzuändern pflegen.

Da ich übrigens in meinen, währendem A[a]chner-Friedens-*Congress* erstatteten allerunterthänigsten Berichten, verschiedenes von der gegenwärtigen Denckens-Art des Frantzösischen Hofs einflüßen lassen, und solches annoch in allerhöchsten Angedencken ruhen wird, so nehme die Freyheit, mich hierauf allergehorsamst zu beziehen.

Solang der letzt verstorbene [169r] König[87] in Spanien im Leben war, und die nunmehr verwittibte Königin[88] das Ruder in der Regierung geführet, so konnte diese Cron mit allem Recht unter die natürlichen Feinde des Durchläuchtigsten Ertzhaußes gezehlet werden. Zwar hat die ernannte Königin annoch einigen mittelbaren Einfluß in die Spanischen Staats-Geschäfften, da das *Ministerium* vor Augen siehet, daß Ihr leiblicher Sohn, der *Don Carlos*[89], oder wenigstens seine *Descendenz,* auf den

---

[85] James Francis Edward, „the Old Pretender" (* 1688, † 1765), Sohn Jakobs II. von England (* 1633, † 1701, 1685—1689 König). Das englische Parlament hatte ihm 1701 die Thronrechte aberkannt.

[86] Charles Edward „the Young Pretender" (* 1720, † 1788), Sohn des „Old Pretender".

[87] Philipp V. (* 1683, † 1746), 1700—1724 (Abdankung) und 1724—1746 König von Spanien.

[88] Elisabeth Farnese (* 1692, † 1766), seit 1714 2. Gemahlin Philipps V. von Spanien.

[89] Karl von Bourbon-Anjou (* 1716, † 1788), 1731—1735 Herzog von Parma und Piacenza, 1735—1759 als Karl IV. König von Neapel-Sizilien, 1759—1788 als Karl III. König von Spanien.

Thron gelangen werde; Jedoch ist der jetzige König[90] bekannter maßen, mit keinem so unruhigen, und weit aussehenden *Idéen,* als sich unter der vorigen Regierung geäußert, eingenommen. Er dencket vielmehr als ein guter Spanier, und erkennet mit der *Nation,* daß währendem Krieg das gantze Königreich von Geld, und Volck [169v] erschöpffet worden, und zu seiner Erhohlung, der Ruhe höchst vonnöthen habe.

Gleichwohlen wird hiebey die Wohlfahrt seiner Länder, und deren Erhaltung in denen *Conquetirt*en Landen, nicht außer Augen gesetzet; Und wann solches nicht aus Brüderlicher Liebe geschehete, so würde die Spanische *Grandezza,* und gewohnte Denckens Art, hierunter zum Antrieb dienen; Diese führet gemeiniglich auf weit aussehende große, auch wohl *chimeri*sche *Project*en, und nach des Spanischen *Ministre, Sotto Mayor*[91], vertrauten Äußerungen, so Er zu wiederhohlten mahlen gegen mich fallen laßen, ist kein Zweiffel zu tragen, daß der Spanische Hof auf die annoch schwache Frantzösische *Successions*-Folge ein aufmerck-[170r]sames Aug würcklich richte, und wann sich der Fall über Kurtz oder lang ergeben sollte, daß der König nebst dem *Dauphin* ohne Männliche *Succession* verstürbe, alsdann ein Spanischer Printz, und zwar der *Don Philipp*[92] sich vor denen übrigen Printzen von Geblüth, als Frantzösicher Thronfolger darstellen, und zu Ausführung seines gegründeten- oder ungegründeten Rechts, alles mögliche vorkehren werde.

Nebst deme habe ich durch verschiedene Freundschafftliche- und verdeckte Anfragen, aus des ernannten Spanischen *Ministre* weiteren Äußerungen gantz känntlich wahrgenommen, daß sein Hof unter anderen, auch aus der Ursach auf das *Project,* das Herzogthumb *Savoy*en für den *D[on] Philipp* zu erhalten, angetragen, und starck gedrungen, weilen durch Bewürckung dieser *Possession,* der ernannte Printz [170v] einen festen Fuß an denen Frantzösischen Gräntzen, mithin die beste Gelegenheit überkommen hätte, sich nach und nach einen größeren Anhang in Franckreich zu erwerben, und bey sich ereignendem Fall, das vorerwehnte *Successions*-Recht mit nachdruck zu unterstützen. Diese erforschte Nachrichten haben mir nun, wegen der hieraus zu ziehenden Folgen von solcher Wichtigkeit zu seyn geschienen, daß solche Euer Kayser[lichen] Königl[ichen] May[es]t[ä]t meiner treuesten Pflicht-Schuldigkeit gemäß, noch aus A[a]chen allerunterthänigst einzuberichten, auch hier in wiederhohlte Erinnerung zu bringen, keinen Anstand genommen; Zumahlen nach der dermahligen Gestalt der Welt-Läufften der aller-

[90] Ferdinand VI. (* 1713, † 1759), 1746—1759 König von Spanien.

[91] Jaime Masones de Lima y Sotomayor, Conde de Montalvo (* 1696, † 1778), Bevollmächtigter Minister Spaniens beim Friedenskongreß zu Aachen.

[92] Philipp von Bourbon, Infant von Spanien (* 1720, † 1765), 1748—1765 Herzog von Parma, Piacenza und Guastalla.

höchste Dienst erfordern dürffte, sich dergleichen Gesinnungen, so viel möglich, und Thunlich, zu nutzen zu machen. [171r] Ob aber der Frantzösische Hof die erwehnte Spanische Absicht bereits entdecket habe? und ob Er in solche einzugehen gedencke? auch was deßfalls das *Ministerium* für einer Meinung zugethan seye, ist mir annoch gantz unbekannt, weilen mir höchstbedenck- und gefährlich geschienen, denen Frantzösischen *Ministres* durch Anfragen, oder sonsten zu einigem unzeitigem Argwohn gelegenheit zu geben, als ob dießseits allschon auf Abgang der königl[ichen] *Descendenz* fürgedacht, und vorläuffige Maaßnehmungen eingeschlagen würden, sich künfftighin in die Frantzösische Thron-Angelegenheiten einzumischen, und hieraus auf eine- oder die andere Art Vortheil zu ziehen, oder die Unruhen zu vergrößeren. Jedoch ist die Vermuthung ziemlich wahrscheinlich, daß der König dem *D[on] Philipp* nicht nur wegen der nahen Bluts-Verwandtschafft, sondern auch als seinem Schwieger Sohn, mit mehrer [171v] Liebe und Vorsorg, als dem *Duc d'Orleans,* und *Duc de Chartre*[93] zugethan seye, solches aber sich alsdann erst werckthätig äußern dürffte, wann bey dem *Dauphin* die Hoffnung Männlicher *Succession* fehlschlagen sollte.

Übrigens hat dem Spanischen Hof, ohngeachtet Er sich währendem Krieg so sehr erschöpffet, bey denen Friedens-Unterhandlungen zu nicht geringem Vortheil gereichet, daß Er Franckreich, oder Engelland, in dem *Commercio* vorzüglich zu begünstigen, die Mittel in Handen hat, und beede ernannte Höfe in einerley Hofnung, und Rucksicht erhalten können. Die nemliche Umstände werden auch allem Ansehen nach, künfftighin vorwalten, und der Cron Spanien allezeit einen besonderen Einfluß in die Frantzösische- und Englische Unternehmungen beylegen; Daß also deren Freund- oder Feindschafft [172r] nicht gleichgültig angesehen werden kan, sondern eine vorzügliche Aufmercksamkeit zu erfordern scheinet.

Wobey ich annoch allerunterthänigst anzumercken die Freyheit nehme, wie mich durch vielfältige Proben gäntzlich überzeugt befinde, daß das Anfangs geäußerte Mißvergnügen des Spanischen Hofs, über den einseitigen Schluß der *Praeliminar*ien, keiner Verstellung, oder heimlichen Einverständnüß, sondern einer wahren Ereiferung beyzumeßen seye; Da sich jedoch Franckreich des ernannten Hofs, bey Abhandlung des *Definitiv*-Friedens, mit mehrerem Ernst, und Nachdruck angenommen, so hat sich auch das bemerckte Spanische Miß-vergnügen, in eine gute Einverständnüß verwandlet, und stehet erst zu erwarten: Ob dem Englischen Hof die beym Frieden übrig gebliebene, und in das [172v] *Commercium* einschlagende Anstände zu haben, und bey der Cron

---

[93] Louis „Le Genovéfain" (* 1703, † 1752), seit 1723 4e Duc d'Orléans, de Valois, de Chartres, de Nemours et de Montpensier.

Spanien den Saamen der künfftigen Unruhen gäntzlich auszurotten, annoch gelingen werde.

Soviel nun den König in Preussen anbetrifft, so verdienet Er sonder Zweiffel in der *Classe* der natürlichen Feinden oben an, und noch vor der Ottomannischen Pforten gesetzet, mithin als der ärgste- und gefährlichste Nachbar des Durchläuchtigsten Ertzhaußes angesehen zu werden.

Was die Monarchie durch den Verlust von Schlesien für einen weesentlichen, und ungemeinen großen Schaden erlitten, deßfalls enthalte mich billig, das empfindliche Angedencken vieles zu erneuren. Wann aber auch die Einkünfften zu verschmertzen wären, so findet doch [173r] solches bey denen allzugegründeten Betrachtungen nicht statt, daß durch Schlesien nicht etwa ein auswärtiges Glied, sondern ein haupt-Theil des Cörpers abgerißen, und andurch einem Feind, der eine an der Zahl überlegene, mit allem wohlversehene, wohl *exercirt*- und *disciplinirte Armée* beständig auf denen Beinen, und zugleich das Geld, noch etliche solche *Arméen* aufzurichten, und zu unterhalten, in denen *Coffres* liegen hat, die Weege frey gemacht, und eröffnet worden, bey anderwärts entstehenden Unruhen, und wann Er es nur seinem *Interesse* gemäß befindet, in das Hertz der Erb-Länder einzubrechen, und der gantzen *Monarchie* den Letzten tödtlichen Streich beyzubringen.

Da Er auch keinen Augenblick zweifflen, und sich in alleweege darauf versehen wird, daß Schlesien dem Durchläuchtigsten Ertzhauß gantz [173v] ohnverschmertzlich falle, und zu dessen Wiederherbeybringung keine thunliche Gelegenheit werde absäumet werden; so folget hieraus von selbsten, daß die Preußische *Politique,* zu Erhaltung Ihrer *Conquete,* beständig dahin gerichtet seye, Oesterreich immer mehrers zu schwächen, mithin ihm die Kräfften und Mittel, zu ausführung seiner weitern Absichten zu benehmen, und daß solchergestalten die beyden Höfe, auch für das Künfftige in der grösten Eifersucht, und ohnversöhnlichen Feindschafft fortleben werden.

Ein mehrers ist schon von denen Preußischen gefährlichen Vergrößerungs-Absichten bey Gelegenheit des Rußischen Hofs angemercket worden.

Um soviel diejenige Mächten, so unter die Dritte *Classe* zu rech[174r]nen, als den Römischen Hof, Portugal, Dännemarck, Schweden, Pohlen, *Neapel,* und *Sardini*en, die *Republiqu*en in Italien, den Hertzog von *Modena*[94], die Chur- und Fürsten des Teutschen-Reichs [etc. etc.] anbetrifft; So haben zwar Dieselbe gleichfalls ihren starcken Einfluß, in dem *Universal*-Staats-*Systemate,* und verdienete eine jede insbesondere,

[94] Franz III. von Este (* 1698, † 1780), ab 1737 Herzog von Modena.

nach ihrer Verfaßung Zusammenhang, wiedrigen oder gut anscheinenden Gesinnung, wie auch nach denen thunlichsten Mitteln, durch welche sie in das allerhöchste *Interesse* mehrers einzuziehen seyn aufmercksamst erwogen zu werden.

Da sich aber der gleichen *Speciale* Betrachtungen nicht in wenige Bögen einschräncken, und erschöpffen laßen, auch sich bereits bey denen [174v] beträchtlichsten Höfen etwas weitläuffig geäußeret worden; So bleibet nur noch übrig, die Bedenckliche Umstände, worinnen Euer Kayser[liche] Königl[iche] May[es]t[ä]t sich selbsten, in ansehung der auswärtigen Staats-Geschäfften vor dermahlen befinden, in etwas zu berühren, und so dann zufolg des allergnädigsten Befehls, mein weniges Dafürhalten, wegen dem künfftig einzuschlagenden *Systemate,* in aller unterthänigkeit zu eröffnen.

[i]Der innerliche Zustand einer *Monarchie* ist zwar das Erste, und hauptsächlichste, was bey allen Staats Berathschlagungen, mit einschlaget, und in behörige Erwegung zu ziehen;[i] Ich übergehe aber solchen um deßwillen mit ehrerbietigstem Stillschweigen, weilen von demselben noch keine vollständige Kanntnüß besitze; Jedoch kan Niemanden [175r] verborgen seyn, daß, nachdem Euer Kayser[liche] Königl[iche] May[es]t[ä]t die äußerste Kräfften, zu Aufrechterhaltung Cron und Scepters, gegen so viele mächtige Feinde anspannen müßen, und eine größere Macht, als von keinem Dero glorreichesten Vorfahren geschehen, in das Feld gestellet, auch der hefftige Krieg so viele Jahre fürgedauret, und in Böhmen, Mähren, einem Theil von Oesterreich, in den gesammten Oesterreichischen Nieder-Landen, und Italianischen *Provinz*ien, unsäglichen Schaden zugefüget, nothwendig die Lande nebst dem *Aerario* sehr erschöpffet, und anbey zu verwundern seye, wie es bishero möglich gewesen, zu so vielen Nothwendigkeiten Rath, und Hülffe verschaffen zu können.

Nicht ein, sondern mehrmahlen, [175v] wie ich selbsten erfahren, ware der Nothstand so weit eingerißen, daß nicht vorzusehen gewesen, wo die blose Löhnungen für die *Troupp*en herzunehmen, und wie nur einiger maßen Rath zu schaffen seye; Woraus sich also die Beschwerlichkeit von selbsten ergiebet, nicht nur die alten Wunden zu heilen, sondern auch für das Künfftige eine *Solid*e, und allen Umständen *proportionirt*e Einrichtung zum Grund zu legen, und hiebey die besten, und schicklichsten Mittel zu ergreiffen.

Nicht weniger bedenckliche Umstände, äußeren sich auch bey der Beschaffenheit, und dem Zusammenhang der auswärtigen Staats-Geschäfften, und kan ohne mindeste Vergrößerung, als eine offenbare [176r]

i . . . i Zeitgenössische Hervorhebung.

Wahrheit vorausgesetzet werden, daß das Durchläuchtigste Ertzhauß in Ansehung aller seiner *Alliirt*en, und besorglichen Feinden, sich niemahlen, auch nicht einmahl währendem Krieg, in so häcklichten, weitaussehenden, und *criti*schen Umständen, als vor dermahlen befunden.

Die *Alliirte* sind nunmehro theils entwaffnet, theils gäntzlich entkräfftet. Wann die *Republic* Holland, wie in vorigen Zeiten mehrmahlen geschehen, sich zu Rettung der gemeinsamen Wohlfahrt eifferigst anwenden wollte; So ist doch bekannter, und bereits erwehnter maßen, ihr Verfall so groß, daß Ihr das Vermögen hierzu ermanglet, und Sie Mühe haben wird, auch bey den ruhigsten Zeiten, ihre Verfaßung im *Fi*[176v]*nanz*- und *Militar*-Weesen, nicht nur auf einen beßeren Fuß zu setzen, sondern in eine gantz andere Form einzugießen. Wann Sie also nicht die höchste Noth, und eigene Gefahr des völligen Umsturtzes darzu zwinget, so beruhet auf einer *morali*schen Gewießheit, daß von Ihr, so lang die jetzige Umstände fürdauern, keine weesentliche Hülffe, und ergiebiger Beystand anzuhoffen, und Sie aller obhabenden *Garantien*, und *Tractat*en ohngeachtet, zu Theilnehmung an auswärtigen Unruhen, nicht zu vermögen sein werde.

Engelland allein, und ohne Holland ist, so lang das genannte alte *Systema* empor gekommen, noch nie zu vermögen gewesen, dem Durch[177r]läuchtigsten Ertzhauß beyzuspringen; Und bey berührung der Englischen Gebrechen, und deren vermuthlichen Ursachen, habe bereits meine wenige Gedancken geäußert, was sich in dergleichen Fällen von der ernannten Cron zu versprechen seye; deßfalls das jenige, was bey dem Krieg A[nno] 1733 vorgefallen, die nähere Belehrung giebet.

Die gröste Hoffnung, beruhet nach den dermahligen Umständen, auf Rußland; Sie ist aber für sich allein nicht zureichend, und der Gefahr der Veränderung unterworffen; Auch werden dem ernannten Hof die Nordische Unruhen, wann sie in würcklichen Krieg ausbrechen, ohnendem genugsame Beschäfftigung geben.

Es hat sich aber nicht nur die vorhienige Stärcke der Oesterreichischen [177v] *Allianz*en verminderet, sondern sich zugleich der Zustand, in Ansehung der besorglichen Feinden, ungemein verschlimmeret; Und da vormahlen die Lande nur auf Zwey Seiten der nahen Feindlichen Gefahr ausgesetzet waren; So sind sie es nunmehro durch die neue Angräntzung des Spanischen Printzen, *D[on] Philipp,* und des Königs in Preußen auf 4 Seiten, und sind wenigstens Drey von diesen Nachbarn vor sich allein, dem Durchläuchtigsten Ertzhauß an Macht nicht nur gleich, sondern auch zum Theil sehr überlegen; Daß auch der ernannte König in sehr bedencklicher Einverständnüß mit andern Höfen stehe, deßfalls ist bereits mehrere Erwehnung geschehen.

Nachdem also die dermahlige [178r] Staats-Umstände, sonder zweiffel von den vorhienigen sehr unterschieden, und sich in den weesentlichen Stücken gantz abgeändert haben; So scheinet mir, hieraus die natürliche Folge zu erwachsen, daß das sogenannte alte *Systema,* welches überhaupt in Vereinigung des Durchläuchtigsten Ertzhaußes, und der See-Mächten, gegen das *Bourboni*sche Hauß bestanden, und zu seiner Zeit keiner gegründeten Ausstellung unterworffen war, vor dermahlen nicht mehr den gantzen Zusammenhang der Geschäfften in sich faße, noch als eine *generale* Regul und Richtschnur dienen, sondern nur nach Unterschied der Fällen, eingeschlagen werden könne.

Da nun die Frage zu beurtheilen: [178v] Was dann nach denen jetzigen Umständen, für ein *Systema* dem allerhöchsten Dienst am gemäßesten seye? So wird für die erste, und haupt-Staats-*maxime* vorausgesetzet:

[j]Daß, weilen der Verlust von Schlesien nicht zu verschmertzen, und der König in Preußen, als der gröste, gefährlichste, und unversöhnlichste Feind des Durchläuchtigsten Ertzhauses anzusehen; Also auch dießseits die erste, gröste, und beständige Sorgfalt dahin zu richten, wie sich nicht nur gegen des ernannten Königs feindliche Unternehmungen zu verwahren, und sicher zu stellen, sondern wie Er geschwächet, seine Übermacht beschräncket, und das Verlohrne wieder herbey gebracht werden könne.[j]

[179r] Zufolg dieses letzteren Grund-Satzes, erfordert meine treueste Pflicht-Schuldigkeit, ohne Scheu, und Rückhalt mein weniges dafürhalten, ehrerbietigst zu eröffnen: Ob, und auf was für eine Art, die erwehnte große Absicht zu erreichen möglich; Und was dießfalls für Mittel einzuschlagen seyn?

Das alte *Systema* ist nur gegen das *Bourboni*sche, und so wenig gegen das Chur-Brandenburgische-Hauß gerichtet gewesen, daß solches vielmehr unter die dießseitige ersprießliche Neben-*Alliirte* gezehlet, und aufgenommen worden; Worinnen sich also ein *essential*er Unterschied von den vorigen Zeiten äußert.

Daß auch der König von Preussen sich einen starcken Anhang in Engelland erworben, und von dieser Cron keine *directe*, und ernstliche Mit[179v]würckung, um dem besagten König Schlesien wieder zu entreißen, anzuhoffen seye, bestärcken verschiedene bereits angezogene, und andere wichtige Betrachtungen. Und gesetzt die See-Mächten anerkenneten die Nutzbar- und Gerechtigkeit der dießseitigen Absichten, so sind sie doch dermahlen von Werckthätiger Theilnehmung an dergleichen *Impegno* weit entfernet; Und wäre nicht eistens[95] die *Partie* vor

---

[95] nicht einmal.

j . . . j Zeitgenössische Unterstreichung.

égal zu halten, und anzurathen, da bey Einmischung der See-Mächten, Franckreich nicht stille sitzen, sondern hieraus eine Art von Krieg, wie der Letztere gewesen, entstehen würde.

Nebst deme sind zwar bey solchen Fällen, wo es auf blose Vertheidigung- und Abwendung eines grös[180r]seren Übels ankommet, alle, auch nicht zureichende Mittel, zu Hülff zu nehmen; Allein nach Anleitung der nöthigen *Prudenz,* ist sich in keine *Offensiv*-Maaßnehmungen einzulassen, wann nicht die Hoffnung die Gefahr sehr überwieget, und so weit menschliche Beurtheilung zureichet, an einem glücklichen Ausschlag nicht zu zweifflen stehet; Zumahlen auch die auf das Beste eingefädmete[96] *Concerten*, wie Franckreich in dem Letzteren Krieg erfahren, fehlschlagen können, und in menschlichen Unternehmungen auf nichts gantz sicherer Staat zu machen. Dahero auch mit Preussen auf das neue allein anzubinden, nicht einstens[97] in dem *Supposito,* daß alle übrige Mächten sich nicht darein mischen, sondern hiebey stillsitzen würden, rathsam zu seyn scheinet; Inde[180v]me die Preußische Macht, der Kayser[lichen] Königl[ichen] wo nicht sehr überlegen, doch wenigstens vor gleich zu halten, und die Erschöpffung der Erb-Landen hiebey nicht in Vergeß zu stellen.

Es ist also meines wenigen Ermessens, nach Beschaffenheit der jetzigen Staats-Umständen in keinem Fall einige Möglichkeit, zu Ausführung der bemerckten großen Absichten, vorzusehen, es seye dann, daß die Cron Franckreich auf ein- oder die andere Art vermöget werden könnte, nicht nur denen dießseitigen Unternehmungen sich nicht zu wiedersetzen, sondern zu solchen *directè,* oder wenigstens *indirect*e die Hände zu biethen, und andurch den Ausschlag zu geben.

Ich bescheide mich hiebey von selbsten, daß, die Sache in bemerckte [181r] Weege einzuleiten, wegen der zu übersteigenden großen Schwierigkeiten, fast ohnmöglich anscheinen müße; Zumahlen Franckreich, wie bereits angemercket worden, so grossen, und *essential*en Nutzen in der Erhaltung der jetzigen Königl[ich-] Preussischen Macht findet, auch für eine dießseitige Staats-*maxime* zu halten, daß sich beständig gegen jener Cron gewohnte Kunst-Griffe zu verwahren, und daß denen Frantzösischen Worten, und gut anscheinenden Besinnungen, bloß und allein in dem Fall zu trauen seye, wann jene mit ihrem wahren *Interesse,* als ihrem eintzigen *politi*schen Grund-Gesätz übereinkommen.

Gleichwie aber dieses *Suppositum* sich nicht nur auf Euer Kayser[liche] Königl[iche] May[es]t[ä]t sondern zu gleich [181v] auf die *Generalit*ät, und alle übrige Mächten erstrecket; So kan auch hieraus mit

---

[96] eingefädelte.

[97] nicht einmal.

aller Wahrscheinlichkeit der fernere Schluß gezogen werden, daß, wann Franckreich ein grösseres, und annehmlicheres *Interesse* bey dem Umsturtz, als bey Erhaltung des Königs in Preußen fände, alsdann auch jene Cron gar wohl zu vermögen seyn dürffte, sich so eyffrig für das Letzte anzuwenden, als es bishero das Erstere mit vieler Angelegenheit befördert.

Wie es nun solchergestalten auf die Frage hauptsächlich ankommet: Ob dann der Cron Franckreich ein solches größeres *Interesse* verschafft werden könne? So nehme die Freyheit deßfalls einen ohnmaßgeblichen Gedancken der erläuchtesten Beurtheilung [182r] vorzulegen, welcher nicht neu, noch mich zum Erfinder hat, sondern theils durch die bereits in Aachen erhaltene allergnädigste Anweisungen, theils durch der Frantzösischen *Ministres* mehrmahlige verdeckte Äußerungen veranlaßet, demnächst aber von mir in nähere Erwegung gezogen worden.

Meine aus Aachen erstattete allerunterthänigste Berichte, bestärcken des mehreren, wie Franckreich anfänglichen sehr darauf gedrungen, daß *Savoj*en zum *Etablissement* des *Infant*en *Don Philipp* bestimmet werden möchte.

Ob nun zwar die ernannte Cron von denen dießfalls vorgewesenen geheimen Unterhandlungen auf einmahl abgegangen, und den Englischen [182v] *Canal* eingeschlagen; So wurde doch solches dem Verlangen, durch die kürtzeste Weege den Frieden ohngesäumt, und vollständig zu erwürcken, beygemeßen, und von denen Frantzösischen *Ministres* mehrmahlen zu erkennen gegeben, daß Ihr König seinen Schwieger-Sohn näher bey sich zu wißen, wünschete, und dahero nebst dem Spanischen Hof von vergnüglichen *Tractat*en, wie dem *Infant*en ein anderes *Etablissement* entweder in Italien, oder in denen Nieder-Landen künfftighin verschaffet werden könnte, einzugehen nicht entfernet seye, deßfalls jedoch die rechte Zeit, und schickliche Umstände, so sich inner kurtzem ergeben dürfften, abzu[183r]warten, inzwischen aber sich nur nach dem Betragen des Frantzösischen Hofs zu richten wäre.

Nun haben mich die gute Versicherungen der Frantzösischen *Ministres,* keinesweeges so weit verblenden können, daß ich Ihrer Aufrichtigkeit das Wort reden, und die Möglichkeit wiedersprechen sollte; Ob seyen die bemerckte Äußerungen, wegen dem *Etablissement* des *Infant*en aus keiner andern Absicht auf die Bahn gebracht worden, als nur andurch ein Blendwerck vorzumachen, die dießseitige gute Hoffnung länger zu unterhalten, und das nähere Einverständnüß mit Engelland zu unterbrechen. Die Wahrheit [183v] dieser Vermuthung, ist allerdings möglich; Es kan aber auch andererseits nicht vor eine Ohnmöglichkeit angesehen werden, daß der Frantzösischen *Ministres* wiederhohlte Versicherungen ernstlich gemeinet gewesen, und mit Ihrer, wie auch mit des Spanischen

Hofs Gesinnung in der That vollkommen übereingestimmet, Zumahlen hierbey das weesentliche *Interesse* des *Bourbon*ischen Haußes, und eine vorzügliche Rücksicht auf den *Infanten Don Philipp* hervorscheinet, solches aber den gesichersten Probier-Stein der erwehnten Gesinnungen abgiebet.

Da nun die beyde *Supposita,* wenigstens in gleichem Grad des Zweiffels stehen; So scheinet der Sachen [184r] Wichtigkeit, ja die Wohlfahrt des Durchläuchtigsten Ertzhaußes, unumgänglich zu erforderen, daß eine Gelegenheit zu Erreichung der grossen Absichten gegen den König in Preußen, welche möglich seyn kan, nicht vernachläßiget, noch ohne vorgängige, und zureichende Erforschung, ob hiemit auszureichen seye? aus handen gelaßen, sondern sich vielmehr mit allem Eyffer, und Vorsicht bearbeitet werde, solche vorzubereiten, je ehender je beßer zu ihrer Reife zu bringen, und die vorzusehende Schwierigkeiten aus dem Weeg zu raumen.

Daß aber hierunter mit allermenschmöglichen Vorsicht zu Werck zu gehen, und sich vor der Zeit nicht mit [184v] zu großer Hoffnung zu schmeichlen seye, verstehet sich von selbsten; Und da die Frantzösische *Ministres* keinen vorzüglichen, sondern gedoppelten Fingerzeig, so wohl auf Italien, als die Nieder-Lande gegeben; So ist fordersamst der Vorschlag wegen Italien näher zu erwegen.

Wobey ich ferner, nach meiner geringen Beurtheilung, gantz außer Zweiffel stelle, daß in Italien auf nichts anderes, als auf *Savoy*en gedeutet werde, und daß die Frantzösische Absicht weder dermahlen dahingehe, noch jemahlen dahingegangen seye, das ernannte Hertzogthum dem König von *Sardini*en, ohne eine andere zureichende Entschädigung, vorbeständig zu entziehen. [185r] Franckreich hat unter andern im vorigen *Saeculo* bey Lothringen erfahren, daß es nicht genug seye, dem rechtmäßigen Besitzer Länder hinweg zu nehmen, und sich deren mit Gewalt zu bemächtigen; Es fallen über Kurtz oder Lang Gelegenheiten vor, da dergleichen gewaltthätige *Occupation*en, wann sie nicht durch bündige *Tractat*en, und *Cession*en versichert seynd, wieder abgetretten werden müßen; Und wann die Übermacht allein, zu Ausführung der *Conquet*en zureichend wäre, so brauchte Franckreich der dießseitigen Mitwürckung nicht, und könnte sich ohne alles frembdes Zuthun, oder *Connivenz* von *Savoy*en, als einem gantz offenen Land, annoch nach Willkühr, und mit leichter Mühe bemeistern. Allein das [185v] Hauptwerck beruhet auf der Versicherung, und *Conservation* der *Conquet*en; Daß auch die ungerechteste Macht, den Anschein der Gewalt zu vermeiden suchet, hat seinen guten Grund in der *Politique;* da sonsten allen übrigen Mächten, die Augen eröffnet, und Ihre *Jalousie* aufgewecket würde; Woraus grössere Gegen-*Allianz*en, hefftige Kriege, und andere gefährliche Folgen entstehen müßen; Wie dann verschiedene, und starcke Vermuthungen obhanden seynd, daß Franckreich just durch die angezogene, und andere dergleichen Betrachtungen bewogen worden, die geheime Unterhandlungen wegen *Savoy*en fahren zu laßen, und einen anderen Weeg der kürtzer, und [186r] thunlicher geschienen, einzuschlagen, die *Interessir*te Absichten aber auf bequemere Zeiten, und Umstände zu verspahren.

Aus diese[n] *Suppositis* folgen noch mehrere: Daß nemlichen Euer Kayser[liche] Königl[iche] May[es]t[ä]t die Entschädigung des Königs von *Sardini*en zwar zu tragen, aber nicht ohnentgeltlich zu übernehmen, hätten, sondern sich andurch den Weeg zur Wiedereroberung Schlesiens eröffneten.

Um aber fordersamst, zu desto mehrerer Deutlichkeit die gantze *Idée* in wenig Worten zusammenzufaßen: [k]daß 1° der König von *Sardini*en, theils durch harte, und feindlich anscheinende, theils durch gelinde Mittel, und Weege vermöget würde. 2do Sein Hertzogthum *Savoy*en gegen die zu erhaltende *Cession* des Mayländischen, und zwar 3^{tio} nach *Proportion* der *savoy*schen *Revenüen*, dem *Infant*en [186v] *Don Philipp* zum *Etablissement*, statt der Hertzogthümber *Parma, Piacenza,* und *Guastalla*[98], welche 4to Wiederumb dem Durchläuchtigsten Ertzhauß gantz, und für beständig zuruckfielen, dergestalten abzutretten, daß 5to Der *Infant Savoy*en für sich, und seine Männliche *Descendenz,* in solang besitzen, und als sein *Etablissement* genüßen sollte, bis Er, oder seine Nachkommen zum *Neapolitani*schen- oder Spanischen Thron gelangete; Wann sich aber 6to der Eröffnungs-Fall ereignete, alsdann sollte *Savoy*en, nicht wie in Ansehung des jetzigen *Etablissement*s *stipulir*et worden, an den König von *Sardini*en, noch die Mayländische Entschädigung an Euer Kayser[liche] Königl[iche] May[es]t[ä]t zuruck fallen, sondern 7mo Das ernannte Hertzogthum *Savoy*en der Cron Franckreich eigenthümlich verbleiben, und *incorporir*et, dem König [187r] von *Sardini*en aber Sitz, und Stimme auf dem Reichs-Tag, wie auch das Reichs *Vicariat* in Italien vorbehalten werden.

Was nun 8vo Die besagte Cron gegen diesen Vortheil, und Länder-Zuwachs zu *praestir*en, und zu erfüllen hätte, bestünde in der zu übernehmenden künfftigsten Bediengnüß, daß sie alles mögliche, wo nicht *directe,* mittels Anwendung ihrer eigenen gantzen Macht, jedoch 9no *Indirecte* durch *Alliirt*en vorkehren wolle, um Euer Kayser[lichen]

---

[98] Stadt und Herzogtum am Po; 1538—1746 regierte das Haus Gonzaga, 1746—1748 österreichisch, im Aachener Frieden (vgl. A. 3) mit Parma und Piacenza vereinigt und dem spanischen Infanten Don Philipp (vgl. A. 92) zugesprochen (Art. 7).

k . . . k Zeitgenössische Unterstreichung.

Königl[ichen] May[es]t[ä]t wieder zum Besitz, und Eroberung, des gantzen Hertzogthumbs Schlesien zu verhelffen, ohne deßen Erfolg *10mo* auch das neue *Etablissement,* und die nachherige *Incorporation* des Hertzogthumbs *Savoy*en gäntzlich hinwegfallen, und Krafftloß verbleiben, mithin alles zu gleichen Schritten, und mit gleicher Sicherheit bewerckstelliget werden müste.[k]

Ich bescheide mich von selbsten, daß [187v] dieses *Project* bey dem ersten Anblick weit aussehend, höchst bedencklich, unthunlich, und in gewißer Maaß ohnmöglich, mithin *chimeri*sch anscheinen müße. Es ist auch keines weeges in Abrede zu stellen, daß auf allen Seiten sehr große Schwierigkeiten zu übersteigen wären; Wird jedoch der Sachen näher auf den Grund gesehen, und nur der eintzige Satz, daß Franckreich zu solchem aufrichtig, und ernstlich die Hände biethen wolle, für richtig *Supponir*et, und angenommen, so dürfften verschiedene Zweiffel, und Anstände, von selbsten hinweg fallen, und ein glücklicher Ausschlag nicht gantz vor ohnmöglich zu halten seyn.

Da ich aber der allerhöchsten Geduld mißbrauchen, und in allzu große Weitläuffigkeiten verfallen würde, wann ich das *Project* nach allen [188r] seinen Theilen vollständig zu erläuteren, und auszuarbeiten unternehmen sollte; So beschräncke mich nur bey den *numerirt*en Stellen des *ebauchirt*en Gedanckens, ein so anderes in möglichster Kürtze anzumercken; Und zwar fallet

*ad 1^mum^* Der natürlichen Zuneigung, und *Glori* allerdiengs schwer, anererbte alte Stamm-Güter und Lande einer frembden Macht zu *cedir*en, und zu übertragen; Es wäre aber auch dagegen zu erwegen, daß ohne dem eine natürliche *Jalousie* und Abneigung zwischen den *Piemontese*rn, und *Savoyard*en vorwaltet; Daß *Sardini*en, sozusagen eine Wüsteney gegen einen Lust-Garten *cedirte*, an Einkünfftten nichts verliehrete, und solche vielmehr durch seine gewohnte *Industrie,* und Wachsamkeit, in den neuen *acquisition*en [188v] mercklich vermehren würde; Daß die *Communication* mit *Savoy*en von der *Piemont*esischen Seiten für das Fuhrweesen gantz *impracticable,* und weit beschwerlicher, als von der Frantzösischen Seiten; Daß *Savoy*en ohne dem bey jeder Unruhe, und nach Feindlicher Willkür, beständig in Gefahr stehet, in Frantzösische Hände zu verfallen, und wieder vor viele Jahr ausgesaugt zu werden; Daß der König nebst seinen Landen vor dermahlen auf beyden Seiten der *Bourbon*ischen Übermacht ausgesetzet ist, und daher in einer gewißen *Dependenz,* und beständigen Beysorge Leben muß; Und daß Er hingegen durch Bewerckstelligung des erwehnten Austausches, auf der einen Seiten völlig, auf der andern aber meistentheils, und für beständig sicher[189r]gestellet würde; Da ohnedem die Natur *Savoy*en von Italien, durch die hohen *Alp*en abgesondert, und eine starcke Vormauer gesetzet hat, mithin durch die Anlegung einiger Festungen, *Piemont* gedecket, und denen Frantzosen der Eingang in Italien, wo nicht ohnmöglich, doch sehr schwer gemacht würde; Zumahlen *Sardini*en neue Kräfften, und Mittel erhielte, für beständig eine zureichende Kriegs-Macht auf denen Beinen zu erhalten.

Es dürffte aber dem allem ohngeachtet, des *Turin*er-Hof gröstes, und Geheimes Bedencken darinnen bestehen, daß Er bereits den Mayländischen Staat sehr zergliedert, und einem halben *Sceleton* gleich gemachet hat, auch nach seiner gewohnten Eigennützigkeit, schon zum Voraus die weit aussehende Staats-[189v]*Maxime* im Schild führe, künfftige Unruhen in Italien abzuwarten, und durch abermahlige theure Verkauffung seiner Hülffe, welche nicht wohl entbehret werden kan, den Mayländischen Rest nach und nach an sich zu ziehen, und dannoch sein *Savoy*en beyzubehalten.

Wann auch das gantze *Project,* und die *Determination* der Entschädigung nicht ehender, als *Sardini*en hiervon die geringste Nachricht erhielte, mit Franckreich abgeredet, und festgestellet werden könnte; So stünde im mindesten nicht zu zweifflen, daß *Sardini*en seinen Eigennutz allzu weit treiben, und solche Bediengnüßen vorlegen würde, die nicht erträglich wären; Daß also zum Grund der Unterhandlung, die vorläuffige Einverständnüß mit Franckreich, nebst der genauen Beobach[190r]tung des *Secreti,* geleget werden müste.

Um aber den *Turin*er-Hof zu billigen Entschließungen vorzubereiten, und zu vermögen, dürffte allerdiengs nöthig, ja ohnvermeidlich seyn, Ihn fordersamst in Verlegenheit zu setzen; Welches durch *reclamir*ung der *Worms*er Abgaben, durch eine anscheinende Verständnüß, und Übertragung der dießseitigen Gerechtsamen, an den *Infant*en *Don Philippe,* oder auf andere Art nicht schwer fallen könnte; zumahlen wann Franckreich, die dießseitige Absichten unterstützte, und Engelland theils aus Beysorg der bevorstehenden, und von ihm nicht zu hintertreibenden Unruhen; theils auch durch den vor Augen liegenden Vortheil vor die Gemeinsame Wohlfahrt endlichen vermöget würde einen eiferigen Mittelsmann abzugeben. [190v] Weilen nun

ad 2^{dum} eine billige Entschädigung bey dem *Project* zum Grund geleget, und deren Bestimm- und *proportionir*te Ausgleichung nicht geringe Beschwerlichkeit in Weeg legen wird; So wäre eine vollständige Känntnüß, worinnen die *Savoy*sche- und Mayländische Einkünfften, nach ihrem wahren Anschlag bestünden, durch die geheimeste Weege, und in Zeiten einzuziehen, damit das allerhöchste *Interesse,* nebst der Billigkeit, um so beßer beobachtet werden könnte.

ad 3^{tium} Gehet meine Meinung keines weeges dahin, daß die dießseitige Gerechtsame, in Ansehung der *Worms*er *Cession*en, gantz ohnentgeltlich fahren zu laßen, und sich nicht nach Möglichkeit zu bestreben seye, damit solche gleichfalls in Anschlag ge[191r]bracht würden. Nachdem sich aber erst im Lauff der *Negociation* zeigen müste, in wie weit hiermit auszureichen, und der Frantzösische Beyfall zu bewürcken seye; So wäre desfalls das Haupt-Geschäfft keiner Gefahr auszusetzen, sondern sich nach Zeit, und Umständen zu richten; Auch hierbey in Erwegung zu ziehen, daß *Sardini*en, vermög *Project*s, die Hoffnung des Ruckfalls, in ansehung seines *Piacentini*schen Antheils, verliehrete, und die Hebung dieses, und aller übrigen Anständen, zu erleichteren seye.

ad 4*tum* Ist zwar keinem Zweiffel unterworffen, daß dem allerhöchsten *Interesse* viel anständiger seyn würde, das Mayländische im Besitz zu behalten, und die zuruckfallende Drey Hertzogthümer *Parma, Piacenza,* und *Guastalla,* dem König von *Sardini*en, zur Entschädigung für *Savoy*en, zu [191v] überlaßen. Allein der nemliche Vorschlag hat bereits bey Franckreich kein Gehör gefunden; Auch wären diese 3 Hertzogthümer bey weitem nicht zureichend, ein *proportionirt*es *Aequivalent* abzugeben; Und wie sich die Frantzösische *Ministres,* ins besondere aber Graff *St. Severin*[99], Vielleicht aus Vorliebe vor sein Vatterland, oder aus anderen *privat*-Absichten, mehrmahlen gegen mich geäußert, so sehete Franckreich die ernannte Hertzogthümer lieber in Euer Kayser[lichen] Königl[ichen] May[es]t[ä]t als in den *Sardini*schen Händen, wobey auch die fernere billige Rucksicht zu tragen, [1]daß sie mit dem *Mantua*nischen, und dem Groß Hertzogthum *Toscana* ein, nunmehro unterbrochenes, *Contiguum* ausmachen, und das *Commercium,* nebst einer *Solid*en-Einrichtung sehr erleichtern würden.[1] [192r]

ad 5*tum* Der Infant erhielte durch den *projectirt*en Austausch, den gedoppelten Vortheil, daß Er sich an den Frantzösischen Gräntzen fest, und in völlige Sicherheit setzte, anbey aber seine Einkünffte mercklich vermehrete. Es könnte also von Seiten der Cron Spanien, mit keinem Anschein der Billigkeit erschweret werden, das neue *Etablissement* mit den nemlichen *Condition*en, so dermahlen auf den ernannten 3 Hertzogthümern hafften, zu belegen.

ad 6*tum* Sobald *Savoy*en einmahl in *Bourboni*sche Hände gerathen, so bliebe ohnedem nicht mehr die geringste Hofnung übrig, solches bey sich ereignetem Rückfall, wann Er gleich auf das Kräfftigste ausbedungen, und vorbehalten wäre, wieder in *Sardini*schen Besitz zu bringen; Und da die Stärke [192v] des gantzen *Project*s darinn bestehet, daß Franckreich durch einen weesentlichen großen Vortheil in die dieß-

---

[99] Alphonse Marie Louis Comte de Saint Séverin d'Aragon (* 1705, † 1757), französischer Staatsmann italienischer Herkunft, Bevollmächtigter Minister auf dem Aachener Friedenskongreß.

1 . . . 1 Zeitgenössische Unterstreichung.

seitige Absichten auf Schlesien eingezogen, und zur aufrichtigen Theilnehmung vermöget werde; So ist auch der erwehnte Vortheil nicht, wie Franckreich zu Verminderung des zu *praestir*enden *Reciproci,* anzutragen pfleget, verdeckt zu laßen, sondern deutlich auszudencken, und recht in die Augen fallen zu machen.

Nachdem auch der ernannten Cron selbsten daran gelegen wäre, den *Savoy*schen Anfall zu befördern, und mit Spanien die künfftige *Neapolitani*sche Thron-Folge dergestalten festzusetzen, daß wann der *Don Carlos* in das besagte Königreich *succedir*ete, zugleich auch alle seine *Descendenz* [193r] von der *Neapolitani*schen *Succession* ausgeschloßen, und solche für den *Don Philipp* bestimmet würde; So könnte dem Frantzösischen Hof so wohl die Sorge, wegen der bemerckten *Successions*-Einrichtung, als auch die Entscheidung der Frage: Ob der bey Abgang des *Don Philipp,* für Franckreich auszubediengende *Savoj*sche Ruckfall, der Cron Spanien zu eröffnen, oder aber für Ihr verborgen zu halten, und bloß zwischen Euer Kayser[lichen] Königl[ichen] May[es]t[ä]t und Franckreich in höchster Geheim zu verabreden, und festzustellen seye? ohne sonderliches Bedencken zur eigenen Willkühr überlaßen werden.

ad 7*mum* Stehet zwar dem *Project* das große Bedencken entgegen, daß solchergestalten das ansehnliche Hertzogthum *Savoy*en [193v] dem Reichs *Nexui* entrißen, und die Reichs-Lehnbarkeit aufgehoben würde, solches aber *in praejudicium Tertii* nicht geschehen, sondern dem Durchläuchtigsten Ertzhauß die empfindlichste Vorwürffe zuziehen könnte. Allein auch hierinnen dürffte Rath zu schaffen, nicht ohnmöglich fallen, da die Ausführung des *Project*s, und die *Savoy*sche *Cession* den ungemein großen, und allen Schaden weitüberwiegenden Nutzen für das gantze Römische Reich, und deßen Grund-Verfaßung mit sich führete, daß der König in Preussen wieder in die rechte Reichs-Ständische Verknüpffung, welche Er bishero nur in *favorabilibus* gelten laßen wollen, gezogen, und seinen höchstgefährlichen Un[194r]terbauungen, so auf weniger nicht, als auf die völlige Zerreissung des Landes zwischen Haupt, und Gliedern, und Unterdruckung der Schwächeren Mit-Ständen abziehlet, vorgebogen, und auf einmahl abgeholffen würde. Alle wahrhaffte *Patriot*en müsten also den Schaden, und das *Praejudicium,* in Ansehung des Hertzogthums *Savoy*en für nichts, und vielmehr für einen überaus großen Gewinnst rechnen. Diese wohldenckende mit denen Frantzösischen *Partisans* vereiniget, würden sonder zweiffel der Sachen, wann sie dareinst auf dem Reichs-Tag in Vortrag gebracht, und der Reichs-*Consens* erforderet werden [194v] sollte, einen vergnüglichen Ausschlag geben, und hierbey in fernere Erwegung ziehen, daß dagegen die Reichs-Lehns-Eigenschafft der Hertzogthümer *Parma,* und *Piacenza,* deren Anerkanntnüß von dem *Don Philipp* nicht so leicht auszuwürcken seyn dürffte, auf das neue außer zweiffel, und künfftigen Wiederspruch gesetzet werde, und dem König von *Sardini*en Sitz und Stimme auf dem Reichs-Tag wie auch das Reichs *Vicariat* in Italien, so ohnedem denen *Savoy*schen Landen nicht anklebet, vorbehalten bleibe.

Um jedoch die gantze Sach nicht vor der Zeit in Bewegung zu bringen, noch zu allem Anfang in viele Weitläufftigkeiten zu verwicklen; So dürffte auch aus dieser Betrachtung erforderlich seyn, die Unterhandlung nicht weiters, als [195r] den *Infant*en *Don Philipp* anbetrifft, bekannt werden zu laßen, und die Einverständnüß mit Franckreich, bis zur gelegenen Zeit geheim zu halten.

ad 8^{vum} et *9*^{num} Wann Franckreich seine Macht *directe* gegen Preußen mitanzuwenden vermöget werden könnte, so stünde um so weniger an einem baldigen glücklichen Ausschlag zu zweifflen; Daß aber diese Cron sich schwerlich hierzu entschlüssen dürffte, ist wegen verschiedener, von selbst in die Augen fallender Betrachtungen, leicht vorzusehen;

Jedoch wäre sich allenfalls auch mit ihrer geheimen Einverständnüß, und *indirect*en Mitwürckung zu begnügen, und hiervon ein so größerer Nutzen alsdann anzuhoffen, wann dagegen Spanien, so niemahlen [195v] mit Preußen in sonderlicher *connexion* gestanden, den Nahmen führete, sich offentlich an Laden legete, und nebst Franckreich, vor den Grossen dem *Don Philipp* zu gutkommenden Zuwachs an *Revenüe*n eine ergiebige *Summ* für *Subsidi*en auszuzahlen, sich verbündlich machte, auch zwischen Euer Kayser[lichen] Königl[ichen] May[es]t[ä]t und dem *Bourboni*schen Hauß, die gemeßene Abrede erfolgte, daß, nach dem eigenen gegen das Durchläuchtigste Ertzhauß bishero gebrauchten Kunst-Grief, dem König in Preußen so viele Feinde, als immer möglich, auf den Halß gezogen, und diese Durch Länder Zutheilungen angefrischet würden, ihre Macht gegen den besagten König zu vereinigen, und zu [196r] gebrauchen; Welcher ohnedem nicht so viel geschwächt werden könnte, als es die dießseitige künfftige Sicherheit erforderte. Diese nähere Einverständnüß, wäre eines deren weesentlichen Stücken des zu pflegenden *Concerts*; Und da Rußland ohnedem schon gegen Preußen sehr aufgebracht ist, und auf dem Sprung stehet, zu den Waffen zu greiffen; und von dieser Seiten einen großen Theil der Preußischen Macht zu beschäfftigen; So würde auch die Nachfolge Euer Kayser[lichen] Königl[ichen] May[es]t[ä]t und wann es einmahl zum Bruch gelanget, bey anderen Höfen den Lust erwecken, sich mit Preußischem Schaden zu vergrößeren.

Was Sachsen deßfalls vor Absichten führe, ist ohnedem bekannt; Und [196v] wann Franckreich dem Pfältzischen Hof seine Einwilligung zu erkennen giebet, auch etwa mit *Subsidi*en an Hand gehet, so wird sich dieser Hof, nebst dem Bayerischen- und Cöllnischen, allem Ansehen nach, keinen sonderlichen *Scrup*el machen, nicht nur die bishero mit Preußen vorgewaltete gute Einverständnüß völlig bey seiten zu setzen, sondern auch in ein solches *Concert* einzugehen, daß dem Chur-Pfältzischen Hauß das Clev- und Marckische in *Conformit*ät seines *praetendir*enden *Successions*-Rechts zugetheilet, und dagegen von Ihme das Sultzbach- und Neuburgische an Chur-Bayern *cedirt,* von beyden Churhäußern aber auf alle und jede an Oesterreich vermeintlich habende Ansprüche, neuerdien[197r]gen, und feyerlichst *renuncir*et würde; Wie dann auch von Chur Hannover, und mehr anderen Höfen eine gleiche Gesinnung in dem Fall anzuhoffen, wann einmahl das Eiß gebrochen, und sie weiters keine Beysorge für Franckreich zuruckhaltet.

Dieses sind zwar annoch unausgearbeitete, und verworffene Gedancken; Jedoch beruhet auf einer *moral*ischen Gewießheit, daß Franckreich ohne sich *directe* in den Krieg zu verwicklen, bloß durch seine Ihm ergebene, oder mit der Vergrößerungs Begierde eingenommene Höfe, eine sehr ansehnliche, und ergiebige Hülffe gegen Preußen leisten, mithin das Werck so eingerichtet werden könnte, daß menschlichen Vermuthen nach an einem glücklichen Ausschlag des Unter[197v]nehmens nicht wohl zu zweifflen stünde.

ad 10^{mum}. So viel auch die zu gebrauchende Vorsicht anbetrifft, daß alles zu gleichen Schritten, und mit gleicher Sicherheit zu bewerckstelligen; So ist solche in der offenbaren Billigkeit gegründet, und könnte also *in thesi* keinem sonderlichen Wiederspruch unterworffen seyn. Wie schwer aber die *Application* dieses *general*en Satzes fallen würde, wann es dereinsten *ad fractionem panis* kommen, und Hand an das Werck geleget werden sollte, ist bey Überdenckung so vieler in das *Project* einschlagender Umständen, so nicht einstens[99a] zu gleicher Zeit besorget, oder vorbereitet werden könnten leicht vorzusehen, jedoch nicht wohl anderst zu vermuthen, als daß auch hierunter Rath zu schaffen [198r] seyn werde.

Nebst deme wird wohl das *Suppositum* keinen weitere[n] Beweiß erforderen, daß die Ausführung des erwehnten *Projects*, die Wohlfahrt des Durchläuchtigsten Ertzhaußes befestigte, und zu desselben grösten Vortheil gereichen müste. Dann obzwar den Rest des Mayländischen Staats freywillig, und ohne dringende Noth zu *cedir*en, und abzutretten, anbey auch sich aller Hoffnung des Ruckfalls vor beständig zu begeben, solche wichtige Entschließungen seynd, welche nicht andersten, als mit genauester- und sorgfältigster Erwegung aller Umständen, in das Werck zu setzen, und davon wenig Beyspiel zu finden seyn dürfften; So verschwindet doch alles Bedencken von selbsten, wann gegen diesen Ver-

---

[99a] nicht einmal.

lust auf der anderen Seiten, nicht [198v] nur die Wiedereroberung des Hertzogthumbs Schlesiens gehalten, son[dern] auch hiebey in Erwegung gezogen wird, daß solchergestalten die Drey Hertzogthümer *Parma, Piacenza,* und *Guastalla* so gleich wieder zurück fielen, und Euer Kayser[liche] Königl[iche] May[es]t[ä]t zweyer gefährlicher Nachbarn auf einmahl entlediget, die Sachen auf den Fuß des alten *Systematis* gesetzet, auch dem allerhöchsten Kayserl[ichen] Ansehen in dem Römischen Reich eine weit vergnüglichere Gestalt gegeben würde.

Je offenbarer, und größer nun diese Vortheile an sich seynd, um so mehrers ist zu vermuthen, daß solche just das gröste Bedencken bey Franckreich verursachen werden, in die diesseitige Vorschläge einzugehen, und sich zu etwas einleiten zu laßen, so [199r] zwar gleichfalls seine Macht vergrössert, und das *Interesse* dieser Cron befördert, aber seiner Haupt-Staats-*maxime* in verschiedenen weesentlichen Stücken sehr zuwiederlauffet. Daß aber diese Cron, die Folgen tiefer einzusehen pflege, und sich nicht leicht durch den bloßen Anschein, und Vortheile verblenden laße, deßfalls hat sie unter anderen in dem Letzteren Krieg eine starcke Probe gegeben, indeme sie bey Anspannung der äußersten Kräfften, den Umsturtz der *Republic* Holland, und die Hoffnung mit großem Nutzen aus dem Krieg zu scheiden, sozusagen in handen gehabt, auch über dieses durch einen *particular*-Frieden mit Euer Kayser[lichen] Königl[ichen] May[es]t[ä]t größeren Vortheil für sich erreichet hätte, und dannoch in beyden Fällen gantz andere [199v] Weege eingeschlagen.

Es dürffte also die bloße Vorstellung des Frantzösischen *particular-Interesse* nicht zureichen, und das oberwehnte *Project* wenig Gehör bey Franckreich finden, wann solches nicht vorbereitet, noch die dermahlige Beschaffenheit des Frantzösischen *Ministerii,* nebst anderen ergiebigen Hülffs-Mitteln, zu Nutzen gemachet werden könnte.

Da nun bereits erwehnter maßen der Spanische Hof, theils in Ansehung seiner geheimen Absichten, auf die Frantzösische Thron-Folge, theils wegen der mercklichen Verbesserung des *Etablissements* für den *Infanten Don Philipp,* desgleichen auch Sachsen gantz besondere, und Wee[200r]sentliche Vortheile, bey Ausführung des obangezogenen *Projects* fänden, beyde Höfe in den Frantzösischen Maaßnehmungen, wegen des Königs natürlichen Liebe für seine leibliche Tochter[100], und seinen Schwieger-Sohn[101], wie auch für seine Schwieger-Tochter[102], die *Dau-*

[100] Louise Elisabeth von Frankreich (* 1727, † 1759).

[101] Louise Elisabeth war seit 1739 mit dem spanischen Infanten Philipp von Bourbon (vgl. A. 92) verheiratet.

[102] Seit 1747 war der Dauphin (vgl. A. 81) in zweiter Ehe mit Josepha Prinzessin von Sachsen und Polen (* 1731, † 1767), einer Tochter Kurfürst Friedrich Augusts II. von Sachsen (* 1696, † 1763, seit 1733 als August III. König von Polen) verheiratet.

phine, großen Einfluß haben, und durch eyfferige Mitanwendung, viele Anstände aus dem Weeg raumen können. So wäre sich auch vorzüglich an die ernannte Zwey Höfe, und zumahlen an den Spanischen zu wenden, und anfänglichen mit der grösten Vorsicht, die dießseitige Übereinstimmung mit den bemerckten Geheimen Absichten, wie nicht weniger die Willfährigkeit, zu einer würcklichen Verabred- und Verbindung, nebst dem hiervon zu hoffen stehenden allersei[200v]tigen Nutzen, recht einsehen zu machen, demnächst aber zuverläßig zu erforschen: Ob, und in wieweit Spanien in das *Concert* eingehen werde, und wie die fernere Unterhandlungen mit vereinigtem Eifer, und vollem Einverständnüß bey Franckreich einzufädmen seyen.

Ich habe zwar den *Duc de Huescar*[103] Persönlich kennen zu lehrnen, noch keine Gelegenheit erhalten; Doch kan ich nach allen Umständen, die ich von seiner Gesinnung, *Credit*, und Einsicht in Erfahrung gebracht, nicht wohl anderst Urtheilen, als daß sich seiner, wann Er als Bothschaffter in *Paris* verbliebe, oder auch hieher geschicket würde, sehr nützlich gebraucht werden könnte; Und wann sich die Nachricht bestättiget, daß [201r] Er von seinem König an Euer Kayser[lichen] Königl[ichen] May[es]t[ä]t Hoflager bestimmet worden, so wäre hieraus keine Wiedrige, wohl aber vorläuffig eine vergnügliche Vermuthung zu ziehen, welche in mehreren Stücken großes Licht geben könnte.

Nebstdeme, dürffte dem allerhöchsten Dienst in allen Fällen sehr ersprießlich seyn, wann ein vertrauter wohldenckender, übersehender, und *insinuant*er *Cavalier* ausfündig zu machen wäre, der sich bey dem *Infant*en *Don Philipp*, unter einem schicklichen Vorwand, und ohne bey anderen Höfen verdacht zu erwecken, einige Zeit aufhalten, und durch welchen das weitere, nach Beschaffenheit der Umständen, vorstellig gemachet werden könnte. Es sind aber [201v] dergleichen *Subjecta* sehr schwer zu finden, und wüste ich vor dermahlen keines in allerunterthänigsten Vorschlag zu bringen.

Soviel auch die dermahlige Beschaffenheit, und Denckens-Art des Frantzösischen Hofs anbetrifft, so könnten die daselbst herrschende *Cabal*en, und andere Gebrechen insoweit zum Vortheil gereichen, daß solche diejenige Vorschläge annehmlich machten, welche zu anderen Zeiten vielleicht wenig, oder gar kein Gehör gefunden hätten; Und da dem *Ministerio* von der *Militar-Partie*, und einem großen Theil der *Nation*, noch täglich die empfindlichste Vorwürffe geschehen, daß die *Monarchie* aus dem gantzen Krieg und Frieden, nicht den [202r] geringsten *immediat*en- und weesentlichen Vortheil gezogen, ohngeachtet ihre

[103] Fernando de Silva Alvarez de Toledo y Haro, Duque de Huéscar (* 1714, † 1776), 1746 bis 1749 spanischer Botschafter in Frankreich.

Waffen so *victorios* ausgeschlagen, die gesamte Niederlande, mit Aufwendung vielen Geldes und Bluts erobert, und die *Republic* Holland in die gröste Gefahr ihres Umsturtzes gesetzet worden; So ist nicht wohl anderst zu vermuthen, als daß dem *Ministerio* auf dem Hertzen liege, diese Gehäßigkeit auf eine Art von sich abzuwenden, welche dem *Militari* keine neue Gelegenheit zu *Etablir*ung seines *Credits*, in handen giebet, alle Ehre dem *Cabinet* beyleget, keine Gefahr, oder Kriege veranlaßet, nichts als eine *Connivenz,* und ohnbedenckliche Mitwürckung erforderet, und dannoch dem Staat einen weesentlichen Vor[202v]theil verschaffet, solcher aber, als eine Folge des geschloßenen Friedens, und der dabey gebrauchten Vorsichtigen Einleitung, und *manoeuvre* anzusehen wäre. Diese vermuthliche Absichten, würden durch den vorangezogenen *Plan* vollkommen erreichet; Der Anfall des Hertzogthumbs *Savoy*en, könnte bey Abgang des jetzigen Königs in Spani[en] nicht fehlen; Die *acquisition* einer *Provinz*, so nach des *Marquis Ormea* Vorgeben, jährlichen Anderthalb bis Zwey *Million*en Teutscher Gulden ertraget, wohlgelegen ist, eine *Barriere* abgiebet, viele *Trouppen fourni*ret, und weniger *Jalousie,* als eine jede andere *acquisition* verursachet, ist ein solches *Objectum,* welches vielen [203r] Eindruck machen muß, und dem *Ministerio* eine ungemein große *Glori* bey dem König und der *Nation* erwerben würde. Franckreich hätte ohnedem Ursach, den König in Preussen mit gleicher Müntze zu bezahlen; Dieser hat zwar der ernannten Cron viel genutzet, und dürffte Ihr ferner nutzen; Er kan Ihr aber auch vieles schaden, und sich völlig auf der See-Mächten Seiten wenden. Und über dieses, ist das *reale,* und gegenwärtige, der Hoffnung und dem Künfftigen allezeit vorzuziehen. Das Durchläuchtigste Ertzhauß erhielte zwar vermög des erwehnten *Plan,* einen sehr wichtigen Vortheil; zugleich aber verliehrete es wiederum auf der anderen Seiten, und Franckreich würde ohne allen Verlust, und [203v] Gefahr, in Macht und Kräfften verstärcket. Diese Cron ließe einen Ihrer gefährlichen *Alliirt*en, so in allen Fällen allein auf seinen Nutzen siehet, schwächen, und könnte andurch anderen *Alliirt*en, denen Sie in der That wohl wil, und die sich um Franckreich verdient gemacht, auch weiters verdient machen würden, mehreres empor helffen, mithin so wohl den Werth seiner Freundschafft, als seines billigen *Ressentiment*s, über den dreymahligen Königl[ich] Preußischen Absprung, und einseitigen Frieden-Schluß der Welt recht in die Augen fallen machen.

Mehrerer anderer Hülffs-Mittel, und Ursachen, so dem Frantzösischen *Ministerio* einleuchten sollten, vor dermahlen zu geschweigen; Und [204r] werden die bereits angeführte, wenigstens in so weit zum Beweißthum dienen, daß das Haupt-*Suppositum* des gantzen *Project*s, nemlich die ernstliche Begnehm- und Theilnehmung des Frantzösischen Hofs, mithin ein *Solid*es, und dem Durchläuchtigsten Ertzhauß höchst ersprießliches

Concert zu bewürcken nicht gantz ohnmöglich seye; Zumahlen nach den dermahligen Umständen, nicht mit der geringsten Wahrscheinlichkeit zu vermuthen ist, daß sich Engelland, oder eine andere Macht vor den König in Preußen werckthätig an Laden legen, oder wegen seiner einen Krieg anfangen würde. Wie dann *N[ota] B[ene]* in dem gantzen *Plan* nicht das geringste enthalten ist, was gegen der See-Mächten *Interesse* lauffet, [204v] oder von Ihnen wiedrig ausgedeutet werden könnte; dahero auch solcher sich sogar mit der Staats-*Maxime*, daß sich mit den See-Mächten nicht zu verfeinden, sondern vielmehr Ihre *Allianz* zu suchen seye, vollkommen vereinigen laßt.

Was aber dem *Plan* am meisten schaden, und entgegen stehen dürffte, ist das Rusßische Vorhaben, Schweden mit Krieg zu überziehen. Franckreich kan Ehren und Nutzens halber solches nicht gern sehen, noch seinem *Alliirt*en die *allianz*mäßige Hülffe entziehen laßen, mithin wird diese Cron gleichsam gezwungen, sich mit Preußen enger zu verbinden, und von dem dießseitigen Gedancken immer mehrers zu entfernen.

Da nun hierbey ohne Vorurtheil [205r] in Erwegung zu ziehen ist, daß der Rußische Krieg gegen Schweden, er mag ausschlagen, wie Er immer wolle, Euer Kayser[lichen] Königl[ichen] May[es]t[ä]t zu keinem *direc*ten Vortheil, wohl aber in so weit zu großem Schaden gereiche, daß hieraus die stärckere Verknüpffung zwischen Franckreich und Preussen erwachsen und solche weit aussehende Folgen entstehen können, die Euer Kayser[liche] Königl[iche] May[es]t[ä]t wieder Willen zwingen dürfften, entweder sich selbsten einen neuen und gefährlichen Krieg auf den Halß zu laden, oder Rußland hülffloß zu laßen, und andurch die Zuneigung eines resprießlichen *Alliirt*en zu verminderen, und erkalten zu machen; So bin ich der ohnmaßgeblichen allerunterthänigsten Meinung, daß der allerhöchste [205v] Dienst in allen Fällen, und unumbgänglich erfordere, [m]nicht nur mit aller Vorsicht sich im geringsten nicht in die Nordische Unruhen einzumischen, noch das glimmende Feuer, in so weit es gegen Schweden gehet, mehr anzublaßen, sondern ohne Zeit[-]Verlust alle Diensame Vorstellungen, auf das angelegentlichste, und auf eine Art, die den meisten Eindruck verursachen kan, bey dem Russischen Hof einzulegen, damit dieser von seinem Vorhaben abstehen, auch deßfalls das Frantzösische *Ministerium* außer fernerer Beysorge setzen möge.[m]

Allem ansehen nach, ist Rußland ohnedem nicht willens, vor des jetzigen Königs in Schweden Tod, zu den Waffen zu greiffen; Um aber sicherzugehen, so können die dießseitige [206r] Freundschafftliche Vorstellungen an Rußland in keinem Fall schaden, wohl aber darzu sehr

m ... m Zeitgenössische Unterstreichung.

ersprießlich seyn, [n]daß Franckreich von der dießseitigen friedfertigen Gesinnung überzeuget, von einer näheren Einverständnüß mit Preußen abgehalten, und Ihm Anlaß gegeben werde, die Abwendung des besorglichen Schwedischen Verderbens hauptsächlich denen dießseitigen in Rußland eingelegten nachdrucksamen Vorstellungen beyzumeßen, und diese bezeigte Aufmercksamkeit Dancknehmig aufzunehmen.[n]

Sich dergleichen Umstände zu nutzen, und solche behörig gelten zu machen, kan für keinen unanständigen *politi*schen Kunst-Grieff angesehen werden; Es müste vielmehr ein solches Betragen einen allgemei-[206v]nen Beyfall finden, und darzu dienen, um so wohl Franckreich, als andere Höfe vollständig zu überzeugen, daß, obzwar Euer Kayser[liche] Königl[iche] May[es]t[ä]t mit Rußland in gutem Vernehmen stehen, dannoch niemahlen die Absicht dahin gegangen seye, den Krieg gegen Schweden zu veranlaßen, oder hieran theil zu nehmen.

Laßt man aber die Sachen bloßerdienges, nach ihrem natürlichen Laufft fortgehen, so wird der dießseitigen *Protestation*en, und Versicherungen ungeachtet, allezeit der Argwohn eingewurtzelt bleiben, und von den wiedrig Gesinnten sorgfältig unterhalten werden, als ob ein dießseitiges Geheimes Einverständnüß mit Rußland Vorwalte; Aus welcher nicht allerdienges unwahrscheinlichen Ver[207r]muthung, die nachtheiligsten Folgen, zumahlen in Ansehung des Königs in Preußen entstehen, und gute Absichten in Grund verdorben werden könnten. Wann Rußland vor dermahlen nicht loßschlagen wil, so sollte es selbsten dem hiesigen Hof die Gelegenheit in Handen geben, sich das *meritum* der gestiffteten Ruhe in Norden zuzueignen, und solches zu der Gemein nutzlichen Absicht dergestalt anzuwenden, daß Preußen keinen mehreren *Credit* bey Franckreich erwerbe, sondern vielmehr den alten verliehre; Es sind auch bereits verschiedene wichtige Betrachtungen angemercket worden, warum Rußland dermahlen nach Erfordernüß seine[s] eigenen Staats-*Interesse,* seine Waffen nicht so wohl gegen Schweden, als gegen Preussen wenden, und sich andurch auf ein[207v]mahl, und für beständig die Ober-Macht über beyde versichern sollte. Dieses stimmete zugleich mit dem allerhöchsten *Interesse,* mit dem angeführten *Plan,* und überhaupt mit allen sich ergeben mögenden Fällen vollkommen überein; Und wann man sich nicht nur von des *Bestuchef,* sondern auch von der Russischen Kayserin Verschwiegenheit gäntzlich, und für beständig versichert halten könnte, mithin gegen den besagten Hof sich in engestem Vertrauen, gantz offenhertzig zu äußeren, nicht allzu gefährlich wäre; So wollte ich aus allerunterthänigstem Dienst-Eyffer angerathen haben, dem Rußischen Hof sondersamst alle dienliche Betrachtungen, warum, vermög seiner eigenen Wohlfahrt, auf des Königs in Preußen [208r]

n ... n Zeitgenössische Unterstreichung.

Schwächung für allem fürgedacht werden müste, überzeugend vor Augen zu legen, und demnächst ohne Rückhalt zu eröffnen, daß Euer Kayser[liche] Königl[iche] May[es]t[ä]t Ihme in seinen Absichten gegen Schweden, und daraus vielleicht entstehenden großen Krieg, wegen der augenscheinlichen Gefahr, für Franckreich, und den Türcken, durch ohnmittelbare, und werckthätige Hülffsleistung nicht beförderlich seyn könnten, auch die Preußische- Schwäch- und Bezähmung, ohne Frantzösische *Connivenz* auf keine Weiß anzuhoffen stünde. Um nun diese *Connivenz* zu bewürcken, und die Wohlfahrt der beyden Reichen recht fest zu setzen, mithin sich gegen Rußland, als eine wahre Bunds-Genoßin in der That zu betragen; So seyn Euer Kayser[liche] Königl[iche] May[es]t[ä]t nicht abgeneigt, ein- [208v] oder andere auswärtige *Provinz* zu *Sacrificir*en, andurch Franckreich zu erkauffen, und demnächst mit Preussen anzubinden, wann anderst Rußland den Anfang machen, in ein *Solides Concert* eingehen, und solches nicht selbsten durch einen voreiligen Krieg mit Schweden verderben wollte; Indeme Franckreich gantz klar an Tag lege, daß Ihm die ernannte Cron, mehr als Preußen auf dem hertzen liege. Die dießseitige Entschlüßung falle zwar hart, allein bey großem Übel müsten auch großmüthige, und solche Hülffs-Mittel gebrauchet werden, welche nicht auf Flick-Werck hinausliefen, sondern die Wunde vor beständig, und aus dem Grund heileten; Worüber dann die Rußische Kayserin in gleichem wahren Vertrauen Ihre Gedancken eröffnen möchte, damit die weitere [209r] Schritte nach einerley Grund-Reguln von beyden Höfen ausgemeßen würden.

Gehet nun Rußland in die dießseitige Absichten ein, so wäre denen zu besorgen stehenden wiedrigen Folgen, in Ansehung des Schwedischen Kriegs, abgeholffen, und man könnte alsdann mit mehrerer Zuverläßigkeit, an Ausführung des Vorschlags arbeiten, als welcher allezeit die Rußische Hülffe gegen Preußen zum Grund leget.

Will aber der Rußische Hof seine *Idéen* gegen Schweden nicht fahren laßen, auch im übrigen zu denen Absichten gegen Preußen keinen zureichenden Vorschub geben; So wäre vergeblich, sich bey dem oberwehnten *Plan* weiters aufzuhalten, und ein Werck zu betreiben, welches wegen [209v] ermanglendem Haupt-*Requisito,* nicht zu seiner Vollkommenheit gelangen könnte, und viel Aufsehen ohne Nutzen verursachen würde.

Wann ein großes Unternehmen, so von eines andern Hofs-Mitwürckung abhanget, und einen gemeinnutzlichen Endzweck zum Grund hat, einen glücklichen Ausschlag erreichen solle; So kan nicht leicht mit übermässigem Vertrauen zu Werck gegangen werden; Und sollte der eine Theil einer anderen Meynung, und Absicht zugethan, auch nicht davon abzubringen seyn, so ist allezeit vorträglicher in Zeiten von dem wahren

Stand der Sachen belehret zu werden, als sich mit vergeblicher Hoffnung zu schmeichlen, und falsche Maaßnehmungen einzuschlagen. [210r] Diesen berührten, und zum theil erläuterten Anständen, tritt noch insbesondere, das höchst wichtige Bedencken hinzu, daß der obangezogene Plan auf einen neuen Krieg mit Preußen abziehle, die Erb-Lande, und das *Aerarium* aber dergestalt erschöpffet seyn, daß sie dergleichen Last zu ertragen, nicht vermögend, und vielmehr einer langwierigen Ruhe äußerst benöthiget wären.

Gleich wie ich aber nach meinem reinesten Dienst-Eyffer, weit davon entfernet bin, solche gefährliche *Offensiv*-Unternehmungen in allerunterthänigsten Vorschlag zu bringen, von welchen sich nicht zum Voraus, und so weit die Menschliche Überlegung in künfftigen Diengen [210v] reichet, ein glücklicher Ausschlag versprochen werden könnte; Also gehet auch meine Meinung keines weges dahin, den offt erwehnten *Plan* alsdann für thunlich, und rathsam auszugeben, wann nur eines der *essential-Requisiten* ermanglete, und fehlschlüge. Diese aber bestehen hauptsächlichen darinnen: Daß Rußland den König von Preußen in seinen eigenen Landen mit einer *Armée* von wenigstens 60^{m} bis 70^{m} Mann zu bekriegen den Anfang mache: Daß Franckreich und Spanien nicht nur hierzu still zu sitzen, sondern auch allthunlichen Vorschub zu geben, durch Eingestehung weesentlicher Vortheile vermöget, und solches vor allen Diengen außer Zweiffel [211r] gestellet werde: Daß zugleich die gemeßene Abrede, und Gemeinsame Einverständnüß dahin erfolge, dem König in Preußen theils durch *Subsidi*en-Versprech- theils durch Länder[-]Zutheilungen, so viel Feinde als möglich, auf den Halß zu ziehen, ihn auf einmahl, und auf allen Seiten, mit einer solchen Macht, die der Seinigen weit überlegen, zu überfallen, mithin diejenige Mittel, so zu geschwinder, und gesicherter Ausführung des Vorhabens, immer dienlich seyn könnten, gegen ihn zu gebrauchen, und anzuwenden.

Ob nun auch in dem Fall, daß die bemerckte Essential-Requisita zu bewürcken wären, nicht rathsam, noch möglich seye, eine Kay[211v]ser[liche] Königl[iche] Kriegs-Macht von 60^{m} bis 70^{m} Mann der Besten *Troupp*en zusammenzuziehen, dem König in Preußen entgegenzustellen, den Krieg in seine Lande zu spielen, und andurch die eigene Lande sehr zu erleichteren, bleibet zwar zu Euer Kayser[lichen] Königl[ichen] May[es]t[ä]t erläuchtesten Beurtheilung anheimgestellet, jedoch kan so vieles mit Stillschweigen nicht übergehen, daß ohne dem ein neuer Krieg, und vielleicht bey sehr wiedrigen Umständen, nicht gar lang zu vermeiden seyn dürffte; Und da das Oesterreichische- und Preußische *Interesse* so sehr gegen einander lauffet, mithin der Zustand allerdiengs für *violent* zu halten, ein oder das [212r] andere Hauß über

Kurtz oder Lang wo nicht gäntzlich fallen, doch sehr geschwächet werden müste.

Warumb aber meines wenigen Ermeßens, die Ausführung des bemerckten Plans, nicht auf künfftige Zeiten, noch in so lang, bis sich die Erb-Lande wieder erhohlet, auszustellen, sondern je ehender je beßer damit der Anfang zu machen seye, desfalls gründe mich unter anderen, auf die folgende Betrachtungen: Daß der Rusßische Hof vielen Veränderungen unterworffen, hingegen vor dermahlen die beste Gesinnung führe, und gegen Preußen sehr aufgebracht seye; Mithin diese höchst vergnügliche, und vielleicht sich so bald nicht wieder ergebende Umstände, keines weeges aus handen gelaßen, sondern sich deren ohne Zeit[-]Verlust so viel möglich zu Nutzen gemacht werden sollte. [212v]

Eine, wo nicht größere, doch gleiche Rucksicht, ist auf die dermahlige Beschaffenheit des Frantzösischen Hofs zu tragen: Die empfindliche Vorwürffe, so dem *Ministerio* aus dem letzteren Frieden zugewachsen, sind noch neu; Die Bewerckstelligung des offterwehnten Plans, würde solchen auf einmahl abhelffen, und sonder Zweiffel bey dem König, und der *Nation* allen Beyfall finden; Franckreich hat sich noch nicht in wiedrige Verbindungen vertiefet: Des *Marquis Puyzieux* Staats-*maxim*en sind allem ansehen nach, nicht so sehr, wie vor diesem, auf den Schaden des Durchläuchtigsten Ertzhaußes gerichtet: Der dreymahlige Preussische Absprung, und einseitige Frieden, nebst der See-Mächten eiferigen Anwendung, die Schlesische [213r] *Garantie* in den Frieden einzuschieben, ruhet in frischem Angedencken: Der *Plan* verwickelt Franckreich in keinen ohnmittelbaren Krieg: Alle übrige *Europae*ische Mächten werden, und können sich für Preußen nicht wohl werckthätig an Laden legen: Die Künfftige Zufälle, und Veränderungen sind nicht vorzusehen: Je mehr Preussen zeit gewinnet, je mehr wird es sich in seinen *Conquet*en festsetzen, und seinen Einfluß bey anderen Höfen, zu vermehren suchen: Und was mir am beträchtlichsten zu seyn scheinet, ist die dermahlige Scheelsucht zwischen dem Frantzösischen *Ministerio,* und der *Militar-Partie,* und das Übergewicht, so bey dem *Cabinet* annoch wahrzunehmen; Sollte aber die *militar-Faction* wieder die Oberhand, und das Vertrauen des Königs [213v] gewinnen, so wäre nicht nur alle Hoffnung, so viel den glücklichen Ausschlag des dießseitigen *Project*s anbetrifft, gäntzlich verlohren, sondern vielmehr zu besorgen, daß Franckreich bey sich fügender Gelegenheit, seine Macht am ersten gegen Euer Kayser[liche] Königl[iche] May[es]t[ä]t gebrauchen, und hierunter seinen alten Staats-*maximen* folgen werde. Die Menschliche Gemüths-Regungen, und *privat*-Absichten sind so wenig von Staats- als anderen Geschäfften entfernet.

Die Stärcke der Cron Franckreich, bestehet in ihrer Land-Macht; Diese kan wegen der Nachbarschafft gegen Niemand beßer, als gegen Euer Kayser[lichen] Königl[ichen] May[es]t[ä]t Lande angewendet werden; Die Frantzösische erste *Noblesse* suchet im Krieg ihr *avance*[214r]*ment* zu erhalten; Denen *Marechall*en, und der übrigen *Generalit*ät, wäre mit keinem Krieg zur See, wohl aber mit dem *Commando* der *Arméen* gedienet; Und damit dieser *privat*-Endzweck um so ehender seine Vollkommenheit erreiche; So ist von dem Frantzösischen *Militari* nicht wohl anderst zu vermuthen, als daß es jederzeit vorzüglich auf einen Krieg mit dem Durchläuchtigsten Ertzhauß antragen werde.

Diese, und mehr andere Betrachtungen, so bereits bey Gelegenheit, des wegen *Savoy*en in Vorschlag gebrachten *Projects*, angemercket worden, schlagen auch in den Fall ein, wann der *Plan* nicht auf Italien, sondern auf die Niederlande gerichtet werden sollte. Wie dann dem *Don Philipp* das Hertzogthum *Luxenburg,* unter denen nem[214v]lichen Bedieng-nüßen des Ruckfalls an die Cron Franckreich, und der von der besagten Cron dagegen zu leistender Mitwürckung, Schlesien wieder unter Euer Kayser[lichen] Königl[ichen] May[es]t[ä]t Bothmässigkeit zu bringen, zum neuen *Etablissement* eingeraumet, und abgetreten werden könnte; Und auch bey dieser Einrichtung nicht im geringsten zu zweiffeln stünde, daß solche überhaupt dem Durchläuchtigsten Ertzhauß zum grösten Vortheil gereiche, und die *Cession* des *Luxenburg*ischen durch den Schlesischen Zuwachs reichlich ersetzet würde.

Ob aber Euer Kayser[lichen] Königl[ichen] May[es]t[ä]t allerhöchstem *Interesse* am gemäßesten seye, auf das oberläuterte *Project,* und den Mayländischen Austausch gegen *Savoy*en vorzüglich zu verfallen, und solches bey Franckreich gelten zu machen, oder aber die *Cession* des [215r] *Luxen*burgischen zum Grund des *Plans* zu legen, und solchergestalten ehender eine *Provinz* in den Niederlanden, als in Italien zu *Sacrificir*en; Scheinet mir eine sehr *Problematis*che- und so wichtige Frage zu seyn, welche eine besondere, und genaueste Untersuch- und Beurtheilung, der beyderseits vorwaltenden Staats-Ursachen erforderet, und worüber meine wenige Gedancken, ohne nähere Känntnüß des innerlichen *Systematis,* vorläuffig zu äußeren, eine Vermeßenheit von mir seyn würde.

Inzwischen nehme die Freyheit, nur etliche wenige Bedencken, so beyderseits vorwalten, der allerhöchsten Einsicht in tiefester Ehrerbiethung vorzulegen: Und zwar stünde in ansehung des Hertzogthumbs *Savoy*en, wegen seiner Lage, und Nachbarschafft, die wenigste Eifersucht von anderen [215v] Mächten zu besorgen; Hingegen bey der *Luxemburg*ischen, oder einer anderen *Cession* von den Niederlanden, ohnschwer vorzusehen, daß solche nicht nur bey denen See-Mächten, sondern auch bei vielen Reichs-Ständen, wegen ihrem eigenen hiebey einschlagendem *Interesse,* und Sicherheit großes Aufsehen, und Bewegung verursachen, auch zu dem Vorwurff Anlaß geben würde: Ob seyen Euer Kaiser[liche] Königl[iche] May[es]t[ä]t nach Deutlicher Verordnung des *Barriere Tractats,* nicht einstens[104] berechtiget, etwas von denen Niederlanden an eine andere Macht zu *cedir*en, und abzutreten.

Wie nun eines theils noch Ungewieß verbleibet, ob nicht Franckreich selbsten, ohngeachtet seines hierbey findenden Vortheils, Bedencken tragen werde, bey denen dermahligen Umständen die *Jalousie* der übrigen [216r] Mächten aufzuwecken, und Sie vielleicht zu weiteren Entschließungen zu vermögen; So habe hingegen aus denen Reden des Spanischen Ministre *Sotto Mayor,* so vieles deutlich wahrnehmen können, daß sein Hof nicht so viel auf eine Niederländische *Provinz,* als auf *Savoy*en seine Absicht gerichtet habe, weilen dieses Hertzogthumb an sich dem *Don Philipp* ein reicheres Auskommen verschaffet, und eine nähere *Communication* mit Spanischen [Spanien] unterhaltet.

Sollte aber andernteils das *Project* in Ansehung *Savoy*en, den Vorzüglichen allerhöchsten Beyfall finden; So würden hiebey mehrere Schwierigkeiten, wegen der Königl[ichen] *Sardini*schen Entschädigung ergeben, die bey der Luxenburgischen, oder einer anderen Niederländischen *Cession,* völlig vermieden blieben, da die Sache ohne weiteres *Sardini*sches Zuthun, [216v] allein mit Franckreich, und Spanien abgehandlet werden könnte.

Wobey dann die fernere wichtige Betrachtung einschlaget, daß die für *Sardini*en auszuwerffende Entschädigung, oder das *Aequivalent* für *Savoy*en, einen weit größeren Verlust an jährlichen Einkünfften, als die *Luxenburg*ische, oder eine andere Niederländische, *Cession* verursachte; Desfalls mehrere andere Betrachtungen vor dermahlen mit ehrerbietigstem Stillschweigen übergehe; Zumahlen vor allen Diengen erst noch die Haupt-Frage festzusetzen: Ob auch die gantze *Idée* den allerhöchsten Beyfall finde? und wann solches erfolgte, so stünde erst währendem Lauff der Unterhandlung näher zu beurtheilen, auf welcher Seiten, und auf was für eine Art die vorfallende An[217r]stände am leichtesten zu heben, und was zu Erreichung des Haupt-Endzwecks am vorträglichsten seye?

Um aber das Weesentliche des offterwehnten Vorschlags, kurtz zusammen zu faßen, und in wiederhohlte Vorstellung zu bringen, so beruhet solcher hauptsächlichen auf folgenden Grund-Sätzen:

Daß, weilen der König in Preußen vor der ärgsten, und gefährlichsten Feind zu halten, und der Verlust von Schlesien unverschmertzlich falle;

[104] nicht einmal.

Also auch die beständige, und gröste Sorgfalt dahin gerichtet werden müste, den ernannten König zu schwächen, und zumahlen Schlesien wieder herbey zu bringen:

Daß deßfalls an der Mitwürckung der See-Mächten sehr zu zweiffelen, und wann auch der gute Willen vorhanden wäre, dannoch die Kräfften, und die Mittel der Ausführung ermangle[217v]ten: Daß folglichen zu Erreichung des großen Endzweckes, kein anderer Weeg, als die Frantzösische Einverständnüß übrigbleibe: Daß solche niemahlen anzuhoffen, noch der ernannten Cron zu trauen seye, außer sie würde durch einen zureichenden, und weesentlichen Vortheil in die dießseitige Absichten eingezogen: Daß dahero einem großen Übel großmüthige Entschlüßungen entgegen zusetzen, und Franckreich durch *Sacrificir*ung einer *Provinz* in Italien, oder in den Niederlanden zu gewinnen: Daß dieser Verlust für einen ungemein wichtigen Gewinnst zu rechnen: Und daß zwar der Ausschlag ungewieß, und zu zweifflen seye, ob auch die ernannte Cron durch dergleichen Vortheil vermöget werden könne, sich der wegen vieler Staats-Ursachen sehr nützlichen [218r] Freundschafft des Königs in Preußen zu entschlagen: Daß aber bey einem solchen Zweiffel die Wohlfahrt, und Erhaltung des Durchläuchtigsten Ertzhaußes, unumbgänglich zu erfordern scheine, nichts ohnversucht, und keine solche Gelegenheit aus handen zu laßen, so die eintzige, und sicherste ist, durch welche die Erste und größeste Absicht ausgeführet, und zur Vollkommenheit gebracht werden kan: Daß hierbey die dermahlige Beschaffenheit, und Denckens-Art des Frantzösischen Hofs, nicht außer Augen zu setzen, sondern alle dienliche Beweg-Ursachen, und verschiedenerley Hülffs-Mittel gelten zu machen, und anzuwenden: Daß zwar nach den dießseitigen innerlichen und äußerlichen Umständen, keine weit aussehende, und gefährliche *Offensiv*-Unternehmungen, wohl aber [218v] solche anzurathen, welche, wann alle *Requisita,* die hiebey als nothwendig *supponir*et werden, eintreffen, menschlichem Ansehen nach, nicht wohl fehlschlagen, und das Durchläuchtigste Ertzhauß auf einmahl wieder in das vorige *Systema,* Flor, und Ansehen bringen können: Daß, weilen die jetzige Umstände in Rußland und Franckreich *favorables,* aber vielen Veränderungen unterworffen, die Ausführung des *Plans* nicht auf künfftige Zeiten hinauszuverschieben, sondern je ehender je beßer hand an das Werck zu legen seye: Daß solches in keinem Stück gegen der See-Mächten wahres *Interesse,* oder gegen das alte *Systema* streite: Daß vielmehr alle wohldenckende, und um die gemeinsame Wohlfahrt beeyfferte [219r] Mächten, alle Ursach hätten, die dießseitige Absichten zu unterstützen, und zu beförderen: Daß zwar das gantze *Project* vor sehr schwer, Bedencklich, mithin in gewießer Maaß, *ideal,* und *chimer*isch, aber dannoch nicht vor ohnmöglich zu halten, da fast alles auf der Frantzösischen Einstimmung beruhet, und wann solche *supponir*et wird, die meiste *Dubia* von selbsten hinwegfallen: [o]Daß es folglichen nicht auf bloße Erwegung der *Difficultät*en, sondern hauptsächlich auf die Frage ankomme; ob ein Versuch zu wagen, und wie sodann die Anstände am besten zu heben seyn?[o] Daß je wichtiger das Werck an sich ist, umbso mehrere Vorsicht hiebey zu gebrauchen: Und [p]daß endlichen die Meinung keines weges dahin gehe, dem *Bourbonischen* Hauß schlechthin, und ohne genugsame [219v] Vorbereitung, eine oder die andere *Provinz* gegen Schlesien anzubiethen, sich vor der Zeit bloß, und Gelegenheit zu Mißbrauch zu geben, oder auch die *Idée* allzuviel, oder zulang betreiben, und sich mit vergeblicher Hoffnung abspeißen, andurch aber auf Irrweege verführen zu laßen.[p]

So fein auch Franckreich zu Werck zu gehen gewohnet ist, so ermanglen Ihm doch dermahlen scheinbare Verzögerungs-Ausflüchte, und es müste sich inner Kurtzen zeigen, ob das *Ministerium* in die Sache mit Ernst, oder nur laulicht, und mit verstellten Anschein, eingehe; In welchem Letzteren Fall sich zum Voraus versichert zu halten wäre, daß alle noch so überzeugende Vorstellungen, und wiederhohlte Anwürffe, gantz vergeblich seyen, und diese letztere [220r] vielmehr einen schädlichen, als nutzlichen Eindruck bey dem erwehnten *Ministerio* verursachen würden; Alsdann dürffte zwar nach Beschaffenheit der Umständen ersprießlich seyn, den dortigen Hof mit gleicher Müntz zu bezahlen, und ihm nicht einsehen zu machen, daß alle dießseitige Hoffnung zu einem glücklichen Ausschlag des *Project*s verschwunden, sondern sich annoch damit geschmeichelt, und die weitere Betreibung auf gelegenere Zeiten ausgesetzet werde. Es wäre sich aber in der That eines andern versichert zu halten, und hiernach die übrige Maaßnehmungen einzurichten.

Da übrigens so wohl der erläuterte Vorschlag, als verschiedene dahin einschlagende Betrachtungen, aus meinen zu Aachen obgehabten Friedens-[220v] *Negotiation*en ihren Ursprung herführen, so habe meiner allerunterthänigsten Pflicht-Schuldigkeit zu seyn geglaubet, solche aus *privat*-Absichten, und Neben-Ursachen keinesweeges verborgen zu halten, noch eine verdeckte Sprache zu führen, sondern meine wenige Gedancken Euer Kayser[lichen] Königl[ichen] May[es]t[ä]t erläuchtester Einsicht in Ehrerbiethungsvoller Freymüthigkeit, ohne Ruckhalt, und vollständig zu unterwerffen. Nachdem ich aber andurch in größere Weitläufftigkeit, als ich anfänglich vermuthet, eingeleitet worden, so muß mich bey dem übrigen, was nach meiner schwachen Einsicht, in Ansehung des *Systematis in universo* zu beobachten seyn dürffte, um so mehrers in die Kürtze beschräncken.[221r]

---

o...o Zeitgenössische Unterstreichung.

p...p Zeitgenössische Unterstreichung.

Der eintzige Fall ist bereits zur gnüge erläutert, und erschöpffet, in welchem mit anhoffendem großen Nutzen *offensivè* verfahren werden könnte. Sollte aber dieser fehlschlagen, oder vor unthunlich angesehen werden; So bleibet nichts anderes übrig, als alle Aufmercksamkeit, Vorsicht, und Bemühen, auf die *Defensivam,* Befestigung der Ruhe, und auf die Sicherstellung vor feindlichen Anfällen zu richten.

Zu Erreichung dieses Endzwecks, ist sonder Zweiffel sehr ersprießlich, ja nöthig, daß

1° Die innerliche Verfaßung überhaupt auf einen so guten, und dauerhafften Fuß, als immer möglich gesetzet, eine so starcke Kriegs-Macht, als nur die Länder und *Fonds* ertragen können, beständig auf den Beinen erhal[221v]ten, und in Ansehung der auswärtigen Staats-Geschäfften, mit gröster Behutsamkeit, nach gleichförmigen *Principiis* zu Werck gegangen werde.

2do Wäre sich in die anscheinende Nordische- oder andere Unruhen, so weiters entstehen dürfften, auf keine Weise zu verwicklen, noch hieran der geringste *directè* Antheil zu nehmen, sondern vielmehr, in so weit es die Anständigkeit leidet, und ohne daß eine allzu große Zaghafftigkeit hervorblicke, die dießseitige Friedfertige Gesinnung zu erkennen zu geben, sich zu beybehaltung der Ruhe, und Abkehrung der unter anderen Mächten entstehenden Uneinigkeiten, werckthätig anzuwenden, und allem Verdacht, als ob unter der Hand geheime Einverständnüße geschmiedet wür[222r]den, in Zeiten vorzubauen; Welches Betragen dem allerhöchsten Dienst, und denen Umständen umb so gemäßer, zu seyn scheinet, da die Erblande mit so vielen, und mächtigen Feinden umgeben, und Euer Kayser[liche] Königl[iche] May[es]t[ä]t weit mehr, als andere *Europaei*sche Mächte, die Feindliche Anfälle zu besorgen, hingegen von denen bisherigen *Alliirt*en, theils wegen ihrer Entkräfftung, theils wegen ihrer innerlichen Gebrechen, und dermahligen Gesinnung, keine zureichende Hülffe zu hoffen, wohl aber zu beförchten haben, daß solche im Fall der Noth gäntzlich versagt werden dürffte. Es ist sich also

3tio von keinem, auch *Alliirt*en Hof, gegen Franckreich, und noch weniger von Franckreich gegen die See-Mächten, und andere Höfe aufhetzen, [222v] und in ein wiedriges *Impegno* einleiten zu laßen; Sondern vielmehr das sorgfältige Augenmerck dahin zu richten, daß dem *Bourboni*schen Hauß keine erhebliche Ursache zu Mißvergnügen, Vorwürffen, und wiedrigen Maaßnehmungen gegeben, auch wann sich dergleichen äußern, solche ehe sie zu weit eingewurtzelt, und umb sich gefreßen, auf eine anständige Art, und in Zeiten abgeholffen werde; Indeme es nicht genug seyn will, daß Euer Kayser[liche] Königl[iche] May[es]t[ä]t in der That die Ruhe zu unterhalten suchen, wann andere Mächten nicht die nemliche Absichten führen, und sich durch gehäßige Unterbauungen, auch wohl öffters durch blosen Argwohn, und durch eine üble Art aufbringen, und in Harnisch jagen laßen; Jedoch wäre auch hierinnen [223r] ein gewißes Mittel zu halten, und dem Frantzösischen Hof keine allzu große Rucksicht, und Willfährigkeit, oder eine forchtsame *Dependenz* zu bezeigen, und zu erkennen zu geben. Dieses würde statt der angehofften guten, eine gantz wiedrige Würckung, und endlichen eine Verachtung, oder unerträglichen Übermuth bey einer *Nation* verursachen, die in ihren *Idéen* um so höher steiget, als mehr sich andere erniedrigen, und bey welcher ein in der Vernunfft und Billigkeit gegründetes, gleiches, und standhafftes Betragen so viele Hochachtung, als eine unzeitige *hauteur*, oder ein unbilliges, und ungleiches bezeigen viele Abneigung zu verursachen pfleget.

4to Um sich aber gegen viele, und [223v] mächtige Feinde in Zeiten zu verwahren, und sicher zu stellen, ist zwar das natürlichste, ergiebigste, und beste Mittel, die Anzahl der Bunds-Genossen zu vermehren, und sich um starcke *defensiv-Allianzen* nach Möglichkeit zu bewerben; Wann ich jedoch meine Meynung, wie die treueste Pflicht-Schuldigkeit von mir erfordert, frey bekennen darff, so bin ich des ohnmaßgeblichen allerunterthänigsten Dafürhaltens, daß *N[ota] B[ene]* nach Beschaffenheit der dermahligen Welt-Umständen, nicht allerdiengs rathsam seyn dürffte, sich in neue *defensiv-Allianz*en, und Verbindlichkeiten einzulaßen, oder solche mit äußerung einigen Verlangens zu suchen.

Die hauptsächlichste Betrachtungen, welche mich zu diesem treuesten [224r] Dafürhalten veranlaßen, bestehen kürtzlich darinnen, daß Euer Kayser[liche] Königl[iche] May[es]t[ä]t ohnedem schon mit dem Rußischen Hof nicht nur in Enges Einverständnüß, sondern in eine *Defensiv-Allianz* würcklich eingetretten seynd; Desgleichen ist die Verbindung mit denen See-Mächten keines weeges aufgehoben; Vielmehr stehet solche in dem *Garantie*[-], und *definitiv-Tractat* von *Anno* 1731. und 1732. annoch aufrecht, deme ferner der letzt geschlossene Aachener Frieden hinzutritt, als welcher die ausdrückliche *Garantie* der *Pragmatischen Sanction* erneueret, und bekräfftiget hat. Und mit minders beträchtlichen Höfen, als mit Sachsen, und Hanover, wird annoch eine gute Einverständnüß, und Freundschafft unterhalten, die sich allezeit in eine engere Verbindung [224v] verwandlen kan, wann die allerseitige Wohlfahrt solches anrathet, oder erforderet.

Nebst deme hat die Erfahrung nur allzu viel bestärcket, wie wenig sich heut zu Tag auf *Garanti*en, und *Tractat*en zu verlaßen seye: Und aus was für Ursachen von denen See-Mächten, bey entstehenden neuen Unruhen mit Franckreich, nicht wohl eine werckthätige Hülffe angehofft werden könne, habe schon des mehreren berühret; Wann es aber Ihr *Interesse* und die Umstände anrathen, so werden sie ohne Vorgängige nähere *Allianz* vermög Ihrer ohne dieß obhabenden Verbündlichkeiten und eigenen Wohlfahrt, zu werck zu gehen nicht erschweren; Und im Fall sich das Gegentheil äußerte, so dürfften alle neue *Tractat*en, und *Garantien* nicht verhinderen, den [225r] *Casum foederis* abzulaugnen, und die dießseits gebrauchte Vorsicht, ohne alle Würckung zu laßen. Woraus also der natürliche Schluß zu ziehen, daß sich von neuen *Allianz*en, in so lang sich nicht die Umstände bey denen See-Mächten verbeßeren, kein sonderlicher, noch größerer Nutzen, als von denen alten, und annoch aufrecht stehenden *Tractat*en, mit einiger Wahrscheinlichkeit zu versprechen seye.

Hingegen sind anderer Seits wichtige Vermuthungen obhanden, daß die Errichtung neuer *Allianz*en, und alle äußerliche *Demonstration*en der großen Beysorg für Franckreich, oder der führend geheimen Absichten, weit aussehende, und sehr wiedrige Folgen nach sich ziehen, und statt des angehofften Nutzens den [225v] empfindlichsten Schaden verursachen dürfften: Dann nicht zu gedencken, daß sich der Vortheil nur auf Seiten der See-Mächten äußern würde, indeme das Durchläuchtigste Ertz-Hauß, denen einmahl übernommenen Verbündlichkeiten, auch mit seinem Schaden und Gefahr, ein Genügen zu leisten gewohnet ist, aber nicht ein gleiches von der andern Seiten mit der nemlichen Zuverläßigkeit anhoffen könnte; So ist doch leicht vorzusehen, daß Franckreich Spanien, und Preußen, nebst Ihrem Anhang, die neue *Allianz*en zwischen Euer Kayser[lichen] Königl[ichen] May[es]t[ä]t denen See- und anderen Mächten nicht gantz gleichgültig ansehen, sondern sich ebenmäßig enger verbinden, um mehrere *Alliirt*e bewerben, und eine starcke *Allianz* [226r] entgegen setzen, auch wohl hieraus Anlaß nehmen werden, auf weitere *Idéen,* und Unternehmungen zu verfallen, und solche zu gelegener Zeit in das Werck zu stellen. Es würde aber unter denen beyderseitigen neuen *Allianz*en der große Unterscheid vorwalten, daß die Frantzösische überwiegend, und auf einen *Solid*en und sicheren Grund der *mutuell*en Hülffe, hingegen die dießseitige meistentheils nur auf Papier, und leere Versprechungen gebauet, anbey auch das Durchläuchtigste Ertzhauß, allezeit der ersten, und grösten Gefahr ausgesetzet wäre.

Es hat sich bereits bey dem entstandenen Gerücht, von einem vorseyenden gewaffneten Bündnüß, sattsam geäußert, was solches vor [226v] schädlichen Eindruck bey Franckreich verursachet; [q]Daß also meines wenigen Ermeßens, alle dergleichen in die Augen fallende, aber an sich theils überflüßige, und theils fruchtloße *Demonstration*en, nicht sorgfältig genug vermieden werden können.[q]

q ... q Zeitgenössische Unterstreichung.

Diese Meinung erstrecket sich aber keines weeges so weit, daß Euer Kayser[liche] Königl[iche] May[es]t[ä]t aller *Alliirten* gäntzlich, und vor beständig entbehren könnten; [r]Sondern die Frage bestehet bloßer dienges darinnen: Ob es nach Beschaffenheit der jetzigen Welt-Läufften, und ehe sich solche mehrers aufgekläret, etwas fruchten, und rathsam seyn würde, die ohnedieß vorhandene *Allianzen* zu erneueren, und deßfalls vieles Aufsehen zu verursachen?[r] [227r] Sollten sich aber bey den vorhienigen *Alliirten*, oder besorglichen Feinden merckliche Veränderungen ergeben, so wären auch nach Beschaffenheit der Zeiten, und Umständen die weitere Entschlüßungen auszumeßen. Worbey mir ferners einiger Betrachtung würdig zu seyn scheinet, daß, wann nicht die See-Machten, sondern Euer Kayser[liche] Königl[iche] May[es]t[ä]t auf neue *defensiv-Allianzen* antrügen, solches Gelegenheit zum Mißbrauch geben, und jene sondersamst, auch ehe sie sich noch in etwas einlaßen, darauf dringen dürfften, denen Aufrecht erhaltenen Gerechtsamen, in Anschung der *Wormser Cessionen*, feyerlichst, und ohne einen anderen Vortheil zu *renunciren*; Wie nicht weniger die Niederländische wichtige [227v] Angelegenheiten, wegen des *Tariffs* und Zahlung der 500^{m} *Patacons* an die Holländische *Trouppen* nach der jenseitigen Vorschrifft einzurichten. Gleichwohlen wäre sich

5*to* Von einer näheren Einverständnüß, mit denen See-Mächten, nicht entfernt zu bezeugen, und noch viel weniger durch äußerliche *Demonstrationen* zu dem Verdacht Anlaß zu geben, als ob Euer Kayser[liche] Königl[iche] May[es]t[ä]t sich von Ihnen völlig zu trennen, und ein anderes *Systema* zum Grund zu legen, im Schild führeten; Vielmehr ist dergleichen höchstschädlichem Eindruck sorgfältigst vorzubauen, und sich fernerweit dahin zu bemühen, daß die Gebrechen der dermahligen Englischen Denckens-Art, durch [228r] die Rußische, Hanoverische, und andere Mitwürckung nach, und nach verbeßert werden; Ein vernünfftiger einsehender, und bey der *Nation* beliebter *Ministre,* kan hierzu vieles beytragen, die Gemüther zu dem abziehlenden Endzweck, und noch ehe zu *particular-Negociationen* geschritten werden muß im Zeiten vorbereiten, auch durch solche Vorstellungen, welche in der Billigkeit, und gemeinsamen Wohlfahrt gegründet, und auf keine Gemüths-Regungen, oder gehäßige Vorwürffe hinauslauffen, ersprießlichen Eindruck verursachen; Alle Mittel überhaupt, so zu gewinnung einer *Nation* Vorschub geben, sind an sich ohnschädlich, *engagiren* zu nichts, und können [228v] öffters zu großem Vortheil gereichen, auch wenigstens darzu dienen, daß denen Wohlgesinneten, und umb das Gemeine Beste Beeiferten, immer mehrers die Augen eröffnet werden; Worauf man dießseits fürzudencken, um so mehrers Ursach hat, die See-Mächten allezeit

r...r Zeitgenössische Unterstreichung.

die gesicherste, und natürliche *Alliirte* verbleiben, welche im Fall der Noth denen gefährlichen Absichten, und Unternehmungen des *Bourbon*ischen Haußes, entgegen zu setzen.

6to Ob nun zwar nicht einst zu vermuthen stehet, daß Engelland vor dermahlen, und am Ersten auf neue *Allianz*en antragen werde; So kan doch alsdann, wann solches erfolgte, nicht schwerfallen, ver[229r]fänglichen, und unzeitigen Zumuthungen, mit guter Art, und ohne zu besorgenden Vorwurff, auszuweichen; Es ist ohne dem keiner Macht, und am allerwenigsten Euer Kayser[lichen] Königl[ichen] May[es]t[ä]t nach denen vor Augen liegenden Umständen zu verdencken, daß in dergleichen Fällen nicht voreilig zu Werck gegangen, noch zu etwas unvollkommenem die Hände gebothen werden. Wann aber ein *Solid*es, und Zureichendes Werck zu Stand kommen solle, so müste sich Engelland vorläuffig entschließen, zu Herbeybringung anderer Mächten, ergiebige *Subsidi*en zu bewilligen; Welcher Antrag allein vermögend seyn dürffte, das übrige auf Künfftige und beßere Zeiten verschieben zu machen. [229v]

Damit auch aller Anschein der dießseitigen Entfernung vermieden bleibe, so könnte nicht schaden, den Anwurff wegen der See-Mächten *Accession* zu dem Rußischen *Definitiv*-Bündnüß von Zeit zu Zeit erneuren zu laßen.

7mo Daß die Rußische Freundschafft sehr ersprießlich, und auf das sorgfältigste zu unterhalten seye, ist keinem Zweiffel unterworfen. Ein gleiches wäre in Ansehung des Sächsischen- und Hanoverischen Hofes zu beobachten, und einem jeden nach seiner besonderen Denckens-Art zu begegnen; Wie dann der allerhöchste Dienst mehr, als jemahlen erforderet, auch mit allen übrigen *Europae*ischen Höfen, so viel es thunlich ist, in gutem Vernehmen zu stehen, [230r] sich mit keinem zu überwerffen, und eines jeden dermahlige Absichten, innerliche, und äußerliche Verfaßung, wie auch alles übrige, was zu einer vollständigen Einsicht, und Vereinbahrung der Staats-Geschäfften dienlich seyn kan, nach Möglichkeit zu erforschen, und in das klare zu setzen, deßfalls in eine *Special*ere Ausführung einzugehen, allzu weitläuffig fallen würde.

8vo Wird nunmehro von Seiten des Frantzösischen Hofes, die Zusammenkunfft der beyderseitigen *Commisari*en, um die im 18ten *article* des *Definitiv*-Friedens[105], zur gütlichen Beylegung ausgesetzte *Diffe-*

[105] Artikel 18 des Aachener Vertrages: Les prétentions d'argent, que Sa Majesté Britannique a, comme Electeur d'Hanover, sur la couronne d'Espagne; les différends touchant l'Abbaye de Saint-Hubert, les Enclaves du Haynault; & les bureaux nouvellement établis dans les Pays-bas; les prétentions de l'Electeur Palatin, & les autres articles, qui n'ont pu être réglés, pour entrer dans le présent Traité, le seront incessamment à l'amiable, par les Commissaires nommés à cet effet de part & d'autre, ou autrement, selon qu'il en sera convenu par les Puissances intéressées".

rentien zur hand zu nehmen, starck betrieben; Des[230v]gleichen sollen die *Conferenzi*en wegen der *Guastallis*chen Anständen, zu *Crema* eröffnet werden. Es scheinen mir aber überhaupt alle *Particular*-Zusammentretungen der *Commisari*en um so gefährlicher, da solche nicht nur meistentheils fruchtloß abzulauffen, sondern auch wohl Uneinigkeit, und Verbitterungen zwischen denen Höfen, nebst anderen üblen Folgen zu verursachen pflegen. Die natürliche Ursach zeiget sich darinnen, daß *homo unius negotii* leicht auf *Chican*en verfallet, und ein jeder *Commisaire* gemeiniglich nur seines Hofes Nutzen, und vorgefaßte Meinung vor Augen hat, ohne denen trifftigsten Vorstel[231r]lungen, und der Billigkeit einiges Gehör zu verstatten, oder auf thunliche Ausweege fürzudencken. Hiermit ist öffters eine allzugroße Empfindlich- und Lebhafftigkeit, die Begierde einen besonderen Dienst-Eyffer, und die Geschicklichkeit zu zeigen, auch wohl ein Eigennutz vergesellschafftet; Woraus dann hitzige Berichte, und aus diesen gehäßige Vorstellungen erfolgen, zu mahlen wann sich die Höfe zu viel auf Ihre *Commisaires* verlaßen, oder, wie am Frantzösischen offt zu geschehen pfleget, nicht selbsten die Mühe nehmen, denen *Controversi*en auf den Grund zu sehen.

Damit nun aus denen vor erwehnten zwey *Conferenzi*en, nicht [231v] dergleichen üble Folgen erwachsen, so werden nicht nur die hierbey vorkommende *materi*en, und deren Rechts *Fundament*en, sondern auch die Art der Abhandlung, und die *Instruction*en vorläuffig wohl zu überlegen, mit dem Staats-*Systemate,* und dermahligen Umständen zu vereinbaren, mithin ihren *Departements* nicht bloßer dienges zu überlaßen, sondern mehr, als Staats- dann *privat Controversi*en anzusehen, und zu führen seyn.

Das durchläuchtigste Ertzhauß befindet sich dermahlen in solchen Umständen, daß sich öffters mit deme, was die gesicherte Rechte, nebst der Billigkeit an Hand [232r] geben, zu begnügen; In zweiffelhafften, aber nicht allzu klaren Fällen aber ein allzu großer, und lebhaffter Dienst-Eyffer weit mehr schaden, als Nutzen, und doch zuletzt, wann die Gemüther bereits aufgebracht, und die Sachen zu weit gekommen, oder verdorben seynd, nichts anderes, als ein *humilante*s, und in Verachtung ausschlagendes Nachgeben, übrig bleiben würde, deme öffters durch thunliche Vergleichs-Vorschläge, oder andere Mittel mit Nutzen vorgebauet werden könnte.

Vor allen diengen aber wäre meines allerunterthänigsten Ermessens höchst nöthig, die Eröffnung der beyden *Conferenzi*en, auf eine schick-[232v]liche, und keine gefließentliche Verzögerung andeutende Art, wenigstens in so lang zu verzögeren, bis sich die abzuschickende Bothschafften, oder *Ministres* an den Höfen befinden, und das jenige, was etwa die *Commisarii* versehen, wiederstrecken, und in die rechte Weege einleiten können.

9no Nebst denen erwehnten besonderen Anliegenheiten, sind noch Drey andere übrig, welche an sich sehr wichtig, und eine vorzügliche Aufmercksamkeit zu erforderen, auch in das Staats-*Systema* tief einzuschlagen scheinen, nemlichen *1º* Euer Kayser[lichen] Königl[ichen] May[es]t[ä]t noch aufrecht stehende Gerechtsame, in Ansehung der *Worms*er *Cessionen, 2do* Der Niederländische *Tariff,* und 3tio Die vormahls an die Holländische [233r] *Troupp*en bezahlte 500m *Patacons.*

So viel nun die Erstere anbetrifft, so wird wohl der Satz keine weitere Ausführung erforderen, daß es dermahlen, und so lang sich nicht vergnüglichere Umstände ergeben, auf keine Weise an der Zeit, noch zu rathen seye, deßfalls etwas zu regen, oder sich vieles an Laden zu legen; Allein es ist die Frage: ob auch *Sardini*en, und Engelland hiebey so still sitzen, und nicht vielmehr auf Mittel bedacht seyn werden, die Cron Franckreich mit einzuflechten, oder auf andere Art die allerhöchste Bestättigung der *Cession*en abzudrucken. Die *Conversation* der gleichen Gerechtsamen verdienet alle Vorsicht, und sind sonder zweiffel nicht unentgeltlich aus Handen zu laßen; Wann sie aber auch nim[233v]mermehr zur Würcklichkeit zu bringen wären, so könnten sie doch wenigstens zu Auswürckung anderer großen Vortheilen, und Absichten, sehr nutzlich gebrauchet werden; Woraus dann von selbsten erfolget, daß deßfalls die Schritte, und Maaßnehmungen des Englischen- und *Sardini*schen- wie auch des Frantzösischen Hofs nicht gleichgültig anzusehen, sondern auf das genaueste zu beobachten, und nach Zeit und Umständen, denen Folgen möglichst vorzukommen, oder fernere Entschließungen zu faßen seyen.

Auf gleiche Art wäre sich in Ansehung des *Tariff*s, und der 500m *Patacons* zu betragen, insbesondere aber bey dem Englischen [234r] *Ministerio* dahin anzuwenden, daß dieses sich nicht durch Holland zu voreiligen, und dem eigenen Englischen *Interesse* zu wieder lauffenden Maaßnehmungen verleiten laße, deßfalls noch verschiedene theils auf die Billigkeit, theils auf die *politische* Betrachtungen sich gründende *Argumenta,* dem *Memoire,* so ein eyfferiger Niederländer bereits verfaßet hat, beygerucket, und in Engelland schrifft- oder mündlich mit Nutzen angebracht werden könnten.

10mo So viel schlüßlichen den dermahligen Zustand des Römischen Reichs anbetrifft, so ist dieser sonder Zweiffel eines der weesentlichen Stücken, so in das *Systema quoad Universum,* seinen starcken Einfluß hat, und um so größere Aufmercksamkeit ver[234v]dienet, je mehr Gebrechen sich hierbey äußeren, und je mehr die Gefahr täglich anwachset, daß die Schwäch- und Unterdruckung der kleineren Ständen, wie auch die undanckbare Geringschätzung der allerhöchsten Kayserlichen *Authoritä*t, den völligen Verfall, und gäntzlichen Umsturtz nach sich ziehen werde. Das Übel entspringet zwar aus verschiedenerley Ursachen, aber am meisten aus der Königl[ich] Preussischen Ober-Macht; Und könnte diese nach Maaßgab des umständlich erläuterten dießseitigen Vorschlags, gedämpffet, mithin die gröste Quelle des Unheils gestopffet werden, so stünde sonder Zweiffel eine weit vergnüglichere Verfaßung im Römischen Reich anzuhoffen, und durch die [235r] gewohnte allerhöchste Reichs-Vätterliche Sorgfalt zur Vollkommenheit zu bringen. Inzwischen sind auch andere, obschon nicht so kräfftige Hüllfs-Mittel keinesweeges außer Acht zu laßen; Und da deßfalls bereits sehr stattliche Gutachten verfaßet, und die Sache erschöpffet worden, so nehme die Freyheit, mich auf solche allerunterthänigst zu beziehen, und nur überhaupt so vieles anzumercken: Daß *1mo* Der Grund-Satz einem jeden Stand ohnpartheyische- und schleinige *Justiz* ohne alle Rucksicht angedeyhen, und sich hievon durch die eingerißene Verwirr- oder andere Betrachtungen keinesweeges abhalten zu laßen, nicht nur an sich der Großmuth des Glorreichst regierenden Reichs[-]Oberhaupts würdig, sondern auch die gesicherste Richtschnur seye, der Übel[235v]gesinnten zudringliches Betragen, wo nicht zu beschräncken, jedoch zu beschämen.

*2do* Da auf dem Reichs-Hof-Raths-*Collegio* ein großer Theil der Kayser[lichen] *authorit*ät beruhet, so verdienet auch solches eine besondere und beständige Obsorge, damit deßen innerliche Verfaßung, und ein jedes Mitglied sich rein, und von allen verdienten Vorwürffen frey erhalten, auch seiner Obliegenheit ein vollständiges Genügen leisten möge.

*3^tio^* Nachdem aber der Lauff der *Justiz* am meisten durch die zur Gewohnheit werdende *Recursus ad Comitia* gehemmet wird; So wäre fordersamst zu wünschen, und sich dahin zu bearbeiten, daß ein [236r] bündiger Reichs-Schluß zu Stand gebracht, und wenigstens aller *Recurs* in *Justiz*-Sachen, wo kein *Gravamen commune* klar hervorscheinet, völlig abgeschnitten, auch wann sich schon ein dergleichen *Gravam*en äußerte, dennoch die anmaßliche *Effectus Suspensivi,* als wiederrechtlich gäntzlich benommen werden könnten. Um aber hierunter des großen End-zwecks nicht zu verfehlen, dürffte vor allen Diengen erforderlich seyn, mit den bestgesinneten Chur- und Fürstl[ichen] Häußern, in vertraute *Correspondenz* zu tretten, und das Werck dergestalt vorzubereiten, daß ein vergnüglicher Reichs-Schluß nicht wohl entstehen könne. Stünde auch

*4to* Die höchst nöthige Verbeßerung der Reichs-*Execution*en zu bewürcken, so würde andurch zu [236v] Aufrechterhaltung der *Justiz,* und des Kayserlichen Ansehens nicht wenig beygetragen.

5to Gleich wie aber in Reichs-Geschäfften ohne die vorzusehende Mehrheit der Stimmen nicht fortzukommen, und dahero die Anzahl der *Patriotisch*-Gesinneten zu vermehren, unumbgänglich nöthig seyn wil; Als wäre auch an Vorsicht zeitiger Vorbereitung, und allenfalls *real*en Anwendungen, nichts erwinden zu laßen, damit die erledigt-werdende Ertz- und Hoch-Stiffter, jedesmahl auf solche *Subjecta* verfallen, von welchen [237r] sich eine eiferige Mitwürckung- und gute Gesinnung zu versprechen.

Nachdem nun bereits anderwärts zur Gnüge angemercket worden, von was für großer Wichtigkeit dieser *Punct* zu halten, und wie sich am Besten hierunter zu benehmen seye, so enthalte mich billig, deßfalls in weitere Anmerckungen einzugehen.

Euer Kayser[lichen] Königl[ichen] May[es]t[ä]t allerhöchster Befehl hat mich berechtigt, meine ohnmaßgebliche Meinung über ein- so anderes etwas umständlich, und ohne Ruckhalt allerunterthänigst zu eröffnen. [237v]

Ich unterwerffe solche bloßer dienges der erläuchtigsten Beurtheilung, und wann ich hierunter zu weit gegangen, oder aus Schwäche der Einsicht, der allerhöchsten Willens Meinung verfehlet; So verhoffe umb so ehender allermieldeste Vergebung zu erhalten, da alles aus einem reinen, treuestem, auch von aller Gemüths-Regung entfernetem Dienst-Eyfer hergefloßen; Und Euer Kayser[liche] Königl[iche] May[es]t[ä]t von mir allergnädigst versichert seyn können, daß, wann künfftighin ein solches *Systema,* so meinen Gedancken schnur gerad entgegen lauffet, vorgeschrieben werden sollte, solches [238r] mir bey denen künfftigen Berathschlagungen, zur eintzigen Richtschnur dienen, und ich meine geäußerte *privat*-Meynung, völlig aus dem Gedächtnüß verbannen werde.

Wienn den 24ten *Martii* 1749.

W[enzel] A[nton] Graff zu Kaunitz-Rittberg.[238v]